JN421294

삶은

현대 교육과정론

- 이론과 실제 -

윤 옥 한

"아는 사람은
좋아하는 사람만 못하고,
좋아하는 사람은 즐기는 사람만 못하다."
"知之者는 不如好之者며,
好之者는 不如樂之者"(논어 제6편 옹야18장)

즐기는 사람은
좋은 가치를 추구하는 사람만 못하다.
樂之者는 不如價之者(尹玉漢)

양서원

머리말

책의 제목을 '삶은 현대 교육과정론: 이론과 실제'로 한 이유는 다음과 같다. 삶이란 의미에는 인생이 담겨 있다. 삶은 인생이다. 인생의 참 의미를 깨닫게 하는 데 도움을 주는 책이다. 삶이란 의미에는 삶았다는 뜻도 있다. 소위 지지고 · 볶고 · 삶았다는 의미이다. 이론뿐만 아니라 실제 삶의 현장을 녹여 교육 현장이나 개인적인 삶에 적용해 볼 수 있게 쓴 책이다. 삶이란 의미에는 사람이란 뜻도 있다. 사람 냄새 나게 쓴 책이다. 그래서 '삶은 현대 교육과정론'을 통해 독자들은 맛있게 먹고 튼튼하게 성장하기를 바란다.

공자님은 "아는 사람은 좋아하는 사람만 못하고, 좋아하는 사람은 즐기는 사람만 못하다(**知之者**는 **不如好之者**며, **好之者**는 **不如樂之者**)."라고 말씀하셨다(논어 제6편 옹야18장). **知**는 대상에 대한 인식이며, **好**는 대상과 주체 간의 관계에 관한 규정이고, **樂**은 대상과 주체가 혼연 일체화된 상태를 의미한다. 즉, **知**란 진리의 존재를 파악한 상태이며, **好**는 그 지식을 내가 좋아하느냐 않느냐의 관계이며 **樂**은 그 진리의 존재를 내가 즐기느냐 하는 문제이다. 예를 들면, 수학 문제에 대하여 삼각함수의 관계를 내가 어떻게 푸는지 아는 것과 수학 과목 자체를 좋아하는 것과 수학 문제 풀기를 즐기는 사람은 분명 차이가 있다.

술도 마찬가지다. 술의 성분이나 술의 특성에 대하여 얼마만큼 아는 사람과 그 술을 좋아하는 사람과 술을 즐기는 사람은 분명 차이가 있다. 컴퓨터 게임에 대한 지식을 아는 것과 컴퓨터 게임을 좋아하는 사람과 그 컴퓨터 게임을 즐기는 사람은 생활방식에 차이가 있을 것이다. 어떤 대상이든 그 대상에 대하여 아는 사람과 그 대상을 좋아하는 사람과 그 대상을 즐기는 사람은 그 대상을 대하는 방식에 분명한 차이가 있다.

저자는 즐기는 자를 이길 수 있는 자는 보람을 찾는 사람, 가치 있는 것을 찾고자 하는 사람이라고 본다. **樂之者**는 **不如價之者**라는 것이다. 즐기지도 않는데도 불구하고 자신의 인생을 모두 헌신하는 사람들이 많이 있다. 이런 사람들은 가치 있는 삶, 보람 있는 삶에 자신의 생을 거는 사람들이다. 주로 봉사, 희생, 종교적 활동 등이 여기에 해당한다.

교육과정을 왜 공부해야 하는가? 교육활동이 이루어지기 위해서는 세 가지 요소가 필요하다. 교사, 학생, 교육내용이다. 여기서 가르치고 배우는 내용과 관련된 것이 교육과정이다. 교육내용을 어떻게 선정하고 어떻게 조직할 것인가는 매우 중요한 요소이다. 교육과정은 학교 현장에서 학생들이 배우는 모든 내용과 관련된 것이다. 교육과정은 결국 어떤 좋은 가치와 내용을 학생들에게 경험하게 할 것인가의 문제이기 때문에 책 표지에 이 문구를 넣은 것이다.

본서는 총 3부 12장으로 구성하였다. 대학마다 15주차 수업이 이루어지기 때문에 첫 주차와 중간고사, 기말고사를 빼면 12주가 된다. 한 주에 한 장씩 공부할 수 있게 구성하였다.

제1부에서는 교육과정의 이론적 기초를 다룬다. 제2부에서는 교육과정 개발 및 실행을, 제3부에서는 미래 교육과정 설계 방향 및 사례를 다룬다.

제1부의 경우 교육과정을 이해하기 위한 기초지식과 관련된 내용을 다루었다. 교육과정을 이해하기 위하여 교육과정의 개념 그리고 20세기 이전의 미국 교육과정과 20세기 이후 미국 교육과정의 흐름, 우리나라의 경우 정부수립 이전과 정부수립 이후 교육과정의 변화, 교육과정학회지 연구 동향 분석을 살펴본다. 교육과정학회지 연구 동향 분석은 저자가 2021년 교육과정연구 39권 1호에 게재한 내용을 중심으로 소개하였다. 교육과정의 여러 유형 중 표면적 교육과정과 잠재적 교육과정, 영 교육과정, 교과 중심 교육과정, 경험 중심 교육과정, 학문 중심 교육과정, 인간 중심 교육과정, 통합 중심 교육과정을 살펴본다. 마지막으로 교육과정의 심리학적 · 사회학적 기초에 대하여 살펴본다.

제2부의 경우 교육과정을 어떻게 개발하고 실행할 것인가에 초점을 맞추어, 구체적으로 실현 가능한 방법에 대하여 제시하였다. 교육과정 개발 모형으로 전통적 교

육과정 개발 모형인 ADDIE모형과 교육분야에 새롭게 적용되고 있는 디자인 씽킹 모형, 창의적 문제해결 모형, STEAM 교육을 위한 교육과정 개발 모형을 소개하였다. 그리고 새로운 모형인 디자인 씽킹을 적용한 '윤옥한의 3차원 교육과정 개발 모형'을 소개하였다. 이 부분은 저자가 2017년 교양교육연구 학회지 11권 1호에 게재한 내용을 중심으로 소개하였다. 구체적으로 교육과정 개발을 위한 기법인 요구분석 방법 사례, 목표 분석, 학습자 분석, 환경 분석 기법들을 소개하였다. 마지막에는 교육과정 구성 요소 중 내용 선정 방법, 내용 조직 방법, 교육내용 조직의 수평적 원칙과 수직적 원칙, 교육방법 구성, 교육평가 구성 기법들을 다루었다.

제3부에서는 미래 교육과정 설계 방향 및 사례를 제시하였다. 중학교 자유학기제도, 고등학교 학점제도, 교육과정 재개념화 그리고 미래 교육과정 설계 방향 및 사례를 제시하였다. 미래 교육과정 설계 방향으로 새로운 가치사슬 교육, 디지털 리터러시 교육, 교육방법의 다양화를 제시하였다. 미래교육과정 설계 방향은 저자가 2020년 교양교육연구 학회지 14권 4호에 게재한 내용을 중심으로 소개하였다. 마지막으로 미래 교육과정 사례들을 제시하였다.

아는 만큼 보이고, 보이는 만큼 느끼고, 느끼는 만큼 행동하고, 행동하는 만큼 변화하고, 변화하는 만큼 행복해진다. 이 책을 통하여 교육과정을 공부하는 독자 모두가 교육과정에 대하여 더 많이 알고, 더 많이 느끼고, 꼭 실천하여 변화해서 행복하기를 기대한다.

삶은 교육학자 윤옥한

2021. 5. 25.

차례

제 1 부 교육과정의 이론적 기초

제 2 부 교육과정 개발 및 실행

제 3 부 미래 교육과정 설계 방향 및 사례

시작

아티스트 가호(Gaho)
작곡 박성일
작사 서동성
편곡 엉클샘

새로운 시작은 늘 설레게 하지
모든 걸 이겨낼 것처럼
시간을 뒤쫓는 시계바늘처럼
앞질러 가고 싶어 하지
그어 놓은 선을 넘어
저마다 삶을 향해
때론 원망도 하겠지
그 선을 먼저 넘지 말라고
I can fly the sky
Never gonna stay
내가 지쳐 쓰러질 때까진
어떤 이유도 어떤 변명도
지금 내겐 용기가 필요해
빛나지 않아도 내 꿈을 응원해
그 마지막을 가질 테니
부러진 것처럼 한 발로 뛰어도
난 나의 길을 갈 테니까

지금 나를 위한 약속
멈추지 않겠다고
또 하나를 앞지르면
곧 너의 뒤를 따라잡겠지
원하는 대로 다 가질 거야
그게 바로 내 꿈일 테니까
변한 건 없어 버티고 버텨
내 꿈은 더 단단해질 테니
다시 시작해
Ah-ah-ah-ah-ah-
다시는 나를 잃고 싶지 않아
내 전부를 걸었으니까
원하는 대로 다 가질 거야
그게 바로 내 꿈일 테니까
변한 건 없어 버티고 버텨
내 꿈은 더 단단해질 테니
다시 시작해

PART

1

교육과정의 이론적 기초

CHAPTER 1

교육과정의 이해

학습 개요

이 장은 교육과정의 전반적인 이해를 돕기 위한 장이다. 이 장에서는 교육과정을 왜 공부해야 하는가에 대한 답을 찾는다. 교육활동이 이루어지기 위해서는 교사, 학생, 교육내용의 세 가지 요소가 필요하다. 교육과정이란 무엇인가 알아본다. 교육과정이란 다양한 관점에서 해석될 수 있으므로 다양한 관점으로 교육과정의 개념을 이해한다. 교육과정은 첫째, 경험으로서의 교육과정, 둘째, 문서로 만들어진 교육과정, 셋째, 교과 내용으로서의 교육과정, 넷째, 결과로서의 교육과정으로 구분할 수 있다. 교육에는 어떤 절차가 있는지 교육의 과정에 대하여 살펴본다. 일반적으로 크게 4단계로 구분할 수 있다. 첫째, 교육목적이나 교육목표 설정, 둘째, 학습경험 선정 및 조직, 셋째, 교수-학습 과정, 넷째, 교육평가이다.

학습 목표

1. 교육과정(curriculum)의 개념을 4가지 관점에서 설명할 수 있다.
2. 교육의 과정(process of education)에 대하여 설명할 수 있다.

학습 과제

1. 문서로 만들어진 교육과정(계획된 교육과정)의 구체적인 사례를 작성해 보시오.
   (참고자료는 교육부 사이트, 교직 실무편람 등을 활용)

사전 OX 퀴즈

1. 교육활동이 이루어지기 위해서는 세 가지 요소가 필요하다. 교사, 학생, 교육내용이다.

정답

2. 교육과정의 개념은 첫째, 경험으로서의 교육과정, 둘째, 문서로 만들어진 교육과정, 셋째, 교과 내용으로서의 교육과정, 넷째, 결과로서의 교육과정으로 구분할 수 있다.

정답

3. 교육의 과정은 일반적으로 크게 4단계로 구분할 수 있다. 첫째, 교육목적이나 교육목표 설정, 둘째, 학습경험 선정 및 조직, 셋째, 교수-학습 과정, 넷째, 교육평가이다.

정답

1. 교육과정을 공부해야 하는 이유

토의

교육과정을 왜 공부해야 할까? 그 이유에 대하여 토의해 보시오.

교육활동이 이루어지기 위해서는 세 가지 요소가 필요하다. 교사, 학생, 교육내용이다. 여기서 가르치고 배우는 내용과 관련된 것이 교육과정이다. 교육내용을 어떻게 선정하고 조직할 것인가는 매우 중요한 요소이다. 교육과정은 학교 현장에서 학생들이 배우는 모든 내용과 관련된 것이기 때문에 교육하는 사람들의 경우 교육과정과 관련된 공부가 꼭 필요하다.

2. 교육과정의 개념

토의

교육과정이란 무엇인가? 생각나는 대로 토의해 보시오.

교육과정은 관점에 따라 다양하게 정의할 수 있다. 교육과정의 정의는 윤리적, 정치적 시각에 따라 다르게 해석할 수 있다. 교육과정을 보는 관점에 따라 관련 기관과 인사들의 역할과 책임이 달라지며, 권력관계도 바뀔 수 있다. 따라서 교육과정의 의미를 파악하기 위해서는 교육과정이라는 용어가 교육학 연구 문헌들 속에서 어떻게 사용되는지를 살펴보는 것이 도움이 된다.

교육과정을 이해하기에 앞서 교육의 본질적인 영역은 네 가지로 구분해 볼 수 있다.

첫째, 무엇을 가르칠 것인가? 가장 먼저 논의되어야 할 문제가 바로 무엇을 가르칠 것인가? 교육내용의 영역이다. 교육내용의 문제를 학술적으로 접근하는 것이 바로 교육과정 영역이다.

둘째, 왜 그것을 가르칠 것인가? 이 영역은 교육목적과 관련된 영역이며, 학생들에게 왜 그 내용을 가르쳐야 하는지에 대한 교육철학과 관련된 부분이다.

셋째, 어떻게 가르칠 것인가? 교육내용이 선정된 후에는 어떻게 가르칠 것인지에 대한 방법의 문제가 제기된다. 같은 내용을 가르칠지라도 교사가 어떤 방법으로 가르치는 것이 효과적인지에 대한 문제를 다룬다. 이 영역은 교수-학습과정 또는 교육방법의 문제로, 교육공학 영역이다.

넷째, 가르쳤다는 것을 어떻게 확인할 것인가? 교육은 가르친 것만으로 모든 것이 종료되었다고 볼 수 없다. 교육내용의 선정에서부터 가르치는 과정, 가르치고 난 다음에 학생들의 행동 변화에 이르기까지 어떤 기준에 비추어 그 과정과 결과에 대한 성과를 확인하는 평가가 요구된다. 이를 다루는 문제의 영역이 바로 교육평가이다. 이러한 교육의 본질적인 영역 측면에서 보면 교육과정은 무엇을 가르칠 것인가와 관련된 것이다.

교육과정에 대한 정의는 학자들마다 다양하다. 교육과정은 좁게는 수업 시간에 가르치는 교육내용에서부터 넓게는 학생들이 경험해야 할 모든 내용을 의미한다. 교육자들이 용어를 얼마나 광범위하게 정의하거나 사용하는지에 따라 다르지만, 교육과정은 일반적으로 학생들이 학습할 것으로 예상되는 지식, 기능, 태도를 의미하며 여기에는 학습 기준이나 학습 목표가 포함된다. 교사가 가르치는 단원과 수업, 학생들에게 주어진 과제와 프로젝트, 코스에서 사용된 책, 자료, 비디오, 프레젠테이션 및 읽기 그리고 학생의 학습을 평가하는 데 사용되는 시험, 평가 및 기타 방법도 있다. 예를 들어 개별 교사의 교육과정은 특정 과정을 구성하고 가르치는 데 사용되는 특정 학습 표준, 수업, 과제 및 자료가 될 수 있다.

교육과정이라는 용어가 교육적 맥락에서 사용되는 경우, 용어가 무엇을 가리키는지 정확하게 결정하기 어려울 수 있다. 주로 구성요소의 전체 또는 일부에만 적용될 수 있기 때문이다. 대부분의 교사는 자신의 교육과정을 개발하여 수 년에 걸쳐 개선하는 경우가 많지만, 다른 교사가 만든 강의 및 강의 계획을 조정하고 교육과정 서식과 가이드를 사용하여 강의 및 과정을 구성하거나 사전 패키지를 사는 것도 일반적이다. 일반적으로 교육과정은 학교에서 다양한 형태를 취한다. 여기에 종합적으로 분류하기에는 너무 많다.

이영덕(1989)은 교육과정의 정의를 세 가지 관점에서 설명하고 있다. 첫째, 교수요목으로서의 교육과정, 둘째, 학교 지도하에 학생들이 가지게 되는 모든 경험으로서의 교육과정, 셋째, 구조화된 일련의 의도된 학습 결과로서의 교육과정이다. 이성호(1984)는 교육과정을 첫째, 경험으로서의 교육과정, 둘째, 교과 내용으로서의 교육과정, 셋째, 계획으로서의 교육과정, 넷째, 결과로서의 교육과정으로의 구분하여 설명하고 있다.

이외에 여러 학자의 정의를 종합하면 교육과정은 크게 4가지 의미로 살펴볼 수

있다. **첫째, 학습해야 할 모든 경험으로서의 교육과정이다.** 1963년에 개정된 대한민국의 교육과정에서는 '교육과정은 곧 학생들이 학교의 지도로 경험하는 모든 학습활동의 총화를 의미한다'라고 되어 있다. Caswell & Campbell(1935)과 Smith(1957)는 학습자의 인지적 영역, 정의적 영역, 운동 기능적 영역 모두를 포함하는 측면에서 교육과정에 대해 새롭고 포괄적인 정의를 내렸다. 이들은 교육과정이란 교육현장에서 학생들이 습득하는 모든 경험으로 구성된다고 보았다. 이러한 정의는 학습자가 교육현장에서 형식적인 교과 내용뿐만 아니라 총체적인 학습환경에서 배우게 되는 모든 학습경험이 중요시되어야 한다는 의미이다. 이러한 교육과정에 대한 정의는 정규 교과 활동을 통하여 공식적으로 의도되지 않은 잠재적 교육과정(hidden curriculum)에 관한 관심을 끌게 하였다. **둘째, 문서로 만들어진 교육과정이다. 이는 학습계획으로서의 교육과정으로 볼 수 있다.** 교육과정은 학생들의 일반적인 경험이나 내용을 단순하게 생각해서는 안 된다. 교육과정은 사전에 계획해야 한다. 이러한 계획을 말로 하는 것이 아니라 문서로 남긴다. 즉, 기관에서 학생들에게 어떤 목적을 달성하기 위하여 무엇을 가르칠 것인지에 대한 일련의 의사결정을 한 문서를 의미한다. Inlow는 교육과정을 "예정된 성과를 거둘 수 있도록 학생들의 학습을 이끌어 가는 학교의 모든 노력에 관한 계획이다."라고 하였다. 예컨대, 교육과정이라는 이름으로 나오는 교육과정 책자를 의미한다. 학교의 요람이나 기업의 교육체계도와 같이, 교과 목록이나 교과별, 학년별 교수 내용의 체계를 제시한 것이다. 졸업할 때까지 전체 이수학점, 전공필수 · 전공선택 · 교양필수 · 교양선택 등에 대한 교과 목록을 말한다. **셋째, 교과목을 가르치는 것으로서의 교육과정이다.** 이는 교육과정과 교육내용을 동일시하는 것이다. 교육현장에서 교수자가 학습자에게 학습해야 할 내용으로서의 교육과정이다. 교육과정은 교과서, 교과 개요, 교사용 지침서 등과 같은 것이다. **넷째, 의도된 학습 결과로서의 교육과정이다.** 이는 수업을 통해 도달해야 할 학습 결과의 의도되고 계획된 측면이 실제로 학생들에게 실현되었는가를 의미한다. 의도된 학습 결과로서의 교육과정은 교육의 책무성에 관한 관심에서 비롯된 것이다. 즉 의도된 계획이 실제로 실행될 수 있도록 책임을 느끼며, 책임을 져야 한다는 태도 측면에서 새로운 관점의 교육과정 정의에 해당한다. 교육과정의 4가지 개념을 정리하면 [표 1-1]과 같다.

표 1-1 교육과정의 4가지 개념

교육과정의 의미	구체적인 내용
학습해야 할 모든 경험으로서의 교육과정	• 교사의 지도하에 학생들이 갖게 되는 모든 경험 • 의도된 경험과 의도되지 않은 경험 모두 • 1963년에 개정된 대한민국의 교육과정에서는 '교육과정은 곧 학생들이 학교의 지도로 경험하는 모든 학습활동의 총화를 의미한다'라고 되어 있음
문서로 만들어진 교육과정 (계획된 교육과정)	• 교육과정이라는 이름으로 나오는 교육과정 책자를 의미 • 국가 교육과정 : 교육부 장관의 이름으로 고시되는 '초·중등학교 교육과정' 문서를 의미 • 국가 교육과정은 총론과 각론(교과 교육과정)으로 이루어져 있으며, 총론에는 교육과정 구성의 방향, 학교급별 교육목표, 편제와 시간 배당 기준, 교육과정의 편성과 운영지침 등이 포함되어 있고, 각론에는 교과의 성격과 목표, 내용, 교수-학습 방법, 평가 등이 포함되어 있음 • 교과들의 목록(교과목)이나 교과별, 학년별 교수 내용의 체계(학교요람, 교육체계도), 기본 교수요목 등 • Inlow는 교육과정을 "예정된 성과를 거둘 수 있도록 학생들의 학습을 이끌어 가는 학교의 모든 노력에 관한 계획이다."라고 하였음
교과목을 가르치는 것으로서의 교육과정	• 교육과정과 교육내용을 동일시하는 의미 • 학습자 입장에서는 학습해야 할 내용 • 교수자 입장에서는 가르쳐야 할 내용 • 교과서, 교과 개요, 또는 교사용 지침서 등
의도된 학습 결과로서의 교육과정	• 수업을 통해 도달해야 할 학습 결과의 의도되고 계획된 측면이 실행되었는가에 대한 의미

현재 우리나라에서 사용하는 교육과정이라는 용어는 1918년에 Bobbitt가 『교육과정(The Curriculum)』이라는 단행본에서 사용하였던 영어의 '커리큘럼(curriculum)'을 번역한 것이다. Curriculum의 어원은 라틴어의 'currere'에서 유래된 말이다. currere는 '달리다', '뛰다'라는 뜻으로, 경마장의 경주로(a race course)와 경주하는 그 자체(the race itself)에 해당하며 활동의 장소나 활동의 연속을 의미한다. 말이 달리고 학생들이 뛰는 경주로를 의미하던 'curriculum'이 교육 분야에 자주 사용됨에 따라 그 의미는 다

양하게 변화하였다. 교육의 장면에 적용하면 달린다는 것은 학생들이 공부한다(study)는 의미이며, 달리는 코스는 특정한 목적을 가진 학생들이 공부하는 과정, 즉 'course of study'를 뜻한다. 학습의 과정(Course of study)은 실제로 학생이 공부하는 내용을 포함하게 되어 'Contents of study'라는 의미를 갖게 된다. 어의적인 측면에서 교육과정의 개념은 학생이 학습할 내용을 일정한 순서에 따라 조직하고 배열하는 것이라고 해석할 수 있다. 종합하면 교육과정(curriculum)은 학교에서 가르치는 기본적인 교과서 또는 매일 교수하기 위하여 부과된 일정의 교수요강, 교수요목을 의미했으며 학교프로그램이나 학교의 지도하에 경험하는 학생들의 경험이나 전체 생활이라는 넓은 뜻으로 사용하게 되었다.

교육과정이라는 이름을 붙이기 위해서는 교육과정이 갖는 기본 체제를 갖추어야 한다. **교육과정을 조작적 정의로 정리하면 '학생들이 학습해야 할 모든 경험을 계획적으로 문서로 만든 교육활동'으로 정의할 수 있다.** 학생들이 학습해야 할 모든 경험은 지식, 기능, 태도 등 교육목적을 달성하기 위한 교육내용을 말한다. 이러한 교육내용을 글로 정리한 것이 교과목이다. 계획적으로 문서화된 교육활동이란 학교요람이나 전체 교육과목, 전체 이수학점, 교육일정표, 교수요목 등을 사전에 조직하고 계획하여 문서로 표현한 것을 의미한다.

표 1-2 문서로 만들어진 교육과정의 예: 교직과정 이수자의 무시험검정 방법

구 분	2013학년도 이후 입학자부터
전공과목	• 50학점 이상 - 기본이수 과목 21학점(7과목) 이상 포함 - 교과교육 영역 8학점(3과목) 이상 포함 (교과교육 과목: 00 교육론, 00 교재연구 및 지도법, 00 논리 및 논술)
교직과목	• 22학점 이상 - 교직 이론 12학점(6과목) 이상 - 교직 소양 6학점(3과목) 이상 - 교육실습 4학점 이상
성적 기준	• 전공과목 평균 성적 75/100점 이상 교직과목 평균 성적 80/100점 이상

구 분	2013학년도 이후 입학자부터
기타	• 교직 적성 및 인성 검사 적격판정 2회 이상 • 응급처치 및 심폐소생술 실습 2회 이상 (단, 2016.3.1 시행일 당시 교원양성과정을 이수할 때까지 2학기의 교원양성과정이 남은 사람은 1회 실시하며, 2학기 미만이 남은 사람은 제외) • 산업체 현장실습 이수 확인서(중등 공업에 관한 표시과목 취득자에 한함) • 국가 기술 자격증[특수학교(중등) 직업교육 취득자에 한함] • 간호사 면허증 또는 영양사 면허증(보건교사 또는 영양교사에 한함) • 대학의 장이 별도로 정하는 기준 - 일정 수준 이상의 외국어능력 (외국어 교사자격증 취득자에 한함)

※ 참고 : 2017년 교직 실무편람

표 1-3 문서로 만들어진 교육과정의 예: 교직과정 교육과정 편성 사례

※ 2017년 교직 실무편람 교직과목 이수 기준: 모든 2급 정교사 자격취득 기준은 22학점 이상

<table>
<tr><td rowspan="7">2017 학년도 입학자 이후</td><td>교직 이론</td><td>• 12학점, 6과목 이상</td><td>• 일선 교육현장에서 필수적으로 요구되는 최소한의 교직 이론영역(교과목명 일치)</td></tr>
<tr><td>교직 소양</td><td>• 6학점 이상</td><td>• 교직실무(2학점), 특수교육학개론(2학점), 학교폭력 예방 및 학생의 이해(2학점)</td></tr>
<tr><td>교육 실습</td><td>• 4학점 이상</td><td>• 학교 현장실습(수업 실습, 참관 실습, 실무실습 등) 2학점 이상, 교육봉사활동 2학점(P/F제 가능) 이내 포함</td></tr>
<tr><td colspan="2">교직 이론</td><td>• 12학점 이상(6과목 이상)
① 교육학개론 ② 교육철학 및 교육사
③ 교육과정 ④ 교육평가
⑤ 교육방법 및 교육공학 ⑥ 교육심리
⑦ 교육사회 ⑧ 교육행정 및 교육경영
⑨ 생활지도 및 상담 ⑩ 기타 교직 이론에 관한 과목</td></tr>
<tr><td colspan="2">교직 소양</td><td>• 6학점 이상
① 특수교육학개론(2학점 이상)*영재교육 영역(단원) 포함
② 교직실무(2학점 이상)
③ 학교폭력 예방 및 학생의 이해(2학점 이상)</td></tr>
<tr><td colspan="2">교육 실습</td><td>• 4학점 이상
① 학교 현장실습(2학점 이상)
② 교육봉사활동(2학점 이내 포함)</td></tr>
<tr><td colspan="2">합계</td><td>총 22학점</td></tr>
</table>

※ 참고 : 2017년 교직 실무편람

표 1-4 문서로 만들어진 교육과정의 예: 교직 이론 과목 교수요목 사례

교과목	기본 교수요목
① 교육학개론	• 교육학 전반에 대한 기초적 이론, 교직 윤리, 특히 교사론에 역점을 둔다.
② 교육철학 및 교육사	• 교육의 철학적 기초, 교육의 역사적 기초, 특히 우리나라와 관련된 교육사 또는 교육철학에 역점을 둔다.
③ 교육과정	• 교육과정의 이론과 실제, 특히 국가 수준의 교육과정 및 학교 수준의 교육과정 등 교육현장의 문제를 중점적으로 다룬다. • 창의적 체험활동 교육과정 및 진로와 직업 교육과정과 관련한 단원을 개설하여 반영한다.
④ 교육평가	• 교육평가의 이론과 실제 및 평가방법, 특히 교육현장에 적용할 수 있는 평가 능력과 평가기법의 향상을 중점적으로 다룬다. • 다양한 교수-학습 방법에 따른 평가방법과 이를 교육현장에 적용할 수 있는 평가문항 개발의 실제와 환류방법을 필수적으로 다룬다. ※ 지식편향의 평가에서 과정 중심의 평가기법의 실제 운영
⑤ 교육방법 및 교육공학	• 교수-학습의 이론과 실제, 특히 교육기자재 활용방법에 중점을 두며, 교육용 소프트웨어의 활용에 관한 과목을 포함한다. • 다양한 교수-학습 방법을 적용한 교실 수업의 실제 등 교육현장과 밀접한 관련이 있는 교육방법을 반영한 내용을 포함한다.
⑥ 교육심리	• 학습자의 이해, 학습 및 발달이론, 생활지도에 역점을 둔다.
⑦ 교육사회	• 교육의 사회적 기능, 특히 학교 내의 사회구조에 중점을 둔다.
⑧ 교육행정 및 교육경영	• 교육제도 및 조직, 교원인사, 장학 및 학교 행정, 학급경영 등에 역점을 둔다.
⑨ 생활지도 및 상담	• 학생 발달단계에 적합한 생활지도 및 상담방법에 중점을 둔다.
⑩ 기타 교직 이론에 관한 과목	• 교육학의 세부 영역으로서 위의 9개 영역에 포함되지 않은 과목을 교원양성 기관별로 선정하여 이수한다(예 : 교수-학습이론, 교사론, 교육법 등).

※참고 : 2017년 교직 실무편람

표 1-5 문서로 만들어진 교육과정의 예: 평생교육사 자격증 관련 과목

<table>
<tr><th colspan="2">구분</th><th>과목명</th><th>비고</th></tr>
<tr><td colspan="2" rowspan="2">필수과목(5개)</td><td>평생교육론, 평생교육방법론, 평생교육경영론, 평생교육 프로그램 개발론, 평생교육 실습(4주간: 20일 160시간 이상)</td><td rowspan="6">• 과목당 3학점
• 평균 80점 이상의 학습성적</td></tr>
<tr><td>※ 필수과목은 평생교육 실습을 포함하여 15학점을 이수해야 함
※ 평생교육 실습은 필수과목 4과목을 모두 이수 후 실습이 가능함</td></tr>
<tr><td rowspan="4">선택 과목 (21개)</td><td rowspan="2">실천영역 (8개 과목)</td><td>이동교육론, 청소년교육론, 여성교육론, 노인교육론, 시민교육론, 문자 해득 교육론, 특수교육론, 성인 학습 및 상담</td></tr>
<tr><td>※ 1과목 이상 선택해야 함</td></tr>
<tr><td rowspan="2">방법영역 (13개 과목)</td><td>교육사회학, 교육공학, 교육복지론, 지역사회교육론, 문화예술교육론, 인적자원개발론, 직업·진로 설계, 원격(이러닝, 사이버)교육론, 기업교육론, 환경교육론, 교수설계, 교육조사방법론, 상담심리학</td></tr>
<tr><td>※ 1과목 이상 선택해야 함</td></tr>
<tr><td colspan="2">자격 기준</td><td colspan="2">※ 평생교육사 3급의 경우
• 대학 또는 학점은행 기관에서 평생교육 관련 과목을 21학점 이상 이수하고 학위를 취득한 자

※ 평생교육사 2급의 경우
• 평생교육사 3급 자격증을 보유하고 평생교육 관련 업무에 3년 이상 종사한 경력이 있는 자로서 국가평생교육진흥원이 운영하는 2급 승급과정을 이수한 자 (3급 자격취득 이전/이후 경력 모두 인정)

※ 평생교육사 1급의 경우
• 평생교육사 2급 자격증을 취득한 후 평생교육 관련 업무 5년 이상 종사한 경력이 있는 자로서 국가평생교육진흥원이 운영하는 1급 승급과정을 이수한 자 (2급 자격취득 이후 경력만 인정)</td></tr>
</table>

참고 : https://lledu.nile.or.kr/ 2021. 05월 20일 인출

토의

실제 교육현장에서는 교육과정이 그대로 시행되지 않거나 학습상황이나 교사에 의해 여과될 수 있다. 그렇다면 계획되고 문서로 만들어진 교육과정을 그대로 실행하는 것이 옳은가? 아니면 교육현장이나 교사에 따라 여과되어 실행되는 것이 바람직한가? 이에 대하여 토의해 보시오.

첫째, 교육과정의 개념을 학습 결과의 측면에서 보면 학생들의 학업성취, 즉 교육목적을 달성해야 한다. 이러한 측면에서 보면 교육과정이란 교육목적을 달성하기 위해 선정되고 조직된 것이다. 그러므로 교육과정은 변경되어서는 안 된다.

둘째, 사회환경적인 측면에서 보면 지식은 폭증하고 새로운 분야가 끊임없이 등장하고 있다. 교육목적이 비록 지적 능력과 잠재능력을 개발하는 데 있더라도, 교육과정은 단순히 지식의 축적만으로 해석되어서는 안 된다. 이미 일반화되고 결론 내려진 지식보다는 폭넓은 사고 유형의 탐색이 가능한 폭넓은 범주의 교육내용이 다양하게 다루어져야 한다.

셋째, 계획적으로 문서화하지 않은 교육활동도 있다. 잠재적 교육과정에 해당한다. 그러므로 상황에 따라서 교육목적도 변경할 수 있다. 구성주의적 맥락 아래에서 교육은 자기 주도적, 능동적 활동이 이루어져야 한다.

3. 교육의 과정

토의

교육하기 위해서는 기본적인 과정(process)이 있다. 어떤 절차를 통하여 교육의 성과를 달성해야 하는가? 제일 첫 단계부터 마지막 단계까지 토의해 보시오.

교육과정을 구성하는 기본 요소가 무엇인지는 교육과정을 어떻게 정의하느냐에 따라 달라진다. 교육의 과정 기본 구성요소는 학자마다 조금씩 다르다. Tyler(1950)는 ① 목표, ② 학습경험 선정, ③ 학습경험 조직, ④ 평가의 요소로 구분하였다. Taba(1962)는 ① 목적 및 목표, ② 내용 및 학습경험, ③ 평가의 3요소로 제시하였다. Tyler의 제시보다 훨씬 앞서 '미국의 8년 연구의 교육과정'에서 자문역할을 한 Giles와 그의 지지자들(1942)은 ① 교육목표, ② 교과, ③ 방법과 조직, ④ 평가를 교육과정의 기본 요소로 제시하였다. 여기서는 목표, 학습경험, 평가의 기본과정을 그대로 인정하면서도 학습경험을 좀 더 조작적인 개념으로 파악하기 위하여 그것을 다시 내용과 학습경험으로 구분하였다. 내용 영역은 내용 선정과 조직으로 세분화하였고, 학습경험에는 지도 방법, 자료, 상호작용, 분위기 등을 포함하였다. 따라서 Giles와 그의 지지자들은 ① 교육목표, ② 내용(선정 및 조직), ③ 학습경험(지도 방법, 자료, 상호작용, 분위기), ④ 학습결과(평가)를 교육과정의 4요소로 간주하였다(최진승 외, 2000).

교육과정을 구성하는 기본 요소를 학생들이 학습해야 할 모든 경험적인 측면에서 보면 **일반적으로 크게 4단계로 구분할 수 있다. 첫째, 교육목적이나 교육목표 설정, 둘째, 학습경험 선정 및 조직, 셋째, 교수-학습 과정, 넷째, 교육평가이다.** 이러한 네 가지 영역은 다시 두 가지 영역, 즉 교육목적과 교육방법으로 구분할 수 있다. 교육목적을 달성하기 위하여 학습경험을 선정하고 조직할 뿐만 아니라, 실제로 교육목적을 달성하기 위하여 교수-학습 과정이 일어나며, 교육목적 달성을 확인하기 위하여 평가한다. 각각의 과정을 구체적으로 살펴보면 다음과 같다.

첫째, 교육목표이다. 교육목표는 무엇을 교육하려고 하는지와 관련된다. 교육목표의 결정은 수준에 따라서 국가적, 기관적, 수업적 차원으로 구분할 수 있다. 국가적 차원은 정부, 국가가 있으며, 기관적 차원은 학교, 행정기관, 수업적 차원은 교사가 있다. 이러한 교육목표는 결국 가치판단과 선택의 문제와 관련되는 것이다.

둘째, 학습경험의 선정 및 조직이다. 이 단계는 교육과정(curriculum)을 개발하는 단계이다. 교육과정은 경마장에서 말이 달려가는 길(course of race)로 지칭되던 것이 학교교육에 도입되어 학생들이 이수하고 실천해야 할 교수요목(course of study)으로 발전하게 되었다. 교육과정은 교육부에서 정한 교육과정의 내용과 학교에서 학생의 성장 발달을 위해 의도적으로 제공하는 경험의 총체 그리고 지식의 내용과 구조라고 볼 수 있다. 교육과정 내용 선정 시 고려해야 할 점은 철학적 측면, 사회적 측면, 심리적 측면이 있다. 첫째, 철학적 측면의 경우, 어떤 인간상을 가장 가치 있는 것으로 보느냐에 따라 교육과정의 내용이 달라진다. 둘째, 사회적 측면의 경우, 현대사회에서 살아가기 위해 요구되는 내용이 무엇인지에 비추어 선정된다. 셋째, 심리적 측면의 경우, 교과과정 내용을 학생이 학습하기에 적절한가를 교수-학습의 관점에서 검토하여 선정하여야 한다.

교육과정을 조직할 경우의 일반적인 원리는 다음과 같다. 첫째, 계속성(continuity)의 원리이다. 즉, 학습경험의 여러 요소를 어느 정도 계속 반복 경험할 수 있도록 조직하는 것이다. 둘째, 계열성(sequence)의 원리이다. 선행경험을 기초로 하여 다른 경험의 깊이와 넓이를 점차 더해가도록 전개하는 것이다. 셋째, 통합성(integration)의 원리이다. 여러 학습 장면에서 얻은 학습경험 간에 상호 연결되고 일관성이 있으며 통합되도록 조직하는 것이다. Bruner는 이 같은 목적을 달성하기 위해 가장 적절한 조직 방법으로 나선형 조직의 원리를 제시하고 있다.

셋째, 교수-학습의 과정이다. 교수-학습 과정에서 Learning(학습)이란 경험이나 연습으로 어떤 개인의 지식, 행동, 또는 태도가 비교적 지속해서 변화하는 것(Mayer, 1982)이다. 수업(instruction)이란 사람을 포함한 모든 형태의 매체에 의하여 전달되는 학습경험(Gagné, Briggs & Wager, 1992; Smith & Ragan, 1993)을 말하는 것으로, 학습자가 계획된 학습 목표를 달성할 수 있도록 체계적이고 계획적으로 정보와 환경을 제공하는 일이다. 교수(teaching)는 살아 있는 사람 즉, 교사(teacher)에 의하여 전달되는 학습경험이다. 즉, 교사가 의도한 것은 물론이고 잠재적이고 우연적인 학습경험까지를 포함한다고 볼 수 있다.

넷째, 교육평가이다. 교육평가의 일차적 목표는 교육목표 달성 여부이다. 이러한 평가에는 진단평가, 형성평가, 총괄평가, 절대평가, 상대평가 등이 있다. 또한 측정(measurement), 사정(assessment), 평가(evaluation)가 있다. 측정의 경우 물체의 특성이나 속성을 수량화하는 과정이며, 사정은 일반적으로 사람과 관련하여 이루어지는 모든 평가활동이다. 평가는 어떤 현상이나 대상의 가치나 질을 판단하는 과정이다. 측정을 통해서 얻은 자료에 대한 해석까지 포함한다는 측면에서 목적 지향적이며 가치 관련적인 활동이다. Kirkpatrick은 교육평가의 4단계를 제시하고 있다. 1단계는 반응평가이다. 반응평가는 교육의 만족도를 설문지를 통해서 알아보는 방법이다. 2단계는 학습평가이다. 학습평가는 교육 종료 후 시험을 쳐서 학습 정도를 알아보는 방법이다. 3단계는 행동평가이다. 행동평가는 교육 종료 후 3개월이나 6개월이 지난 후 현업에서 어느 정도 활용하고 있는지를 설문지를 통해서 평가해 보는 방법이다. 마지막 4단계는 결과평가이다. 결과평가는 교육을 통해서 배운 내용이 경영성과에 어떻게 기여했는지를 파악해 보는 평가이다. Phillips는 5단계 평가를 제시하였는데, 이를 투자회수율 평가(ROI: Return On Investment)로 보았다. 교육에 투자한 금액에 대비하여 실제로 조직에 얼마만큼 이바지했는지 객관적으로 투자 대비 회수율을 구해 보는 평가인 것이다. 기업 현장에서 실제로는 대부분 반응평가 수준에 머물러 있으며 몇몇 기업에서는 3단계 평가까지는 수행하고 있지만 5단계 평가는 거의 하지 못하고 있다.

길

아티스트 god
작곡 박진영
작사 박진영
편곡 정동환

내가 가는 이 길이 어디로 가는지
어디로 날 데려가는지 그 곳은 어딘지
알 수 없지만 알 수 없지만 알 수 없지만, 오늘도 난 걸어가고 있네
사람들은 길이 다 정해져 있는지 아니면
자기가 자신의 길을 만들어 가는지
알 수 없지만 알 수 없지만 알 수 없지만
이렇게 또 걸어가고 있네, 나는 왜 이 길에 서 있나
이게 정말 나의 길인가, 이 길의 끝에서 내 꿈은 이뤄질까
무엇이 내게 정말 기쁨을 주는지
돈인지 명예인지 아니면 내가 사랑하는 사람들인지
알고 싶지만 알고 싶지만 알고 싶지만
아직도 답을 내릴 수 없네, 자신 있게 나의 길이라고 말하고 싶고
그렇게 믿고 돌아보지 않고 후회도 하지 않고
걷고 싶지만 걷고 싶지만 걷고 싶지만
아직도 나는 자신이 없네, 나는 왜 이 길에 서 있나
이게 정말 나의 길인가, 이 길의 끝에서 내 꿈은 이뤄질까
나는 무엇을 꿈꾸는가, 그건 누굴 위한 꿈일까
그 꿈을 이루면 난 웃을 수 있을까
오, 지금 내가 어디로 어디로 가는 걸까
나는 무엇을 위해 살아야 살아야만 하는가, 나는 왜 이 길에 서 있나
이게 정말 나의 길인가, 이 길의 끝에서 내 꿈은 이뤄질까
나는 무엇을 꿈꾸는가, 그건 누굴 위한 꿈일까
그 꿈을 이루면 난 웃을 수 있을까
나는 왜 이 길에 서 있나, 이게 정말 나의 길인가
이 길의 끝에서 내 꿈은 이뤄질까
나는 무엇을 꿈꾸는가
그건 누굴 위한 꿈일까
그 꿈을 이루면 난 웃을 수 있을까

CHAPTER 2

교육과정 변천사

학습 개요

이 장은 교육과정의 변천사 이해를 돕기 위한 것이다. 이 장에서는 미국 교육의 발전과정을 20세기 이전과 이후로 구분하여 살펴본다. 20세기 이전의 교육과정은 주로 서양에서는 7자유교과, 동양에서는 사서오경이 주요 과목이었다. 20세기 이후 1920년대 교과 중심 교육과정에서 1930년대 경험 중심 교육과정, 1960년대 학문 중심 교육과정을 거쳐 1990년대 통합 중심 교육과정으로 발전해 왔다. 우리나라 교육과정을 정부수립 이전과 정부수립 이후로 구분하여 살펴본다. 정부수립 이전은 대한제국 시기와 일제 강점기, 미군정 시기를 기준으로 알아본다. 정부수립 이후에는 1차 교육과정 개편 시기를 기점으로 7차 교육과정 개편 이후 2007년, 2009년, 2015년 개정 교육과정에 대하여 구체적인 내용을 중심으로 살펴본다.

학습 목표

1. 20세기 이전 미국 교육과정의 발전과정을 설명할 수 있다.
2. 20세기 이후 미국 교육과정의 발전과정을 설명할 수 있다.
3. 우리나라 교육과정을 정부수립 이전과 이후로 구분하여 설명할 수 있다.
4. 2015년 개정 교육과정 내용에 대하여 설명할 수 있다.
5. 교육과정 연구동향을 설명할 수 있다.

학습 과제

1. 우리나라 교육과정 개편 내용 중 2015년 개정 교육과정 내용을 조사해 보시오.

사전 OX 퀴즈

1. 1642년에 세계 최초로 제정된 의무교육령은 '매사추세츠 교육령'이다.

정답

2. 20세기 이전의 교육과정은 주로 서양에서는 7자유교과, 동양에서는 사서오경이 주요 과목이었다.

정답

3. 미국에서는 1920년대에는 교과 중심 교육과정이 핵심이다. 1930년대에는 경험 중심 교육과정이 핵심이다. 1950년대 초에는 철학적으로 Brameld의 사회재건주의 교육철학과 심리학적으로는 실험심리학의 영향을 크게 받았다. 1960년대에는 학문 중심 교육과정이 핵심이다. 1970년대에는 열린교육과 함께 학교교육의 인간화를 위한 여러 가지 개혁이 일어났다. 1990년대부터 통합 교육과정을 강조하였다.

정답

4. 정부수립 이전 대한제국 시기(1894~1910)의 교육과정의 발전은 1894년 갑오개혁을 계기로 시작되었다. 19세기 근대학교는 개신교와 천주교 전파를 위해 외국으로부터 들어온 선교사들에 의해서 상당수 세워졌다. 육영공원(育英公院, 1886)은 고종 23년에 국가에서 설립한 교육기관이다. 기독교 선교사들에 의해 설립된 최초의 근대학교는 사립학교로서 '광혜원(1885)', '배재학당(1885)'(감리회)과 '경신학교(1887)'(장로회), '이화학당(1886)'(감리회) '정신 여학교(1887)'(장로회) 등이었다.

정답

5. 교육과학기술부(현 교육부)에서는 7차 교육과정을 마지막으로, 8차 교육과정처럼 교육과정을 더는 전면적 또는 일률적으로 개정하지 않고, 수시로 부분 개정하기로 하였다.

정답

1. 미국 교육과정의 발전과정

미국의 교육과정 발전과정을 20세기 이전 교육과정 발전과 20세기 이후 교육과정 발전과정으로 구분하여 살펴본다.

1-1. 20세기 이전의 교육과정 발전과정

미국의 교육은 17세기 초 북부 뉴잉글랜드에서 이주해 온 청교도 신도들에 의해서 형성된 성서공화국(Bible Common Wealth)에서 시작된다. 1642년에 세계 최초로 제정된 의무교육령인 **'매사추세츠**(Massachusetts) **교육령'**이다. 이 법령에서는 부모가 자녀에게 교육의 의무를 부과하고 교육행정이 이를 감독할 권한을 부여하고 있다. 미국에서 중등교육을 확장하는 데 결정적인 계기가 된 것은 **칼라마주 사건**(Kalamazoo Case)이었다. 미시간주 칼라마주 학구에서 발생한 이 사건은 지역구에 설치 · 운영되고 있는 public high school을 위하여 세금을 부과한다는 것은 지역주민의 자유의사를 구속하는 것이라는 지역주민의 반대에 부딪힌 사건이다. 이 사건을 계기로 public high school을 중심으로 중등교육의 의무제도가 정착되었다.

17~18세기 미국의 교육은 참된 신앙을 바탕으로 한 참된 민주시민 양성에 목표를 두고 있었다. 교육과정은 종교와 대학에서 요구하는 지적인 교과목에 중점을 두었다. 하류층 자녀들은 주로 감각을 교육하는 직업교육에 집중되었다. 17세기 중반으로 접어들면서 종교교육의 비율이 낮아지고 7자유교과와 관련된 교과목의 비중이 상대적으로 높아지기 시작하였다. **7자유교과**란 언어를 통한 사고능력 향상과 관련된 교과목으로 3학 즉 논리학, 문법, 수사학이 있으며 수를 통한 추상적 사고능력 향상과 관련된 교과목으로 4학인 산수, 기하학, 천문학, 음악이 있다. 동양의 경우에는 사서오경이 주요 교과목이다. 유교의 경전이라 하면 **사서삼경**(四書三經) **또는 사서오경**(四書五經)을 일컫는데 이는 유교의 경전 중에 가장 핵심적인 책이다. 사서는 '논어(論語)', '맹자(孟子)', '대학(大學)', '중용(中庸)' 네 개의 경전이며, 삼경은 '시경(詩經)', '서

경(書瘞)', '주역(周易)'의 세 경서를 뜻한다. 여기에 '춘추(春秋)'와 '예기(禮記)'의 경서를 포함한 것이 오경이다. 이러한 교과목들이 학교 교육과정의 핵심이 되었다.

이러한 교육과정은 주로 능력심리학에 바탕을 두어 운영되었다. 마치 운동을 통해서 육체적인 근육을 단련시킬 수 있는 것과 같이 정신의 근육을 도야시킬 수 있다고 본 것이다. 서양의 7자유교과나 동양의 사서오경의 교과들은 정신훈련, 정신 도야에 가장 적합한 교과라고 믿어졌다. 그러나 20세기 초 미국에서 나타난 행동주의 심리학에 따라서 형식도야설과 능력심리학은 쇠퇴하기 시작하였다.

토의

경전(예: 성경, 팔만대장경, 코란, 시경 등)을 읽어 본 경험이 있는가?
읽어 본 경서 중 생각나는 내용에 대하여 토의해 보시오.

국보 제32호 팔만대장경은 고려 고종 때 판각되어 현재 해인사에 소장되어 있다. 팔만대장경은 정확히 81,258매로 구성되어 있으며 글자 수는 5천2백3십3만 152자다. 팔만대장경을 처음부터 끝까지 다 읽으려면 한문에 능통한 사람이 하루에 7시간 정도 읽어서 30년을 읽어야 한다.

팔만대장경을 다 읽은 스님에게 제자들이 물었다.

"팔만대장경의 내용을 한 마디로 요약해서 표현하면 무엇입니까?"

스님은 대답하였다.

"'심(心)'이다. 팔만대장경 전체의 내용은 마음이다. 일체유심조(一切唯心造)라는 말이 있다. 대부분 것이 마음먹기에 달려 있다. 그러므로 어떻게 마음을 먹느냐가 중요하다.

마음에 있지 않으면 보아도 보이지 않고, 들어도 들리지 않고, 먹어도 그 맛을 모른다. 인생에 좋은 경험, 나쁜 경험이란 없다. 우리가 경험을 어떻게 받아들이고 어떻게 그 경험에 반응하느냐에 따라 나쁜 경험도 좋은 경험으로 바뀔 수 있는 것이다. 실패란 실패자에게는 유쾌하지 못한 경험에 불과하지만, 성공자에게는 최고의 영웅담이다."

성경은 한 권의 문서가 아니라 기원전 1000년쯤부터 기원후 2세기에 이르는 동안에 기록된, 저자와 내용과 형식과 부피가 다른 책 66권의 묶음이다. 구약(舊約)은 유대교의 경전으로서 서기 90년경에 현재의 39권으로 확정되었고, 신약(新約)은 서기 397년에 현재의 27권이 정경(正經)으로서 확정되었다. 이때의 편집에서 제외된 문서들을 외경(外經)과 가경(假經)이라고 한다. 성경은 모두 1,189장으로 구성되어 있다. 구약은 929장, 신약은 260장이다. 성경에 나오는 인물은 한 사람이 여러 이름으로 불리는 것을 제외하면 총 2,197명이다. 성경은 계시로 기록된 하나님의 말씀으로서, 절대적이고 유일한 권위를 가진다고 믿어진다.

1-2. 20세기 이후의 교육과정 발전과정

1920년대에는 **교과 중심 교육과정이 핵심이다.** 지식의 체계를 중요시한 교육과정이다. 당시에는 라틴어, 희랍어, 천문학 등 사회의 주류를 이루는 계층의 교양 중심의 교과목으로 구성되어 있었다. 주로 형식도야 이론에 근거하여 운영되었다.

1930년대에는 **경험 중심 교육과정이 핵심이다.** 학습자가 중심이 되어 학습자의 모든 경험을 중요시하였다. 교과 중심 교육과정의 실생활과의 괴리감에 대한 비판을 통해 가정, 실과, 공민(시민교육) 등의 과목이 출현하게 되었다. Bobbitt로 대표되는 초기 교육과정 학자들은 미래 생활의 준비 혹은 유능한 생활인의 육성이라는 표어 아래 장식적 교과를 실용적 교과로 대치하는 방안을 찾는 것을 노력하였다. 이러한 노력은 교육과정을 교육학의 한 가지 탐구 분야로 태동시킨 역사적인 시도로 평가받고 있다. 흔히 '기술공학적 접근'이라는 용어로 지칭되는 이 방향의 탐구는 그 이후 Tyler에 의하여 종합되어 오늘날까지 교육과정 탐구의 지배적인 전통으로 군림하고 있다(박채영, 2016).

교육과정이 하나의 학문 영역으로 형성되기 시작한 것은 1918년에 교육과정에 관한 최초의 전문 서적인 Bobbitt의 저서 『교육과정(The Curriculum)』으로부터이다. Bobbit와 함께 미국의 교육과정 발전에 큰 영향을 미친 사람은 Dewey이다. 그는 1916년에 『민주주의와 교육』을 저술하여 교육과정 분야에서 실험주의적 사고의 기반을 마련하였다. 1923년에는 Charters가 『교육과정 구성』을 발간하였고, 1924년에는 Bobbit가 『어떻게 교육과정을 구성하는가』를 발간하였다. 1926년에는 미국 대학에서 학습경험의 질과 성과를 측정하는 기관(NSSE: National Survey of Student Engagement)이 『교육과정 구성의 기초와 기법』을 발간하였다. 이와 같은 교육과정에 관한 관심 속에서 1926년에 콜롬비아 대학의 사범대학에 교육과정 연구소가 설립되었다. 1937년에는 콜롬비아 대학에 '교육과정과 교수(Curriculum and Instruction)' 학과가 설립되면서 많은 대학에 교육과정 학과가 설립되었다. 또한 미국교육과정학회(ASCD: Professional Learning & Community for Educators)의 설립과 발달은 교육과정이 하나의 학문 영역으로 자리매김하는 데 큰 공헌을 하였다.

1950년대 초 미국의 교육과정 연구는 철학적으로는 Brameld의 사회재건주의 교육철학, 심리학적으로는 실험심리학의 영향을 크게 받았다. 미국 교육과정 발전에 지대한 공헌을 한 기관 중의 하나는 1950년에 세워진 미국 국립과학재단(National Science Foundation)의 과학 교육과정 개발 지원이다. 이러한 과학 교육과정 개발 운동에 불이 붙기 시작한 특별한 동기는 **1957년 10월 4일 소련**(현재 러시아)**에서 스푸트니크가 발사되면서부터이다.** 이를 계기로 약 20년 동안 새로운 과학 교육과정 개발 운동이 이루어졌다.

1960년대는 학문 중심 교육과정이 핵심이다. 1960년대 미국 교육과정의 흐름에서는 Bruner의 '지식의 구조적 접근'을 배경으로 하는 학문 중심 교육과정 운동이 시작되었다. 1959년 9월에는 34명의 과학자와 교육자들이 매사추세츠(Massachusetts)주의 Wood Hole에서 국립과학원(National Academic of Sciences)의 후원으로 10일간 학교에서의 과학 교육과정과 교수방법을 개선하기 위한 회의를 하였다. 이때 의장이었던

Bruner가 5개의 분과회의(교육과정의 계열, 교수 장치, 학습동기, 학습과 사고에 있어서 직관의 역할, 학습에서의 인지과정)의 결과에 기초해서 펴낸 보고서가 '교육의 과정(The Process of Education)'이다. 이는 1960년대 미국 교육과정의 흐름에 새로운 바람을 일으켰다.

1970년대에는 열린교육과 함께 학교교육의 인간화를 위한 여러 가지 개혁이 일어났다. 1960년대 말로 접어들면서 학습 중심 교육과정에 대한 회의가 일어났다. Bruner도 1971년에 발표한 '교육과정의 재음미'라는 논문에서 학문 중심 교육과정에 문제가 있음을 시사하였다. Schwab는 1960년대 미국 교육과정을 비판하면서 교육과정은 무엇보다 실천적, 통합적 원리를 개발해야 한다고 주장하였다. Synder은 그의 저서 『잠재적 교육과정』에서 외현적 교육과정보다 잠재적 교육과정을 통하여 학생들이 더 잘 배운다는 사실을 확인하였다. Illich의 『탈학교 사회(Deschooling Scosiety)』와 Reimer의 『학교는 죽었다(School is Dead)』와 같은 저서 역시 학교교육의 문제를 제기하였다(구병두, 최종진, 김부국 외, 2017).

1980년대는 복고주의적 보수주의 운동이 다시 나타나는 특징을 보인다. 교육에서 기본교육을 강조하는 현상이 나타났다.

1990년대부터는 통합 교육과정을 강조하였다. 한국, 미국, 일본 등지에서 유행하는 관점으로, 교과목을 통합하여 주제나 경험 중심으로 구성한다. 교육과정을 구성하는 데 하나의 교과로 통합하였다고 보면 이해하기 쉽다.

2. 우리나라 교육과정의 발전과정

우리나라 교육과정의 발전과정을 정부수립 이전과 정부수립 이후로 구분하여 살펴본다.

2-1. 정부수립 이전 교육과정의 발전과정

정부수립 이전 교육과정의 발전과정을 살펴보면 **첫째, 대한제국 시기**(1894~1910) **이다.** 정치 · 사회구조적으로는 **갑오개혁**이 있던 시기이다. 우리나라의 근대교육은 1894년 갑오개혁을 계기로 시작되었다. 1881년에 조선은 국방력 강화를 위해 별기군을 설치하였는데 이 과정에서 서양식 군사 훈련과 함께 어느 정도의 외국어 교육과 과학교육이 시행되었다. 별기군의 훈련은 1882년 임오군란으로 인하여 중단되었다.

19세기 근대학교는 개신교와 천주교 전파를 위해 외국으로부터 들어온 선교사들에 의해서 상당수 세워졌다. **1885년 배재학당**(培材學堂)**의 설립** 이래 1910년에 이르는 동안 선교계 학교는 설립 목적을 기독교사상의 포교에 두고 있으나, 교육활동에서 나타나는 여러 가지 요소에는 한국 사회의 근대화를 위한 근원적인 이념이 제시되고 있다. **육영공원**(育英公院, 1886)은 고종 23년에 **국가에서 설립한 교육기관이다. 기독교 선교사들에 의해 설립된 최초의 근대학교는 사립학교로서 '광혜원**(1885)', '**배재학당**(1885)'(감리회)**과 '경신학교**(1887)'(장로회), '**이화학당**(1886)'(감리회), '**정신 여학교**(1887)'(장로회) 등이었다. 근대 초기의 교육은 학교급이 나뉘어 시행된 것이 아니었으며, 특정 목적을 달성하기 위해 세워진 학교가 대부분이다. 근대 말기에 이르러서야 초등 교육기관과 중등 교육기관으로 학교급이 구별된다. 따라서, 근대교육을 살펴보는 것은 학교의 설립을 위주로 보는 것이 타당하다.

1894년 갑오개혁은 근대적인 국가 체제를 도입하면서 이러한 시도를 국가 중심의 공교육으로 통합시켰는데, 이를 '**갑오 교육개혁**'이라 부르기도 한다. 갑오 교육개혁에 따라 국가교육을 담당하는 기관인 학부가 신설되었으며, 1895년에는 초등교육기관인 소학교와 소학교의 교원을 양성하기 위한 사범학교가 생겼다. 이와 함께 다양한 형태의 사립학교가 등장하면서 1900년에는 **사립학교법이 제정**되었다.

둘째, 일제 강점기(1910~1945)**이다.** 1910년의 한일병합조약으로 대한제국의 주권이 일본 제국에게 강탈되면서 한국의 교육은 일본의 영향을 크게 받게 되었다. 일제가 직접적으로 한국의 교육에 관여한 것은 **1911년 8월 23일 실시한 제1차 조선교육령**이었다. 이때 **소학교는 보통학교로 바뀌었고, 중등교육을 위한 고등보통학교와 중학교, 실업학교가 신설**되었다. 제1차 조선교육령에서는 한국인과 일본인에 대한 **차별적인 교육정책**을 실시하였다. 이에 따라 초등교육기관인 보통학교의 수업 연한은 4년으로 하였으며 고등교육기관은 설치하지 않았다. 일제는 일본의 식민통치에 적절하게 복종하는 인간교육과 최소한의 사회적 능력만을 갖춘 인간 양성을 목적으로 한 것이다. **1919년 3·1 운동**이 일어나자 일제는 식민지정책을 **문화정책으로 선회**하고 1920년 1차 조선교육령을 수정하여 보통학교 수업 연한을 4년에서 6년으로 늘리게 되었다.

제2차 조선교육령(1922년 2월)에서는 일시동인(一視同仁)을 교육의 지표로 삼아 일본인과 조선인에게 같은 교육을 하는 것을 표방하였다. 그러나 사실 일제는 이미 조선에서 식민통치의 기반이 완성되었다고 보고, 같은 제도 아래 같은 교육을 시행한 일종의 동화정책에 불과한 것이었다. 대학에 관한 규정을 새로 만들어 한국 안에서 고등교육기관을 설립할 수 있게 하였으며 **1924년에는 고등교육기관인 경성제국대학**이 설립되었다.

제3차 조선교육령은 1937년에 발발한 중일전쟁으로 인해 한반도의 병참 기지화 정책과 동시에 이루어졌다. 한국인의 전시 동원을 위하여 동화정책을 강화하였다. 이를 위하여 보통학교와 소학교, 고등보통학교와 중학교, 여자고등보통학교와 고등여학교로 각각 이원화되어 있던 학교명을 소학교, 중학교, 고등여학교로 통일하게 되었다. 또한 조선어를 선택과목으로 낮추고 황국신민화 교육을 더욱 본격화하였다.

제4차 조선교육령(1943년 8월 3일)은 학교교육을 전시체제에 맞게 개편하였다. 중학교와 고등여학교의 수업 연한을 4년으로 축소하였다. 조선어 과목을 아예 삭제하고 일본어 교육을 강화하였다.

이상과 같이 일본은 교육령에 따른 교육제도를 시행하였다고는 하나 이것이 조선인의 진정한 교육을 위한 것은 아니었다. 조선총독부의 1944년 자료에 따르면 **초등**

교육을 접할 기회가 있었던 사람은 전체 조선 주민의 13.8%에 불과했다고 한다.

셋째, 미국 군정기(1945~1948)**의 교수요목기이다.** 1945년 일제 강점기가 끝나 해방이 되고, 남북이 분단된 3·8도선 이북은 소련이, 이남에는 미군이 주둔하여 군정을 하게 되었다. 이때 남한의 교육을 담당한 '군정청 학무국'에서는 일제 강점기의 교육과정을 사용하지 말 것을 지시하였다. 그러나 새 교육과정과 교과서를 내놓지는 못하고 **'교수요목 제정위원회'를 조직하여 교수요목을 제정하고 교과서를 만드는 일에 착수한다.**

교수요목기에는 교과의 지도 내용을 상세히 표시하고, 기초 능력을 배양하는 데 힘을 실었다. 분과주의를 채택하여 체계적인 지도와 지력(知力)의 배양에 중점을 두었다. 홍익인간의 정신에 근거하여 애국 애족의 교육을 강조했으며, 일제 강점기의 잔재를 정신·생활 면에서 제거하는 데 노력을 기울였다. 그러나 당시의 교수요목은 이를 제정하는 데 시간적 여유가 없어 교과별로 가르칠 주제를 단순히 열거하는 데 불과하였고, **내용과 수준이 학생들의 지적 능력보다 너무 높았다.**

정부수립 이전 교육과정의 발전과정을 정리하면 [표 2-1]과 같다.

표 2-1 정부수립 이전 교육과정의 발전과정

교육과정 개정 시기	정치·사회구조적 측면	주요 개편 내용 및 특징
대한제국 시기 (1894~1910)	갑오개혁	• 한국의 근대적인 교육은 1894년 갑오개혁을 계기로 시작 • 19세기 말에 천주교와 개신교 등이 포교를 위해 의료 및 교육 사업을 추진한 것이 대표적인 예. 당시 세워졌던 광혜원, 배재학당, 이화학당 등은 민간이 설립한 최초의 근대적인 교육기관
일제 강점기 (1910~1945)	일제 강점기	• 1911년은 조선교육령의 시작이었는데, 소학교는 보통학교로 바뀌었고, 중등교육을 위한 고등보통학교와 중학교, 실업학교가 신설 • 일본의 식민통치에 적절하게 복종하는 인간교육과 최소한의 사회적 능력만을 갖춘 인간을 양성
미국 군정기 (1945~1948) 교수요목기 (1945~1954)	미국이 통치	• 남한의 교육을 담당한 군정청 학무국에서는 일제 강점기의 교육과정을 사용하지 말 것을 지시한 채로 새 교육과정과 교과서를 내놓지는 못하고 '교수요목 제정위원회'를 조직하여 교수요목을 제정하고 교과서를 만드는 일에 착수

2-2. 정부수립 이후 교육과정의 발전과정

정부수립 이후 문교부는 한국전쟁 후 미군정 시대에 시급히 만든 교과과정을 전면 개편하였다. 1954년에 '교육과정 시간 배당 기준령'을 제정하고, 이듬해 새 교육과정을 공포하였다. 정부수립 이후 교육과정의 발전과정을 살펴보면 다음과 같다.

첫째, 1차 제정 시기(1954년 4월 ~ 1963년 1월)**이다.** 이 시기는 정치 · 사회구조적으로는 6 · 25 전쟁 및 국가 사회 복구 요청 시기이며, 이승만 정부(1948~1960)와 윤보선 정부(1960~1962) 시기이다. 1954년 4월 20일 문교부령 제35호로 **'교육과정 시간 배당 기준령'**이 제정 · 공포되었으며 **법령상의 명칭은 '교과과정'**이었다. 교육과정 이론 측면에서 1차 교육과정은 교과 중심 교육과정이었다. 1947년 당시의 교수요목은 임시 방편으로서의 성격을 지녔기 때문에 대한민국 정부가 수립되고 교육법이 제정됨에 따라 기존의 교과를 기본으로 하여 최초로 우리 손으로 만든 국가 수준 교육과정 체제를 확립하였다. 이 교육과정에서는 학습자의 경험과 생활을 중요시하는 **생활 중심 교육과정의 개념**이 들어 있는데, 이런 특색은 미국의 **진보주의 교육 사조**와 신교육운동의 영향을 받은 것이며 생활 중심 단원으로 부르기도 했다.

1차 교육과정은 한국전쟁으로 피폐한 국가를 재건하기 위해 사회 개선의 의지를 강조하였다. 정부수립 후 제정하고 공포한 교육법의 교육목적을 달성하기 위한 교육과정을 목표로 하여, **반공교육, 도의교육, 실업교육**을 강조하였다. 편제에 있어서는 교과 활동과 특별활동의 두 영역을 편성하였고 교과 구성과 시간 배당 기준을 설정하였다. 초등학교의 교과과정은 **국어, 산수, 사회생활, 자연, 음악, 미술, 실과, 체육의 8과목**으로 구성하였고, 교과 이외에 특별활동 시간도 최초로 편성했다.

둘째, 2차 개정 시기(1963년 2월 ~ 1973년 1월)**이다.** 이 시기는 정치 · 사회 구조적으로는 5 · 16 쿠데타와 제3공화국 박정희 정부(1963~1972) 시기이다. 교육과정 이론 측면에서는 **경험 중심 교육과정** 시기이다. 2차 교육과정은 1차 교육과정의 수립 당시 사회의 비정상성, 체제의 미흡함을 들어 경험 중심 교육과정을 중심으로 개정하였다.

1차 교육과정에서 교과과정이라는 용어를 사용하여 교과의 활동만을 강조한 것에 비해 **2차 개정에서는 교육과정이라는 용어를 사용**하였다. 교육과정을 전개하면서 체계성을 두었다. 단위제와 과정별로 선택과정을 두어 인문, 자연, 직업과정의 선택과목을 마련하였다. 이때 도덕교육이 정식으로 학교 교육과정으로 편입되었다. 그러나 '**반공도덕**'이라는 과목 이름에서 알 수 있듯이 교과의 본래 목적인 도덕교육보다는 반공교육에 중점을 두었다. 특히 반공도덕은 수업 시간을 매주 월요일 1교시로 고정했다.

셋째, 3차 개정 시기(1973년 2월 ~ 1981년 12월)**이다.** 정치 · 사회 구조적으로는 유신체제의 박정희 정부(1972~1979) 시기이다. 교육과정 이론 측면에서는 **학문 중심 교육과정** 시기이다.

3차 교육과정은 학문 중심으로 이루어졌으며 **국사 교육 강화위원회**가 구성되었다. 위원회에서는 **국사과를 독립시키고 모든 학교의 필수과목**으로 정하였다. **국사 교과서는 국정 교과서**가 되었다. 국사 내용 면에서는 국난 극복 측면이 강조되어 '국난극복사'를 별도로 편찬하여 학교에 배포하였다. 초등학교 교육과정 편제가 교과, 특별활동으로 개편되면서 **반공도덕 생활 영역은 '도덕' 교과**가 되었다. 도덕 과목의 중요도를 **국어보다 앞에 두어서 초등학교 교과는 도덕**, 국어, 사회, 산수, 자연, 체육, 음악, 미술, 실과로 9과목이 되었다.

넷째, 4차 개정 시기(1982년 1월 ~ 1987년 6월)**이다.** 이 시기의 정치 · 사회 구조적으로는 제5공화국 전두환 정부(1980~1988) 시기이다. 교육과정 이론 측면에서는 **인간 중심 교육과정** 시기이다.

4차 교육과정은 인간 중심으로 이루어졌다. 정부의 **과외 금지조치**에 따라 재학생의 과외 교습과 입시 목적의 학원 수강이 법으로 금지되었다. **초등학교에 통합교과서가 도입**되어 초등학교 1~2학년에 **바른 생활**(도덕 + 국어 + 사회), **슬기로운 생활**(산수 + 자연), **즐거운 생활**(체육 + 음악 + 미술)이라는 교과서가 처음으로 구성되었다. 초등학교의 주당 수업 시간은 1학년이 23시간, 2학년이 24시간, 3학년에 27시간, 4학년이 30시간, 5학년과 6학년은 32시간이었다. 교육과정 전반에서 반공 교육을 강조하여 **도덕**

교과의 경우 교과서 내용의 50% 이상을 반공에 관한 내용으로 구성하였고, 국어 교과서의 읽기와 음악 교과서의 노래 부르기에 6 · 25 전쟁, 반공 관련 내용을 삽입하였다.

다섯째, 5차 개정 시기(1987년 7월 ~ 1992년 9월)**이다.** 이 시기는 정치 · 사회 구조적으로는 제6공화국 노태우 정부(1988~1993) 시기이다. 교육과정 이론 측면에서는 **통합 중심 교육과정** 시기이다.

5차 교육과정은 통합 중심 교육으로 이루어졌다. **과외 금지조치**가 **해제**되었다. 1987년 민주화를 계기로 교육과정에 민주주의와 관련된 내용이 늘어났고, 6 · 25전쟁과 반공을 주제로 한 국어과의 읽기, 음악과의 노래 부르기가 새 교과서에서 삭제되었다.

초등학교 교육과정에 한 과목을 여러 교과서로 배우는 체제가 도입되어 3~6학년의 교과서가 도덕(도덕, 생활의 길잡이), 국어(말하기·듣기, 읽기, 쓰기), 사회(사회, 사회과 탐구), 산수(산수, 산수 익힘책), 자연(자연, 실험관찰), 체육, 음악, 미술, 실과(실과, 실습 길잡이)로 늘어났다. 중학교 교육과정은 이전 교육과정의 중학교에서 남학생들만 배우던 기술 · 산업 교과와 여학생들만 배우던 가정 · 가사 교과가 통합되어 기술 · 가정 교과가 새로 만들어졌다. 고등학교 교육과정은 고등학생들의 **군사 훈련을 목적으로 제작된 '교련' 교과서**의 편찬 주체가 국방부에서 교육부로 변경되었고, 문민정부가 출범한 1993년에 교련 교과의 교육과정을 전면적으로 수정하여 안보 교육을 제외한 군사 훈련 부분을 **삭제하고 사회봉사 활동**으로 대체하였다.

여섯째, 6차 개정 시기(1992년 10월 ~ 1996년 12월)**이다.** 정치 · 사회 구조적으로는 문민정부 김영삼 정부(1993~1998) 시기이다. 교육과정 이론 측면에서는 **지역별, 학교별 교육과정** 도입 시기이다.

6차 교육과정은 21세기 미래상을 위한 교육으로 이루어졌다. 1994년에 대학 입학시험이 **학력고사에서 대학수학능력시험**으로 바뀌었다. 1996년에 초등교육 시기의 명칭이 **'국민학교'에서 '초등학교'**로 바뀌었다. 지역별 교육과정으로는 초등학교 1학년이 3월 한 달 동안 배우는 '우리는 1학년' 교과의 교육과정을 각 특별시, 광역시 · 도 교육청에서 자율로 구성할 수 있도록 하였다. 그러나 실제로는 대부분 시 · 도 교육과정의 내용이 비슷하여 교육과정 자율의 의미가 퇴색하였고, **1997년 제7차 교육**

과정에서 다시 국가 수준 교육과정으로 바꾸었다.

학교별 교육과정으로는 초등학교에 학교 재량시간을 주당 1시간씩, 중학교에 주당 3시간씩 선택 교과(한문, 환경 등)를 편성하도록 하였다. 그러나 1996년에 갑자기 **초등학교에 영어교육을 도입**하여 1997년 3학년부터 순차적으로 적용하게 함으로써 학교 재량시간이 사실상 폐지되었다.

일곱째, 7차 개정 시기(1997년 1월 ~ 2009년 2월)**이다.** 정치 · 사회 구조적으로는 국민의 정부 김대중 정부(1998~2003) 시기이다. 교육과정 이론 측면에서는 **학생 중심 교육과정** 시기이다.

교육과학기술부(현 교육부)**에서는 7차 교육과정을 마지막으로 8차 교육과정을 더는 전면적 또는 일률적으로 개정하지 않고, 수시로 부분적으로 개정하기로 하였다.** 이후로 개정된 교육과정은 다음과 같다.

여덟째, 2007년 개정 교육과정 시기이다. 정치 · 사회 구조적인 측면으로는 참여정부 노무현 정부(2003~2008) 시기이다. 교육과정 이론 측면에서는 **구성주의, 수요자 중심 교육과정** 시기이다.

7차 교육과정은 학생 중심 교육으로 이루어졌다. **국민 공통 기본교육** 기간을 설정하여 **초등학교 1학년부터 고등학교 1학년까지의 10년** 동안 모든 학교에서 같은 교육을 받을 수 있도록 했고, 이후 **2년간의 선택 중심 교육 기간**에는 선택교과를 선택해 교육받을 수 있도록 하였다. 또한 국어과에는 보충 · 심화형을, 수학과와 외국어과에는 단계형 교육과정을 채택해 수업할 수 있도록 하였다.

2004학년도부터는 부분적으로 **주 5일 수업제**가 도입되었다. 2005학년도에서는 최초로 매월 4번째 토요일을 대상으로 월 1회 도입되었으며, 2006학년도부터는 매월 2, 4번째 토요일을 대상으로 월 2회로 확대되었다.

아홉째, 2009년 개정 교육과정 시기이다. 정치 · 사회 구조적인 측면으로는 이명박 정부(2008~2013) 시기이다. 교육과정 이론 측면에서는 **미래형 교육과정, 창의적 교육과정** 시기이다.

2009 개정 교육과정은 학기당 이수 과목을 최대 5과목 줄이고 **교과 집중이수제**를

도입하였다. 예 · 체능 등의 과목을 특정 학기에 몰아서 수업하며 학교 자율에 따라 교육과정을 20% 범위에서 증감 운영할 수 있게 하였다. 학년과 교과군을 고려하여 **전체 교과 내용을 약 20% 감축**했다. 교과별로 특성화된 교실을 마련해 수업하는 '**교과교실제**', 쪼개진 시간을 블록(block)으로 모아 집중해 가르치는 '**집중이수제**' 등도 활성화하였다.

열째, 2015년 개정 교육과정 시기이다. 정치 · 사회 구조적으로는 박근혜 정부(2013~2017) 시기이다. 교육과정 이론 측면에서는 **창의 · 융합형 인재 양성 교육과정** 시기이다. 2015년 개정 교육과정에 대한 구체적인 내용은 다음 절에서 살펴본다. 정부수립 이후 교육과정의 발전과정을 요약하면 [표 2-2]와 같다.

표 2-2 정부수립 이후 교육과정의 발전과정

<table>
<tr><th rowspan="2">교육과정 개정 시기</th><th colspan="3">개정 배경</th><th rowspan="2">주요 개편 내용 및 특징</th></tr>
<tr><th>정치·사회 구조적인 측면</th><th>교육과정 이론 측면</th><th>기존 교육과정의 불합리한 측면</th></tr>
<tr><td>1차 제정 시기
1954년 4월 ~ 1963년 1월</td><td>6·25 전쟁 및 국가사회 복구요청:
이승만 정부(1948~1960)
윤보선 정부(1960~1962)</td><td>교과 중심 교육과정, 생활 중심 교육과정</td><td>난이도 높은 교육내용 제거</td><td>• 미군정 시대에 시급히 만든 교과과정을 문교 당국이 한국전쟁 후 전면 개편. 그 결과 1954년에 '교육과정 시간 배당 기준령'을 제정하고, 이듬해 새 교육과정을 공포
• 법령상의 명칭은 '교과과정'</td></tr>
<tr><td>2차 개정 시기
1963년 2월 ~ 1973년 1월</td><td>5·16 쿠데타와 제3공화국
박정희 정부(1963~1979)</td><td>경험 중심 교육과정</td><td>사회의 비정상성, 체제의 미흡함</td><td>• 기초학력 강조
• 생활 경험 중심 교과 활동
• 자주성·생산성·유용성·합리성·지역성 강조</td></tr>
<tr><td>3차 개정 시기
1973년 2월 ~ 1981년 12월</td><td>유신체제:
박정희 정부(1963~1979)</td><td>학문 중심 교육과정</td><td>경험 중심 교육과정으로 기본 개념의 소홀함과 탐구학습 부족</td><td>• 국민교육헌장이념 구현
• 국사 교육 강화위원회가 구성하여 국사과를 모든 학교에서 필수(국사 교과서는 국정 교과서)
• 인간교육 강화
• 탐구학습 강조</td></tr>
</table>

교육과정 개정 시기	개정 배경			주요 개편 내용 및 특징
	정치·사회 구조적인 측면	교육과정 이론 측면	기존 교육과정의 불합리한 측면	
4차 개정 시기 1982년 1월 ~ 1987년 6월	제5공화국 전두환 정부 (1980~1988)	인간 중심 교육과정	학문 중심 내용으로 생활교육 부족	• 국민 정신교육 강화 • 과외 금지조치 시행 • 전인교육 • 진로 교육개념 도입
5차 개정 시기 1987년 7월 ~ 1992년 9월	제6공화국 노태우 정부 (1988~1993)	통합 중심 교육과정	교육과정 구조의 중앙집권화	• 과외 금지조치 해제 • 교련 교과의 교육과정을 삭제하고 사회봉사 활동으로 대체
6차 개정 시기 1992년 10월 ~ 1996년 12월	문민정부 김영삼 정부 (1993~1998)	지역별 교육과정, 학교별 교육과정 도입	교육과정의 성격을 제시하지 않음	• 1994년 대학 입학시험이 학력고사에서 대학수학능력시험으로 변경됨 • 1996년 초등교육기관의 명칭이 국민학교에서 초등학교로 변경됨
7차 개정 시기 1997년 1월 ~ 2009년 2월	국민의 정부 김대중 정부 (1998~2003)	학생 중심 교육과정	다양한 변화에 대응하지 못함	• 2004학년도부터는 부분적으로 주 5일 수업제가 정식으로 도입
교육과학기술부(현 교육부)에서는 7차 교육과정을 마지막으로 8차 교육과정을 이제는 전면적 또는 일률적으로 개정하지 않고, 수시로 부분적으로 개정하기로 하였음.				
2007년 개정 교육과정	참여 정부 노무현 정부 (2003~2008)	구성주의 수요자 중심	다양한 변화에 대응하지 못함	• 학습자 중심, 7차 교육과정 기본 철학 유지
2009년 개정 교육과정	이명박 정부 (2008~2013)	미래형 교육과정, 창의적 교육과정	교육과정의 탄력적 운영 미흡	• 2009 개정 교육과정은 학기당 이수 과목을 최대 5과목 줄이고 교과 집중이수제를 도입
2015년 개정 교육과정	박근혜 정부 (2013~2017)	창의·융합형 인재양성	공교육 부실화	• 통합사회·통합과학 등 문·이과 공통과목 신설 • 교실 수업을 교사 중심에서 학생 활동 중심으로 전환 • SW(소프트웨어)와 관련된 수업도 강화

토의

고등학교(일반고, 특목고, 자사고 등) 시절에 배웠던 과목들과 교육과정 전반에 대하여 토의해 보시오. 고등학교 수업시수에 대해서도 토의해 보시오. 그리고 고등학교 때 활동했던 특별한 활동 시간에 대하여 토의해 보시오. 이러한 내용들이 위에서 살펴본 우리나라 교육과정 개정과 관련해서 어떤 관련이 있는지 토의해 보시오.

3. 2015 개정 교육과정 총론 및 주요 개정 내용

교육부는 2015. 9. 23.(수) 박근혜 정부의 '6대 교육개혁 과제'의 하나인 **'공교육 정상화'를 위한 핵심과제로서, 창의 · 융합형 인재 양성을 목표**로 하는 2015 개정 교육과정을 확정 · 발표하였다. 이 교육과정은 학교교육 전 과정에서 학생들에게 중점적으로 길러주고자 하는 핵심역량을 설정하고, **통합사회 · 통합과학 등 문 · 이과 공통 과목 신설, 연극 · 소프트웨어 교육 등 인문 · 사회 · 과학기술에 대한 기초 소양 교육을 강화하며, 교과별 핵심 개념과 원리를 중심으로 학습 내용을 적정화하고, 교실 수업을 교사 중심에서 학생 활동 중심으로 전환하기 위한 교수-학습 및 평가 방법을 제시한 점을 가장 큰 특징으로 볼 수 있다.**

이 개정은 문 · 이과 구분에 따른 지식 편식 현상을 개선하고 융합형 인재 양성에 대한 사회적 요구에 부응하고자, 초 · 중등 교육과정과 대학수학능력시험 제도를 연계하여 개편할 계획임을 천명하면서 시작되었다(교육부 2017년 대입제도 발표, '13.10.25).

3-1. 2015 개정 교육과정 총론 및 주요 개정 내용

2015 개정 교육과정은 2009 개정 교육과정이 추구하는 인간상을 기초로 지식정보사회가 요구하는 핵심역량을 갖춘 '창의 · 융합형 인재상'을 제시하였다.

▸ 창의 · 융합형 인재 : 인문학적 상상력, 과학기술 창조력을 갖추고 바른 인성을 겸비하여 새로운 지식을 창조하고 다양한 지식을 융합하여 새로운 가치를 창출할 수 있는 사람

이를 구체적으로 구현하기 위해 추구하는 인간상(자주적인 사람, 창의적인 사람, 교양 있는 사람, 더불어 사는 사람)과 **창의 · 융합형 인재가 갖추어야 할 핵심역량으로 첫째, 자기관리 역량, 둘째, 지식정보처리 역량, 셋째, 창의적 사고 역량, 넷째, 심미적 감성 역량, 다섯째, 의사소통 역량, 여섯째, 공동체 역량을 제시하였다.**

주요 개정 방향

첫째, 인문 · 사회 · 과학기술에 관한 기초 소양 교육을 강화한다. 이를 위해 초 · 중등 교과 교육과정을 개편하여 인문학적 소양을 비롯한 기초 소양 함양 교육을 전반적으로 강화하고, 특히 고등학교에 기초 소양 함양을 위해 문 · 이과 구분 없이 모든 학생이 배우는 공통 과목(국어, 수학, 영어, 한국사, 통합사회, 통합과학, 과학 탐구실험)을 도입하고, 통합적 사고력을 키우는 '통합사회' 및 '통합과학' 과목을 신설하였다.

통합과학 구성 체계안 예시

자연현상에 대한 핵심 개념(물질의 규칙성, 시스템과 상호작용, 변화와 다양성, 환경과 에너지)을 중심으로 분과 학문적 지식 수준을 넘어 다양한 형태의 통합을 통한 융 · 복합적 사고력 신장이 가능하도록 구성하였다.

표 2-3 통합과학 구성 체계안

학교급	영역	핵심 질문	핵심 개념	비고
고등학교	물질과 규칙성	자연은 무엇으로 이루어져 있고, 어떤 규칙성을 갖는가?	물질의 규칙성과 결합	어디서 왔으며
			자연의 구성 물질	
	시스템과 상호작용	인류는 자연의 시스템을 어떻게 이해하고 있는가?	역학적 시스템	어떻게 구성되어 있으며
			지구 시스템	
			생명 시스템	
	변화와 다양성	인류는 자연의 변화를 어떻게 이용하고 있는가?	화학변화	어떻게 유지되고
			생물 다양성과 유지	
	환경과 에너지	인류는 환경과 에너지 문제를 어떻게 대처하고 있는가?	생태계와 환경	어떻게 환경에 적응하고 살아가는가
			발전과 신재생에너지	

둘째, 학생들의 '꿈과 끼'를 키울 수 있는 교육과정을 마련한다. 단위학교의 교육과정 편성 · 운영의 자율성을 확대하여 학생의 진로와 적성을 고려한 다양한 선택과목 개설이 가능하게 하고, 자유학기제 전면 실시('16년)에 대비하여, 중학교 한 학기를 **'자유학기'로 운영할 수 있는 근거**를 마련하였다.

셋째, 미래 사회가 요구하는 핵심역량의 함양이 가능한 교육과정을 마련한다. 교과별로 꼭 배워야 할 핵심 개념과 원리 중심으로 **학습 내용**을 **골라 뽑아 감축하고**, 교수-학습 및 평가 방법을 개선하여 학생들의 학습 부담을 줄이고 진정한 배움의 즐거움을 느낄 수 있도록 한다.

> ▸ **교과교육에 관한 국제적 경향** : 싱가포르를 비롯한 선진국의 교과교육 과정은 적은 양을 깊이 있게(less is more) 가르쳐 학습의 전이를 높이고 심층적인 학습이 이루어지도록 하여 학습의 질을 중시하고 있음

학교 급별 주요 개정 사항

첫째, 초등학교의 경우, 1~2학년(군)에 한글 교육을 강조하는 등 유아교육과정(누리과정)과의 연계를 강화하고, 초등 1~2학년 수업시수를 주당 1시간 늘리되, 학생들의 추가적인 학습 부담이 생기지 않도록 창의적 체험 활동 시간을 활용해 체험 중심의 '안전한 생활(안전한 생활은 생활안전/교통안전/신변안전/재난 안전 4개 영역으로 설정하여 지식보다는 체험 중심 학습으로 자연스럽게 안전한 생활 습관과 의식을 습득하게 함)'을 편성 · 운영하도록 하였다.

둘째, 중학교는 한 학기를 '자유 학기'로 운영할 수 있는 근거를 마련함으로써, 학생들이 중간 · 기말고사에 대한 부담에서 벗어나 체험 중심의 교과 활동과 함께 장래 진로에 대해 마음껏 탐색할 수 있도록 하였다. 또한, 학생들이 소프트웨어에 대한 기초 소양을 충실히 갖추어 나갈 수 있도록 소프트웨어 교육 중심의 정보 교과를 필수과목으로 지정하여 재미있고 흥미로운 교육과정을 개발하였다.

셋째, 고등학교는 학생들이 '공통과목'을 통해 기초 소양을 함양한 후 학생 각자의 적성과 진로에 따라 맞춤형으로 교육받을 수 있도록 '선택과목(일반 선택/진로 선택)'을 개

설하도록 하고, 학생의 진로에 따른 선택권을 확대하기 위해 진로 선택과목을 3개 이상 이수하도록 하는 지침을 마련하였다. 아울러, 기초 교과 영역(국어, 수학, 영어, 한국사) 이수 단위를 교과 총 이수 단위의 50%를 넘을 수 없도록 하여 균형 학습을 유도하고, 특성화고 교육과정은 전문교과를 공통과목, 기초과목, 실무과목으로 개편하여 국가 직무능력표준(NCS)과 연계를 강화하였다. 교과 교육과정 주요 개정 내용은 [그림 2-1]과 같다.

현재의 교육 모습

- 과다한 학습량으로 진도 맞추기 수업
- 어려운 시험 문제로 수학 포기자 양산, 높은 학업 성취도보다 학습 흥미도 저하
- 지식 암기식 수업으로 추격형 모방 경제에 적합한 인간

→

앞으로의 교육 모습

- 핵심 개념 중심의 학습 내용 구성
- 진도에 급급하지 않고 학생 참여 중심 수업을 통한 학습 흥미도 제고
- 창의적 사고 과정을 통한 선도형 창조 경제를 이끌 창의·융합형 인재 양성

그림 2-1 교과 교육과정 주요 개정 내용

3-2. 현행 교육과정 대비 신구 대조표

2009년 개정 주요 내용과 2015년 주요 개정 내용을 비교하면 [표 2-4]와 같다.

표 2-4 현행 교육과정 대비 신구 대조표

구분	주요 내용	
	2009 개정	2015 개정
교육과정 개정 방향	• 창의적인 인재 양성 • 전인적 성장을 위한 창의적 체험 활동 강화 • 국민 공통교육과정 조정 및 학교 교육과정 편성·운영의 자율성 강화 • 교육과정 개편을 통한 대학 수능 시험 제도 개혁 유도	• 창의 융합형 인재 양성 • 모든 학생이 인문·사회·과학기술에 대한 기초소양 함양 • 학습량 적정화, 교수-학습 및 평가 방법 개선을 통한 핵심역량 함양 교육 • 교육과정과 수능·대입제도 연계, 교원 연수 등 교육 전반 개선

<table>
<tr><th colspan="3" rowspan="2">구분</th><th colspan="2">주요 내용</th></tr>
<tr><th>2009 개정</th><th>2015 개정</th></tr>
<tr><td rowspan="7">총론</td><td rowspan="7">공통사항</td><td>핵심역량 반영</td><td>• 명시적인 규정 없이 일부 교육과정 개발에서 고려</td><td>• 총론 '추구하는 인간상' 부문에 6개 핵심역량 제시
• 교과별 교과 역량을 제시하고 역량 함양을 위한 성취기준 개발</td></tr>
<tr><td>인문학적 소양 함양</td><td>• 예술고 심화 선택 '연극' 개설</td><td>• 연극교육 활성화
- (초·중) 국어 연극 단원 신설
- (고) '연극' 과목 일반 선택으로 개설
• 독서교육 활성화</td></tr>
<tr><td>소프트웨어 교육 강화</td><td>• (초) 교과(실과)에 ICT 활용 교육 단원 포함
• (중) 선택 교과 '정보'
• (고) 심화 선택 '정보'</td><td>• (초) 교과(실과) 내용을 SW 기초 소양 교육으로 개편
• (중) 과학/기술·가정/정보 교과 신설
• (고) '정보' 과목을 심화 선택에서 일반 선택 전환, SW 중심 개편</td></tr>
<tr><td>안전교육 강화</td><td>• 교과 및 창의 체험에 안전 내용 포함</td><td>• 안전 교과 또는 단원 신설
- (초 1~2)「안전한 생활」 신설(64시간)
- (초 3~고3) 관련 교과에 단원 신설</td></tr>
<tr><td>범교과 학습 주제 개선</td><td>• 39개의 범교과 학습 주제제시</td><td>• 10개 내외 범교과 학습 주제로 재구조화</td></tr>
<tr><td>NCS 직업 교육과정 '연계</td><td>[신설]</td><td>• 교육과정 구성의 중점 등에 반영</td></tr>
<tr><td rowspan="4"></td><td rowspan="4">고등학교</td><td>공통 과목 '신설 및 이수단위</td><td>• 공통 과목 없이 전 학년 선택과목으로 구성</td><td>• 공통 과목 및 선택과목으로 구성
• 선택과목은 일반 선택과 진로 선택으로 구분
- 진로 선택 및 전문교과를 통한 맞춤형 교육, 수월성 교육 시행</td></tr>
<tr><td>특목고 과목</td><td>• 보통교과 심화 과목으로 편성</td><td>• 보통교과에서 분리한 전문교과로 제시</td></tr>
<tr><td>국·수·영 비중 적정화</td><td>• 교과 총 이수 단위의 50%를 초과할 수 없음</td><td>• 기초 교과(국·수·영·한국사) 이수 단위 제한 규정(50%) 유지 (국·수·영 90단위→84단위)</td></tr>
<tr><td>특성화고 교육과정</td><td>• 특성화고 전문교과로 제시</td><td>• 총론(보통교과)과 NCS 교과의 연계</td></tr>
</table>

구분		주요 내용	
		2009 개정	2015 개정
중학교	자유학기제 편제 방안	[신설]	• 중학교 '교육과정 편성·운영의 중점'에 자유학기제 교육과정 운영 지침 제시
초등학교	초 1, 2 수업시수 증배	[개선]	• 주당 1시간 증배, '안전한 생활' 신설 - 창의적 체험활동에서 체험 중심 교육으로 시행
	누리과정 연계 강화	[신설]	• 초등학교 교육과정과 누리과정의 연계 강화(한글 교육 강화)
교과 교육과정 개정 방향		[개선]	• 총론과 교과교육 과정의 유기적 연계 강화
		[개선]	• 교과 교육과정 개정 기본방향 제시 - 핵심 개념 중심의 학습량 적정화 - 핵심역량을 반영 - 학생 참여 중심 교수-학습 방법 개선 - 과정 중심 평가 확대
지원체제	교과서	[개선]	• 흥미롭고 재미있는 질 높은 교과서 개발
	대입 제도 및 교원	[개선]	• 교육과정에 부합하는 수능 및 대입 제도 도입 검토 - 수능 3년 예고제에 따라 '17년까지 '21학년도 수능 제도 확정 • 교원양성기관 질 제고, 연수 확대

3-3. 교육과정 수업 시간 배당 기준

2015년 개정 교육과정의 수업 시간 배당 기준

표 2-5 중학교 교육과정 시간 배당 기준

구 분		1~3학년
교과(군)	국어	442
	사회(역사 포함)/도덕	510
	수학	374
	과학/기술·가정/정보	680
	체육	272
	예술(음악/미술)	272
	영어	340
	선택	170
	소계	3,060
창의적 체험활동		306
총 수업 시간 수		3,366

※ 창의적 체험활동(교과 이외의 활동: 자율활동, 동아리활동, 봉사활동, 진로활동의 4영역으로 구성)

표 2-6 고등학교 수업 시간 배당 기준

교과 영역		교과(군)	공통과목(단위)	필수이수 단위	자율편성 단위
교과(군)	기초	국어	국어(8)	10	학생의 적성과 진로를 고려하여 편성
		수학	수학(8)	10	
		영어	영어(8)	10	
		한국사	한국사(6)	6	
	탐구	사회 (역사/도덕 포함)	통합사회(8)	10	
		과학	통합과학(8) 과학 탐구실험(2)	12	

교과 영역		교과(군)	공통과목(단위)	필수이수 단위	자율편성 단위
	체육·예술	체육		10	
		예술		10	
	생활·교양	기술·가정/제2 외국어/한문/교양		16	
	소계			94	86
창의적 체험활동				24(408시간)	
총 이수 단위				204	

※ 공통과목은 2단위 범위에서 감하여 편성·운영할 수 있다. 단, 한국사는 6단위 이상 이수하되 2개 학기 이상 편성하도록 한다.

※ 과학 탐구실험은 이수 단위 증감 없이 편성·운영하는 것을 원칙으로 하되, 과학 계열, 체육 계열, 예술 계열 고등학교의 경우 학교 실정에 따라 탄력적으로 운영할 수 있다.

※ 필수 이수 단위의 단위 수는 해당 교과(군)의 '최소 이수 단위'로 공통과목 단위 수를 포함한다. 특수 목적 고등학교와 자율형 사립 고등학교의 경우 예술 교과(군)는 5단위 이상, 생활·교양 영역은 12단위 이상 이수할 것을 권장한다.

※ 기초 교과 영역 이수 단위 총합은 교과 총 이수 단위의 50%를 초과하지 않도록 한다.

2025년부터 변경내용

2025년부터는 고등학교 수업량 기준이 '단위'에서 '학점'으로 전환된다. 수업량 적정화를 위하여 수업 일수 내 학사 운영의 유연성 제고 및 교과 심층 학습을 위하여 1학점 수업량 및 총 이수학점을 조정한다. 1학점을 50분을 기준으로 하여 16회를 이수하는 수업량으로 하고, 3년간 192학점(2,560시간) 취득을 고등학교 졸업 기준으로 설정한다. 3년의 수업 연한 내 학생이 192학점을 균형 있게 취득하도록 학기당 최소 수강 학점 수(예: 28학점) 규정을 마련하고 있다(교육부, 2021).

3-4. 고등학교 교과목 구성 예: 보통교과

2015년 개정 교육과정의 고등학교 보통교과 교과목 구성은 [표 2-7]과 같다.

표 2-7 2015년 개정 교육과정 고등학교 보통교과

교과 영역	교과(군)	공통 과목	선택과목	
			일반 선택	진로 선택
기초	국어	국어	화법과 작문, 독서, 언어와 매체, 문학	실용 국어, 심화 국어, 고전 읽기
	수학	수학	수학 Ⅰ, 수학 Ⅱ, 미적분, 확률과 통계	실용 수학, 기하, 경제 수학, 수학 과제 탐구
	영어	영어	영어 회화, 영어 Ⅰ, 영어 독해와 작문, 영어 Ⅱ	실용 영어, 영어권 문화, 진로 영어, 영미 문학 읽기
	한국사	한국사		
탐구	사회(역사/도덕 포함)	통합사회	한국 지리, 세계 지리, 세계사, 동아시아사, 경제, 정치와 법, 사회·문화, 생활과 윤리, 윤리와 사상	여행지리, 사회문제 탐구, 고전과 윤리
	과학	통합과학 과학 탐구실험	물리학 Ⅰ, 화학 Ⅰ, 생명과학 Ⅰ, 지구과학 Ⅰ	물리학 Ⅱ, 화학 Ⅱ, 생명과학 Ⅱ, 지구과학 Ⅱ, 과학사, 생활과 과학, 융합과학
체육·예술	체육		체육, 운동과 건강	스포츠 생활, 체육 탐구
	예술		음악, 미술, 연극	음악 연주, 음악 감상과 비평 미술 창작, 미술 감상과 비평
생활·교양	기술·가정		기술·가정, 정보	농업 생명과학, 공학 일반, 창의 경영, 해양 문화와 기술, 가정과학, 지식 재산 일반
	제2외국어		독일어 Ⅰ 일본어 Ⅰ 프랑스어 Ⅰ 러시아어 Ⅰ 스페인어 Ⅰ 아랍어 Ⅰ 중국어 Ⅰ 베트남어 Ⅰ	독일어 Ⅱ 일본어 Ⅱ 프랑스어 Ⅱ 러시아어 Ⅱ 스페인어 Ⅱ 아랍어 Ⅱ 중국어 Ⅱ 베트남어 Ⅱ
	한문		한문 Ⅰ	한문 Ⅱ
	교양		철학, 논리학, 심리학, 교육학, 종교학, 진로와 직업, 보건, 환경, 실용 경제, 논술	

2025년부터 교과 변경내용

2025년부터는 학생이 과목 내용 · 위계를 고려하여 선택할 수 있도록 과목구조가 개편된다. 보통교과의 경우 공통과목과 선택과목(일반선택·융합선택·진로선택)으로 구분되며 전문교과의 경우 전문공통 · 전공일반 · 전공실무로 구분된다(교육부, 2021). 공통과목의 경우 기초소양 및 기초학력 함양, 학문의 기본 이해 내용 과목이 해당된다. 학생 수준에 따른 대체 이수 과목도 포함된다. 일반선택의 경우 교과별 학문 내의 분화된 주요 학습내용 이해 및 탐구를 위한 과목이다. 융합선택의 경우 교과 내, 교과 간, 주제 융합과목, 실생활 체험 및 응용을 위한 과목이다. 진로선택의 경우 교과별 심화학습(일반선택과목의 심화과정) 및 진로관련 과목이다. 전문교과에서 전문공통은 직업세계 진출을 위한 기본 과목이며, 전공일반은 학과별 기초 역량 함양과목이며, 전공실무는 NCS 능력단위 기반 과목이다.

1) 전문 교과 I (특수목적고등학교 관련)

교과(군)	과목			
과학 계열	심화 수학 I	심화 수학 II	고급 수학 I	고급 수학 II
	고급 물리학	고급 화학	고급 생명과학	고급 지구과학
	물리학 실험	화학 실험	생명과학 실험	지구과학 실험
	정보과학	융합과학 탐구	과학과제 연구	생태와 환경
체육 계열	스포츠 개론	체육과 진로 탐구	체육 지도법	육상 운동
	체조 운동	수상 운동	개인·대인 운동	단체 운동
	체육 전공 실기 기초	체육 전공 실기 심화	체육 전공 실기 응용	
	스포츠 경기 체력	스포츠 경기 실습	스포츠 경기 분석	
예술 계열	음악이론	음악사	시창·청음	음악 전공 실기
	합창	합주	공연실습	
	미술 이론	미술사	드로잉	평면 조형
	입체 조형	매체 미술	미술 전공 실기	
	무용의 이해	무용과 몸	무용 기초 실기	무용 전공 실기
	무용 음악 실습	안무	무용과 매체	무용 감상과 비평
	문예 창작 입문	문학 개론	문장론	문학과 매체
	고전문학 감상	현대문학 감상	시 창작	소설 창작
	극 창작			

교과(군)	과목			
	연극의 이해	연기	무대기술	연극 제작 실습
	연극 감상과 비평	영화의 이해	영화기술	시나리오
	영화 제작 실습	영화 감상과 비평		
	사진의 이해	기초 촬영	암실 실기	중급 촬영
	사진 표현 기법	영상 제작의 이해	사진 영상 편집	사진 감상과 비평
외국어 계열	심화 영어 회화 I	심화 영어 회화 II	심화 영어 I	심화 영어 II
	심화 영어 독해 I	심화 영어 독해 II	심화 영어 작문 I	심화 영어 작문 II
	전공 기초 독일어	독일어 회화 I	독일어 회화 II	독일어 독해와 작문 I
	독일어 독해와 작문 II	독일어권 문화		
	전공 기초 프랑스어	프랑스어 회화 I	프랑스어 회화 II	프랑스어 독해와 작문 I
	프랑스어 독해와 작문 II	프랑스어권 문화		
	전공 기초 스페인어	스페인어 회화 I	스페인어 회화 II	스페인어 독해와 작문 I
	스페인어 독해와 작문 II	스페인어권 문화		
	전공 기초 중국어	중국어 회화 I	중국어 회화 II	중국어 독해와 작문 I
	중국어 독해와 작문 II	중국 문화		
	전공 기초 일본어	일본어 회화 I	일본어 회화 II	일본어 독해와 작문 I
	일본어 독해와 작문 II	일본 문화		
	전공 기초 러시아어	러시아어 회화 I	러시아어 회화 II	러시아어 독해와 작문 I
	러시아어 독해와 작문 II	러시아 문화		
	전공 기초 아랍어	아랍어 회화 I	아랍어 회화 II	아랍어 독해와 작문 I
	아랍어 독해와 작문 II	아랍 문화		
	전공 기초 베트남어	베트남어 회화 I	베트남어 회화 II	베트남어 독해와 작문 I
	베트남어 독해와 작문 II	베트남 문화		
국제 계열	국제 정치	국제 경제	국제법	지역 이해
	한국 사회의 이해	비교 문화	세계 문제와 미래 사회	국제 관계와 국제기구
	현대 세계의 변화	사회 탐구 방법	사회과제 연구	

2) 전문 교과 Ⅱ(특성화고등학교 관련)

교과(군)	과목군				기준 학과
	전문 공통 과목	기초 과목	실무 과목		
경영·금융	성공적인 직업생활	상업 경제 기업과 경영 사무 관리 회계 원리 회계 정보 처리 시스템 기업 자원 통합 관리 세무 일반 유통 일반 국제 상무 비즈니스 영어 금융 일반 보험 일반 마케팅과 광고 창업 일반 커뮤니케이션 전자 상거래 일반	총무 비서 사무 행정 회계 실무 구매 조달 공정 관리 공급망 관리 수출입 관리 금융 상품 세일즈 증권 거래 업무 보험 모집 고객 관리 매장 판매	노무 관리 인사 예산·자금 세무 실무 자재 관리 품질 관리 물류 관리 창구 사무 카드 영업 무역 금융 업무 손해 사정 전자 상거래 실무 방문 판매	경영·사무과 재무·회계과 유통과 금융과 판매과
보건·복지		인간 발달 보육 원리와 보육 교사 보육 과정 아동 생활 지도 아동 복지 보육 실습 생활 서비스 산업의 이해 복지 서비스의 기초 사회 복지 시설의 이해 공중 보건 간호의 기초 보건 간호 기초 간호 임상 실무	영·유아 놀이 지도 영·유아 건강·안전·영양 지도 사회 복지 시설 실무	영·유아 교수 방법 대인 복지 서비스	보육과 사회복지과 보건간호과
디자인·문화 콘텐츠		디자인 제도 디자인 일반 조형 색채 관리 컴퓨터 그래픽 미디어 콘텐츠 일반 문화 콘텐츠 산업 일반 영상 제작 기초	시각 디자인 실내 디자인 영화 콘텐츠 제작 광고 콘텐츠 제작 애니메이션 콘텐츠 제작 캐릭터 제작 제작	제품 디자인 방송 콘텐츠 제작 음악 콘텐츠 제작 게임 콘텐츠 제작 만화 콘텐츠 제작 스마트 문화 앱 콘텐츠	디자인과 문화콘텐츠과
미용·관광·레저		미용의 기초 미용 안전·보건 관광 일반 관광 사업 관광 서비스 관광 영어 관광 일본어 관광 중국어	헤어 미용 메이크업 여행 서비스 실무 호텔 식음료 서비스 실무 실무	피부 미용 네일 미용 호텔 객실 서비스 실무 카지노·유원 시설 서비스	미용과 관광·레저과
음식 조리		식품과 영양 급식 관리	한국 조리 중식 조리 소믈리에 바텐더	서양 조리 일식 조리 바리스타	조리·식음료과
건설		공업 일반 기초 제도 토목 일반 토목 도면 해석과 제도 토목 기초 실습 건축 일반 건축 도면 해석과 제도 건축 기초 실습 조경	토공·포장 시공 지적 건축 목공 시공 창호 시공 철근 콘크리트 시공 조경 시공 조경 설계	측량 공간 정보 구축 건축 도장 시공 단열·수장 시공 건축 마감 시공 조경 관리	토목과 건축시공과 조경과
기계		기계 제도 기계 기초 공작 전자 기계 이론 기계 일반 자동차 일반 냉동 공조 일반 유체 기계 자동차 기관 자동차 섀시 자동차 전기·전자 제어 선체 도면 독도와 제도 선박 이론 선박 구조 선박 건조	기계요소 설계 선반 가공 연삭 가공 측정 방전 가공 워터제트 가공 사출 금형 설계 사출 금형 품질 관리 프레스 금형 설계 프레스 금형 품질 관리 기계 수동 조립 건설 광산 기계 설치·정비 공작 기계 설치·정비 설치·정비	기계 제어 설계 밀링 가공 컴퓨터 활용 생산 성형 가공 레이저 가공 플라스마 가공 사출 금형 제작 사출 금형 조립 프레스 금형 제작 프레스 금형 조립 운반 하역 기계 설치·정비 섬유 기계 설치·정비 고무 플라스틱 기계	기계과 냉동공조과 자동차과 조선과 항공과

교과(군)	과목군				기준 학과
	전문 공통 과목	기초 과목	실무 과목		
		항공기 일반 항공기 실무 기초	농업용 기계 설치·정비 냉동 공조 설계 냉동 공조 유지·보수 관리 정비 자동차 엔진 정비 자동차 차체 정비 자동차 정비 검사 선체 조립 선체 품질 관리 전장 생산 선실 의장 생산 항공기 기체 제작 제작 항공기 전기·전자 장비 제작 항공기 가스 터빈 엔진 정비 항공기 프로펠러 정비 항공기 전기·전자 장비 정비 항공기 정비 관리	승강기 설치·정비 냉동 공조 설치 자동차 전기·전자 장치 자동차 섀시 정비 자동차 도장 선체 가공 선박 도장 기장 생산 선장 생산 선체 생산 설계 항공기 엔진·프로펠러 항공기 기체 정비 항공기 왕복 엔진 정비 항공기 계통 정비 헬리콥터 정비	
재료		재료 시험 세라믹 재료 세라믹 원리·공정 재료 일반 산업 설비	주조 제강 금속 재료 가공 압연 도금·도장 광학 재료 생체 세라믹 재료 내화물 도자기 탄소 제품 배관 가스 텅스텐 아크 용접 아크 용접 서브머지드 아크 용접	제선 금속 열처리 금속 재료 신뢰성 시험 비철 금속 제련 전기·전자 재료 내열 구조 재료 유리·법랑 연삭재 시멘트 판금 제관 피복 아크 용접 이산화탄소·가스 메탈 로봇 용접	금속재료과 세라믹과 산업설비과
화학 공업		공업 화학 제조 화학 단위 조작	화학 분석 공정 제어 고분자 제품 제조 정밀 화학제품 제조 플라스틱 성형과 가공 관리	화학 물질 관리 석유 화학제품 무기 공업 화학 바이오 화학제품 제조 생산 품질 관리와 설비	화학공업과
섬유·의류		섬유 재료 섬유 공정 염색·가공 기초 의류 재료 관리 패션 디자인의 기초 의복 구성의 기초 패션 마케팅	방적 제포 텍스타일 디자인 생산 현장 관리 패턴 메이킹 서양 의복 구성과 생산 가죽·모피 디자인과 생산 한국 의복 구성과 생산	방사·사가공 염색·가공 구매 생산 관리 패션 디자인의 실제 비주얼 머천다이징 니트 의류 생산 패션 소품 디자인과 생산 패션 상품 유통 관리	섬유과 의류과
전기·전자		전기 회로 전기 기기 전기 설비 자동화 설비 전기·전자 기초 전자 회로 전기·전자 측정 디지털 논리 회로	수력 발전 설비 운용 원자력 발전 설비 운용 전기 기기 제작 외선 공사 자동 제어 시스템 운용 철도 신호 제어 시공 운용 전자 부품 개발 전자 기기 개발 정보 통신 기기 소프트웨어 개발 반도체 제조 디스플레이 생산 로봇 하드웨어 개발	화력 발전 설비 운용 송변전 배전 설비 운용 내선 공사 자동 제어 기기 제작 전기 철도 시공 운용 전자 부품 생산 전자 기기 소프트웨어 개발 정보 통신 기기 개발 반도체 개발 반도체 재료 제조 디스플레이 장비 부품 개발 로봇 소프트웨어 개발	전기과 전자과
정보·통신		통신 일반 통신 시스템 정보 통신 방송 일반 정보 처리와 관리 컴퓨터 구조 프로그래밍 자료 구조 컴퓨터 시스템 일반 컴퓨터 네트워크	무선 통신 구축·운용 초고속망 서비스 관리 운용 네트워크 프로그래밍 운영 컴퓨터 보안 소프트웨어 구조 데이터베이스 프로그래밍	유선 통신 구축·운용 방송 제작 시스템 운용 시스템 운영 및 네트워크 시스템 프로그래밍 응용 프로그래밍	방송·통신과 정보컴퓨터과
식품 가공		식품 과학 식품 위생 식품 가공 기술 식품 분석	곡물 가공 수산 식품 가공 두류 식품 가공 건강 기능 식품 가공 김치·반찬 가공 제과	식품 품질 관리 면류 식품 가공 축산 식품 가공 유제품 가공 음료·주류 가공 제빵	식품가공과

교과(군)	과목군				기준 학과
	전문 공통 과목	기초 과목	실무 과목		
인쇄·출판·공예		인쇄 일반 디지털 이미지 재현 출판 일반 공예 일반 공예 재료와 도구	프리프레스 특수 인쇄 출판 편집 도자기 공예 석공예 보석 감정	평판 인쇄 후가공 금속 공예 목공예 섬유 공예 보석 디자인	인쇄·출판과 공예과
환경·안전		환경 화학 기초 인간과 환경 산업 안전 보건 기초	환경 보건 관리 환경 생태 관리 환경 측정 관리 전기 안전 관리 화공 안전 관리	환경 공정 관리 생활 환경 관리 기계 안전 관리 건설 안전 관리 비파괴 검사	환경보건과 산업안전과
농림·수산해양		농업 이해 농업 기초 기술 농업 경영 재배 농촌과 농지 개발 농산물 유통 농산물 유통 관리 농산물 거래 관광 농업 환경 보전 친환경 농업 생명 공학 기술 농업 정보 관리 농산 식품 가공 원예 생산 자재 조경 식물 관리 화훼 장식 기초 산림 휴양 산림 자원 임산 가공 동물 자원 반려동물 관리 실험동물과 기타 가축 농업 기계 농업 기계 공작 농업 기계 운전·작업 농업과 물 농업 토목 제도·설계 농업 토목 시공·측량 해양의 이해 수산·해운 산업 기초 해양 생산 일반 해양 정보 관리 해양 오염·방제 전자 통신 기초 전자 통신 운용 수산 일반 수산 생물 수산 양식 일반 수산 경영 수산물 유통 양식 생물 질병 해양 환경과 자원 해양 레저 관광 요트 조종 잠수 기술	수도작 재배 종자 생산 농촌 체험 상품 개발 채소 재배 화훼 재배 임업 종묘 산림 이용 임산물 생산 펄프 제조 가금 사육 한우 사육 말 사육 사료 생산 연안 어업 원양 어업 염 생산 어업 환경 개선 내수면 양식 수산 생물 질병 관리 어촌 체험 상품 개발	전특작 재배 농업 환경 개선 농촌 체험 시설 운영 과수 재배 화훼 장식 산림 조성 산림 보호 버섯 재배 목재 가공 젖소 사육 돼지 사육 종축 동물 약품 제조 근해 어업 내수면 어업 어업 자원 관리 해면 양식 수산 종묘 생산 어촌 체험 시설 운영 수상 레저 기구 조종	농업과 원예과 산림자원과 동물자원과 농업기계과 농업토목과 해양생산과 수산양식과 해양레저과
선박 운항		항해 기초 해사 일반 해사 법규 선박 운용 선화 운송 항만 물류 일반 해사 영어 항해사 직무 해운 일반 열기관 선박 보조 기계 선박 전기·전자 기관 실무 기초 기관 직무 일반	항해 선박 기관 운전	선박 통신 선박 갑판 관리	항해과 기관과

3-5. 고등학교 교과목별 주요 내용 변화

2015년 개정 교육과정의 고등학교 교과목별 주요 내용 변화는 [표 2-8]과 같다.

표 2-8 2015년 개정 교육과정 고등학교 교과목별 주요 내용 변화: 국어과 교육과정의 예

'활동하는 가운데 배움이 일어나는 수업'이 되도록 핵심 내용을 선별하고, 수업 시간에 한 학기 한 권을 읽고, 생각 나누고, 쓰는 통합적 독서 활동을 강화함

학교급	2009 개정 교육과정	2015 개정 교육과정	비고
초등학교	• 한글 교육 - 27차시 - 자모의 종류, 결합방식, 쓰기 • 연극 교육 - 4차시 - 이야기를 희곡으로 바꾸기 • 핵심 내용 선별 - 성취기준 97개	• 한글 교육 - 1학년 1학기에 최소 45차시 이상 - 모든 학생이 기초학습 능력 갖출 수 있도록 2학년까지 꾸준히 학습 • 연극 교육 - 대단원으로 구성 - 체험 중심의 연극 활동 • 핵심 내용 선별 - 성취기준 82개 - (중학교 이동) 면담, 다양한 관점 등 - (삭제) 절의 연결, 문학 언어와 일상언어의 차이, 갈래 변환 등 - (신설) 글자, 낱말, 문장 관찰 등	• 공통 사항 - 모든 과목의 '4. 교수학습 및 평가의 방향'에 1학기 1권 통합적 독서 활동을 위한 수업 시간 확보 및 도서 준비 안내 - 학생 발달 단계 고려하여 학년 수준에 맞는 학습 내용 재배치 - 교육과정의 내용을 쉽게 이해할 수 있도록 간결하고 분명하며 쉬운 낱말로 표현 - 활동하는 가운데 배움이 일어날 수 있는 교수-학습 방법 및 유의사항 제시 - 듣기·말하기, 읽기, 쓰기, 문법, 문학 영역별 갖춰야 하는 수행 능력을 제시
중학교	• 독서 교육 - 교과서의 짧은 글 읽기 - 독서 활동에 도움이 되는 실제적인 내용 미흡 • 핵심 내용 선별 - 성취기준 55개	• 독서교육 - 1학기 1권 수업 시간에 읽기 - 읽고, 생각 나누고, 쓰는 통합적인 독서 활동에 관한 성취기준, 학습 요소, 교수-학습 방법 및 유의사항 제시 • 핵심 내용 선별 - 성취기준 51개 - (고등학교 이동) 음운의 변동, 문법 요소, 협상 등 - (삭제) 로마자/외래어 표기법, 전통적인 말하기 문화 비교, 독자의 정체성, 작가의 태도 등 - (신설) 말하기 불안 대처, 고전 재해석 등	

학교급	2009 개정 교육과정	2015 개정 교육과정	비고
		• 연극 교육 - 소단원 구성 - 체험 중심의 연극 활동	- 예상 수업 시간 내에 배울 수 있는 적정 학습량을 제시
고등학교	• 독서교육 -『독서』,『고전 읽기』 과목에서 읽기 전략 제시 • 핵심 내용 선별 -(국어) 성취기준 31개	• 독서교육 - 모든 선택과목에 1학기 1권 통합적인 독서 활동 제시 • 핵심 내용 선별 - (국어) 성취기준 26개 - (선택과목 이동) 사동, 작가의 개성 등 - (삭제) 반모음첨가, 고대-중세-근대의 음운변화 등 - (신설) 문제해결을 위한 독서/작문 등	

참고: 국가 교육과정 정보센터: http://ncic.go.kr/, 교육부: https://www.moe.go.kr

4. 교육과정 학회지 연구동향 분석

급격한 환경 변화에 대응하기 위해서 교육과정에 대한 연구는 끊임없이 지속되어 왔다. 교육과정학은 1918년 미국 시카고 대학교의 교육행정 분야 교수였던 Bobbitt의 『The Curriculum』이 출판된 이후 교육학의 한 연구영역으로 자리 잡기 시작하였다. 그 이후 100여 년 동안 다양한 주제와 영역으로 관심을 확장해 가며 양적, 질적 성장을 이루어왔다(박민정, 성열관, 2011). Bobbitt의 교육과정 개발 방법이 Tyler의 교육과정 개발의 원리로 계승되면서 교육과정 연구는 교육과정 개발을 위한 보편적 이론을 구축하는 분야로 자리 잡게 되었다(소경희 외, 2019). 우리나라는 1967년에 교육과정학회 학문적 공동체가 창립된 이후, 교육과정 분야는 괄목할 만한 성장을 이루어왔다.

그러나 그 정체성은 학문적 공동체 안팎에서 도전 받고 있는 상황이다. 학문공동체 내에서는 변화의 흐름이 일부 있긴 하나, 여전히 연구의 영역이 제한적이고 연구방법이나 관점 역시 충분히 다양화되어 있지 못하다는 의견이 지속적으로 있어 왔다(소경희 외, 2019). 특히, 21세기의 급격한 사회 변화 속에서는 교육과정 분야에서 새롭게 고려해야 할 여러 문제 혹은 기존의 틀이나 관점으로는 해결하기 어려운 문제들을 제기하고 교육과정 연구가 새롭게 이루어질 필요가 있다.

한 학문의 성장과 발전을 이루기 위해서 가장 기초적인 작업 중 하나는 기존의 연구 성과에 대한 체계적인 분석을 통해 연구 현황을 객관적으로 파악하는 일이다. 그러나 교육과정 연구 동향을 체계적으로 분석한 연구는 많지 않다. 몇몇 연구들이 교육과정에서 연구된 연구 주제와 연구 방법론에 대해 분석하고 있다(윤병희, 1998, 1999; 김종건, 1999; 김수천, 2004; 홍후조, 2004; 장인실, 2005, 2011; 김미애, 나인선, 2018; 손태권, 이광호, 2020). 이들 연구는 대부분이 역사적 접근이나 교육과정 교재 및 교육과정 관련 강좌 분석을 통해 교육과정에서 다루어 온 탐구영역을 연구하는 데 초점을 두었다. 그러므로 시간적 흐름 속에서 연구 동향을 파악하는 데는 한계가 있었다.

교육과정 연구 동향에 대한 연구는 다음과 같은 연구가 있다(예를 들면, 장봉석, 2020; 장수빈, 한동숙, 2017: 주재홍, 김영천, 2017; 박민정·성열관, 2011; 소경희, 허예지, 박지애, 장연구, 2010).

장봉석(2020: 46)은 교육과정 연구에 게재된 논문들의 키워드를 네트워크 분석을 통해 정리하고, 교육과정 분야의 연구에서 중요하게 다루어지는 키워드와 그들의 관계를 살펴보았다. 교육과정 연구 학술지의 연구 동향을 통합적인 관점에서 분석하고, 교육과정 분야에서 보고되는 학술 연구물의 특징, 주제 현황, 관계 등을 탐색한 것이다. 박민정 · 성열관(2011: 27)은 국내 교육과정 학술지 게재 논문 분석을 통해 북미와 비교해서 분석하였다. 연구 결과 우리나라에서는 교육과정 개발 및 설계와 관련된 연구의 비중이 압도적으로 높다는 것을 확인했다. 실제적인 데이터를 바탕으로 교육과정 연구 동향 전반을 분석한 것이다. 그러나 2010년까지만 분석하여 최신 흐름을 말해주지 못한다. 주재홍, 김영천(2017: 25)은 서구의 교육과정 연구에서 활발히 이루어지고 있는 포스트모더니즘 연구 동향을 소개하였다. 교육과정 연구 전반을 실증적 데이터에 기반하여 살펴본 것이라기보다는 탈식민주의나 포스트모던 연구 등 특정한 주제를 중심으로 대표적인 논의를 소개하는 것에 초점을 둔 것이다. 장수빈, 한동숙(2017: 328)은 학술 논문들의 연구 동향을 파악하기 위한 방법론으로 질적 메타분석(meta-synthesis)을 활용하였다. 기존의 질적 연구를 종합적으로 살펴봄으로써 유사한 주제의 질적 연구가 시사한 바를 통하여 새로운 이론 및 모델을 개발하기 위하여 연구되었다. 소경희 외(2010: 120)는 최근 10년간에 걸쳐 진행되어 온 교육과정 연구의 국제적인 동향을 메타적으로 분석하였다. 이 연구에서는 전 세계 교육연구자들의 논문이 발표되는 '미국교육학회(American Educational Research Association, 이하 AERA)' 연차학술대회의 교육과정 분과에서 최근 10년간(2010~2019) 발표된 436편의 논문을 연구 주제, 이론적 관점, 연구 방법 측면에서 분석하고 논의하였다. 국제적 수준의 학회에서 발표된 여러 교육과정 학자들의 최근 연구물에 대한 분석은 교육과정 연구의 새로운 흐름과 특징을 조망할 수 있게 하였다.

한 학문의 학회지에 대한 종단적인 연구는 그 분야 학문 연구 동향의 흐름을 살펴보는 것으로도 의미가 있다. 또한 학문의 자기 객관화 작업을 위해서도 유익한 일이다. 한 분야의 연구 동향에 대한 연구는 학문 분야의 전문성을 확보할 뿐만 아니라 학문의 방향성에도 영향을 준다. 학회지의 전반적인 연구 흐름을 분석해 봄으로써 그동안 수행된 교육과정 연구의 내용과 방법에 새로운 의미를 찾을 수 있다. 학회지는 그 학문 분야의 이론 체계뿐만 아니라 연구 방법과 연구 주제 등의 전환 방향을 제시하는 동시에 한 학문 분야의 발자취를 담고 있는 역사적 기록이다. 이러한 관점에서 학회지에 게재된 논문을 분석하여 동향을 파악하는 것은 매우 중요한 의미가 있다(윤옥한, 2015).

4-1. 연구 결과

1) 연구 주제별 연구 동향 분석 결과

연구 주제별 연구 동향을 살펴보면 교육과정 개발 및 설계의 경우 총 59편(18%), 교육과정 이론은 총 65편(20%), 교사의 교육과정 전문성은 총 32편(15), 교육과정 및 교과서분석의 경우 총 105편(32%), 교수 및 수업 연구의 경우 총 64편(19%), 교육과정 연구 방법의 경우 5편(2%)으로 나타났다. 전체 330편 중 가장 많이 연구된 분야는 교육과정 및 교과서 분석이다. 이 내용에는 교육과정 체제 및 내용 분석, 교육과정 비교연구, 교과서 내용에 함의된 이데올로기 분석, 교과서 체제에 대한 비판적 검토, 교과서 비교연구, 교과서 개선 방안과 관련된 연구 분야이다. 다음으로 많이 연구된 분야가 교육과정 이론과 교육과정 개발 및 설계 분야이다. 교육과정 연구 동향에서 가장 많이 연구되어야 할 분야가 가장 많이 연구되었다고 해도 과언이 아니다.

연구 주제별 연구 동향에서 가장 적게 연구된 분야는 교육과정 연구방법(5편, 2%)이다. 교육과정 연구 방법론으로 작성된 논문은 주재홍(2016)의 「탈민주주의와 질적 연구 방법적 이슈들」, 김세영(2015)의 「Schwab의 실제적 접근 중심의 교육과정 연구 방법 탐색」, 김대영, 홍후조(2014)의 「교육과정 연구패러다임 비교분석」, 김정희, 소경희(2014)의 「교육연구에서 내러티브 탐구의 의의와 예술기반 연구로서의 가능성 탐색」, 배지현(2014)의 「교육과정 연구에서 르페브르의 공간생산론의 활용 가능성 탐색」이 있다. 연구 주제별 연구 동향 분석 결과는 [표 2-9]와 같다.

표 2-9 Research Trend Analysis Results by Research Subject

유목	2011	2012	2013	2014	2015	2016	2017	2018	2019	2020	소계
교육과정 개발 및 설계	6	0	6	4	6	8	8	5	3	13	59 (18%)
교육과정이론	3	7	5	3	5	10	14	1	11	6	65 (20%)
교사의 교육과정 전문성	4	0	0	1	0	1	10	4	8	4	32 (10%)
교육과정 /교과서 분석	14	23	17	11	7	4	4	8	13	4	105 (32%)
교수/수업 연구	10	8	8	7	16	5	5	4	1	0	64 (19%)
교육과정 연구방법	0	0	0	3	1	1	0	0	0	0	5 (2%)
소계	37	38	36	29	35	29	41	22	36	27	330 (100%)

연구 주제별 연구 동향에서 개정 교육과정에 대한 연구 동향도 살펴보았다. 이 부분은 교육과정이 개정되기 전과 개정되고 난 후 어떠한 연구가 이루어지고 있는지 살펴보기 위해서이다. 이들 관련 연구는 다음과 같다. 2015년 개정 교육과정에 대한 연구(예를 들면, 이상은, 홍원표, 2020; 박수련, 2020; 정민주 외, 2020; 김용한, 2020; 최욱, 2020; 이광우, 정영근, 2017; 이광우, 백경선, 이수정, 2017; 김대현, 2017; 장수빈, 2016; 한혜정, 김영은, 이주연, 2016; 홍원표, 2016; 강지영, 소경희, 2016; 정혜승, 2016; 박희경, 2016; 소경희, 2015; 임유나, 홍후조, 2015; 한혜정, 백경선, 2014)는 꾸준히 지속적으로 연구되고 있다. 2009 개정 교육과정에 대한 연구(예를 들면, 오수민, 최병욱, 2017; 온정덕, 2013; 이상은, 2013), 2007 개정 교육과정 연구(예를 들면, 박일수, 2012; 김희연, 정선아, 오문자, 2011; 박일수, 2011)가 있다.

외국 사례를 연구한 동향도 살펴보았다. 교육과정에 대한 국제 동향과 관련된 연구를 살펴보기 위해서이다. 외국 사례를 중심으로 한 연구(예를 들면, 김종훈, 2020; 김영일, 2020; 권오남, 박수민, 이경원, 2019; 김선영, 2019; 조현영, 손민호, 2018; 백남진, 온정덕, 2017; 한혜정, 2017; 임유나 2017, 2015; 백남진, 온정덕, 2015; 소경희, 2015; 백남진, 2014, 소경희, 2013; 유재봉,

2013, 김진숙, 2013; 이승미, 2012; 소경희, 2011, 홍원표, 이근호, 2011; 김경자, 2011; 유솔아, 2011; 홍원표, 2011)가 있다.

2) 연구 방법별 연구 동향 분석 결과

연구 방법별 연구 동향을 살펴 보면 문헌 및 이론 연구가 총 209편(63%)으로 가장 많았으며, 질적 연구는 총 85편(26%), 양적 연구가 총 36편(11%)으로 나타났다. 문헌 및 이론 연구가 가장 많이 연구된 분야는 교육과정 및 교과서 분석이 총 66편(20%), 교육과정 이론이 총 64편(19%)으로 나타났다. 양적 연구 중 가장 많이 연구된 분야는 교수 및 수업 연구가 총 13편(4%), 교육과정 및 교과서 분석이 총 12편(4%)으로 나타났다. 이는 연구 특성상 교육과정 개발 및 설계, 교육과정 이론, 교육과정 연구 방법은 양적 연구보다 문헌 연구 및 이론 연구와 질적 연구가 타당하기 때문에 양적 연구가 이루어지지 않았다고 사료된다.

교육과정 연구 동향에서 연구 방법 동향을 볼 때 앞으로 양적 연구에 대한 논문이 더 많이 연구될 필요성이 제기된다. 물론 교육과정 연구상 문헌 연구와 이론 연구 및 질적 연구가 주가 될 수 있지만 양적 연구가 상대적으로 월등히 적기 때문에 균형을 맞출 필요성이 제기된다. 연구 방법별 연구 동향 분석 결과는 [표 2-10]과 같다.

표 2-10 Research trend analysis result by research method

구분	문헌 연구/이론 연구										
유목	2011	2012	2013	2014	2015	2016	2017	2018	2019	2020	소계
교육과정 개발 및 설계	5	0	5	1	6	6	7	4	2	6	42(13%)
교육과정 이론	3	7	5	3	5	10	13	1	11	6	64(19%)
교사의 교육과정 전문성	1	0	0	1	0	0	4	1	4	2	13(4%)
교육과정/교과서 분석	10	15	10	7	6	4	2	6	4	2	66(20%)
교수/수업 연구	5	0	4	1	5	1	3	0	0	0	19(6%)
교육과정 연구방법	0	0	0	3	1	1	0	0	0	0	5(2%)
소계	24	22	24	16	23	22	29	12	21	16	209(63%)

구분	양적 연구										
유목	2011	2012	2013	2014	2015	2016	2017	2018	2019	2020	소계
교육과정 개발 및 설계	1	0	0	0	0	0	0	0	1	2	4(1%)
교육과정 이론	0	0	0	0	0	0	0	0	0	0	0(0%)
교사의 교육과정 전문성	1	0	0	0	0	0	1	1	3	1	7(2%)
교육과정/교과서 분석	2	0	3	1	0	0	1	0	5	0	12(4%)
교수/수업 연구	1	3	2	1	2	2	0	2	0	0	13(4%)
교육과정 연구 방법	0	0	0	0	0	0	0	0	0	0	0(0%)
소계	5	3	5	2	2	2	2	3	9	3	36(11%)
구분	질적 연구										
유목	2011	2012	2013	2014	2015	2016	2017	2018	2019	2020	소계
교육과정 개발 및 설계	0	0	1	3	0	2	1	1	0	5	13(4%)
교육과정 이론	0	0	0	0	0	0	1	0	0	0	1(0.3%)
교사의 교육과정 전문성	2	0	0	0	0	1	5	2	1	1	12(4%)
교육과정/교과서 분석	2	8	4	3	1	0	1	2	4	2	27(8%)
교수/수업 연구	4	5	2	5	9	2	2	2	1	0	32(10%)
교육과정 연구 방법	0	0	0	0	0	0	0	0	0	0	0(0%)
소계	8	13	7	11	10	5	10	7	6	8	85(26%)
전체	37	38	36	29	35	29	41	22	36	27	330(100%)

양적 연구 논문의 수가 많지 않기 때문에 구체적인 연구논문을 살펴보면 다음과 같다. 양적 연구의 논문은(예를 들면, 김주현, 장인실, 2016), 김주현(2016)의 「민속수학과 비판적 수학에 기반한 다문화 교육 프로그램이 다문화 수용성에 미치는 영향」, 방미란, 김인곤(2017)의 「특성화 고등학교 교사가 지각한 교사 자율성과 교사 헌신 및 NCS 교육과정 개발의 인과적 관계」, 장봉석(2018)의 「신문활용 교육의 효과에 관한 메타분석」, 방미란(2019)의 「특성화 고등학교 교사의 교육과정 재구성에 대한 교육요구분석」, 이상은, 홍원표(2020)의 「2015 개정 교육과정 운영에 따른 중학교 교육과정의 탄력적 편성 운영 실태와 시사적 탐색」 등이 있다.

3) 10년 전(2000~2010) 연구 동향 분석 결과와 비교 분석

(1) 10년 전(2000~2010) 연구 주제별 연구 동향 분석 결과와 비교 분석

10년 전(2000~2010) 연구 주제별 연구 동향 분석 결과와 비교해 보면 전체 논문 편 수는 10년 전 총 365편에서 10년 후(2011~2020) 총 330편으로 35편(10%) 감소하였다. 연구 주제별로 보면 교육과정 개발 및 설계 분야가 총 64편(52%) 감소하였으며, 교육과정 이론도 총 57편(47%) 감소하였다. 반면 교육과정 및 교과서 분석의 경우 총 71편(208%) 증가하였으며, 교수 및 수업 연구도 34편(102%) 증가하였다. 10년 전 연구 동향과 비교 분석한 결과는 [표 2-11]과 같다.

표 2-11 Comparative analysis with the results of research trend analysis by research subject 10 years ago (2000~2010)

유목	2000~2010	2011~2020	증감
교육과정 개발 및 설계	123(33.7%)	59(18%)	-64(52%)
교육과정 이론	122(33.4%)	65(20%)	-57(47%)
교사의 교육과정 전문성	42(11.5%)	32(10%)	-10(24%)
교육과정/교과서 분석	34(9.3%)	105(32%)	71(208%)
교수/수업 연구	30(8.2%)	64(19%)	34(102%)
교육과정 연구 방법	14(3.8%)	5(2%)	-9(64%)
소계	365(100%)	330(100%)	-35(10%)

(2) 10년 전(2000~2010) 연구 방법별 연구 동향 분석 결과와 비교 분석

10년 전(2000~2010) 연구 방법별 연구 동향 분석 결과와 비교해 보면 문헌 및 이론 연구의 경우 총 34편(14%)이 감소하였으며, 양적 연구의 경우 총 12편(50%)이 증가하였고, 질적 연구의 경우 총 12편(12%) 감소하였다. 연구 주제별로 보면 교육과정 및 교과서 분석이 문헌 연구에서 총 56편(560%) 증가하였고, 교수 및 수업 연구가 총 6편(46%) 증가하였다. 교육과정 및 교과서 분석의 양적 연구는 총 11편(1,100%) 증가하였다. 10년 전 연구 동향과 비교 분석한 결과는 [표 2-12]와 같다.

표 2-12 Comparative analysis with the results of research trend analysis by research method 10 years ago (2000~2010)

구 분		문헌/이론 연구	양적 연구	질적 연구
교육과정 개발 및 설계	2000~2010	75(30.9%)	16(66.7%)	32(33.0%)
	2011~2020	42(13%)	4(1%)	13(4%)
	증감	-33(44%)	-12(75)	-19(59%)
교육과정 이론	2000~2010	113(46.5%)	1(4.2%)	8(8.2%)
	2011~2020	64(19%)	0(0%)	1(0.3%)
	증감	-49(43%)	-1(100%)	-7(87%)
교사의 교육과정 전문성	2000~2010	19(7.8%)	3(12.5%)	19(19.6%)
	2011~2020	13(4%)	7(2%)	12(4%)
	증감	-6(32%)	4(133%)	-7(37%)
교육과정·교과서 분석	2000~2010	10(4.1%)	1(4.2%)	23(23.7%)
	2011~2020	66(20%)	12(4%)	27(8%)
	증감	56(560%)	11(1,100%)	-4(17%)
교수·수업 연구	2000~2010	13(5.3%)	3(12.5%)	14(14.4%)
	2011~2020	19(6%)	13(4%)	32(10%)
	증감	6(46%)	-10(333%)	-18(128%)
교육과정 연구 방법론	2000~2010	13(5.3%)	0(0%)	1(1.0%)
	2011~2020	5(2%)	0(0%)	0(0%)
	증감	-8(61%)	0(0%)	-1(100%)
계	2000~2010	243(100.0%)	24(100.0%)	97(100.0%)
	2011~2020	209(63%)	36(11%)	85(26%)
	증감	-34(14%)	12(50%)	-12(12%)

4-2. 논의 및 결론

1) 논의

한 학문의 성장과 발전을 위해서 해야 할 일 중 가장 기초적인 작업 중 하나는 기존의 연구 성과에 대한 체계적인 분석을 통해 연구현황을 객관적으로 파악하는 일이다. 이 연구의 목적은 한국 교육과정학회지에서 발행하는 교육과정연구 논문을 2011년부터 2020년까지 총 330편의 연구동향을 살펴보고 10년 전(2000-2010) 연구동향과 비교 분석하여 교육과정 연구의 방향을 제시하는 것이다. 최신 연구동향을 분석하기 위해서는 현재를 기준으로 이전 10년을 포함할 수도 있다. 또한 시대에 따라 정치, 경제, 사회, 문화, 교육, 직업의 변화 등이 많으므로 단순히 10년 전과 비교하는 것보다 시대적인 변화를 고려하여 상황에 맞게 문제에 접근할 필요도 있다. 그런데도 2011년부터 2020년을 기준으로 이전 10년 대상을 선택한 이유는 비교 분석 틀을 동일하게 해 보기 위해서이다.

연구 결과 교육과정 연구동향이 가진 특징을 논의하면 다음과 같다. 첫째, 연구주제별 연구동향 분석 결과 교육과정 및 교과서 분석에 관한 관심이 높다. 이는 중학교 자유학기제도, 고등학교 학점 이수제도와 관련하여 학교 현장에서 교육과정을 어떻게 편성하고 운영할 것인지에 대한 부분이 연구로 나타나게 된 결과라고 생각한다. 또한 학교 현장에서 교사들이 국가 수준의 교육과정을 어떻게 운영하고 실천할 것인가에 대한 고민의 반영이라고도 볼 수 있다. 교사의 교육과정 전문성과 관련된 연구는 많지 않았다. 이 영역의 경우 교사 정체성, 교사 지식, 교사 학습, 교사의 교육과정 실행, 교사 양성 교육과정, 교생실습, 교사 평가 등과 관련된 것으로 교육과정 연구와 밀접하지 않아서 연구가 미흡한 것으로 추정해 본다.

둘째, 연구 방법별 연구동향은 교육과정 연구 특성상 문헌 또는 이론연구가 월등히 높았으며, 그다음이 질적 연구이고 양적 연구가 가장 낮았다. 양적 연구의 경우 총 36편(11%)에 불과하다. 양적 연구가 11%밖에 안 된다는 것은 연구 방법적인 측면에서 볼 때 상대적으로 낮다. 이는 과거 10년 동안 시대적 조류나 학문의 성격이 변화한 것 등 여러 요인이 있을 것이다. 추후 어떤 원인이 이러한 연구동향을 초래하였는지 더 연구해 볼 필요가 있다.

셋째, 10년 전의 연구동향과 비교해 볼 때 연구 주제별로는 교육과정 개발 및 설계와 교육이론에 관한 연구가 많이 줄어든 반면 교육과정 교과서 분석 및 교수 수업 연구에 대한 부분이 많이 늘어났다. 그동안 교육과정에 관한 연구가 교육과정 개발 및 설계와 교육과정 이론에 관한 연구는 30여 년 동안 많이 연구되어 왔기 때문에 이제는 교육과정 실천과 관련된 연구들이 활발히 전개된 것이라고 생각한다.

넷째, 10년 전의 연구동향과 비교해 볼 때 연구 방법의 경우 10년 전 연구동향과 현재 연구동향 모두 양적 연구는 전체 10% 정도로 미미하다. 교육과정 연구 특성을 반영할 때 문헌 연구와 이론연구, 질적 연구를 많이 하는 경향이 있지만 양적 연구에 관한 관심이 필요하다.

2) 결론

연구 결과를 바탕으로 교육과정 연구에 대한 방향을 제언하면 다음과 같다. 첫째, 10년 전의 연구동향과 비교해 볼 때 연구논문은 총 35편(10%) 감소하였다. 교육과정 연구가 1974년 제1권이 발행된 이후 46년 동안 지속해서 연구되었다. 국가 교육과정도 시대 상황에 따라 여러 차례 개정되었다. 교육과정 개정에 따라 학교 교육의 실제에 어떠한 변화가 나타났는지에 살펴볼 필요가 있다(황규호, 2013). 교육과정 개정은 1차: 1954년 4월 ~ 1963년 1월, 2차 개정: 1963년 2월 ~ 1973년 1월, 3차 개정: 1973년 2월 ~ 1981년 12월, 4차 개정: 1982년 1월 ~ 1987년 6월, 5차 개정: 1987년 7월 ~ 1992년 9월, 6차 개정: 1992년 10월 ~ 1996년 12월, 7차 개정: 1997년 1월 ~ 2009년 2월에 이루어졌다(윤혜진, 조정원, 2021; 안정희, 배성아, 2013). 교육과학기술부(현 교육부)에서는 7차 교육과정을 마지막으로 이제는 전면적 또는 일률적으로 개정하지 않고, 수시로 부분적으로 개정하기로 하였다. 2007년 개정 교육과정, 2009년 개정 교육과정을 하는 동안 교육과정 연구는 이러한 시기에 맞추어 10년 전 연구가 더 활발히 연구된 결과가 아닌가 사료된다.

교육과정 연구동향의 경우 교육과정 개편 시기를 기준으로 연구동향을 분석할 수도 있다. 왜냐하면, 교육과정은 국가적·사회적 요구와 교육 수요자의 요구, 과학기술과 학문의 발전, 교육과 환경의 변화 등 교육 내·외적 변화에 효과적으로 대응하기 위해 개정되어 왔기 때문이다. 이러한 측면에서 후속 연구가 진행되기를 기대한다.

둘째, 교육과정학회가 교육과정에 대한 학문적 체계성을 구축하기 위하여 연구논문의 방향에 양적 연구에 관심을 가질 필요가 있다. 물론 과거 10년 동안 시대적 조류나 학문의 성격이 변화한 것 등 여러 요인이 있을 수 있고, 단순히 게재 편수의 비교로 문제가 해소되는 것이 아니라고 생각된다. 그런데도 다양한 연구 방법이 고루 이루어지는 측면에서 상대적으로 문헌 연구와 이론연구가 많다는 견해에서 제시하는 것이다.

셋째, 이 논문에서 사용한 분석 틀 외에 다른 틀을 제시할 필요가 있다. 이런 분석 활동에 관한 연구는 교육과정 연구를 수행하는 연구자들에게 연구계획 단계부터 합리적 연구를 수행하는 데 필요한 정보를 제공하며, 이는 궁극적으로 교육과정 연구의 질적 수준을 높이는 데 이바지할 수 있다. 분석 틀을 다르게 함으로써 다양한 관점에서 연구동향을 파악해 볼 수 있기 때문이다. 제언한 내용을 구현하기 위해서는 본 논문에서 제시한 분석 틀의 범위를 벗어난 새로운 분석 틀을 구축하고 최신 인공지능기법(웹크롤링, 텍스트마이닝, 딥러닝)을 활용할 필요가 있다.

넷째, 교육과정 연구 학회지뿐만 아니라 한국 통합교육과정학회, 교육학회 등 인접 학회지와 비교 연구와 더불어 단행본, 석·박사학위논문 등도 함께 살펴볼 필요도 있다. 또한 교육과정의 방향을 탐색하기 위해서는 국내 연구동향을 분석하는 것만으로는 부족할 수 있다. 국외 연구동향과 비교해 볼 필요도 있다. 국제적인 학술의 장에서 연구되는 내용에 대한 검토는, 교육과정 연구의 변화하는 흐름과 특징을 파악할 수 있게 함으로써, 국내 연구를 비판적으로 성찰해 볼 기회를 제공하여 향후 연구 방향에 대한 통찰을 제공해줄 수 있기 때문이다.

다섯째, 이상과 같은 다양한 교육과정 연구를 통하여 교육과정이 어떻게 변화하고 대응해야 하는지 성찰해 볼 필요가 있다. 왜냐하면 뉴노멀 시대, 4차 산업혁명 시대에서는 기존의 관점과 틀로 교육과정 현상을 읽어내는 데에는 한계가 있기 때문이다.

CHAPTER 3

교육과정의 유형

학습 개요

이 장은 교육과정의 유형을 이해한다. 표면적 교육과정과 잠재적 교육과정, 영 교육과정의 차이를 살펴본다. 교과 중심 교육과정, 경험 중심 교육과정, 학문 중심 교육과정, 인간 중심 교육과정, 통합 교육과정의 차이를 살펴본다. 이들 내용을 살펴본 후, 미래 교육과정을 구성할 때 어떤 교육과정으로 구성하는 것이 바람직한지 논의해 본다. 또한 우리나라 학교의 종류에 대하여 살펴본다.

학습 목표

1. 표면적 교육과정과 잠재적 교육과정, 영 교육과정의 차이를 설명할 수 있다.
2. 교과 중심, 경험 중심, 학문 중심, 인간 중심, 통합 교육과정의 차이를 설명할 수 있다.
3. 우리나라 학교의 종류에 대하여 설명할 수 있다.

학습 과제

1. 교육과정의 유형에는 어떤 것이 있는지 조사해 보시오.

사전 OX 퀴즈

1. 문서화하기 곤란한 교육 의도 혹은 표면적인 교육과정이 진행되는 중에 우연히, 부수적, 산발적으로 나타난 교육적 효과를 잠재적 교육과정(latent curriculum)이라 지칭한다.

정답

2. 통합 교육과정이란 학생들의 흥미나 관심, 주제, 개념, 이슈 등을 중심으로 교육내용을 통합하여 조직하는 교육과정이다. 통합 교육과정에는 첫째, 간 학문적 통합, 둘째, 다 학문적 통합, 셋째, 탈 학문적 통합이 있다.

정답

3. 1960년 Bruner가 처음 나선형 교육과정의 개념을 제안하였다. 이는 지식의 구조를 가르치기 위한 교육과정의 조직 형태이다. 지식의 구조와 관련된 한 가지 중요한 가정은 "어떤 지식이든지 그 성격에 충실한 형태로 어떤 발달단계에 있는 어떤 아동에게도 효과적으로 가르칠 수 있다"라는 것이다.

정답

4. Eisner가 『교육적 상상력』(1979)에서 학교에서 가르치지 않는 과정을 영 교육과정(null curriculum)이라고 표현하였다. 표면적 교육과정에서 포함되어 있지 않은 교과나 지식, 사고 양식을 일컬으며, 더 나아가 의도적으로 배제된 것이라 보기도 한다. 따라서 영 교육과정은 일부러 특정 내용을 배제, 약화해 학생들이 배울 기회를 놓치게 만드는 기능을 수행한다고 볼 수 있다.

정답

5. 학문 중심 교육과정은 교과를 구성하고 있는 핵심적인 사실·개념·이론·법칙 및 그 교과의 탐구 방법을 중심으로 구성하는 교육과정이다. 학문 중심 교육과정은 지식 중심 교육과정으로 볼 수 있다.

정답

1. 교육과정의 유형

각 교육과정이 보이는 교육과정관·교육목표관·교육내용관·내용의 조직관 특징에 따라 분류하는 형태가 다르다. 교육과정을 분류하는 형식은 다양하지만 교육과정 분류는 교육과정 의미 속에 나타난 교육과정 유형과 교육철학 사조와 관련된 세부 교육과정 유형으로 구분하는 것이 의미가 있다. 교육과정 의미에 나타난 교육과정 유형은 표면적 교육과정, 잠재적 교육과정, 영 교육과정으로 분류할 수 있다. 교육철학 사조와 관련하여 세부 교육과정에 대한 유형은 교과 중심, 경험 중심, 학문 중심, 인간 중심, 통합 중심 교육과정으로 분류할 수 있다. 교육과정 유형을 그림으로 구분하면 [그림 3-1]과 같다.

그림 3-1 교육과정의 유형

1-1. 표면적 교육과정과 잠재적 교육과정

일반적으로 문서로 만들어진 교육 의도 즉, 의도하는 학습 결과 혹은 좁게는 교수요목을 총괄하여 표면적 교육과정(manifest curriculum)이라 부른다. 문서화하기 곤란한 교육 의도 혹은 표면적인 교육과정이 진행되는 중에 우연히, 부수적, 산발적으로 나타난 교육적 효과를 잠재적 교육과정(latent curriculum)이라 지칭한다. 잠재적 교육과정은 Jackson에 의해 처음으로 정의되었다. Bloom의 견해에 따르면 표면적 교육과정과 잠재적 교육과정의 차이는 [표 3-1]과 같다.

표 3-1 표면적 교육과정과 잠재적 교육과정의 차이

구분	표면적 교육과정	잠재적 교육과정
개념	학교에서 공식적으로 가르치는 교과서 교수-학습 자료, 국가 수준의 교육과정, 학교의 교육방침	학교에서 의도한 바 없으나 학교의 문화풍토, 학교의 물리적인 조건, 제도 및 행정 조직의 상황을 통하여 은연중에 배우게 되는 경험의 총체
영역	주로 지적인 영역 중심	주로 정의적 영역 중심
내용	바람직하고 가치가 있는 내용	바람직한 것과 바람직하지 않은 것도 포함되어 있음 (의도치 않게 배우기 때문)
학습경험	교과, 교재	문화풍토, 생활경험
교사역할	교사의 지적 기능적 역할	교사의 인격적 도덕적 감화 (학생의 동일시 대상)
교육방법	의도적, 조직적	무의도적, 은연중

※ 표면적 교육과정 중 우연히 부수적 산발적으로 나타나는 사례
예를 들면 여성은 가정주부, 간호사, 유치원, 교사, 남성은 정치가, 의사, 기업인 등으로 묘사할 경우 성에 대한 편향적 시각을 잠재적으로 학습하게 됨.

토의

위와 같이 학교 현장에서 잠재적 교육과정으로 나타나는 사례들을 토의해 보시오.

1-2. 영 교육과정

Eisner는 『교육적 상상력』(1979)에서 학교에서 가르치지 않는 과정을 영 교육과정(null curriculum)이라고 표현하였다. Eisner는 “대부분의 중등학교에서 영어, 수학, 과학, 역사, 사회를 가르치면서 법학, 경제학, 인류학, 심리학 무용, 시각예술, 음악을 가르치지 않거나 필수 교과로 지정하지 않는가?”라고 반문하면서, 학교에서 몇몇 교과를 다른 대안적 교과에 대한 면밀한 검토 없이 그저 전통적으로 가르쳐 왔기 때문에 계속해서 가르쳐 오고 있다고 보았다. 영 교육과정은 표면적 교육과정에서 포함되어 있지 않은 교과나 지식, 사고 양식을 일컬으며, 더 나아가 의도적으로 배제된 것이라 보기도 한다. 따라서 영 교육과정은 일부러 특정 내용을 배제, 약화해 학생들이 배울 기회를 놓치게 만드는 기능을 수행한다고 볼 수 있다.

영 교육과정이 발생하게 된 배경은 특정 정치, 경제 문화 세력들이 금기시하면서 발생할 수도 있고, 교사의 편견, 경직된 신념, 무지 등으로 발생할 수 있다. **소극적인 측면**에서는 학생들이 공식적 교육과정을 배우는 동안 놓치게 되는 기회 학습을 말한다. 예를 들면 학교에서 상대적으로 중요도가 떨어져서 생략하거나 소홀히 가르치는 것을 말한다. 즉, 수학능력 시험과 거리가 먼 교과나 내용의 경우에 해당될 수 있다. **적극적인 측면**에서는 특정 지식, 가치, 행동 양식을 배제해 학생들이 그 교육내용을 아예 접할 수 없도록 만드는 것이다. 예를 들면 학교에서 창조이론을 배제하여 접할 기회가 없도록 하는 것 등이 있다. 그러므로 학생들에게 배제된 내용이나 과목들은 학교 교육이나 사회생활에 있어서 별로 중요하지 않다고 인식하게 될 가능성이 크다.

영 교육과정의 시사점은 교육과정을 편성하면서 교육적으로 가치 있는 내용을 혹시 빠트리지 않았는지 성찰해야 하며 교사는 편견과 의욕 부진에서 배울만한 가치 있는 내용은 적극적으로 가르쳐야 한다는 것이다.

토의

중등학교에서 소극적 측면에서의 영 교육과정과 적극적 측면에서의 영 교육과정에는 어떤 것이 있었는지 토의해 보시오.

1-3. 교과 중심 교육과정

교과 중심 교육과정(subject-centered curriculum)**이란 교육과정의 중심되는 내용을 교과로 하는 교육과정 형태이다. 역사적으로 가장 오랜 전통을 가지고 있는 교육과정이다.** 17-18세기 미국에서 형식 도야설과 능력주의 심리학이 대두됨에 따라 발달하였다. 특히, 1930년대 미국에서 학생들이 일상생활의 문제에서 겪는 교육적 경험을 교육내용으로 삼아야 한다는 주장이 대두되었을 때, 그 이전의 교육과정관을 일컬어 붙인 이름이다. 따라서 교과 중심 교육과정은 반드시 경험 중심 교육과정과 대비하여 규정된다. 교육내용은 생활과는 유리된, 교과서에 적혀 있는 지식이었으며, 이때 지배적인 교육방법은 맹목적인 반복 · 암송이었다.

학생들의 개별적인 흥미와는 관계없이 교육내용은 대부분은 획일적이었다. 교육의 과정은 거의 전적으로 교사의 권위와 주도권에 맡겨져 학생들의 자발적인 참여나 독립적인 사고의 기회가 심하게 제한되어 있었다. 학생들의 학습 태도는 수동적이었고 학습에 대한 흥미 수준도 낮았다. 교육의 내용이 일상생활 사태에 적용되는 경우도 매우 드물었다. 따라서 교사는 교과를 가르치고 아동은 교과를 중심으로 학습하게 된다. 이 이론은 7 자유 학과(문법, 수사학, 논리학, 대수, 기하, 음악, 천문학)을 도야적 가치가 큰 교과로 인정하고 있는데, 그 이유는 이러한 교과들이 정신 도야의 기회를 제공해 주기 때문이다.

교과 중심 교육과정의 성격은 ① 역사적으로 가장 긴 전통을 갖고 있다. ② 서양은 7 자 유 교과, 동양은 고대 중국의 6예(예, 악, 사, 어, 서, 수)이다. ③ 교사 중심의 교육과정으로 문화유산의 전달, 즉 지식이 교육내용이 된다. ④ 설명 위주의 교수법이고, 한정된 교과 영역 안에서 학습활동이 이루어진다. ⑤ 사전계획과 조직이 이루어진다.

교과 중심 교육과정의 장점은 ① 학생들의 지적 능력을 발전시키는 데 가장 적당하다. ② 인류의 축적된 문화유산을 가장 잘 이용한다. ③ 교육과정 구성이나 평가가 간단하고 쉽다. ④ 새로운 지식과 사실을 학습하며 해석하고 조직하는 데 논리적이고 효과적이다. ④ 교수-학습활동의 통제가 쉽다. ⑤ 장구한 전통을 지니고 있고, 널리 받아들여지고 있다. ⑥ 교육과정의 중앙집권적 통제가 쉽다.

교과 중심 교육과정의 단점은 ① 교과 조직은 심리적 조직으로 부적당하고, 심적 훈련이 될 수 없다. ② 학습을 세분화하고 학교의 생활을 제한한다. ③ 지식의 기능적 활용에 토대를 두지 않고 있다. ④ 학생의 흥미와 욕구가 무시되고 개인차도 무시된다. ⑤ 고등정신기능, 즉 비판력, 창의력, 사고력의 함양이 곤란하다. ⑥ 민주적 태도의 형성이 곤란하다.

교과 중심 교육과정은 분과형, 상관형, 융합형, 광역형으로 세분된다. 분과 교육과정은 각 교과의 종적 체계는 있으나, 횡적 관련은 전혀 없이 조직되는 것(식물학, 동물학)을 말한다. **상관 교육과정**은 두 개 이상의 교과가 선을 유지하지만 서로 관련된 교육과정(역사와 지리, 과학과 수학, 생물과 화학 등)을 의미한다. 교과서는 유지하되, 유사 학과목을 상호 관련지어 구성하는 것으로, 개별성, 관련성은 있으나 포괄성, 통합성은 부족하다. **융합 교육과정**은 상관과 광역 교육과정의 중간 형태이다. '(생물학: 식물 + 동물 + 생리학), (사회과: 지리 + 역사 + 공민)'과 같이 연결된다. 각 교과목의 특성을 유지하면서 다소의 내용 면이나 성질만의 공통 변인을 추출하여 교과를 재조직하는 교육과정이다. **광역 교육과정**은 전통적인 교과목의 엄격한 한계를 해소하고 학습이 더 넓은 영역에서 사실이나 원리들을 조직하려는 교육과정이다. 세분된 교과목을 통합하여 소수의 교과목으로 통합하는 것으로, 더 넓은 영역에서 사실 원리 등을 조직하려는 것이다. 광역 교육과정의 명칭은 종합과정, 통합과정 또는 일반과정 등으로 불린다. '(일반과학: 물리, 화학, 생물, 지리, 천문), (사회과: 역사, 지리, 정치, 사회학, 문화인류학)'을 의미한다.

교과 중심 교육과정을 정리하면 [표 3-2]와 같다.

표 3-2 교과 중심 교육과정 요약

교과 중심 교육과정	
교육목적	학생들의 지적 능력 향상
교육내용 선정	교과목(7 자유 교과 등)
교육방법	주입식, 암기식

1-4. 경험 중심 교육과정

경험 중심 교육과정(experience-centered curriculum)**은 학생이 교육의 중심적 존재가 되어야 한다는 태도에서 교육과정의 중심이 되는 내용을 학생이 행해야 할 경험으로 구성하는 교육과정을 말한다. 이는 Rousseau 이후 지속된 주장이며, 1930년대에서 1950년대 말까지 미국에서 영향력을 가졌던 교육과정의 사조로서 종래의 교과 중심 교육과정에 대한 비판으로 대두된 것이다.** 교과 중심 교육과정에서는 교육과정이 학교에서 전통적으로 가르쳐 오던 교과로 정의되는 데 비하여, 경험 중심 교육과정은 교육과정이 학생들이 생활 사태에서 가지는 교육적 경험으로 정의된다. 교과는 생활의 문제 사태를 해결하는 데 도움을 줄 때 비로소 진정한 가치를 가진다. 그러므로 교육과정은 반드시 국어, 수학, 과학 등, 전통적인 교과 구분에 따라 조직될 필요 없이 생활의 문제를 중핵으로 하여 그것에 관련된 여러 교과를 통합하여 가르칠 수도 있으며(중핵 교육과정), 전통적인 교과 구분을 따르면서도 그 내용은 주로 생활의 문제를 해결하는 데 도움이 될 수 있도록 선정되고 조직된다.

경험 중심 교육과정의 유형은 생성 교육과정, 활동 중심 교육과정, 중핵 교육과정으로 구분할 수 있다. 생성 교육과정은 교육 현장에서 학습자들이 요구하거나 경험하고자 하는 것을 즉석에서 구성하는 교육과정이다. 활동중심 교육과정은 학생들의 흥미, 필요, 요구 등을 고려하여 활동을 중심으로 구성된 교육과정이다. 중핵 교육과정은 특정 주제를 중핵으로 놓고 이와 관련된 영역들을 주면에 배치하여 학습하는 교육과정이다.

경험 중심 교육과정의 목적은 학생의 흥미와 필요를 기초로 학습 내용을 구성하고 학생들의 자발적인 활동을 촉구한다. learning by doing의 원칙으로 활발한 학습활동이 전개된다. 실제적인 생활문제와 결부되는 학습활동을 함으로써 생활문제를 올바르고 종합적으로 처리할 수 있는 능력을 육성한다. 또한 민주사회에서 필요한 창의성, 책임감, 사회성, 협동정신, 반성의 사고능력을 함양하는 데 도움이 된다.

경험 중심 교육과정의 성격은 ① 교육과정의 중점을 학습자에 두고, 아동의 성장을 조성하는 학습에 둔다. ② 교재는 학습의 현장에서 결정되고, 모든 학습자의 협력 참가로 수업이 진행된다. ③ 개인차와 개인의 능력을 중시하고, 창조적인 성격을 기르는 데 있다. ④ 교육을 경험, 생활 즉, 성장의 과정으로 본다. ⑤ 교과 활동 못지않게 과외활동을 중시한다.

경험 중심 교육과정의 장점은 ① 학습자의 흥미와 필요가 자발적 참여를 유발하기 쉽다. ② 현실적이고 실제적인 문제를 해결할 수 있다. ③ 민주시민으로서의 자질 함양이 쉽다. ④ 학교와 지역사회화의 유대를 강화할 수 있다.

경험 중심 교육과정의 단점은 ① 기초 학력의 저하를 가져올 수 있다. ② 교육과정 분류의 준거가 분명치 못하다. ③ 교직적 소양과 지도 방법이 미숙한 교사는 이 교육과정 운영에 실패할 수가 있다. ④ 사전에 계획하지 않기 때문에 행정적인 통제가 어렵다. ⑤ 학습 내용의 조직상 논리적 체계가 부족하다.

경험 중심 교육과정을 정리하면 [표 3-3]과 같다.

표 3-3 경험 중심 교육과정 요약

경험 중심 교육과정	
교육목적	생활인 육성(생활문제를 올바르게 처리할 수 있는 능력)
교육내용 선정	학생의 흥미, 실용적 교육내용
교육방법	협동학습

경험 중심 교육과정의 한 형태로서의 중핵 교육과정

중핵 교육과정(core curriculum)**은 교과 중심 교육과정의 문제점인 단편적인 지식화와 경험 중심 교육과정의 문제점인 지나친 현실 만족을 시정 보완하기 위하여 연구된 교육과정이다. 학교의 교육과정에서 가장 중요하다고 생각되는 활동을 중심에 놓고 그 이외의 것을 주변에 조직하는 교육과정의 형태이다.** 예를 들면 지구 온난화(중심학급) 학습을 할 때 지구 온난화를 중핵으로 두고 화학, 생태학, 국제협력 등을 함께 학습하는 방식이다. 이러한 교육과정은 교과를 체계적으로 가르치려는 것이 아니라 일상생활에 필요한 경험과 활동을 학습하기 위한 것으로 교과 통합과 학생의 인격 통합이 중심 개념으로 되어 있다. 학습자의 필요와 흥미 존중, 일상생활의 내용과 사회 문제 학습, 개인적 능력에 따른 수업, 비판적 사고력 학습 등의 장점이 있으나, 교과의 구분을 허물기 어렵고, 중핵과 주변의 구분이 명백하지 않으며, 교과의 지식이 소홀히 되어 학력이 저하된다는 비판 등의 문제가 있어 널리 보급되지는 못했다. 한국에서도 8·15 광복 후에 중핵 교육과정이 도입되어 커다란 반향을 불러일으켰으나 이상과 같은 문제가 있었고, 그 후 학문 중심 교육과정 등 새로운 이론이 나오면서 쇠퇴하였다. 그러나 학생의 경험을 중요시한다는 가치는 여전히 살아 있다. 이밖에 중등학교에서는 선택과목에 대하여 필수과목을 '코어 커리큘럼'이라고 부르기도 하였다.

중핵 교육과정의 성격은 ① 사회적 필요가 중핵이 되어 사회 방향감을 고취해 나간다는 점이다. ② 중핵 교육과정의 기본구조는 중심학습(생활학습)과 주변 학습(계통학습)으로 구성된다. ③ 중핵 교육과정의 기본목표는 교육내용의 통합, 개인의 인격적 통합, 통합된 사회를 실현하는 데 있다. ④ Ziller는 역사와 문학 즉 사회문화를 중핵에 두고 있다.

중핵 교육과정의 유형은 ① 광역 교과로서의 중핵형 ② 통합과정으로서의 중핵형(통합 학습 방법을 위하여) ③ 문화사 중핵형 ④ 청소년 필요, 욕구, 흥미 중심의 중핵형 ⑤ 사회기능 중심의 중핵형 ⑥ 사회문제 중심의 중핵형으로 구분할 수 있다.

1-5. 학문 중심 교육과정

학문 중심 교육과정(discipline-centered curriculum)**은 교과를 구성하고 있는 핵심적인 사실 · 개념 · 이론 · 법칙 및 그 교과의 탐구 방법을 중심으로 구성하는 교육과정이다. 학문 중심 교육과정은 지식 중심교육과정으로 볼 수 있다.** 지식 중 핵심적인 지식, 전이가 높은 지식을 선정하여 가르쳐야 한다. 왜냐하면 20세기 후반 지식과 과학기술 정보가 폭발적으로 증가하여 학교에서 가르칠 지식과 기술 선정이 심각하기 때문이다. 1957년 소련에서 인공위성 스푸트니크호가 인류 역사상 최초로 발사되자 미국에서 자국의 과학교육에 대한 비판과 반성이 거세게 일어난 것을 배경으로 대두되었다. Bruner의 세미나 보고서 「교육의 과정(The Process of Education)」은 학문 중심 교육과정의 입장을 체계적으로 천명한 책으로 알려져 있다. 종래의 경험 중심 교육과정이 지나치게 생활의 문제해결을 강조한 것에 비하여 여기서는 학문의 기본개념을 중요시한다.

학문 중심 교육과정에서는 학문에는 각각 그 특징적인 개념과 탐구 방법이 있다는 것을 전제로 하여 교육의 초보적 단계에서 고등 수준에 이르기까지 그러한 개념과 탐구 방법을 가르쳐야 한다고 주장한다. 그러나 이 사조는 경험 중심 교육과정에서 강조한 학생의 자발적 탐구를 강조한다는 점에서 경험 중심 교육과정과 일맥상통한다고 볼 수 있다.

교과의 내용 면에서는 체계적인 개념과 법칙, 즉 '지식의 구조'를 강조하고, 학습 방법 면에서는 발견학습(discovery learning)과 탐구학습(inquiry learning)을 강조하였다. 발견학습과 탐구학습의 차이는 [표 3-4]와 같다.

표 3-4 발견학습과 탐구학습의 차이

구분	발견학습	탐구학습
정의	학문의 개념이나 원리를 발견 또는 재발견 하는 과정을 학습자에게 직접 체험시킴으로써, 과학의 성과와 탐구과정 및 방법을 종합적으로 학습시키려는 교수-학습법	이론이나 법칙, 원리를 습득한 후 이를 근거로 가설을 설정하고 이 가설을 검증할 수 있는 실험 과정을 계획한 후 새로운 사실을 획득하는 학습방법

구분	발견학습	탐구학습
예시	영어 교사가 주도적으로 영어문법 위주의 설명을 하는 것이 아니라 학생들과 프리토킹을 하면서 학습자 스스로 자연스럽게 문법의 기능을 익히도록 하는 것	절차 1. 문제발견 및 문제인식 2. 가설설정 3. 자료 수집을 위한 실험설계 4. 자료 수집 및 처리 5. 자료 해석 및 가설 검증 6. 잠정적 결론 및 일반화

Bruner는 지식의 구조는 초등학교에서 대학에 이르기까지 이해의 수준에 차이가 있을 뿐 어느 단계에서나 교육할 수 있다고 하였다. 1960~1970년대에 걸쳐 가장 번성하였던 이 이론은 전 세계에 영향을 주었고, 한국에도 소개되어 1971년의 3차 교육과정 개정에 크게 반영되었으며, 최근까지지도 주된 흐름을 이루고 있다.

학문 중심 교육과정의 성격은 ① 교육내용은 지식의 기본구조를 핵심으로 조직한다. 지식의 기본구조란 기본개념, 기본원리, 일반원리, 일반 아이디어를 의미한 것으로 이것이 중요시되는 까닭은 지식을 잘 알 수 있게 하기 때문이다. ② 나선형 교육과정이 되어야 한다. ③ 발견에 따른 내적 동기유발을 강조한다.

학문 중심 교육과정의 장점은 ① 교육내용의 선정 조직에 있어서 경제적인 단순화를 기할 수 있다. ② 기본개념의 이해를 촉진할 수 있다. ③ 자연현상의 발견력 탐구력을 향상하게 시킬 수 있다. ④ 학습에 관한 흥미를 지속해서 유지할 수 있다. ⑤ 교육내용의 선정에서 중복과 누락을 피할 수 있다.

학문 중심 교육과정의 단점은 ① 능력이 중상 이상 되는 학생들에게만 적당하다. ② 통합적 교육과정 구성이 소홀하게 되고 있다. ③ 탐구과정에 학습자가 능동적으로 참여할 수 있는 환경 여건이 어렵다. ④ 청소년의 욕구와 그들의 광범한 생활문제를 등한시하고 있다.

학문 중심 교육과정을 정리하면 [표 3-5]와 같다. 어렵다. ④ 청소년의 욕구와 그들의 광범한 생활 문제를 등한시하고 있다.

표 3-5 **학문 중심 교육과정 요약**

학문 중심 교육과정	
교육목적	지식의 구조 획득
교육내용 선정	지식의 구조 선정(교과를 구성하고 있는 핵심적인 사실 개념, 이론, 법칙)
교육방법	발견학습, 탐구학습

학문 중심 교육과정 구성원리로서의 나선형 교육과정

1960년 Bruner가 처음 나선형 교육과정(spiral curriculum)의 개념을 제안하였다. 지식의 구조를 가르치기 위한 교육과정의 조직 형태이다. 지식의 구조와 관련된 한 가지 중요한 가정은 "어떤 지식이든지 그 성격에 충실한 형태로 어떤 발달단계에 있는 어떤 아동에게도 효과적으로 가르칠 수 있다"라는 것이다. 이 가정에 의하면 교육내용으로서의 지식의 구조는 교육의 수준에 관계없이 그 성격에 있어서 같으며, 이처럼 조직된 교육과정이 마치 달팽이 껍데기 모양(나선형: 螺旋形)과 같다고 하여 나선형 교육과정이라고 부른다.

나선형 교육과정 구성원리는 ① 계열성의 원리이다. 교육내용의 논리적 심리적 계열 방법에 관심을 두어 심화, 확대해 간다. ② 계속성의 원리이다. 계속 반복 학습이 이루어져야 한다. ③ 통합성의 원리이다. 기본적인 아이디어의 탐구를 위하여 교과 상호 간의 연결이 많으며 병합을 이루어야 한다.

나선형 교육과정의 기본원리는 ① 쉬운 것에서 어려운 것으로, 구체적인 것에서 추상적인 것으로 조직하는 것이다. ② 표현 방법의 수준을 학생의 지적발달에 맞추면 어떠한 학생이든지 지식의 구조를 이해할 수 있다는 것이다. ③ 어떤 단계를 막론하고 가르쳐야 할 교육내용은 같다. 방법이 다를 뿐이다.

나선형 교육과정의 표현 방법은 ① 작동적 표현 방법의 경우 Piaget의 인지 발달상 전 조작기(2세에서 7세까지)에는 실제 행함으로써 원리나 개념을 이해시켜 나갈 수 있게 표현되어야 한다. ② 영상적 표현 방법은 Piaget의 인지 발달상 구체적 조작기(7세에서 12세까지)는 모형이나 그림을 통해 원리를 이해시켜 나갈 수 있게 표현되어야 한다. ③ 상징적 표현 시기는 Piaget의 인지 발달상의 형식적 조작기(12세 이상)는 공식이나 언어를 써서 이해시켜 나갈 수 있게 표현하는 것이 바람직하다.

나선형 교육과정의 장점은 이해, 파지, 전이가 쉽고 지적인 탐구력이 쉽게 획득되지만, 단점은 지나치게 인지적 측면을 강조하여 전 인격적 성장을 저해하며, 교과 간의 통합이 곤란한 측면이 있다.

1-6. 인간 중심 교육과정(인본주의 교육과정)

인간 중심 교육과정의 특징은 교과 중심, 경험 중심, 학문 중심, 잠재적 교육과정을 모두 포괄한다. **교육목적**은 자아실현 및 전인적 인간양성에 있다. 교육은 교과가 아니라 인간을 가르치는 것이다. 교육 성격은 ① 잠재적 교육과정을 표면적 교육과정과 똑같이 때에 따라서는 더 중시한다. ② 학교 환경의 인간화를 위해 노력한다. ③ 자아실현을 목표로 설정한다. ④ 인간주의적인 교사를 가장 필요로 한다.

인간 중심 교육과정의 장점은 ① 전인교육을 통하여 인간의 성장 가능성을 조화롭게 발전시킬 수 있다. ② 학습자의 개별적인 자기 성장을 조장할 수 있다. ③ 학습자의 자아개념을 긍정적으로 형성하는 데 도움이 된다. ④ 학습 과정을 통한 터득된 의미가 내면화될 수 있다.

인간 중심 교육과정의 단점은 ① 자유로운 환경조성과 역동적인 인간관계가 유지되지 않으면 교육성과의 보장이 어렵다. ② 교사들의 투철한 교육관이 확립되지 않으면 그 실현이 어렵다. ③ 과대 규모의 학교와 과밀학급의 규모, 밀도를 줄이는 개선책과 학교교육에서 지나친 경쟁과 비교를 지양하는 학교행정적 조건 정비가 선행되지 않으면 실현이 어렵다. ④ 교육의 인간화가 보장되지 않으면 그 실현이 어렵다.

인간 중심 교육과정의 유형으로 **첫째, 방법 기초형이 있다.** 이 유형은 학습자의 학습을 조장하는 방법을 최우선 고려한다. **둘째, 학습자 중심형**은 모든 교육적 관심이 학습자의 천부적인 잠재 가능성을 실현하는 것에 모인다. **셋째, 과정 강조형**은 어떤 실체를 원형대로 전수하기보다는 어떤 마당에서 생성되어 우러나는 분위기에 젖어서 자연스럽게 일어나는 감동, 흥미의 획득 및 느낌을 중요시하는 교육과정이다.

인간 중심 교육과정을 정리하면 [표 3-6]과 같다.

표 3-6 인간 중심 교육과정 요약

인간 중심 교육과정	
교육목적	자아실현 및 전인적 인격형성
교육내용 선정	학습자 스스로 학습할 수 있는 환경 구성과 함께 교과, 경험, 학문 모두 포함할 수 있음
교육방법	관찰, 면담, 일기, 반성, 일화, 기록, 참여수업 등

토의

개를 잡을 때는 어디를 잡아야 하며, 토끼를 잡을 때는 어디를 잡아야 하는가? 마지막으로 사람을 잡을 때는 어디를 잡아야 하는가? 이에 대해 토의해 보시오.

좋은 인간관계를 형성해 나가기 위해서는 어떻게 해야 하는가? **첫째, 상대방에게 신뢰를 주어야 한다.** 신뢰를 주기 위해서는 일관성이 있어야 한다. 상대방에 대한 말과 행동의 일관성이 있어야 한다. 일관성이란, 하나의 방법이나 태도로써 처음부터 끝까지 한결같은 성질이다. 예를 들면, 내가 상대방에게 믿음을 주기 위해서는 약속을 정했으면 그 약속대로 지켜야 신뢰가 형성된다. 그런데 그 약속을 지키지 않으면 신뢰는 깨어진다. 한번은 약속을 지켰다가 한번은 지키지 않았다가 하면 일관성이 없다. 그러므로 신뢰가 형성되지 않는다. 좋은 관계를 유지하기 위해서는 말과 행동의 일관성이 있어서 상대방에게 신뢰를 형성해야 한다.

둘째, 상호존중이다. 상대방의 가치를 존중해 나가야 좋은 관계가 형성된다. 상대방이 어떤 위치나 상황에 있든지 간에 그 사람 자체의 존엄성에 대한 가치를 인정해야 한다. 왜냐하면 사람은 모두 차이가 있기 때문이다. 부부 관계가 좋지 않은 가정이 있었다. 부부는 1년간 불만이 있을 때마다 서로에 대한 불만의 내용을 쪽지에 적어 상자에 넣기로 하였다. 한 달 후 그 내용을 보기로 약속하였다. 한 달 후 서로의 불만을 확인하였다. 아내의 불만은 많았다. 그런데 남편은 아내에 대한 불만을 적은 것이 아니라 자신의 부족한 점만 적어 놓았다. 그런데도 아내를 사랑한다. 이런 내용으로 가득했다. 내용을 본 순간 서로 어떻게 되었을까? 상상해 보라.

셋째, 대인 감수성이 있어야 한다. 대인 감수성이란, 상대방의 행동을 보고 내가 그 행동에 어떻게 반응해야 상대방이 좋아할 것인가를 알고 미리미리 상대방 처지를 생각하며 대처해 나가는 것이다. 삼겹살 구워 먹는데 어떤 사람은 계속해서 굽는 사람이 있는가 하면 어떤 사람은 구워놓은 것만 계속해서 먹는 사람이 있다. 계속해서 구워놓은 것을 먹는 사람은 대인 감수성이 떨어지는 사람들이다. 자신이 왜 내가 삼겹살을 구워야 하는지조차 의식하지 못하는 사람들은 좋은 관계를 형성해 나가지 못한다.

넷째, 내가 먼저 상대방에게 다가간다. 이 말은 내가 먼저 상대방에게 베푸는 것이 좋은 인간관계를 형성하는 데 매우 도움이 된다. 갈등이 발생하거나 문제가 발생하면 상대방이 먼저 해결해 주기를 기다리기보다는 내가 먼저 상대방에게 해결하려고 노력한다. 그리고 상대방을 변화시키려 하지 말고 나 자신이 변화하면 상대방은 자연스럽게 변화한다. 상대방과 좋은 관계를 형성하려면 문제의 원인을 내부에서 찾아야 한다. 외부에서 찾으면 핑계만 댄다. 골프 칠 때 골프가 안 되는 이유 101가지가 있다. 어제 술을 많이 먹어서, 아침에 너무 일찍 일어나서 등등. 그리고 마지막 101번째 이유는 '오늘따라 이상하게 안 되네'이다.

다섯째, 평소에 좋은 관계를 만들어둔다. 평소에 상대방에게 좋은 관계를 형성해 놓아야 한다. 평소에 상대방의 감정은행 계좌에 내가 좋은 감정을 많이 저축해 두어야 한다. 그러면 문제가 발생해도 감정은행 계좌에 있는 좋은 감정으로 그 문제를 해결해 줄 수 있다. 평소에 감정은행 계좌에 부정적인 감정을 저축해 둔 사람은 상대방과 좋은 관계를 형성하지 못할 뿐만 아니라 사소한 문제가 발생해도 상대방과 많이 부딪히게 된다. 아무리 돈이 많아도 옆에 있는 사람 5,000원짜리 김치찌개 한 그릇 못 사주는 사람도 있다. 5,000원짜리 김치찌개 한 그릇 사는데 덜덜덜 떤다. 그러다 중풍 걸려서 떨다가 가는 사람도 있다. 상대방을 배려하면 관계가 잘 형성된다.

시각장애인의 등불 이야기가 있다. 한 나그네가 캄캄한 낯선 밤길을 가고 있었다. 길도 험한데다 낯선 길이기도 하여 목적지를 찾아가는 데 매우 힘이 들었다. 그런데 앞에서 희미한 등불이 보이기 시작하였다. 등불 가까이 간 이 나그네는 깜짝 놀랐다. 그 등불을 밝히고 있는 사람이 시각장애인이었기 때문이다. 그래서 시각장애인에게 물어보았다. 당신은 앞을 보지 못하는데 웬 등불이 필요한가? 라고 물어보니 시각장애인은 나는 낮이나 밤이나 늘 캄캄하여 안보이기는 마찬가지이고 소리만 들어도 장애물을 피해서 갈 수 있지만, 밤, 눈 어두운 당신들이 돌부리에 부딪혀 넘어질까봐 그대들을 위해 이렇게 등불을 들고 다닌다.

1-7. 통합 교육과정

통합 교육과정(integrated curriculum)이란 학생들의 흥미나 관심, 주제, 개념, 이슈 등을 중심으로 교육내용을 통합하여 조직하는 교육과정이다. 경험내용의 통일성과 전체성, 통일성을 강조한다. 교과 영역에 구애됨이 없이 이들을 횡단하여 일정한 기준에 따라 학습 내용 및 경험을 선정, 조직하려는 교육과정이다. 경험형 교육과정은 거의 이런 형태를 취하고 있으며, 중핵 교육과정은 이의 대표적인 예이다. 교육내용이 통합되면 개개인의 인격도 통합될 것이며, 나아가서 사회도 구심점을 중심으로 통합될 것이라는 가정에 그 이론적 근거를 두고 있다. **교과의 통합운영**은 국가 수준에서 명확히 구분된 교과들을 수업의 장면에서 다양한 방식으로 상호 연관해서 계획하고 가르치며 평가하는 활동이다. 예를 들면 중학교 3학년의 사회 교과의 한국 영역 중 대한민국의 발전과 일반사회 교과 영역 중 정치 생활과 민주주의를 연결하여 가르치는 것을 말한다.

통합 교육과정 장점은 ① 지식의 분절화를 방지한다. ② 통합적 접근은 지식의 기본원리 이해를 도모할 수 있다. ③ 학생들의 심리적 발달에 상응한 교육이 가능하다. ④ 전인격적 성장에 관심을 둔다. ⑤ 학생들의 긍정적 자아개념을 형성하게 한다.

통합 교육과정의 단점은 ① 교과목을 논리적으로 연결하여 의미 있게 통합해야 하는 통합 교육과정 구성이 어렵다. ② 현장 교사들에게 각 과목의 모든 내용들에 대한 충분한 이해와 전문적 식견을 요구하기 때문에 현실적으로 어려움이 있다. ③ 일반상식 수준에서 어설프게 통합할 경우 교사의 부담 가중 및 교육의 질 저하가 야기된다. ④ 학문적 지식의 체계보다 문제, 주제, 개념, 이슈 등을 중심으로 구성하기 때문에 학생에게 혼란을 초래할 수 있다.

통합 교육과정에서 Drake는 통합의 유형을 다음과 같이 구분하였다. **첫째, 간 학문적 통합이다. 이는 융합형 교육과정이다.** 이는 두 개 이상의 학문 분야를 결합하거나 상호 관련시키는 것이다. 예를 들면 정치+사회학(정치사회학), 정신+생리학(정신생리학), 전자+음악(전자음악) 등과 같이 연결하는 것이다. **둘째, 다 학문적 통합이다. 이는 광역형 교육과정이다.** 예를 들면 환경공학(인구+공해+범죄+환경) 등과 같이 사회나 자연현상 그리고 인간 생활에서 나타나는 문제 또는 주제와 관련하여 여러 가지 학문이 다양하게 동원됨으로써 이루어진다. 또는 인구 감소 현상에 대하여 사회학, 경제학, 정치학, 심리학, 지리학 등 여러 학문에서 관련된 개념이나 이론 등을 추출하여 병렬적으로 교육과정을 조직하는 형태이다. **셋째, 탈 학문적 통합이다. 이는 중핵 교육과정이다.** 아동 중심적인 입장에서 자유로운 표현활동이나 문제해결의 과정을 통해서 이루어지는 통합방법이다. 초등학교 1, 2학년의 바른생활(도덕+국어+사회), 슬기로운 생활(산수+자연), 즐거운 생활(체육+음악+미술)과 같은 것이다. 탈 학문적 통합에는 흥미 중심의 통합, 표현중심의 통합, 경험 중심의 통합으로 나눌 수 있다.

통합 중심 교육과정을 정리하면 [표 3-7]과 같다.

표 3-7 통합 중심 교육과정 요약

통합 중심 교육과정	
교육목적	다양한 영역에서 학습자의 성취
교육내용 선정	두 개 이상의 학문, 학문과 사회나 자연현상, 교과의 구분 초월(실생활)
교육방법	구분된 교과를 상호 연관해서 교육

교육과정 사조를 바탕으로 한 교육과정 세부 유형을 정리하면 [표 3-8]과 같다.

표 3-8 교육과정의 유형별 특징

구분	교과 중심	경험 중심	학문 중심 학문 탐구중심	인간중심 (인본주의 중심)	통합 교육과정
유형	• 분과 교육과정 • 상관 교육과정 • 융합 교육과정 • 광역 교육과정	• 생성교육과정 • 활동 중심 교육과정 • 중핵교육과정	• 나선형 교육과정	• 방법 기초형 • 학습자 중심형 • 과정 강조형	• 간학문적 통합 (융합형 교육과정) • 다학문적 통합 • 탈학문적 통합
특징	• 사전에 계획한 대로 객관적인 수업 진행 가능 • 교사 주도형 • 교재 범위 안에서 학습활동 전개	• 학생의 흥미와 필요를 기초로 하는 학습 내용 • 민주사회에 필요한 창의성, 책임감, 사회성, 협동 정신, 반성의 사고	• 지식의 구조, 기본적 원리 및 개념을 중시 • 분석적 사고 직관적 사고 중심 • 내적 보상에 의한 학습동기 • 창조성을 강조	• 잠재적 교육과정 중시 • 교육목표는 자아실현 • 인간주의적인 교사를 필요로 함	• 학생의 흥미, 주제, 개념, 이슈 등을 중심으로 교육내용을 통합하여 조직
장점	• 새로운 지식, 사실을 학습하는 데 논리적, 효과적 방법 • 학생들의 지적 능력을 향상하는 데 적합	• 현실적, 실제적 생활문제를 해결 • 민주시민으로서의 자질 함양 • 학교와 지역사회의 유대를 강화	• 교육내용을 선정, 조직하는 데 경제성 • 지식의 전체 구조를 쉽게 파악 • 탐구력을 향상	• 전인교육 • 학습자의 자아개념을 긍정적으로 형성	• 지식의 분절화 방지 • 지식의 기본원리 이해 • 전인격적 성장
단점	• 학생들의 흥미, 필요, 능력 등 심리적인 요소를 고려하기에 부적합 • 교과목 그 자체가 바람직한 인지능력 훈련은 아님	• 학생들의 기초 학력 저하 • 교육과정 분류의 준거가 명확하지 못함	• 학업능력이 우수한 학생들에게 적합 • 일부 교과(자연과학 분야)에 적합	• 교사들의 투철한 교육관이 중요 • 교과의 난이도 하향 조정	• 교과목을 논리적으로 연결하여 의미 있게 통합해야 하는 통합 교육과정 구성이 어려움
학자		• Herbart • Rousseau • Pestalozzi • Froebel • Dewey		• Bruner • Broudy • Phenix	

토의

여러분들이 교육과정 개발자라면 어떤 중심의 교육과정으로 교육과정을 설계할 것인가? 미래 환경변화와 학생들의 특징 등을 반영하여 어떤 중심으로 교육과정을 설계하는 것이 좋은지에 대한 논의를 해 보시오.

2. 우리나라 학교의 형태와 교과서 종류

2-1. 우리나라 고등학교 종류와 특징

2019년 KOSIS 국가통계자료에 따르면 현재 우리나라 고등학교 수는 총 2,356개이다. 고등학교 종류로는 일반계 고등학교, 자율형 고등학교, 특수목적 고등학교, 특성화 고등학교, 영재학교, 대안학교, 외국인학교 및 외국교육기관, 방송통신고등학교, 학력인정 평생시설 고등학교, 특수학교로 구분할 수 있다. 고등학교 유형별로 교육과정이나 과목 개설 등의 차이가 있으며 고입 전형방법 또한 학교급별로 다르다. 우리나라 고등학교 유형과 유형별 특징을 살펴보면 [표 3-9]와 [표 3-10]과 같다.

표 3-9 우리나라 고등학교의 유형

구분	세부 유형
1. 일반계 고등학교	1-1. 일반계 고등학교
2. 자율형 고등학교	2-1. 자율형 공립고등학교
	2-2. 자율형 사립고등학교
3. 특수목적 고등학교	3-1. 과학 고등학교
	3-2. 외국어 고등학교
	3-3. 국제 고등학교
	3-4. 예술 고등학교
	3-5. 체육 고등학교
	3-6. 마이스터 고등학교
4. 특성화 고등학교	4-1. 직업교육 특성화 고등학교
	4-2. 대안교육 특성화 고등학교
5. 영재학교	5-1. 영재학교
6. 대안학교(고등과정)	6-1. 대안학교(고등과정)
7. 외국인학교 및 외국교육기관 등	7-1. 외국인학교
	7-2. 외국교육기관
	7-3. 제주 국제학교
8. 방송통신고등학교	8-1. 방송통신고등학교
9. 학력인정 평생교육시설학교	9-1. 학력인정 평생교육시설학교
10. 특수학교(고등)	10-1. 고등학교 과정 설치 특수학교

표 3-10 우리나라 고등학교 유형별 특징

일반계 고등학교	자율형 사립고등학교	자율형 공립고등학교	특수목적 고등학교	특성화 고등학교	영재학교
- 통상 인문계 고등학교로 통칭 - 특정 분야가 아닌 다양한 분야에 걸쳐 일반적인 교육을 실시하는 고등학교로 공립고등학교와 일반사립고등학교가 있음 - 교과구성은 보통교과와 전문교과로 구성되어 있으며 자율활동, 동아리활동, 봉사활동, 진로활동 등의 창의적 체험활동 프로그램으로 구성 - 일반고는 평준화 지역에서는 추첨배정을 하며, 비평준화 지역에서는 내신성적과 선발고사를 통해 신입생을 선발함	- 사립학교의 건학이념에 따라 교육과정이나 학사 운영 등을 자율적으로 운영 - 지원자격에 내신 성적 제한 조건을 두는 경우가 많음 - 학비는 일반계 고등학교보다 3배 정도 비싼 편임 - 모집유형으로는 전국단위로 모집하는 학교가 있고 광역자치단체로 한정하여 모집하는 학교가 있음 - 2018년부터 후기 고등학교로 전환됨에 따라 현재는 신입생 모집 시기가 일반고와 동일함	- 자공고는 공립고등학교를 대상으로 교육감이 교육제도 개선 및 발전을 위해 필요하다고 인정하는 경우 학교 또는 교육과정을 자율적으로 운영할 수 있도록 지정 고시된 학교 - 사립에 비해 학비가 일반 공립고 수준으로 저렴한 편임 - 교육력 극대화를 위해 지역사회와의 유기적 연계를 강조하는 지역사회학교를 지향하고 있음	- 일반고와 달리 특성화된 분야의 교육에 집중하기 위해 설립된 학교임 - **외국어고**: 외국어에 능숙한 인재양성 - **국제고**: 국제정치 및 외교분야 전문인재 양성: 고양국제고, 대구국제고, 동탄국제고, 부산국제고, 서울국제고, 세종국제고, 인천국제고, 청심국제고 - **과학고**: 과학인재양성 - **예술고**: 문학, 음악, 미술, 연극, 영화 등 예술실기 인재양성: 국악고, 서울예고, 서울공연예술고, 덕원예고, 선화예고, 전통예고, 서울미고 등 - **체육고**: 체육인 양성: 서울체고, 경기체고 등 - **마이스터고**: 유망분야의 특화된 산업수요 인재양성. 선취업 후 진학	- 고등학교 졸업 후 취업을 목적으로 하는 학교 - **농산/수산/공업/해양 계열고등학교**: 각 분야 전문인 양성	- 정확히는 영재학교이며, 법적으로 고등학교 학력으로 인정받는 학교. - 중학교 졸업 또는 졸업하지 않아도 지원 가능하며, 초중등교육법이 미적용. - 조기졸업이 가능하나, 일반적으로 6학기 이수. - 압도적인 예산(한국과학영재고 220억)으로 최고의 설비와 교육, 서울과학고, 경기과학고, 광주과학고, 대구과학고, 대전과학고, 한국과학영재학교, 세종과학예술영재학교, 인천과학예술영재학교 등. 현재는 대부분 과학고등학교로 전환

2-2. 교과용 도서의 종류

첫째, 국정교과서: 교육부가 저작권을 갖는 도서로 국가적 통일성이 필요한 교과목 위주로 개발된 것으로 1과목에 1종류 교과서로 학교에서 별도로 선정 절차가 필요 없는 도서이다.

둘째, 검정교과서: 민간에서 개발한 도서 중 교육부장관의 검정을 받은 도서로서 한 과목에 여러 종류의 교과서가 존재하여 학교에서 선정절차가 필요한 도서이다.

셋째, 인정교과서: 국정도서 또는 검정도서가 없는 경우 또는 이를 사용하기 곤란하거나 보충할 필요가 있는 경우에 사용하기 위한 교육부장관의 인정을 받은 도서이다.

넷째, 자유발행 교과서: 출판사나 저자가 정부 기관의 검 · 인정 절차 없이 출판한 교과서이다.

현재 우리나라의 교과서 체제는 국정교과서 + 검 · 인정 교과서를 채택하고 있다. 초등학교의 경우 그동안 학생들의 기초 · 기본 능력, 문화적 정체성과 바른 인성을 함양하기 위하여 초등학교 기본 교과의 교과용 도서는 국정체제를 유지하여 왔다. 그러나 최근 다양성 · 창의성을 높이는 수업을 위해 교과서 발행체제의 혁신이 필요하다는 의견을 반영하여 교사의 수업 재구성과 학생 활동중심 수업을 지원하는 다양한 교과서 개발을 위해 이번의 검정 전환을 추진하게 되었다.

검정 전환 대상 교과용 도서는 초등학교 3~6학년 사회 · 수학 · 과학 총 65책(교사용 지도서 포함)이며, 초등 1~2학년 전 과목, 국어, 도덕 등 기초 · 기본교육 관련 교과는 현행 국정 발행 체제를 유지한다. 검정체제로의 전환은 학년군별로 3~4학년은 2022년부터, 5~6학년은 2023년부터 단계적으로 적용할 계획이다.

[국정도서]: 초등학교

교과(군)	교과서	지도서
바른 생활 슬기로운 생활 즐거운 생활	주제별 교과서 8책 【8책】	학기별 지도서 4책 (전자저작물 CD 포함) 【4책】
국어	국어(1~2학년군) 1-1, 1-2, 2-1, 2-2 국어(3~4학년군) 3-1, 3-2, 4-1, 4-2 국어(5~6학년군) 5-1, 5-2, 6-1, 6-2 국어활동(1~2학년군) 1-1, 1-2, 2-1, 2-2 국어활동(3~4학년군) 3-1, 3-2, 4-1, 4-2 【20책】	국어(1~2학년군) 1-1, 1-2, 2-1, 2-2 국어(3~4학년군) 3-1, 3-2, 4-1, 4-2 국어(5~6학년군) 5-1, 5-2, 6-1, 6-2 (전자저작물 CD 포함) 【12책】
도덕	도덕(3~4학년군) 3, 4 도덕(5~6학년군) 5, 6 【4책】	도덕(3~4학년군) 3, 4 도덕(5~6학년군) 5, 6 (전자저작물 CD 포함) 【4책】
수학	수학(1~2학년군) 1-1, 1-2, 2-1, 2-2 수학익힘(1~2학년군) 1-1, 1-2, 2-1, 2-2 【8책】	수학(1~2학년군) 1-1, 1-2, 2-1, 2-2 (전자저작물 CD 포함) 【4책】
창의적 체험활동	안전한 생활(1~2학년군) 1, 2 【2책】	안전한 생활(1~2학년군) 1, 2 (전자저작물 CD 포함) 【2책】
총계	42책	26책

[검정도서]: 초등학교

교과(군)	교과서	지도서
사회	사회(3~4학년군) 3-1, 3-2, 4-1, 4-2 사회(5~6학년군) 5-1, 5-2, 6-1, 6-2 사회과 부도 5~6 【9책】	사회(3~4학년군) 3-1, 3-2, 4-1, 4-2 사회(5~6학년군) 5-1, 5-2, 6-1, 6-2 (전자저작물 CD 포함) 【8책】
수학	수학(3~4학년군) 3-1, 3-2, 4-1, 4-2 수학(5~6학년군) 5-1, 5-2, 6-1, 6-2 수학익힘(3~4학년군) 3-1, 3-2, 4-1, 4-2 수학익힘(5~6학년군) 5-1, 5-2, 6-1, 6-2 【16책】	수학(3~4학년군) 3-1, 3-2, 4-1, 4-2 수학(5~6학년군) 5-1, 5-2, 6-1, 6-2 (전자저작물 CD 포함) 【8책】
과학/실과	과학(3~4학년군) 3-1, 3-2, 4-1, 4-2 과학(5~6학년군) 5-1, 5-2, 6-1, 6-2 실험관찰(3~4학년군) 3-1, 3-2, 4-1, 4-2 실험관찰(5~6학년군) 5-1, 5-2, 6-1, 6-2 【16책】	과학(3~4학년군) 3-1, 3-2, 4-1, 4-2 과학(5~6학년군) 5-1, 5-2, 6-1, 6-2 (전자저작물 CD 포함) 【8책】
	실과(5~6학년군) 5, 6 【2책】	실과(5~6학년군) 5, 6 【2책】
체육	체육(3~4학년군) 3, 4 체육(5~6학년군) 5, 6 【4책】	체육(3~4학년군) 3, 4 체육(5~6학년군) 5, 6 【4책】
예술 (음악/미술)	음악(3~4학년군) 3, 4 음악(5~6학년군) 5, 6 【4책】	음악(3~4학년군) 3~4 음악(5~6학년군) 5~6 (전자저작물 CD 포함) 【2책】
	미술(3~4학년군) 3, 4 미술(5~6학년군) 5, 6 【4책】	미술(3~4학년군) 3~4 미술(5~6학년군) 5~6 【2책】
영어	영어(3~4학년군) 3, 4 영어(5~6학년군) 5, 6 【4책】	영어(3~4학년군) 3, 4 영어(5~6학년군) 5, 6 (전자저작물 CD 포함) 【4책】
총계	59책	38책

섬마을 선생님

아티스트 이미자
작사 이경재
작곡 박춘석

해당화 피고 지는 섬마을에

철새 따라 찾아온 총각 선생님

19살 섬 색시가 순정을 바쳐

사랑한 그 이름은 총각 선생님

서울엘랑 가지를 마오 가지 마오

구름도 쫓겨 가는 섬마을에

무엇하러 왔는가 총각 선생님

그리움이 별처럼 쌓이는 바닷가에

시름을 달래 보는 총각 선생님

서울엘랑 가지를 마오 떠나지 마오

CHAPTER 4

교육과정의 철학적 기초

학습 개요

이 장은 교육과정의 철학적 기초를 이해하기 위한 것이다. 먼저 철학이란 무엇인지와 함께 일반적인 철학적 질문인 실재론(Realism), 인식론(Epistemology), 가치론(Axiology)에 대하여 살펴본다. 또한 미국을 중심으로 한 현대 교육철학 사조인 진보주의, 본질주의, 항존주의, 재건주의를 살펴보고, 유럽을 중심으로 한 현대 교육철학 사조인 실존주의, 분석철학, 현상학, 비판이론, 포스트모더니즘을 살펴본다.

학습 목표

1. 철학적 질문 3가지가 어떤 것인지 설명할 수 있다.
2. 미국을 중심으로 한 현대 교육철학 사조를 3가지 이상의 관점으로 설명할 수 있다.
3. 유럽을 중심으로 한 현대 교육철학 사조를 3가지 이상의 관점으로 설명할 수 있다.

학습 과제

1. 미국을 중심으로 한 현대 교육철학 사조를 정리해 보시오.
2. 유럽을 중심으로 한 현대 교육철학 사조를 정리해 보시오.

사전 OX 퀴즈

1. 철학이란 고대 희랍어의 필로소피아(φιλοσοφία, 지혜에 대한 사랑)에서 유래하였다. 어원상 철학은 지혜를 사랑하는 것이다. 지혜는 일상생활에서의 실용하는 지식이 아닌 인간 자신과 그것을 둘러싼 세계관, 인생관, 가치관이 포함된다.

정답

2. 일반적으로 철학적 질문에는 첫째, 실재론(Realism), 둘째, 인식론(Epistemology), 셋째, 가치론(Axiology)이 있다.

정답

3. 미국을 중심으로 한 현대 교육철학 사조 중 하나인 진보주의(Progressivism) 교육은 영국의 경험론과 공리주의 및 다윈의 진화론과의 결합으로 이루어진 실용주의에 기반을 두고, 전인적 인간 육성을 목표로 하고 있다. 진보주의는 20세기 초에 전통 교육에 대한 비판과 함께 미국에서 등장한 것이다.

정답

4. 본질주의(Essentialism) 교육은 사회의 전통적 문화 내용 가운데 본질적인 지식·법칙·기능을 발견하여 다음 세대에 전달하는 것을 중시하는 교육사상이다. 진보주의가 아동 중심 교육으로 치우치는 데 대해 절충적 견해를 밝히고 있다.

정답

5. 유럽을 중심으로 한 현대 교육철학 사조 중 포스트모더니즘(Postmodernism)은 상대적 인식론을 바탕으로 모든 인식 활동들은 인식자의 주관에 따른 상대적인 관점에서 이루어지는 것이므로 진리나 지식의 상대성, 임의성, 역사성, 우연성을 강조한다.

정답

1. 교육과정의 철학적 기초

토의

신은 존재하는가? 신이 있으면 좋은가, 없으면 좋은가? 이에 대해 토의해 보시오.

교육과정의 일반적인 성격을 살펴보면 다음과 같다.

첫째, 교육철학적 기초를 반영해야 한다. 교육하기 위해서 가장 먼저 생각해야 하는 것은 교육목적이다. 왜 교육을 해야 하는지에 대한 물음이다. 이러한 물음의 기초가 되는 것이 교육철학이다. 공식적 교육과정은 학교에서 설정한 목표를 배우면서 학생들이 경험하게 되는 내용이다. 목표에 대한 설정은 모두 교육철학에 바탕을 둔다. 즉, 교육과정은 교육목적을 달성하기 위한 수단이다. 그러므로 교육과정에는 항상 교육이념과 교육목적이 반영되어야 할 뿐만 아니라 교육이념과 교육목적에 따라 교육내용도 달라져야 한다.

철학이란 무엇인가? 철학이라는 용어는 고대 희랍어의 필로소피아(φιλοσοφία, 지혜에 대한 사랑)에서 유래하였다. 어원상 철학은 지혜를 사랑하는 것이다. 지혜는 일상생활에서의 실용하는 지식이 아닌 인간 자신과 그것을 둘러싼 세계관, 인생관, 가치관이 포함된다. 지혜란 스스로 깨달아 참 진리를 아는 것이다. 깨닫기 위해서는 생각해야 한다. 철학이란 사색하는 것이다. 생각하는 것이다. 지식에 대하여 끊임없이 질문하고 대답하는 것이다. 교육철학이란 교육에 관하여 끊임없이 질문하고 대답하는 것이다. 질문과 사색을 통하여 교육에 관한 궁극적인 답을 찾아가는 것이다.

일반적으로 철학적 질문에는 3가지가 있다. **첫째, 실재론**(Realism)**이다.** 무엇이 실제로 존재하는가에 대한 사유이다. 우주와 인간의 궁극적, 본질적인 기본 원리를 파악하려는 노력이다. 우주와 인간의 본질이 어디에 있는가 밝히고자 하는 것이다. 신은 존재하는가? 나는 누구인가? 내가 살아있다는 것은 무엇을 말하는가? 실재론에는 유심론(唯心論, spiritualism)과 유물론(唯物論, materialism)이 있다. 유심론은 모든 실재가 정신(마음)에 있다는 것이고 유물론은 모든 실재는 물질에 있다고 보는 세계관이다. 이러한 세계관에는 실재는 하나라고 보는 일원론, 둘이라고 보는 이원론, 여러 개가 있다고 보는 다원론이 있다.

둘째, 인식론(Epistemology)이다. 진리와 지식의 근거와 본질에 대한 사유이다. 우리가 인식하고 있는 것에 대한 사변이다. 우리가 알고 있는 지식의 기원에 대한 문제를 생각해 보는 것이다. 세상이란 무엇인지, 지식이란 무엇인지, 동물, 식물 등에 대하여 알고 있다고 하는 것이 과연 무엇인지 등에 대하여 생각해 보는 것이다. 지식의 기원을 밝혀보는 방법으로는 경험론(empiricism)과 합리론(rationalism), 비판론(criticism)이 있다. 경험론은 감각을 지식의 원천으로 본다. 5관(보고, 듣고, 만지고, 냄새 맡고, 느끼고)이 지식의 원천이다. 합리론은 인식이 인간의 지성 또는 이성에 의한 것이라고 본다. 비판론은 모든 인식의 대상은 공간과 시간에 의해 부여되며 지식은 모두 경험과 더불어 시작한다고 본다. 그리고 지식은 경험과 더불어 이성의 적극적인 활동이 작용한다고 보는 것이다.

셋째, 가치론(Axiology)이다. 가치론은 윤리학(Ethics)과 미학(Esthetics)을 합친 것이다. 무엇이 옳고, 무엇이 그른지, 무엇이 아름답고, 추한지에 대한 사변이다. 가치의 문제는 객관주의와 주관주의 입장에 따라 차이가 있다. 객관적 가치는 그 자체로 존재하는 가치가 있으며 변하지 않는다. 주관적 가치는 인간이 가지고 있는 관심을 반영한 것으로 항상 변한다.

토의

당신은 어떤 철학적 관점을 가지고 있는가?

구분	의미	방법	가치관 결정됨
실재론(Realism)	무엇이 실제로 존재하는가? (일원론, 이원론, 다원론)	유물론	
		유심론	
인식론 (Epistemology)	안다는 것은 무엇인가?	경험론	
		합리론	
		비판론	
가치론(Axiology) 윤리학(Ethics)과 미학(Esthetics)	어떤 것이 가치 있는가? 어떤 것이 아름다운가?	객관주의	
		주관주의	

세상은 내 마음속에 있는 것이다. 내가 안다는 것은 경험적으로 알 수도 있고 인간의 이성으로 추론하여 알 수도 있다. 가치가 있다는 것은 내가 생각하는 철학에 따라 달라질 수 있고 아름답다고 하는 것도 내가 생각하는 것에 따라 달라진다. 내가 어떤 철학적 관점을 가지고 있느냐에 따라 나의 세계관, 인생관, 가치관이 달라진다. 마찬가지로 어떤 철학적 관점을 가지느냐에 따라 교육내용, 교육방법이 달라진다.

교육철학이란 왜 공부해야 하는지, 무엇을 공부해야 하는지에 관한 영역을 설명하는 것이다. 교육에 관하여 끊임없이 스스로 질문하고 스스로 답하는 것이다. 왜 공부해야 하는가? 공부하지 않으면 안 되는가? 이러한 질문에 대하여 교육적인 측면에서 답을 찾는 것이 교육철학이다. 아는 것은 힘이다. 아는 것은 병이다. 어느 쪽이 맞는가? 공부해야 하는 목적이 무엇인가? 교육은 목적이 불분명하면 그 가치 존재의 근거를 찾기 힘들다.

우리나라에서는 교육기본법 2조(교육이념)**에 교육의 목적에 대하여 명시**하고 있다. “교육은 홍익인간의 이념 아래 모든 국민이 인격을 도야하고 자주적 생활 능력과 민주시민으로서 필요한 자질을 갖추게 하여 인간다운 삶을 영위하게 하고 민주국가의 발전과 인류공영의 이상을 실현하는 데 이바지함을 목적으로 한다.”라고 규정하고 있다.

목적에는 크게 내재적 목적(본질적 목적)**과 외재적 목적**(수단적 목적)**이 있다.** 내재적 목적은 교육이라는 개념 자체에 담긴 목적을 의미하고, 외재적 목적은 어떤 일을 달성하기 위한 수단이다. 현재, 내재적 목적보다는 외재적 목적으로써 교육을 이해하는 경우가 많다. 외재적 목적의 경우 교육을 개인 발전, 정치, 경제, 사회, 문화 발전의 수단으로 본다. 그러므로 사회의 현실과 개인의 필요를 잘 반영하는 데 관심을 두어야 하며, 결과물이 드러나는 성취에 관심을 두게 된다. 본질적 목적의 경우 **전인교육을 목적**으로 하고 있고, 인간의 행복한 삶을 추구한다. 교육의 본질적 목적은 인간을 인간답게 하는 것이며 행복한 삶을 살아가도록 하는 것이다. 수단적 목적은 인간이 인간답고, 행복한 삶을 살아가는 데 필요한 방편들이다. 예를 들면 **취업하는 데 필요한 부분**, 돈을 버는 데 필요한 부분들을 가르치는 것을 말한다. 이렇게 볼 때 현재 우리는 교육의 목적 중 어디에 집중하고 있는가? 수단적 목적에 집중하고 있지 않은가? 본질과 수단이 뒤집혀 있지 않은가? 교육의 본질적 목적이 인간을 인간답게 하고 행복한 삶을 살아가도록 하는 것인데 왜 공부를 많이 한 사람들이 인간답지 못하고 불행한 사람들이 많은가?

이에 대한 답은 공부를 잘 하지 못했기 때문이다. 행복한 삶이란 각자 다르게 정의될 수 있다. 현시대 우리의 삶에서 다음과 같은 내용에 대하여 교육철학적 성찰이 필요하다.

토의

나는 언제 행복한가? 그 이유는 무엇인가? 이에 대하여 토의해 보시오.

의미 요법

삶이 고통스러울 때, 삶의 의욕이나 동기를 잃었을 때, 나는 어떻게 행동하는가? 지금 하는 일이 지겨운가? 무기력한가? 우울한가? 흥미가 없는가? 의미치료 기법을 통해 삶의 의미를 찾아보기 바란다.

Viktor Frankl(1905-1997)은 오스트리아에서 태어난 유대인 심리학자이며 정신과 의사이다. 그는 2차 세계대전 당시 부모, 형제, 부인을 독일 나치의 아우슈비츠에서 잃었다. 1945년 기준 약 600만 명(유럽 전체 유대인의 80%)이 살해당한 것으로 추정된다. Frankl도 3년간 수용소 생활을 하였으나 아우슈비츠에서 살아남은 49명 중 한 명이 되었다. 수감자들은 너무나 좁아서 일어서 있을 수가 없는 방에서 생활하였다. 이러한 절박한 상황에서 생을 유지해 줄 정도로 강력했던 삶의 의미는 무엇이었을까? Frankl은 3년 동안 상상조차 할 수 없는 온갖 잔인함과 모욕, 비인간적인 대우를 겪었지만, 희망을 버리지 않았다. 육체적 자유는 내 것이 아니지만 나의 마음, 나의 의지는 내 것으로 생각하였다. 삶과 죽음은 그가 통제할 수 없지만, 희망의 끈을 놓는 순간 삶의 의미는 사라진다고 생각했다. 고통 속에서 죽음을 택하는 것을 가장 나태한 방법이라 생각하고 이 지옥 같은 상황을 글로 꼭 남기겠다고 다짐하였다.

Frankl은 수용소에서 생활하고 죽음을 맞는 수많은 유대인을 보면서 의미치료(logotherapy)를 창안하였다. 의미치료는 고통의 불가피성과 고통의 의미를 깨달음으로써 고통을 극복하도록 한다. 즉, 의미치료란 삶에서 의미를 찾아내도록 돕는 것이다. 그는 수용소 생활을 하면서 의미와 목적을 잃어버리고 절망한 사람들이 더 빨리 죽고 의미와 목적을 가진 사람들이 생존한다는 사실을 발견하였다. 극한의 상황에서 '의미'가 중요하다는 사실에 대해서 Frankl은 '생존 가'(survival value)라는 용어로 설명한다. '생존 가'란 다른 조건들이 같다면 미래에 충족될 의미를 지향하는 사람들이 가장 먼저 살아남는 것을 의미한다.

극한의 상황에서 살아남은 사람들은 대부분 생존 가를 갖고 있었다. 그는 수용소에서 겪은 사례가 그 예이다. 한 작곡가가 1945년 3월 30일이 되었었음에도 전쟁이 끝날 것이라고 이야기했지만 3월 30일 전쟁이 끝나지 않았다. 그 이야기를 들은 대부분의 사람들이 그 다음날부터 감기에 걸리거나 죽기 시작한 것을 목격하였다.

병에 걸려 누워 있어도 일을 하지 않으면 먹을 것을 주지 않는다. 그런데 자기도 먹을 것이 충분하지 않은데도 불구하고 일하지 못해 먹을 것이 없는 사람에게 매일 자기 몫을 그에게 주는 사람도 발견하였다.

의미치료의 기본 원리는 다음과 같다. **첫째, 자유 의지**(free will)**이다.** 이는 결정론과 반대된다. Frankl은 사람은 최악의 상황에서도 스스로 결정을 내리며 살 수 있다고 본다. 최악의 상황에서도 다른 사람의 목숨을 위해 희생하고 헌신하는 사람이 있다. 죽음을 선택하는 사람도 있다. 의지를 행사한다는 것은 생물학적 차원이나 심리적 차원을 넘어서는 영적인 차원이다. 암에 걸린 사람이 자신의 생을 의미 있게 마감하기 위해 봉사활동을 하는 경우도 있다. 건강을 회복하기 위해 노력하는 사람도 있다. 희망을 잃고 스스로 포기하는 사람도 있다. 자유 의지라는 것이다.

둘째, 의미를 찾으려는 의지(will to meaning)**이다.** 정신분석학의 대가인 Freud는 마음의 핵심은 성욕(libido)의 추구를, Adler는 권력을 중요시하였다. Frankl은 마음의 핵심은 의미의 추구에 있으므로 그는 실존적인 공허감이 문제의 핵심이라고 본다. 그는 행복과 쾌락을 찾지 말고 의미를 찾으라고 권한다. 성공을 목표로 하지 말고, 행복해지려면 오히려 행복을 찾지 말아야 한다. Sponvile은 행복의 역설이라고 부른다. 인간은 의미를 찾으면 행복한 삶이 찾아온다.

셋째, 삶의 의미(meaning of life)**이다.** 삶의 의미란 ① 고통 속에서도 삶의 의미를 찾으며, ② 죄 속에서도 삶의 의미를 찾으며, ③ 죽음에서도 삶의 의미를 발견하는 것을 말한다.

2. 미국 중심 현대 교육철학 사조

무엇을 공부해야 하는가? 교육철학은 올바른 가치를 선택할 수 있는 기준을 제시해 준다. 교육철학 사조는 교육의 목적, 기능, 내용 등에 대하여 방향과 기준을 제시하기 때문에 매우 중요하다. 이러한 기준을 제시하려는 흐름이 있다. 20세기 전반기에 미국에서 시작된 4가지 현대의 교육철학 사조는 다음과 같다.

첫째, 진보주의(Progressivism)이다. 진보주의 교육은 영국의 경험론과 공리주의 및 다윈의 진화론과의 결합으로 이루어진 실용주의에 기반을 두고, 전인적 인간 육성을 목표로 하고 있다. 진보주의는 20세기 초에 전통 교육에 대한 비판과 함께 미국에서 등장하였다. 진보주의는 1929년 미국의 경제대공황을 계기로 과거의 교육이 사회 문제 해결에 이바지하지 못한다는 비난으로 인하여 사회 문제에도 관심을 가지게 되며 대두되었다. 대표적인 진보주의 교육학자로는 Comenius, Rousseau, Pestalozzi, Froebel, Dewey 등이다.

진보주의 이론은 아동을 성인의 축소판이 아니라고 본다. 성인 중심, 교과서 중심, 지식 암기 위주의 전통 교육을 지양하고 아동 중심 교육을 강조하였다. ① 교육은 미래를 위한 준비가 아닌 현재 생활의 필요와 흥미, 욕구를 충족시키는 역할을 해야 한다. ② 교육은 아동이 환경과의 상호작용하는 과정에서 새로운 경험을 갖는 것이어야 한다. ③ 교육은 아동의 흥미와 관심 및 활동 중심으로 이루어져야 한다.

진보주의에 대한 비판은 다음과 같다. ① 아동의 흥미 중심 교육과 지나친 자유의 허용으로 어렵고 중요한 내용은 소홀히 하게 되어 학력 저하를 초래한다. ② 아동은 미숙한 존재이므로 아동의 흥미와 관심도에 따라 학습 내용을 결정한다는 것은 위험하다. ③ 현재의 생활 중심 교육의 강조로 인해 미래를 위한 준비에 소홀하게 된다. ④ 교사의 소극적인 역할로 인한 무질서한 교육 분위기가 만연하게 된다. ⑤ 확고한 교육목적이 없고, 사회적 요구를 도외시하는 분위기가 형성된다.

둘째, 본질주의(Essentialism)이다. 본질주의 교육은 사회의 전통적 문화 내용 가운데 본질적인 지식 · 법칙 · 기능을 발견하여 다음 세대에 전달하는 것을 중시하는 교육사상이다. 진보주의가 아동 중심 교육으로 치우치는 데 대해 절충적 견해를 밝히고 있다. 교육내용으로는 개인적 경험보다 민족적 경험이 포함된 전통적 교과과정을 중시한다. 교육방법으로는 진보주의와는 대조적으로 이해보다는 습득을, 학생의 자율적 학습보다는 교사의 지도를, 자유보다는 훈련을, 학생의 일시적 흥미보다는 노력을 강조한다. 대표적 이론가로는 Bagley와 Horne 등이 있다. 본질주의는 문화의 바탕을 이루는 사상·기능을 체계적으로 모든 아동에게 줄 것을 주장한다. 본질주의는 1957년 소련의 인공위성인 스푸트니크 발사로 인한 충격 이후 미국 사회의 문제와 교육의 질적 수준 저하는 아동에게 지나치게 자유를 부여한 방임적인 진보주의 교육에 책임이 있다는 비판으로 등장한 교육 사조이다. 본질주의의 특징은 1938년 Bagley를 중심으로 한 "미국 교육 향상을 위한 본질파위원회"가 구성되고, "본질주의 강령"을 발표하면서 시작되었다.

교육이론은 다음과 같다. ① 학생들에게 무엇을 가르칠 것인가에 관심을 가지게 되었고 ② 교육이란 문화유산 가운데 현재 생활에 필요한 가장 본질적인 요소를 전하는 것이며 ③ 교육은 사회적 요구와 관심을 중심으로 이루어져야 하고 ④ 교육내용은 문화의 본질적인 내용이 포함된 것으로 전통적인 교육과정이 중시된다. ⑤ 학습은 흥미보다는 훈련 위주로 이루어져야 하며 ⑥ 교육의 주도권은 교사에게 주어져야 한다.

본질주의에 대한 비판은 다음과 같다. ① 문화유산과 전통 가운데 무엇이 본질인지 명확한 기준이 없다. ② 교육내용 중 지적 훈련을 강조함으로써 아동의 창의성 발달을 저해하고 전인교육에 어길 우려가 크다. ③ 인류의 미래 전망과 사회 개혁의 자세가 부족하다.

셋째, 항존주의(Perennialism)**이다.** 20세기 초반에 유행했던 진보주의 교육철학을 비판하였다. 진리는 절대적이고 영원하다고 이해한다. 진리는 이미 고대와 중세의 고전, 특히 Platon, Aristoteles, Aquinas 등의 저작에서 확립되었다. '하늘 아래 새로운 것은 하나도 없다'라는 말은 이들의 입장을 잘 요약하고 있다. 대표자로는 Hutchins, Maritain, Adler 등이 있다.

교육이론은 다음과 같다. ① 교육은 보편적이고 불변하는 진리에 인간을 적응시키는 일이다. 고전 속에는 인류의 영원하고 보편적인 진리가 포함되어 있으므로 고전을 읽을 것을 강조하였다. ② 교육은 생활의 모방이 아니라 생활을 준비하는 것이다.

항존주의에 대한 비판은 다음과 같다. ① 고전 속의 위대한 인물처럼 생각하고 행동할 것을 강조하는 항존주의는 소수의 엘리트만을 위한 지적 귀족 교육이다. ② 미래를 위한 준비교육인 항존주의는 현실을 경시하기 쉽다. ③ 사회는 고전적인 교과서의 내용대로 펼쳐지는 곳이 아니다. ④ 다양한 인간의 능력과 개성을 강조하는 민주교육에 어긋나며, 단순히 고전에 치우친 인문주의 교육이 될 우려가 크다.

넷째, 재건주의(Reconstructionism)**이다.** 재건주의는 진보주의, 본질주의, 항존주의를 모두 비판하며 등장한 교육 사조이다. 재건주의의 제창자인 Brameld(1904~1971)는 현대사회가 중대한 위기에 직면하고 있다고 보고, 인류 문화사적 위기를 극복하고 사회의 지속적 발전을 유지하는 방법으로서 교육의 중요성을 주창하였다. 재건주의자들은 교육이 사회개혁의 역군이 되고 선봉이 되어야 한다고 보았다. 재건주의는 진보주의로부터 수단과 과정을 중시하는 사상을, 본질주의로부터 문화 보존의 인류학적 가치를, 항존주의로부터 생의 목표를 추구하는 사실들을 수용하였다. Brameld는 진보주의로부터 실험정신을, 본질주의로부터 체계적 지식을, 그리고 항존주의로부터 합리적 분석을 배웠다고 하였다.

교육이론은 다음과 같다. ① 교육은 현대의 문화적 위기를 해결하고 새로운 사회질서를 수립하는 데 필요한 프로그램으로 구성되어야 한다. ② 교육은 현대사회의 문제와 문화적 위기를 인식하고 문화의 기본 가치를 실현하여 새로운 사회질서를 창조해야 한다. ③ 교육내용은 사회적 자아실현을 위한 경험으로 구성되어야 한다. ④ 교육의 여러 방법은 과학적, 합리적으로 도출된 인간성에 대한 통합적 원리에 따라 재조직되어야 한다.

재건주의에 대한 비판은 다음과 같다. ① 이상 사회 수립에 대한 교육의 힘을 지나치게 맹신한다. ② 미래 사회를 어떠한 가치관에 기초하여 세울 것인가에 대한 과학적 논증이 없다.

20세기 전반기에 미국에서 시작된 4가지 현대 교육철학 사조를 정리하면 [표 4-1]과 같다.

표 4-1 미국 중심 현대 교육철학 사조

구분	진보주의	본질주의	항존주의	재건주의
등장 배경	1929년 경제대공황	1957년 소련의 스푸트니크 충격	진보주의와 본질주의 비판	현대사회의 여러 위기 극복
학자	Comenius, Rousseau, Pestalozzi, fröebel, Dewey	Bagley, Horne	Hutchins, Maritain, Adler	Brameld
교육목적	현재 생활 충족	미래 생활 준비	불변하는 진리 전달	사회 재건
교육내용	생활 중심 경험 중심 교육과정에 영향	문화유산에 필요한 본질적 내용 학문 중심 교육과정에 영향	고전 교과 중심 교육과정에 영향	사회적 자아실현
교육방법	아동 중심, 흥미, 활동 중심	교사 중심, 훈련중심	보편적 진리	과학적, 합리적
비판	학력 저하 미래 준비 소홀 무질서한 교실	창의성 저해 본질 기준 미흡	현실과 거리 인문학에 치우침	교육의 힘을 지나치게 강조

3. 유럽 중심 현대 교육철학 사조

유럽을 중심으로 한 교육철학 사조를 살펴보면 다음과 같다. **첫째, 실존주의**(Existentialism)**이다.** 실존주의는 휴머니즘이다. 실존주의는 개인의 자유, 책임, 주관성을 중요하게 여기는 철학적, 문학적 흐름이다. 실존주의에 따르면 인간 개인은 단순히 생각하는 주체가 아니라 인간 존재의 가장 내면적인 핵심에 부딪히게 되는 자기 **자신과의 만남을 중요**하게 생각한다. 인간은 누구나 자유롭고, 스스로 결단하고, 선택할 수 있으며 선택한 그것에 대한 책임을 지는 존재로 보며 **인간 실존의 구조와 본질**을 밝히는 철학이다. 인간에게 중요한 것은 실존이지 이성이나 인간성과 같은 보편적 본질이 아니다. 예를 들면, 칼은 칼 자체보다 칼의 쓰임새에 따라 중요성이 달라진다. 칼은 그냥 칼로서는 큰 의미가 없다. 그러나 인간은 다르다. 한 인간의 쓰임새에 따라 중요성이 달라지는 것이 아니다. 인간 그 자체가 중요하다. 실존주의와 교육과의 관계를 논한 학자로는 Buber, Rogers 등이 있다.

실존주의는 1, 2차 세계대전을 겪으며 모든 질서, 권위, 가치에 대한 회의와 절망적인 허무주의를 극복하고자 등장하였다. 또한 **합리주의의 허구성과 실증주의의 비인간성, 독재체제의 비윤리성 등에 대한 비판**으로 등장하였다.

교육이론은 다음과 같다. ① 개인의 자유, 책임, 주관성, 독자성을 강조 ② 사회화, 문화 기대, 사회적 적응에 대한 거부 ③ 교육의 수단적 목적보다는 전인교육의 중시, 인격교육의 강조 ④ 개인의 자아실현을 위한 교육과정의 중시 ⑤ 교사는 단순한 지식의 전달자가 아니라 학습자와의 참된 만남과 대화를 통해 학습자의 자아실현을 도울 수 있도록 인격적으로 깊이 공감하게 해 주는 역할을 해야 한다.

둘째, 현상학이다. 실존주의에 대한 비판은 사회적 존재로서의 인간 이해에 소홀하다는 것이다. 이러한 문제와 함께 합리주의의 허구성과 실증주의에 반발하면서 **현상학**(phenomenology)이 나타났다.

현상학이란 합리주의의 허구성과 실증주의에 반발하면서 등장하였다. 현상학은 의식으로 경험한 현상을 인과적으로 설명하거나 어떤 전제를 가정하지 않고 직접

기술하고 연구하는 것을 1차적 목표로 삼는 20세기의 철학 사조 중 하나이다. 이러한 현상학의 선구자적인 역할을 한 사람은 Bolzano의 논리학과 Brentano의 심리학이다. Bolzano는 명제가 나타내는 의미는 그 진위에 상관없이 주관에서 독립하여, 그 자체에 있어서 성립한다고 생각하였다. Brentano는 이와 같은 객관적인 진리의 심리학적 포착을 중심 문제로 삼는다. 현상학이라는 말 자체는 18세기 독일의 수학자이며 철학자인 Lambert가 자신의 인식론 일부에 붙인 이름이었다. 그리고 19세기에 Hegel은 『정신 현상학(Phänomenologie des Geistes)』(1807)에서 감각경험부터 '절대지(絶對知)'까지 인간 정신의 발달을 추적하면서 이 용어를 사용했다.

현상학 사조는 20세기 초에야 비로소 시작되었다. 현상학은 Husserl의 표어인 '사상(事象) 자체로(Zu den Sachen selbst!)'에 동조하는 사조를 총괄하는 것으로 볼 수 있다. 이 구호는 구체적으로 경험하는 현상에 대한 아주 새로운 접근법, 즉 가능한 한 개념적 전제를 벗어던지고 그 현상을 충실히 기술하려는 시도를 의미한다. 현상학은 인식론이 아니며, 현상과 실재를 엄격하게 구분한다. 빙산으로 볼 때 겉으로 드러난 것은 현상이며 겉으로 드러나지 않은 것이 실재이다. 따라서 존재하는 것은 현상만이 아니다. 현상은 피상적일 수 있으며 실제의 현상은 보이지 않는 실재일 수 있다는 것이다. 그러므로 특정 세계나 현상 또는 대상을 '있는 그대로' 지각하는 내적 통찰과 직접적 추리를 통해 그 본질을 파악해야 한다는 접근이다. 따라서 현상 또는 대상에 의미를 부여하는 개개인의 인식(의식)에 관심을 둔다. 왜냐하면 현실에 존재하고 있는 대부분의 현상이나 대상은 그 의미가 개인의 인식 속에 형성됨으로써 비로소 경험되기 때문이다. 그러므로 현상학에서는 대상의 실제 특성이 아니라 인간의 '인식 현상'으로서의 그 대상을 탐구하고자 하는 것이다. 이러한 측면에서 현상학이란 현상을 현상대로 보지 않는 것이다.

현상학의 특징은 다음과 같다. 첫째, 개개인이 주관적으로 구성된 세계의 본질을 탐구하는 학문이다. 즉, 현상이나 대상을 맹목적으로 믿고 있는 객관적 세계를 재음미, 반성의 사고를 통해 제반 현상이나 상황에 대한 행위자의 인식이나 느낌이 무엇인지 밝혀보고자 하는 것이다. 둘째, 현상학은 연구자 자신의 이론적 관점도 중요하지만 다른 사람의 관점을 충분히 심사숙고하여 반영하고자 하는 특징이 있다. 셋째, 무전제의 학문이다. 즉, 현상이나 대상을 올바르게 해석하기 위해서는 언어나 논리, 설명과 같은 전제를 인정하지 않는다. 넷째, 현상학은 상호 주관적인 삶의 세계에 관심을 가지며, 상황이나 맥락을 강조하며, 반성의 의식을 강조한다. 다섯째, 학교 현장에서는 학생들의 주관적인 체험 세계, 경험 세계, 상호작용, 교육내용에 관심을 가지며, 학생들이 의미 부여하는 인식체계를 밝혀 교육의 본질을 이해하고자 한다.

셋째, 분석철학(Analytic Philosophy)**이다.** 모든 과학과 일상적 지식의 개념 등을 분석적인 방법으로 엄밀하게 밝히는 것을 목적으로 한다. 분석철학은 20세기 초 영국에서 시작되어 오늘날 미국, 유럽 등 전 세계에 영향력이 큰 철학 분야이다. 대표적인 학자로는 비트겐슈타인(Ludwig Wittgenstein)이다. 그는 일상언어가 의미하는 바를 알기 위해서는 그것을 인공언어로 옮겨 놓아 감추어진 논리적 구조를 명백히 밝혀내야 한다고 하였다. 이것이 이들 철학자들의 이른바 환원적 분석의 핵심이다. 언어의 의미를 명료화하고 논리적 구조의 통찰을 통해 **철학을 과학화함**으로써 많은 지적 혼란으로부터 인간을 해방하고 인간 및 세계에 대한 이해를 명료화하고자 한다.

교육이론은 다음과 같다. 교육과 관련된 주요 개념, 용어, 원리 이론 등을 분석하여 그 의미를 분석하여 명료화함으로써 학문적 체계화에 공헌한다.

분석철학에 대한 비판은 다음과 같다. ① 교육이념, 교육관, 교육목표 등을 정립하는 교육철학적 기능에 소홀하다. ② 교육에 관한 가치론적, 당위론적 문제들을 소홀히 한다.

넷째, 비판이론(Critical Theory)**이다.** 비판이론은 사회과학과 인문학의 지식을 적용한 반성의 연구와 사회와 문화에 대한 비판에 중점을 둔다. 사회학과 정치철학에서 비판이론 용어는 1930년대 독일에서 성장한 프랑크푸르트학파의 **신마르크스주의 철학**을 가르친다. 인간의 의식이나 지식이 사회의 정치, 경제적 제 조건에 의해 억압되고 왜곡된다고 보고, 이를 극복하여 합리적인 인간과 사회를 형성하고자 한다. 현대 사회의 불평등, 부정의를 비판하고, 새로운 인간과 새로운 사회의 변혁을 요구한다. 비판이론의 목표는 정의로운 사회 건설과 이성적이고 성숙한 인간 형성에 있다.

교육이론은 다음과 같다. ① 교육을 통한 해방, 계몽, 자유, 성숙, 민주화를 강조한다. ② 몰개성적, 기계적, 도식적으로 변질하고 비인간화되어 가는 현대교육을 비난하며 자율적이고 성숙화된 인간을 이상적인 인간형으로 추구한다. ③ 학교는 불평등하고 불공정한 정치, 경제구조를 반영하고 있다.

비판이론에 대한 비판은 교육의 순기능적인 측면을 소홀히 하였다는 것이다.

다섯째, 포스트모더니즘(Postmodernism)**이다.** 포스트모더니즘은 정의하기 쉽지 않다. 정의를 내리는 행위 자체가 포스트모더니즘과 맞지 않기 때문이다. 포스트모더니즘은 어떤 실재(Reality)를 설명하려는 과학적 · 객관적 노력에 전제되는 확실성에 대한 반작용이다. 포스트모더니즘은 각 개인의 상대적 진리에 초점을 맞춘다. 포스트모더니즘(탈현대)은 일반적으로 모더니즘 후의(라틴어 post: 뒤, 후) 서양의 사회, 문화, 예술의 총체적 상황을 일컫는다. **모더니즘의 이성 중심주의에 대해 근본적인 회의**를 내포하고 있는 사상적 경향의 총칭이다. 2차 세계대전 및 여성운동, 학생운동, 흑인민권운동과 구조주의 이후 일어난 해체현상의 영향을 받았다. 근대의 이성은 규칙, 권위, 규율, 통제 등을 의미했다. 포스트모더니즘은 이러한 것들을 해체하려는 경향이다. 1900년대 초에는 모든 인간이 합리적이며, 합리성은 어떠한 문제도 해결할 수 있다는 모더니즘 사상이 지배하고 있었다. 그러나 불가능성 등 합리성에는 한계가 있음이 밝혀졌고, 이성 자체가 문제를 지니고 있으며 이성으로부터 벗어나야 한다는 생각이 포스트모던(탈현대) 사상으로 발전되었다. 키워드로는 Derrida(1930~2004)가 주장한 해체(deconstruction, 탈 구축)인데, **탈중심적 다원적 사고, 탈이성적 사고**가 포스트모더니즘의 가장 큰 특징으로 1960년대 프랑스와 미국을 중심으로 일어났다. Derrida, Lyotard, Foucault 등이 대표적인 포스트모더니즘 철학자이다. 포스트모더니즘은 용어 자체가 역사학적 구분에서의 근현대에 스쳐 간 수많은 것들을 포함하기 때문에 학자, 지식인, 역사가 사이에서 그 정의를 두고 극한 논쟁이 일고 있는 개념이기도 하다. 그럼에도, 포스트모던적 생각은 철학, 예술, 비판이론, 문학, 건축, 디자인, 마케팅, 비즈니스, 역사해석, 문화 등 다방면에 걸쳐 영향을 끼쳤다.

상대적 인식론을 바탕으로 모든 인식 활동들은 인식자의 주관에 따른 상대적인 관점에서 이루어지는 것이므로 **진리나 지식의 상대성, 임의성, 역사성, 우연성**을 강조한다.

특정 생활양식의 강요는 부당하며, 그러한 것들은 의미가 없다. 차이를 존중하고 다양한 생활양식이 혼재하는 문화적 다원주의를 지향한다. 근대사회의 이성적, 주체적 자아의 탈피를 주창하며, 인간의 자아란 사회적 관계에 의한 산물로서 우연적, 분열적 모순적이므로, 합리성에서 벗어날 것을 강조한다. 진리의 객관성과 보편성, 합리성을 부정함으로써 **전통적인 교육관에 혼란**을 가져오며, 모든 학교와 교육활동 등 교육의 가능성과 역할에 대한 회의와 냉소를 가져오게 할 우려가 있다.

유럽을 중심으로 한 교육철학 사조를 살펴보면 [표 4-2]와 같다.

표 4-2 유럽 중심 현대 교육철학 사조

구분	실존주의	현상학	분석철학	비판이론	포스트모더니즘
등장 배경	1, 2차 세계 대전으로 독재체제의 비윤리성, 합리주의, 실증주의에 대한 회의	합리주의, 실증주의에 대한 회의	형이상학 배격	사회학과 정치철학에서 기능주의에 대한 비판	2차 세계대전 이후 해체현상에 영향을 받음
학자	Buber, Rogers	Husserl, Lambert	Bolzano, Brentano, Lambert, Hegel	신 마르크스 학파	Derrida, Lyotard, Foucault
교육 목적	개개인의 자아실현	학생이 의미 부여하는 인식체계를 강조하고 교육의 본질을 강조함	교육과 관련된 주요 개념, 용어, 원리 이론 등을 분석하여 명료화	해방, 계몽, 자유, 성숙, 민주화	개개인의 주체적 생각
교육 방법	참 만남	상호작용 강조	분석	비판	상대적 진리
비판	현대사회 집단교육에 맞지 않음 사회적 존재로서 인간이해 부족	진리의 객관성 소홀	교육의 철학적 기능을 소홀히 함	교육의 기능에 대한 순기능을 과소평가	진리의 객관성 합리적 부정

토의

꼰대는 나쁜 것인가? 이에 대하여 토의해 보시오.

개시개비(皆是皆非). 모두 옳을 수 있고 모두 틀릴 수 있다. 이는 원효의 화쟁론(和諍論)에서 나온 말로, 화엄사상의 핵심이다. 화쟁이란 올바른 뜻을 찾아서 여러 학파의 주장들을 서로 통하게 만든다는 말이다. 오늘날 많은 학자가 유학을 다녀온다. 가장 많이 유학을 간 곳은 미국이다. 원효가 살았던 7세기 한국은 동아시아의 변방이었다. 오늘날과 같이 당시 많은 학자나 스님들은 당나라로 유학하였다. 유학을 다녀온 학자들은 그 나라의 문화나 일반인들의 삶 속에 녹아 있는 공부를 하지 못하고 자신이 다닌 학교의 학풍이나 지도교수의 학문을 배워서 온다. 즉, 삶으로 전체를 배우는 것이 아니라 박사학위를 위한 일부만 배워온다. 이런 사람들이 학자이다. 너무 편협한 생각인지도 모른다. 그래서 어떤 이들은 석사(碩士)는 석사(石士), 박사(博士)는 박사(薄士)라고 부른다.

미국은 다양한 가치를 수용하여 민주주의를 꽃피운 나라이다. 미국에서 공부한 학자들이 많이 있는데 왜 우리나라는 사고의 폭이 좁은가? 미국에서 공부한 사람들이 정치를 하지 않아서인가? 지도자가 되지 않아서인가? 자신이 시각장애인이라고 생각하지 않기 때문이다. 예를 들면 장님 코끼리 만지기를 보면 알 수 있다. 여러 장님이 코끼리를 만지고 있다. 코를 만진 시각장애인은 길다고 한다. 배를 만진 시각장애인은 벽과 같다고 하고, 다리를 만진 시각장애인은 기둥 같다고 한다. 틀린 건가? 그렇지 않다. 모두 맞다. 그런데 또한 모두 틀린 말이기도 하다. 그러나 시각장애인 중 누구도 코끼리의 전모(全貌)는 모른다. 시각장애인이 아닌 사람은 코끼리의 전모를 안다. 세상을 사는 우리는 모두 자신이 시각장애인이 아니라고 생각하기 때문에 갈등이 생긴다. 시각장애인일 수도 있는데 말이다. 겸손한 사람, 지혜로운 사람은 자신이 시각장애인일 수 있다고 생각하는 사람이다.

내 말도 맞고 네 말도 맞다. 아니, 내 말도 틀리고 네 말도 틀리다. 맞고 틀리고, 옳고 그름이 아니다. 내 생각도 맞고 네 생각도 맞다. 즉, 차이가 있다, 다르다를 인정하는 것이 바로 개시개비이다. 김연아가 예쁜가? 손연재가 예쁜가? 조인성이 멋있는가? 현빈이 멋있는가? 김연아도 예쁘고 손연재도 예쁠 수 있고 조인성도 멋있고 현빈도 멋있을 수도 있다. 김연아를 더 좋아하는 사람이 손연재 좋아하는 사람을 미워해서야 되겠는가? 조인성을 좋아하는 사람이 현빈 좋아하는 사람을 싫어하면 되겠는가? 아니, 싫어할 수도 있겠다. 그런데 내 생각, 내 가치만 옳고 상대방의 생각, 상대방이 갖는 가치를 미워하면 되겠는가?

이렇게 되면 심각한 오류가 생길 수 있다. 모든 사람이 가진 가치가 다 옳은 것인가 하는 문제가 생긴다. 살인도, 강간도, 폭행도, 마약도 그 사람이 좋아하면 다 인정해야 하는가? 어떻게 생각하는가? 개시개비이면 너도 옳고 나도 옳은 것 아닌가? 이 부분에서 철학자들은 공동체의 삶을 강조하고 있다. Socrates는 훌륭하게 살라고 했다. 그럼 어떻게 해야 훌륭하게 사는 것일까? 고전적 가치로는 절제, 겸양, 배려, 관용이 있다. 예수는 십계명을 말하고 있다. 지금 이 시대에 가장 절실한 것은 공동체의 삶이다. 함께 사는 지혜다. 함께 산다는 것은 나와 다른 생각과 가치를 가지고 있는 사람들을 전제로 하고 있다. 이념, 가치관, 문화, 피부색, 키, 성격, 입맛 등이 다른 사람들과 함께 사는 것이다. 그런데 우리는 이러한 차이와 경계를 나와 남이 다르다는 것을 인정하는 기준이 아닌 나와 남이 다른 것을 편 가르는 기준으로 삼아 온 것이 아닌가 생각해 본다. 서로 다른 사람들이 어울리면서 조화를 이루어 살아갈 때 세상은 아름다워진다. 모두가 똑같은 키, 똑같은 피부색에 똑같은 가치관과 이념을 가졌다고 생각해 보라. 얼마나 황량하고 지루한가? 이것은 인간이 아닌 로봇이다.

하나님은 인간에게 자유 의지를 주었다. 같은 인간이지만 다르게 생각하고 다르게 볼 줄 알며 남과 다르지만 조화롭게 살아가는 세상이 아름다운 세상이 아닌가? 자연도 그렇다. 똑같은 풍경을 두고 아름답다고 하지 않는다. 산과 물은 다르지만 함께 있어 아름답다. 단풍도 빨간색과 노란색이 다투지 않고 함께 어울려 장관을 이룬다. 현대사회는 지구촌 시대이기 때문에 더욱 다양한 사람들이 다양한 생각을 가지고 다양하게 살아간다. 다양성을 인정하고 받아들이지 못하면 함께 아름다운 세상을 꿈꿀 수 없다. 우리 사회에서 일어나고 있는 이념 갈등, 남북문제, 여야문제, 동서문제, 진보와 보수 문제로 양분화시켜서 오히려 갈등을 조장하는 정치인들은 퇴출당하여 마땅하다. 다양한 가치를 인정하고 받아들이기는커녕 내 편 아니면 종북, 내 편 아니면 꼴통, 내 편 아니면 죽일 놈, 내 편 아니면 상종 못 할 놈으로 매장시키려는 문화는 빨리 고쳐져야 한다. 명절 때 정치 이야기나 종교 이야기하면 곧 집안싸움이 난다. 어떤 모임이든 정치나 종교 이야기하면 바로 편이 갈린다. 문제다. 왜 정치나 종교 이야기를 자연스럽게 할 수 없는가? 내 편이나 네 편을 염두에 두기 때문이다. 다양한 가치를 인정하지 않기 때문이다. 이렇게 우리를 길들여 온 정치문화의 영향 때문이다. 이젠 이러한 이분법적 사고방식에서 벗어나야 한다. 하나만 있는 답도 있지만, 여러 개 있을 수도 있다.

CHAPTER 5

교육과정의 심리학적·사회학적 기초

학습 개요

이 장은 교육과정의 심리학적·사회학적 기초 이해를 돕기 위한 것이다. 심리학적 이해를 위하여 행동주의, 인지주의, 구성주의 이론을 중심으로 살펴본다. 행동주의 학자 중 Pavlov, Thorndike, Skinner, 인지주의 학자 중 Bruner, Ausubel, 구성주의 학자 중 Piaget, Vygotsky를 중심으로 살펴본다. 사회학적 이해를 위해서 사회학이란 무엇인지, 사회학적 관점은 무엇인지 살펴본 뒤, 교육사회학적 관점에서 거시적 관점인 기능주의 이론과 갈등주의 이론을 중심으로 교육 사회학의 기초를 다룬다.

학습 목표

1. 행동주의 이론, 인지주의 이론, 구성주의 이론의 차이점을 설명할 수 있다.
2. 사회학적 관점이란 무엇인지 말할 수 있다.
3. 사회실체론·사회명목론, 기능주의 사회관·갈등주의 사회관을 설명할 수 있다.
4. 교육사회학의 이론 중 기능주의, 갈등주의, 해석학, 신교육사회학, 교육과정사회학에 대하여 설명할 수 있다.

학습 과제

1. 행동주의, 인지주의, 구성주의의 차이점을 중심으로 교육과정 설계 방법을 조사해 보시오.
2. 기능주의 이론과 갈등주의 이론의 관점에서 교육과정을 비판해 보시오.

사전 OX 퀴즈

1. 교육에 대한 조작적 정의이면서 행동주의 입장에서 내린 정의는 "교육은 인간 행동을 계획적으로 바람직하게 변화하는 것"이다.

정답

2. 구성주의자들은 교육을 "개인적 의미 창출"로 보고 있다. 개인적 의미 창출이란 자기 자신에게 무엇인가 도움이 되어야 교육이 되었다는 것이다. 아무리 좋은 지식도 나에게 도움이 되지 않으면 교육이 아니라고 본다.

정답

3. 사회학(Sociology)이란 라틴어 Socius(인간의 집단)과 Logos(연구)의 합성어이다. 사회학의 아버지라고 말할 수 있는 Comte에 의해 처음 사용되었다. 인간의 집단을 연구하는 학문이라는 의미이다.

정답

4. 사회학적 관점이란 첫째, 사회현상을 바라볼 때 겉으로 드러나는 현상만 보지 않고 그 이면에 있는 모습을 역사적, 문화적, 사회적, 정치적 관점에서 보려고 하는 것이다. 둘째, 사회를 바라보는 기준의 문제이다.

정답

5. 사회를 바라보는 기준은 거시적 관점과 미시적 관점이 있다. 거시적 접근의 경우 개인보다 집단을, 미시적 접근의 경우 집단보다 개인을 중요시한다. 이러한 관점에 따라 교육사회학에서 거시적 접근은 기능주의적 접근과 갈등주의적 접근이 있고, 미시적 접근은 해석학적 접근과 신교육사회학적 접근, 교육과정 사회학적 접근이 있다.

정답

1. 교육과정의 심리학적 기초

교육과정의 심리학적 기초를 위하여 행동주의, 인지주의, 구성주의를 중심으로 살펴본다. 행동주의와 인지주의의 철학적 가정은 객관주의이며, 구성주의의 철학적 가정은 주관주의이다. 이외에도 교육을 바라보는 관점, 교육과정을 구성하는 방법 등에 다양한 차이점이 있다. 어떤 차이점이 있는지 구체적으로 살펴본다.

1-1. 행동주의 이론

행동주의 이론을 대표하는 것은 자극 반응 연합론(Pavlov, Thorndike, Skinner)이다. 강화와 동기유발을 강조한 행동주의 이론은 교수-학습이론의 발달에 많은 공헌을 하였다. 행동주의 이론에서 중요한 것은 행동이다. 겉으로 드러난 행동의 변화를 강조한다. 그중 강의와 관련하여 행동주의 이론은 학습 목표를 학습자 중심의 행동적 목표로 진술하고, 이를 위해 환경을 조절하고 통제하며, 특히 교수 매체를 강화물 또는 동기유발 요소로 활용함으로써 그 효과를 높일 수 있음을 강조하고 있다. 그러나 행동주의 이론은 관찰 가능한 행동과 학습 결과에 대한 강조로 인하여 학습자와 학습 과정을 간과하였다는 비판도 있다. 이러한 행동주의 이론은 주로 동물들을 훈련하는 데 많이 이용되고 있다.

이러한 행동주의 이론들도 자극과 반응 중 어떤 측면을 강조하느냐는 학자마다 차이가 있다. Pavlov의 경우, 개 실험을 통해 자극과 반응 사이에서 조건자극을 강조하였다. 조건자극을 어떻게 주느냐에 따라 조건반응으로 연결되어 학습이 일어날 수도 있고 그렇지 않을 수도 있다. Watson의 경우, 조건자극과 조건반응 사이에서 정서적 조건자극을 강조하였다. 정서적 조건자극이 어떻게 주어지느냐에 따라서 반응이 달라진다. 예를 들면 개학 첫날 선생님이 학생들에게 정서적 조건자극을 기분 좋게 하거나 첫 수업에서 정서적 조건자극이 상대방에게 좋게 주어지면 반응이 달라진다. Guthrie는 조건자극이 주어질 때 마지막 조건자극이 무엇이냐에 따라 반응이 달라진다고 하였다. 예를 들면 마지막으로 마신 술의 자극이 나에게 악영향을 미치면 술을 끊을 수 있다고 본다. Hull의 경우 자극과 반응 사이의 유기체가 반응에 큰 영향을 미친다고 하였다. 유기체는 감정, 정서, 충동, 성격, 동기 등의 특성이 개인에 따라 차이가 있다. 유기체의 특성을 잘 파악해야 반응을 이끌어 낼 수 있다. Tolman의 경우 자극과 반응 사이에 유기체의 동기나 목적에 따라 반응이 결정된다고 보았다. 배가 매우 고플 경우, 시험에 꼭 합격해야 하는 경우 등 목적이 어떤 것이냐에 따라 반응이 결정된다. Thorndike의 경우 자극과 반응 중 자발적 반응의 형태에 따라 다음 행동이 결정된다고 보았다. 예를 들면 효과가 크면 다음 행동이 이어질 수 있다. Skinner의 경우 자극과 반응 중 반응한 후 강화가 어떻냐에 따라 다음 행동이 결정된다고 본 것이다.

Skinner의 이론을 현실과 접목하여 설명하면 다음과 같다. 지금은 동물보호 차원에서 없어졌지만, 예전 과천 서울랜드의 물개 쇼를 잘 살펴보면 재미있는 사실을 알 수 있다. 조련사가 물개 앞에 서서 지시할 때 기본적으로 허리춤에 꽁치를 차고 나온다. 그런 다음 물개 앞에서 손으로 쇼를 하게 지시한다. 쇼를 하게 한 후 다시 물개가 원위치해서 오면 조련사는 물개의 코와 입을 살살 만져 주면서 허리춤에 있는 꽁치를 하나 꺼내어 준다. 간단한 일인 것 같지만 사실은 행동주의 이론에 바탕을 둔 훈련 방식이다. 즉, 허리춤에 차고 있는 꽁치가 강화물이 되는 것이다. 이 강화물을 어떻게 잘 계획하느냐에 따라 물개가 쇼를 잘 할 수 있게 하는 동인이 되는 것이다.

또 다른 예로, 원숭이를 경례하게 만드는 방법이 있다. 우선 원숭이 앞에 조련사가 서서 '경례!'라는 구령과 함께 막대기로 원숭이의 머리를 힘껏 내리친다. 그러면 원숭이는 머리가 아파서 손이 바로 올라가게 된다. 이렇게 몇 번 하고 나면 나중에는 조련사가 원숭이 앞에 서서 막대기로 머리를 내리치지 않고 말로 '경례!'라고만 하더라도 손이 올라가게 된다. 이것도 바로 S-R 이론의 대표라고 볼 수 있다. 즉, 막대기로 원숭이의 머리를 내리치는 것은 무조건 자극(unconditional stimulus)이고 머리가 아파서 손이 올라가는 것은 무조건 반응(unconditional response)이다. 이 무조건 자극에 의해 무조건 반응이 조건 자극(conditional stimulus)과 조건 반응(unconditional response)으로 바뀌게 된다. 즉, 막대기로 내리치지 않고 그냥 원숭이 앞에서 '경례!'라고 하더라도 손이 올라가는 부분이 바로 조건 자극과 조건 반응이다. 앞의 물개 쇼의 예에서 꽁치가 정적 강화라면 막대기로 내리치는 것은 벌이다. 강화의 경우 개개인의 특성에 맞는 강화물을 찾아내는 것이 중요하며 또한 강화를 언제 어떻게 주느냐 하는 부분도 상당히 중요하다. 그리고 정적 강화와 부적 강화를 적절하게 잘 활용하는 것도 중요하다. 행동주의 이론에서는 강화(reinforcement)가 대단히 중요한 개념이라고 볼 수 있다.

이러한 내용을 정리하면 [표 5-1]과 같다.

표 5-1 행동주의 학자들의 이론 차이

학자	강조점
Pavlov	• 고전적 조건형성 이론(개 실험) • S condition stimulus - R CS 강조함
Watson	• Watson의 정서적 행동주의 : S emotion - R • CS의 정서적 자극을 강조함, 정서적 자극에 따라 반응이 달라짐 • 예: 개학 첫날, 첫 과목 수업, 첫 이미지, Ice Breaking
Guthrie	• Guthrie의 마지막 자극 행동주의 : S finish - R • CS의 마지막 자극의 중요성을 강조함 • 예: 술을 끊기 위해서는 술을 매일 먹고 마지막으로 술 먹고 난 다음 큰 실수
Hull	• Hull의 매개자극 행동주의 : S - O organic - R • 매개자극의 중요성을 강조함 • 예: 매개자극은 유기체로, 감정, 정서, 충동, 성격, 동기 등 수천 가지임
Tolman	• Tolman의 목적적 행동주의 : S - O objective - R • 예: 목적의 중요성을 강조함
Thorndike	• Thorndike의 연합적 행동주의(고양이) : S - R spontaneity • 예: 자발적 반응을 강조함(효과의 법칙, 연습의 법칙)
Skinner	• Skinner의 조작적 조건(쥐) : S - R reinforcement • 예: 돌고래 쇼, 행동 조형(비둘기 탁구를 하기)

교육에 대한 정의는 다양하다. 사전적 의미로는 가르치고 육성하는 것이 교육이다. Kant는 인간을 인간답게 하는 것이 교육이라고 한다. 잠재능력을 키워주는 것, 성숙

한 사람이 미성숙한 사람을 성숙하게 하는 것, 모르는 것을 알게 하는 것 등을 교육으로 보는 사람도 있다. 교육에 대한 조작적 정의이면서 행동주의 입장에서 내린 정의를 보면 "교육은 인간 행동을 계획적으로 바람직하게 변화하는 것"으로 표현한다.

인간의 행동은 겉으로 드러나는 행동도 있고, 겉으로 드러나지 않는 행동도 있다. 겉으로 드러나는 행동은 인사한다든지, 말로 표현한다든지, 눈빛을 교환한다든지, 어떤 행동을 실천한다든지 하는 것이며, 겉으로 드러나지 않는 행동은 그 사람의 내면 세계에서 사고하거나 느끼거나 하는 부분들이다. 계획을 세운다는 의미는 어떤 대상을, 어떤 시기에, 어떤 내용으로, 어떻게 변화시킬 것인지 사전에 설계도를 만든다는 의미이다.

그렇다면 변화는 무엇인가? 무엇이 변화한다는 것인가? 변화시키는 내용은 지식(Knowledge), 기능(Skill), 태도(Attitude)이다. 아니, 태도(Attitude)와 기능(Skill)과 지식(Knowledge)이다. 이 세 가지를 고루 갖춘 사람이 바로 전인(全人)적인 인간이다. 즉, 태도와 기능과 지식을 변화한다는 의미이다. 이것이 교육인데 학교 현장에서는 어떤가? 지식과 기능에 치우쳐 있지 않은가? 올바른 태도 형성이 되지 않은 상태에서 지식과 기능을 주면 위협이 된다. 칼로는 다양한 것을 한다. 요리할 수도, 물건을 자를 수도 있다. 범죄자에게 칼을 주면 사람을 죽일 수 있지만, 의사에게는 사람을 살리는 도구가 된다. 칼의 용도를 아는 것이 지식이라면, 칼을 직접 사용하는 방법을 아는 것은 기능이다. 그 칼을 어떻게 사용하는가는 태도에 달려 있다. 태도가 중요한 이유가 여기에 있다.

1-2. 인지주의 이론

인지발달 이론과 정보처리 이론을 주장한 학자들은 학습이란 '이해를 통한 학습자 인지구조의 변화'라고 본다. 행동주의 이론에서 주장한 행동적 목표란 행동의 결과이지 행동 자체는 아니기 때문에 학습자가 보여 줄 사고의 과정이 교육목표가 되어야 한다는 것이다. 인지주의에서 주장하는 학습이란 학습자의 기억 속 학습사태에서 일어나는 여러 가지 사상에 관한 정보를 보존하고 조직하는 인지구조를 형성함으로써 일어난다는 것이다. 이러한 인지주의 학습이론의 배경이 되는 기본적인 가정은 인간의 감각을 통해서 받아들이는 외부 요소들이 내포하고 있는 의미를 끄집어내는 인지 혹은 사고 과정을 통하여 사고 내용이 형성되고, 이들 사고 내용이 행동하게 하는 원인이 된다는 것이다. 인지주의 학습이론의 핵심 개념은 개념 형성, 사고 과정, 지식의 획득 등이며, 인간의 지각, 인식, 의미, 이해 등이 학습을 결정하는 중심개념이라고 간주한다.

인지주의 이론 중 Bruner는 어떠한 교육내용도 그 발달단계에 맞게 구성하면 어린이에게도 미적분을 가르칠 수 있다고 주장하고 있다. 발견학습에서 주장하는 지식의 표상 양식(행동적·영상적·상징적)에 따른 교과 내용을 조직하고 강화하는 나선형 교육과정을 제시했다. 지식의 표상 양식에서 행동적이란 어린이가 유치원에서 자기 집까지 가는 길을 친구 아이에게 말로 설명할 수 없지만 직접 친구를 데리고 갈 수는 있다는 것이다. 이것이 정보처리체계 중 가장 기초적인 형태이다. 영상적이란 초등학교 입학 전·후 정보를 재현하는 과정으로, 학교에서 자기 집까지 가는 길을 친구에게 그림으로 그려서 가르쳐 줄 수 있다는 것이다. 상징적이란 초등학교 상급반 10세에서 14세 전후 어린이가 갖는 정보체계로, 어린이가 학교에서 집까지 가는 길을 말로 설명할 수 있을 뿐만 아니라 기호로 된 수학 문제들을 조합하여 풀어 나갈 수 있다는 것이다. 인지주의 이론에서 적절한 교수 이론은 지식의 특성·학습자의 특성·지식 획득 과정의 특성을 고려한 교수 설계의 필요성을 강조하고 있다.

Asubel의 포섭이론에서는 학습자의 인지구조는 유의미한 새로운 자료가 학습과 파지에 영향을 미치기 때문에 유의미한 학습을 촉진할 수 있는 선행조직자의 중요성을 강조하고 있다. 인지주의에서 중요한 것은 인지 전략(cognitive strategic)이다. 이 인지 전략은 지적 기능, 특히 문제해결 능력이 중요한 특수한 영역으로 개인이 사고하고, 학습하고, 기억하는 행동을 지배하는 내적인 행동 방식이다. 인지 전략은 사고전략, 학습전략, 기억전략이라고 볼 수 있다. 개개인의 사고전략, 학습전략, 기억전략이 다 다르듯이 학습자가 문제해결 방법을 모색하는 과정인 인지 전략은 각자에게 독특하게 나타난다. 이러한 인지 전략의 학습은 학교학습에서 창의적인 문제해결 능력의 개발과 관련하여 대단히 중요한 의미를 갖는데, 이러한 인지 전략은 오랜 기간 경험이나 지식 학습 사고 과정을 거치면서 형성되고 개선되며 수정된다.

인지주의자들은 교육을 "인지구조의 변화"로 보고 있다. 인지주의자들은 인간의 행동이 아니라 인간의 복잡한 정신 과정에 집중한다. 즉, 사람이 인지하는 것(보고, 듣고, 만지고, 느끼고, 기억하고, 생각하는 등)을 잘 할 수 있도록 변화시키는 것을 교육으로 보고 있다. 어떻게 보아야 하며, 어떻게 들어야 하고, 어떻게 느끼고, 어떻게 기억하며, 어떻게 생각할 때 인간이 더 효과적이고 효율적인가를 연구한다. 여기에도 인간의 마음과 태도가 중요하다. 왜냐하면 복잡한 정신 과정에서 인간의 무엇인가를 하려고 하는 동기유발 여하에 따라 결과가 달라지기 때문이다.

토의

태도와 태도, 태도와 행동의 모순을 인지했을 때 그 모순은 심리적 긴장 상태를 만들기 때문에 이 긴장을 해소하기 위해 이 두 가지 중 더 지지하는 행동을 한다. 인지부조화 이론에서 강조하는 것은 태도보다 행동이 먼저라는 것이다. 담배는 몸에 해롭다는 것을 알면서 왜 계속 담배를 피우는가? 이에 대하여 토의해 보시오.

인지부조화 이론

인지부조화(認知不調和, cognitive dissonance)란 미국의 사회심리학자 Festinger가 1950년대에 발표한 책 『인지적 부조화 이론』을 통해 소개된 용어이다. 인지부조화는 두 가지 모순된 요소 즉, 태도와 태도, 태도와 행동의 모순을 인지했을 때 그 모순은 심리적 긴장 상태를 만들기 때문에 이 긴장을 해소하기 위해 이 두 가지 중 더 지지하는 행동을 한다. 인지부조화 이론에서 강조하는 것은 태도보다 행동이 먼저라는 것이다. 태도에 일치하도록 행동을 바꾸는 것이 아니라 행동을 하면 태도가 변한다. 행동하게 하면 그 행동이 지지하는 것이 된다. 자발적인 행동이든 비자발적인 행동이든 내가 다른 사람의 눈에 드러나게끔 행동을 한 경우 그 행동이 나의 태도를 바꾸게 된다.

담배를 피우는 사람은 담배가 몸에 해롭다고 생각하지만, 담배를 끊지 못하고 계속 피운다. 왜일까? 담배를 피우는 행동을 했기 때문에 이 행동을 더 지지하게 되는 것이다. 생각과 행동이 일치하지 않는 인지부조화가 있지만, 나의 행동에 맞추어 태도를 바꾸기 때문이다. '담배 피워도 오래 사는 사람은 오래 산다.'로 태도를 바꾸어 담배를 피우는 행동을 계속하게 된다. 인지부조화가 발생하면 자기합리화나 감정전이 행동이 발동한다. 예를 들면, 12월 4일 종말이 온다고 야단법석을 떨었는데 그날 종말이 오지 않으면 인지부조화가 발생하고 그에 대해 우리가 기도를 열심히 해서 멸망을 피해 갔다고 자위하는 것이 자기합리화다.

명백히 잘못을 저지른 정치인, 종교인, 연예인에 대한 무분별한 지지는 인지부조화 이론의 좋은 사례다. 오히려 어떤 경우에는 인지부조화 상태를 조장하여 사실을 왜곡하기도 한다. 예를 들면, 특정 정치인, 종교인, 연예인에 대하여 내가 강력한 지지 행동을 하는데, 지지한 사람이 내가 생각했던 태도와 행동을 하지 않으면 인지부조화가 발생한다. 이때 인지부조화를 이루고 있는 상태에서 지지 행동을 할 만한 아주 작은 근거라도 만들어 주면 그것이 거짓일지라도 지지하는 행동이 강화된다.

인지부조화가 인간에게 해를 끼칠 수 있는 영역은 상당히 많다. 특히 종교적으로 가면 더 그렇다. 인지부조화로 인해 사이비 종교를 맹목적으로 믿는 경우, 돈을 못 딸 것으로, 예상하면서도 계속해서 도박에 매달리는 상황, 맹목적으로 지지하는 정치인, 종교인이 나오는 경우도 여기에 해당한다. 내가 한 행동들 때문에 나의 태도를 바꾸어 탈출하지 못하고 나쁜 행동들을 지속적으로 반복하게 된다. 이렇게 되기 때문에 내가 한 행동이 나의 태도를 바꾸게 된다. 행동이 태도를 만든다는 것이다. 아무리 부정부패가 심한 종교인, 정치인이라도 내가 지지한 행동을 했을 경우 지지하게 되는 이유가 여기에 있다.

반대의 경우도 있다. 인지부조화를 통하여 좋은 태도로 변화시킬 수도 있다. 예를 들면, 내가 싫어하는 사람 또는 존경하지 않는 사람인데도 불구하고 남들 시선 때문에 겉으로 그 사람에게 인사하거나 좋게 표현하는 행동을 하면 인지부조화가 발생한다. 그 사람을 싫어하고 존경하지도 않는데 겉으로 인사를 하고 좋아한다는 표현을 했기 때문에 내적인 갈등이 발생한다. 이러한 행동을 지속하게 되면 인지부조화 때문에 싫어하는 사람에 대하여 좋아하는 태도로 바뀌게 된다는 이론이다. 즉 겉으로 드러나는 행동이 그 사람의 태도를 바꾸게 한다는 것이다.

즐거워서 웃는 것이 아니라 웃다 보면 즐거워진다. 슬퍼서 우는 것이 아니라 울다 보면 슬퍼진다. 행복해서 행복한 것이 아니라 행복한 행동을 하다 보면 행복해진다. 감사하는 행동을 하면 감사하는 마음이 생긴다. 어떤 행동을 일관되게 반복하면 그 사람의 태도가 바뀐다고 보는 이론이다. 기독교에 대하여 나쁜 이미지나 태도를 가진 학자에게 기독교에 대한 좋은 이미지나 좋은 측면의 글을 써 달라고 하여 그 글을 쓰게 하면 그 사람은 기독교에 대하여 좋은 태도로 바뀔 수 있다. 태도를 바꾸기 위해서 행동을 유도하는 것이다.

사람들은 어떤 결정을 할 때 마음속으로 생각만 하거나 분명한 행동을 하지 않는 경우 또는 직접 참여하지 않으면 태도 변화가 잘 일어나지 않는다. 하지만 자발적이든 비자발적이든 일단 행동을 한 경우에는 자신이 주체가 되어 벌인 행동을 물릴 수 없다는 것을 알기 때문에 인지부조화된 상태의 불쾌감을 해소하기 위해 상대적으로 바꾸기 쉬운 마음이나 태도를 바꾸게 된다. 특히 자신감 있게 생각하고 있던 태도가 확고할수록 인지부조화로 경험되는 심리적 불편감이 커서 태도 변화가 일어날 확률도 커진다.

부정적인 태도를 변화시키기 위한 좋은 방법은 부정적으로 생각하는 부분에 직접 참여시켜 긍정적인 행동을 하도록 하는 것이다. 그러나 부정적인 태도를 보이고 있어서 긍정적인 행동으로 참여시키기가 매우 어렵다. 그래서 강제로 참여시키거나 상대방에게 부탁하거나 도움을 요청하는 것도 하나의 방법이다.

1-3. 구성주의 이론

객관주의의 주요한 가정은 세계는 객관적으로 존재하고 그것은 구조화되어 있다는 것이다. 나 자신이 죽더라도 또는 내 눈앞에 보이지 않더라도 북한산은 북한산으로 존재한다. 주관주의의 경우 내가 없으면 북한산도 없다는 가정이다. 구성주의는 주관주의에 바탕을 두고, 학습이란 객관적 실재의 구조를 파악하는 것으로 본다. 구성주의의 주요한 가정은 세계는 주관적이며 실재란 학습자의 마음속에 존재한다는 것이다. 각 개인의 경험이 다르듯이 구성된 실제 모습이나 의미도 다르다. 교수 목적은 학습자가 사실이나 개념, 원리 등 어떤 지식의 요소를 알도록 하는 것이 아니라 오히려 학습자에게 세상에 대한 그들 자신의 이해를 어떻게 하는가를 보여 주는 데 있다. 구성주의에서 교수 설계는 교수를 구조화시키는 것이 아니라 학습이 일어날 수 있는 환경을 설계하는 것이다. 컴퓨터, 상호작용 비디오나 정보통신 기술의 발달은 구성주의 관점에서 강조하고 있는 능동적인 학습자를 위한 풍부한 학습 환경 제공에 중점을 두고 있다.

구성주의는 인지주의 이론에 기초하여 학습자의 지식을 내부로부터 표상하는 과정을 강조하고 있다. 학습자가 지식을 내부로부터 먼저 표상하고 자신의 경험적 해석을 통하여 지식에 대한 이해를 구성해 가는 과정에 초점을 둔다. 지식은 학습자의 경험으로부터 재구성되며 실제 생활과 관련된 맥락(context)이 중요하다. 그리고 한 개인이 세상을 통해서 얻는 지식은 개인이 알고 있는 이전의 지식에 의존하고 외부에서 계산적 과정을 통해 하나하나 추가해 가는 것이 아니라 내부에 있는 구조적 과정을 통해 새롭게 창조해 나간다. 구성주의는 개인 내 인지적 과정에 초점을 둔 인지적 구성주의와 사회 환경과의 교류에 초점을 둔 사회적 구성주의로 구분해 볼 수 있다.

인지적 구성주의의 대표적인 학자는 Piaget이다. Piaget의 인지발달 이론에서 동화(assimilation)는 새로운 정보나 새로운 경험을 접했을 때 이미 자신에게 구성된 인지구조에 의하여 해석되며 조절(accommodation)은 주어진 상황에 맞게 기존의 인지구조를 변화시키는 것이다. 볼펜을 볼펜으로 이해하는 것은 동화라고 볼 수 있다. 볼펜을 보았을 경우 자신이 가지고 있는 인지구조상 볼펜에서 폭탄으로 변화하여 인식하게 되는 것은 조절이다. 이러한 학습자의 인지발달 단계에는 감각운동기, 전조작기, 구체적 조작기, 형식적 조작기가 있다. 적절한 교수처방은 이 발달단계에 맞게 구성해야 한다.

사회적 구성주의의 대표적인 학자는 Vygotsky이다. 그는 사회 및 문화적 환경이 발달에 결정적인 영향을 미친다고 보았다. 사회적 상호작용을 통한 내면화는 인지발달에 큰 영향을 준다. 사회적 상호작용을 하는 과정에서 언어의 중요성을 강조하였다. Vygotsky는 근접 발달 영역(ZPD: Zone of Proximal Development)과 비계 설정(발판화)(Scaffolding)을 강조하였다. 근접 발달 영역은 독자적으로 실행할 수 있는 수행 수준인 실제 발달 수준과 성인의 도움을 통해 실행 가능한 수행 수준인 잠재발달 수준과의 차이를 말한다. 두 가지 수행 수준 간의 차이가 근접 발달 영역이다. 학습은 이 근접 영역 발달에서 가장 잘 이루어진다는 것이다. 비계 설정(발판화)의 경우 교사의 역할은 어린이들에게 근접 발달 영역에 있는 경험을 제공하는 것이다. 그러므로 어린이들의 근접 영역 안에 있거나 약간 높은 수준의 과제를 제공하고 도움을 주는 것이 바로 비계 설정이다. 그러므로 비계 설정은 학습 초기 단계에서는 많은 지지와 조언을 하지만 단계적으로 지지를 감소시켜 점차 스스로 학습을 하게 하는 것이다. 사회적 구성주의에서는 교수를 설계할 때 사회 문화적 맥락에서 인지발달에 대한 이해와 교수 설계의 중요성을 강조하고 있다.

구성주의자들은 교육을 "개인적 의미 창출"로 보고 있다. 개인적 의미 창출이란 자기 자신에게 무엇인가 도움이 되어야 교육이 된다는 것이다. 아무리 좋은 지식도 나에게 도움이 되지 않으면 교육이 아니라고 본다. 개인적으로 의미를 창출하기 위해서는 내가 직접 참여해 보는 것이 중요하다. 말을 물가로 데리고 갈 수는 있어도 물을 먹고 안 먹고는 말에게 달려 있다. 여기서도 중요하게 생각하는 것은 각 개인의 태도와 마음이다. 물을 먹느냐 마느냐 하는 것은 개인의 의지에 달려 있다. 이상과 같이 교육에서 중요한 것은 지식과 기능보다 태도이다.

인지적 구성주의 학자인 Piaget와 사회적 구성주의 학자인 Vygotsky의 이론을 정리하면 [표 5-2]와 같다.

표 5-2 인지적 구성주의 Piaget, 사회적 구성주의 Vygotsky

구분	Piaget	Vygotsky
발달의 원동력	• 발달의 원동력은 내부에 존재하듯 학습자가 발달의 주체	• 사회 및 문화 환경이 발달에 결정적인 영향을 미침 • 사회적 상호작용이 중요함
인지발달에 영향을 주는 요인	• 물리적 환경, 사회적 환경, 성숙, 학습자의 자기조절(도식, 동화, 조절, 평형화), 인지구조	• 사회구조 • 도구(언어, 문자, 제스처) • 기술
발달단계	• 감각운동기, 전조작기, 구체적 조작기, 형식적 조작기	• 발달단계를 제시하지 않음
중요 개념	• 도식, 동화, 조절, 평형화, 인지구조	• 근접발달영역(ZPD): Zone of proximal Development • 비계 설정(Scaffolding)
인지발달	• 인지 갈등을 해소하려는 평형화를 통하여 인지발달이 이루어짐	• 사회적 상호작용을 통한 내면화가 인지발달에 큰 영향을 미침
	• 인지발달은 언어와 관계가 없으며, 언어는 사고의 도구 역할을 할 뿐	• 언어가 사고발달에 핵심적인 역할 • 원시적 언어 단계, 심리적 언어 단계, 자기중심적 언어 단계, 내적 성장언어 단계
사적 언어	• 사적 언어는 인지적 미성숙(자아 중심성)의 징표로 간주	• 사적 언어는 인지발달에 긍정적인 영향을 미치며, 사회적 상호작용과 더불어 발달
학습과 발달	• 발달이 학습에 선행함	• 학습이 발달에 선행함
상호작용	• 성인과의 상호작용보다는 또래 간의 상호작용이 인지발달에 더 큰 영향을 미침 이유는 또래 간의 상호작용에서는 인지 갈등이 유발되기 쉽기 때문	• 지적으로 더 유능한(또래이건 나이가 많은 아동이건, 아니면 성인이건) 사람과의 상호작용이 학습과 발달에 큰 영향을 미침
교사 역할	• 교사의 역할 최소화, 지시자가 아님	• 교사의 도움이 필요함, 촉진자 역할
수업전략	• 불균형의 상태를 경험하게 하는 전략	• 근접 발달 영역 내에서 지적 발판과 의미 있는 상호작용을 제공하는 전략

행동주의 · 인지주의 · 구성주의를 비교하면 [표 5-3]과 같다.

표 5-3 행동주의 · 인지주의 · 구성주의 비교

비교항목	행동주의(행동과학)	인지주의(전통적 인지과학)	구성주의(구성적 인지과학)
대표학자	• Pavlov, Thorndike, Skinner	• Bruner, Ausubel	• Piaget, Vygotsky
철학적 배경	• 객관주의: 외부적으로 중재된 현실	• 객관주의	• 주관주의: 내부적으로 구성된 현실
패러다임	• 교수(teaching) • 수업(instruction)	• 교수(teaching) • 학습(learning)	• 학습(learning)
학습의 정의	• 외현적 행동의 변화 • 바람직한 행동의 변화 유도 정보 제시자	• 인지구조의 변화 • 새로운 정보의 기존인지 구조에의 연결 활동 촉진	• 주관적 경험에 근거한 개인적 의미 창출 • 학습 환경 조성자
학습의 발생	• 자극과 반응, 양자 사이 연결 및 강화	• 정보의 입수, 조직, 저장, 인출 활동 강조	• 개인적 경험에 근거한 세계에 대한 의미 창조 • 환경 또는 동료들과의 사회적 상호작용
학습의 영향요인	• 학습효과를 극대화하기 위해 외현적 자극 및 반응의 체계적 배열과 자극 시점의 결정	• 정보처리 활동을 촉진시킬 수 있는 학습자의 정신적 활동 강조	• 상황적 맥락, 학습 주체인 인간의 학습활동, 학습 대상인 지식의 역동적 상호작용
교수-학습 전략	• 외현적 교수전략 • 행동적 교육목표 진술	• 학습자의 내적 사고전략 • 교사의 부호화 전략, 정보처리 전략	• 학습 환경의 조성 및 상황적 맥락과 진실성 있는 과제 제공
효과적인 학습 형태	• 변별, 사실의 기억, 개념의 획득, 일반화 적용	• 학습자의 내적 사고전략 • 교수자의 부호화 전략 • 정보처리 전략	• 학습 환경의 조성 및 상황적 맥락과 실제 과제 제공
교수 설계와의 관련	• 관찰 가능한 행동 목표 및 준거지향평가 • 학습자의 선수지식 및 출발점 행동 진단을 위한 학습자 분석 • 수업내용의 계열성 확보 • 강화를 통한 보상 체제 및 즉각적 피드백	• 학습자의 적극적 참여 학습자 통제, 메타인지 전략 • 인지 과제 분석 기법 • 정보처리 과정 촉진을 위한 정보의 구조화, 계열화 • 학습 결과의 효과적 전이를 위한 학습 환경의 창출	• 일반적 학습지침 제시 • 학습상황 및 적용 상황의 분석 • 일반적 학습 내용의 영역제시 및 학습 과제의 맥락화 • 다양한 관점의 제시 및 사회적 협상 • 탈목표 평가관 및 학습자의 학습 과정 평가

토의

긍정적인 말과 부정적인 말에는 어떤 힘이 있는지에 대하여 토의해 보자.

말에는 힘이 있다. 당신의 입술에 파수꾼을 세워라. 성경에 하나님이 이 세상을 무엇으로 창조했다고 나오는가? 말씀으로 창조하셨다는 것이다. “하나님이 가라사대 빛이 있으라 하시매 빛이 있었고” 등, 말씀으로 세상을 창조하셨다. 또한 말 한 마디로 사람을 살릴 수도 있고 죽일 수도 있다. 말 한 마디로 천 냥 빚을 갚는다는 속담이 있지 않은가?

말이 얼마나 중요한가 실험을 해 보자. 절대로 다음 내용을 읽으면서 상상하면 안 된다. 상상하지 말고 읽어야 한다. 말로 할 때도 마찬가지이다. 절대 상상하지 말고 들어야 한다. 우선 글을 읽어 보라. 이 글을 말로 표현하는 사람이 있다고 해 보자. 여러분들은 지금부터 5박 6일 동안 하와이 여행을 간다. 애인과 함께 하와이에서 6일 동안 함께 지낸다. 첫째 날은 해변에서 수영한다. 남녀 모두 수영복을 입고 해변을 거닌다. 해변에는 흑인 남녀 백인 남녀 등 세계 곳곳에서 온 여행객들로 가득하다. 애인들끼리 서로 접촉도 하면서 즐기고 있다. 해변은 아름답다. 야자수가 줄줄이 서 있고, 바람이 피부에 스칠 때 좋다. 첫날 저녁은 놀이한다. 남녀 쌍쌍 파티한다.

이 내용을 글로 읽을 뿐만 아니라 말로 들었다고 생각해 보라. 상상하지 않고 들은 사람이 있는가? 없다. 말을 들으면 뇌에 자극이 간다. 상상하지 않고 듣는 사람은 죽은 사람밖에 없다. 상상하지 말라고 하여도 결국 자동으로 상상하게 된다. 이것이 말의 효과이자 말의 위력이다. 점을 보지 말아야 하는 이유가 여기에 있다. 점을 보면 점치는 사람의 한 마디에 영향을 받는다. 좋은 말을 들으면 기분이 좋지만 좋지 않은 말을 들으면 그냥 듣고 지나가기 쉽지 않다. 그래서 부적을 사고 굿판을 벌이게 된다. 더구나 점 보는 장소 자체도 일반적인 밝은 곳과 다르다. 이상한 그림이나 상들이 놓여 있다. 점치는 사람 복장도 이상하다. 그런 사람이 당신을 향해 한 마디 말을 하면 그 말을 듣고 그냥 지나가기 쉽지 않다. 이것이 말의 위력이다.

말에는 항상 부메랑 효과가 있다. 내가 좋은 말, 긍정적인 말을 하면 반드시 좋은 말 긍정적인 말이 돌아오는데, 나쁜 말, 부정적인 말을 하면 반드시 나쁜 말, 부정적인 말이 돌아온다. 그래서 좋은 말, 긍정적인 말, 사람을 살리는 말을 하여야 한다. 또한 나쁜 말, 부정적인 말, 사람을 죽이는 말을 했을 때는 나쁜 말을 하는 자신이 가장 큰 손해를 본다. 왜냐하면 나쁜 말을 하면 가장 먼저 자기 자신의 뇌와 몸 전체 그리고 입 등이 가장 먼저 나쁘게 된 후 그 말이 상대방에게 전달되기 때문에 자신이 60% 이상 먼저 손해를 보고 나머지 40% 정도가 다른 사람을 해치게 된다. 그러므로 결코 남을 위한 것이기보다는 자신을 위해서 좋은 말, 긍정적인 말을 하는 것이 중요하다.

일본의 유명한 에모토 마사루가 쓴 『물은 답을 알고 있다』는 책을 보면 똑같은 물을 갖다 놓고 한쪽 물에는 사랑합니다, 감사합니다, 고맙습니다 등의 말을 한 후 급속도로 냉각시켜 특수 카메라로 물을 촬영하면 물의 결정체가 육각수로 나온다. 반면에 똑같은 물에 쓸모없는 것, 더러운 것 등의 말을 한 후 급속도로 냉각시켜 특수 카메라로 물을 촬영하면 똑같은 물인데도 물의 결정체가 육각수가 아닌 찌그러진 결정체로 나온다는 사실은 말이 얼마나 중요한가를 보여주는 좋은 예라고 한다.

윗사람의 말 한 마디는 생명을 살릴 수도 죽일 수도 있다. 조직의 지도자는 더욱더 사람을 살리는 말을 해야 한다. 왜냐하면 만약 조직의 지도자가 말 한 마디를 잘못 했을 경우 그 조직 전체에 영향을 미치기 때문이다. 무심코 연못에 던진 돌멩이에 개구리가 죽을 수 있다. 조직의 지도자가 구성원들에게 "당신 무슨 일을 그따위로 해. 회사 망칠 일 있어? 내일부터 출근하지 마!"라는 말을 했다고 가정해 보자. 그 말을 들은 구성원은 회사 퇴근 후 소주를 마시든 아니면 그 말을 듣고 그 마음으로 집에 간다면 아내에게는 물론 자식들에게도 영향을 미칠 수 있지 않겠는가? 극단적일 경우 마음이 너무 상해 자살할 수도 있을 것이다. 반면 조직 구성원에게 "자네 요즘 힘들지! 힘내게."라는 말을 들은 사람은 자살하려다가도 이 말 한 마디에 힘을 얻고 용기를 얻어 다시 일어설 수 있다.

지도자가 자신이 하고 싶은 말을 정제하지 않은 채 다 한다고 생각해 보라. 얼마나 끔찍한 일인가? 조직의 지도자가 말 한 마디를 잘못함으로써 인하여 수십 년 동안 쌓아온 명성을 하루아침에 다 잃어버리는 예가 얼마나 많은가? 특히, 정치인들은 말 한 마디로 자리를 물러나는 경우가 많다. 자신의 명예를 보전하는 것도 중요하지만 다른 사람들에게 미칠 영향을 생각해야 한다. 지도자는 잘 말해야 한다. 감정에 치우쳐서 하고 싶은 말을 다 한다면 일반인들과 무슨 차이가 있는가? 인격이 성숙하지 못하면 나오는 대로 말을 하게 된다.

나는 정말로 말을 잘 하고 있는가? 내 말을 듣고 피해를 볼 사람들은 없는가? 생각해서 말을 해야 한다. 말이란 그냥 나오는 대로 하는 것이 아니다. 나오는 대로 해야 할 말은 긍정적이고 사람의 기를 살리고 칭찬하는 말밖에는 없다. 지도자의 말은 한 마디로 영향을 미칠 수 있는 것이 한 개인뿐만이 아니라는 사실을 명심하고 또 명심해야 한다. 그 말을 들은 사람이 다른 사람에게 또 다른 말을 할 것이고 그 말을 들은 상대방은 다른 사람에게 또 말을 할 것이다. 이것이 말의 영향력이다. 평범한 개인의 말 한 마디도 중요하지만 내 말 한 마디로 영향력을 행사하는 범위가 넓을수록 말을 조심하고 조심해야 한다.

2. 교육과정의 사회학적 기초

사회학이란 다양한 특성이 있는 개인들이 사회라는 조직 속에서 살아가는 방식을 이해하고, 사회적 현상을 설명하며, 더 나은 사회를 모색하기 위한 학문이다. 사회학(Sociology)이라는 용어는 라틴어 Socius(인간의 집단)와 Logos(연구)의 합성어이다. 사회학의 아버지라고 말할 수 있는 Comte에 의해 처음 사용되었다. 인간의 집단을 연구하는 학문이라는 의미이다. 인간의 집단이 사회 속에서 어떤 관계를 맺고 있는지 늘 알아보는 것이다. 개개인의 일상적인 삶에서부터, 개인과 집단, 집단과 집단 간, 전체 사회, 인류 세계가 사회라는 조직 속에서 어떻게 살아가는지 그 방식을 과학적으로 탐구해 보고자 하는 것이다. 그러므로 나의 일상적인 하루 생활에서부터 시작하여 현재 지구상에서 발생하고 있는 대부분 인간의 행위들이 사회의 조직 속에서 어떻게 상호작용하는지 사회학적 관점에서 탐구해 보고자 하는 것이다.

토의

아래 칸에 점을 70개 찍어 보시오.

점을 굳이 70개 찍지 않아도 된다. 적당히 점을 찍으면 된다. 찍은 점을 선으로 연결해 본다. 여기서 하나의 점은 한 개인을 의미한다. 70개의 점은 70억의 인구를 말한다. 점과 점을 이은 선은 관계이다. 사람과 사람과의 관계를 말한다. 점과 점들을 이은 선이 복잡하게 얽혀 있을 것이다. 복잡하게 얽혀 있는 면은 하나의 집단, 조직을 말한다. 가장 작은 조직은 가정이다. 그 다음 이은 면은 학교가 될 수 있고, 하나의 단위 동네가 될 수 있으며, 하나의 지역이 될 수 있다. 이것이 더 커지면 한 나라로 볼 수 있다. 이 나라들이 합치면 세계가 된다. 사회학이란 점과 점을 이은 선, 선과

선을 이은 면, 면과 면을 이은 조직들이 어떻게 상호작용하고 어떤 역학관계가 있는지 파헤쳐 보는 것이다. 즉, 거대한 사회라는 조직의 울타리 안에서 개인들이 살아가는 방식, 개인과 조직이 교류하는 방식, 조직과 조직들이 상호작용하는 방식을 사회학적 관점에서 탐색하여 더 살기 좋고 행복한 사회를 모색하기 위한 학문이다.

2-1. 사회학적 관점

사회학적 관점은 여러 가지 의미로 해석된다. 여기서는 두 가지 의미로 살펴본다. **첫째, 사회현상을 바라볼 때 겉으로 드러나는 현상만 보지 않고 그 이면에 있는 모습을 역사적, 문화적, 사회적, 정치적 관점에서 보려고 하는 것이다.** 즉, 어떤 하나의 현상을 보더라도 피상적인 사실, 관계만을 인지하는 것이 아니라, 그 행위 내의 숨겨져 있는 의미, 관습, 상징 등을 통찰하고 총체적인 관점으로 바라보고 나아가 비판적으로 사고하는 것을 의미한다. 이렇게 바라보는 관점을 사회학적 상상력이라고 한다. 사회학적 상상력이란 우리가 당연하다고 생각하는 것, 자연스럽다고 생각하는 것을 그렇지 않을 수도 있다고 상상해 보는 것이다.

둘째, 사회를 바라보는 기준의 문제이다. 사회를 바라보는 기준은 거시적 관점과 미시적 관점이 있다. 거시적 관점은 사회구성원 개개인보다 그 개인들이 이루고 있는 사회공동체를 더 중요시하는 관점이다. 개인의 생활을 사회 제도나 규범, 조직과 같은 사회구조에 비추어 생각해 본다는 의미이다. 반면 미시적 관점은 거시적 관점과 반대되는 관점으로, 개개인의 생활을 사회구성원 개개인에 초점을 맞추고 개인과 개인의 상호작용에 관심을 가지는 관점이다. 거시적 접근의 경우 개인보다 집단을, 미시적 접근의 경우 집단보다 개인을 중요시한다. 교육사회학의 주요 이론인 기능주의 이론과 갈등주의 이론은 사회를 거시적인 접근으로 보고자 하였다. 반면 해석학이나 신교육사회학, 교육과정사회학은 사회를 미시적인 접근으로 보고자 한다.

토의

새벽 두 시에 교통신호등을 지켜야 하는가? 남을 도와주는 것이 좋은 것인가? 남자가 주방에 들어가서 아내를 도와주는 것이 좋은 것인가? 학생이 학생다운 것이 좋은 것인가? 오래 사는 것이 좋은 것인가? 등에 대하여 토의해 보시오.

우리가 당연히 받아들이고 자연스럽게 생각하는 것에 대하여 왜 그런지 반성의 사고(reflective thinking)를 해 보는 것이다. 즉 '왜(why)'를 끊임없이 반문해 보는 것이 사회학적 상상력이다. 왜냐하면 자연스럽고 당연하게 받아들이고 있는 것들이 역사적 사건이나 사회적 과정을 통해서 많은 영향을 받을 수 있기 때문이다.

2-2. 교육사회학 이론의 전개

전통적 사회학에서 사회를 어떻게 보느냐는 대단히 중요한 문제이다. **사회를 바라보는 기준은 거시적 관점과 미시적 관점이 있다.** 거시적 접근의 경우 개인보다 집단을, 미시적 접근의 경우 집단보다 개인을 중요시한다. 이러한 관점에 따라 교육사회학에서 거시적 접근은 기능주의적 접근과 갈등주의적 접근이 있고, 미시적 접근에는 해석학적 접근과 신교육사회학적 접근, 교육과정 사회학적 접근이 있다. 이러한 접근 방법을 표로 제시하면 [표 5-4]와 같다.

표 5-4 교육사회학 이론의 전개

구분	기능주의적 접근	갈등주의적 접근	해석학적 접근	신교육 사회학적 접근	교육과정 사회학적 접근
중심 국가	미국 중심		영국 중심		미국 중심
접근 방식	거시적, 실증주의, 객관주의		미시적, 합리주의, 주관주의		
사회 관점	사회실체론(사회유기체설)		사회명목론(사회계약설)		
중요성	사회를 긍정 사회는 안정 질서는 합의	사회를 부정 지배 질서 유지 지배 질서 재생산	개인의 해석이 중요함	학교 내에서 발생하는 여러 현상이 중요함	교육과정 재개념화
강조철학	답게 만드는 것이 중요함	혁신하는 것이 중요함	교사의 역할이 중요함		
배경이론	• 기술기능이론 • 인간 자본론 • 근대화이론	• 경제적 재생산론 • 문화적 재생산론 • 자본주의국가론 • 종속이론 • 지위집단 이론 • 문화적 헤게모니론 • 저항이론	• 현상학 • 교환이론 • 민속방법론 • 상징적 상호작용론	• 지식사회학	• 신교육사회학

사회가 유기체처럼 살아 있다고 보는가? 아니면 사회는 이름만 있고 실체는 없다고 보는가? 사회를 긍정적으로 보는가? 부정적으로 보는가? 이와 같은 사회에 대한 시각에 따라 기능주의 이론과 갈등주의 이론으로 크게 나눠 볼 수 있다.

기능주의 이론의 경우 사회실체론을 주장하고 있으며 사회를 긍정적으로 바라본다. 반면 갈등주의 이론은 사회는 이름만 있을 뿐 실재하지 않으며 사회 자체를 부정적으로 보는 태도다.

2-3. 사회실체론과 사회명목론

사회실체론(Social Realism)은 '사회는 개개인의 의식에 환원시킬 수 없는 독자적인 실제'라고 본다. 사회는 '개개인이 합쳐지면 그 개개인의 합과는 다른 또 다른 독자적인 전체가 있다'라고 본다. 사회는 눈에 보이지 않는데 왜 실재일까? 실재란 무엇인가? $2H_2 + O_2 = 2H_2O$와 같은 화학 반응식에 비유하여 설명하면 사회는 구성 분자 간의 합 이외의 어떤 것이 존재한다는 이론이다. 반면 사회명목론(Social Nominalism)은 사회는 실질적으로 존재하지 않고 이름만 있다는 이론이다. 그래서 사회보다 개인을 중요시한다. 사회는 없고 개인만 있을 뿐이다. 사회는 개인의 합이지 그 이상도 그 이하도 아니라고 주장한다. 사회실체론과 사회명목론을 구체적으로 살펴보면 ① 사회실체론은 사회유기체설을 주장하며 객관주의 이론에 기반을 두고 있다. 반면 사회명목론의 경우 사회계약설에 바탕으로 두고 있으며 개인주의와 공리주의에 철학적 기반을 두고 있다. ② 사회실체론은 기능주의 이론의 이론적 기반을 제공하였으며 사회명목론은 갈등주의 이론의 이론적 기반을 제공하는 틀이 된다. ③ 대표적인 학자로 사회실체론은 Spencer, Durkheim, Parsons 등이며 사회명목론은 Locke, Rousseau 등이다. 태종은 사회실체론, 세종은 사회명목론으로 볼 수 있다. 태종의 경우 백성들의 삶보다 왕권 강화정책을 펼쳤기 때문이고 세종대왕은 왕권 강화보다 백성들의 삶을 더욱 중요시하였기 때문이다. ④ 사회실체론의 경우 사회는 유기체와 같이 살아 숨쉬는 존재로 본다. 그러므로 사회는 개인들이 모인 단순한 개인들의 합 그 이상의 어떤 것이다. 반면 사회명목론의 경우 사회는 이름만 있을 뿐이며 실제 존재하지 않는 것으로 본다. 사회는 단지 개인들이 모여 있는 집합체일 뿐이라고 본다. ⑤ 사회실체론은 개인보다 국가나 조직을 강조하며 사회란 사회를 구성하는 개인과 관계없는 나름대로의 성격을 지니고 있다고 보았다. 사회는 개인 밖에 존재하는 것이며, 사회가 어떻게 변화하느냐가 개개인의 삶에 큰 영향을 미친다고 보았다. 반면 사회명목론의 경우 국가나 조직보다 국민과 개개인을 중요시하였다. 개개인이 모인 것이 사회이며 개인을 떠난 사회는 존재할 수 없다. 좋은 사회를 만들기 위해서는 반드시 개개인의 삶이 윤택해야 하고 개개인을 잘 교육하면 좋은 사회가 된다고 보았다. ⑥ 사회실체론에서 개인은 사회의 그림자이며, 개인의 특징은 사회에서 영향을 받아 만들어진 것이고, 개인은 사회에 종속되며 의존하고 있다. 또한 인간은 백지이고 빈 병이며 그가 속한 사회와 집단에 의해 수동적으로 움직이는 존재이다. 사회의 민족혼, 집단심, 애국심 등이 개인을 지배한다고 보았다. 반면 사회명목론은 사회는 개인의 그림자이고 사회의 특징은 개인들에게 영향을 받아 만들어진 것이다. 역사를 움직이고 사회를 바꾸는 힘은 개인들이라고 보았다. 개인이 사회라는 감옥에 갇혀 있는 것처럼 보이지만 사실은 그 사회를 만드는 것은 개인이다. 따라서 자기 주도적인 삶을 중요시한다(박영신, 1989).

사회실체론의 한계는 인간의 타율성과 수동성을 강조하였고, 사회를 변화시키는 것을 매우 어려운 일로 여긴 것이다. 반면 사회명목론의 한계는 사회의 문제를 개인의 문제로 보기 때문에 사회문제를 해결하기 어려울 수 있다는 것이다. 이것이 지나치면 극단적 개인주의에 빠질 위험이 있다.

사회실체론과 사회명목론을 정리하면 [표 5-5]와 같다.

표 5-5 사회실체론과 사회명목론

구분	사회실체론	사회명목론
사상적 토대	• 사회유기체설, 객관주의 • 기능주의 이론에서 활용	• 사회계약설, 개인주의, 공리주의 • 갈등주의 이론에서 활용
대표학자	• 사회유기체설의 사상적 토대 • E. Durkheim, A. Comte, H. Spenser • 태종(이방원)	• 개인주의와 자유주의의 사상적 토대(사회계약설의 토대) • T. Hobbes, J. Locke, J. J. Rousseau • 세종(이도)
개념	• 사회가 실제로 존재한다고 봄 • 사회는 개인의 합 이상으로 봄	• 사회는 없고 개인만 있을 뿐 • 사회는 단지 개인의 합일 뿐
사회	• 개인보다 국가나 조직을 강조 • 사회를 구성하는 개인과 관계없는 나름대로 성격을 갖고 있음 • 사회는 개인의 밖에 존재함 • 사회는 개인에게 큰 영향을 줌	• 국가나 조직보다 국민을 강조함 • 개인이 모인 것이 사회임 • 개인을 떠난 사회란 없음 • 좋은 사회를 만들기 위해서는 개인을 교육하면 가능함
개인	• 개인은 사회의 그림자 • 개인의 특징은 사회에서 영향을 받아 만들어진 것 • 개인은 사회에 종속되며 의존 • 인간은 백지이고 빈 병이며 그가 속한 사	• 사회는 개인의 그림자 • 사회의 특징은 개인들에게 영향을 받아 만들어진 것 • 역사를 움직이고 사회를 바꾸는 힘은 개인들임

구분	사회실체론	사회명목론
	회와 집단에 의해 수동적으로 움직이는 존재 • 사회의 민족혼, 집단심, 애국심 등이 개인을 지배함	• 개인이 사회라는 감옥에 갇혀 있는 것처럼 보이지만 그 사회를 만드는 것은 개인임 • 자기 주도적인 삶을 중요시함
사례	• 국회의원 선출 때 정당을 먼저 봄 • 결혼할 때 가문이나 출신 지역을 먼저 봄 • 00학교가 00학생을 만든다.	• 국회의원 선출 때 인물을 먼저 봄 • 결혼할 때 자질이나 인간성을 먼저 봄 • 00학생이 00학교를 만든다.
한계	• 인간의 타율성 수동성 강조 • 사회를 변화시키는 것은 매우 어려운 일로 여김 • 기득권층이 만들어 낸 사회를 유지하는 데 도움을 주는 이론 • 조직에 충성하게 만들어 줌	• 사회의 문제를 개인의 문제로 보기 때문에 사회문제를 해결하기 어려움 • 피지배계층의 사람들에게 유리하게 적용할 수 있는 이론 • 극단적 개인주의에 빠질 위험

2-4. 기능주의 이론과 갈등주의 이론의 사회관 비교

기능주의 이론의 사회관과 갈등주의 이론의 사회관을 비교하면 다음과 같다. 기능주의 관점은 사회의 여러 가지 요소를 구조적 · 체제적 · 조직적 측면을 중심으로, 그들 요소 간의 질서 · 합의 · 균형 관계 등을 중심과제로 하여 관련 문제를 접근 · 분석하는 데 주안점을 갖는다. 반면 갈등주의 관점은 사회의 속성을 변화 · 갈등 · 불평등의 관계 구조로 보고 그 문제에 접근하고 분석하는 데 주안점을 갖는다.

기능주의 이론의 사회관을 좀 더 구체적으로 살펴보면 ① 사회를 긍정적으로 본다. 대부분 사회는 질서가 있고 조화롭게 구성되어 안정되어 있으므로 이 사회를 지속해서 유지하고자 한다. 즉, 사회를 긍정적으로 바라본다. ② 사회실체론적인 입장이다. 사회는 이름만 있는 것이 아니라 살아 움직인다고 보았다. 따라서 개인보다는 사회를 먼저 생각해야 하며 사회가 안정되는 것이 무엇보다 우선이다. ③ 사회는 사람과 같은 유기체로 본다. 사람이 유기체이다. 유기체가 건강하기 위해서는 각각의 부분들이 모두 건강해야 건강한 사람이다. 사회도 유기체이기 때문에 각각의 부분들이 건강하게 잘 기능해야 건강한 사회가 된다고 본다. ④ 각 부분들 간의 상호의존성을 지닌다. 예를 들면 사람이 간이 나쁘면 간만 나빠지는 것이 아니라 간이 나빠짐으로 인하여 피곤하거나 해독작용을 잘하지 못하게 되어 다른 장기에도 영향을 미친다. 즉 부분들 간의 상호의존성이 있다는 것이다. 그러므로 각각의 부분들이 제대로 기능을 잘해 주는 것이 중요하다고 본다. ⑤ 이러한 부분 간 상호 우열은 없으며 기능상의 차이가 있을 뿐이다. 그리고 각각의 부분들은 자율성이 있다고 본다. 눈과 코, 귀와 입 등이 우열이 있는 것이 아니라 눈의 기능, 코의 기능, 귀의 기능, 입의 기능상의 차이만 있다. 이들 기관은 자율성이 있다고 본다. 사회도 마찬가지이다. 학교, 기업, 정부, 국가 각각의 기능상의 차이만 있지 우열은 없다고 본다. ⑥ 사회계층은 유동적이다. 대부분 사람에게 기회의 균등이 보장되어 있다. 누구나 노력하면 잘 살 수 있으며 누구나 노력하면 상위계층으로 이동할 수 있다고 본다. ⑦ 사회계층은 구조적인 문제가 아니라 차등적 보상의 결과로 해석한다. 잘 사는 사람은 자신들이 열심히 노력했기 때문에 잘 사는 것이며, 못사는 사람들은 게을러서 가난하다는 것이다. ⑧ 이러한 사회는 안정되어 있으며 사회의 안정도 질서를 해치는 대부분 행위는 일탈행위이며 법적으로 처벌받아야 마땅하다고 본다. ⑨ 사회질서는 합의된 것으로 본다. 구성원들이 사회의 질서와 제도, 구조 등을 합의한 것이기 때문에 사회질서가 유지되고 이 사회를 지속 발전시켜야 한다고 본다. ⑩ 기능주의 이론은 사회지배계층에게 유리한 이론적 기반을 제공하였다. ⑪ 여당과 야당 측면에서 보면 여당에 유리한 이론 또는 정권을 유지하는 데 필요한 이론적 기반이다. ⑫ '답게 철학'을 강조한다. 농민은 농민답게, 상인은 상인답게, 정치인은 정치인답게, 학생은 학생답게, 교수는 교수답게 등, '답게 철학'을 강조하면서 기존 질서를 유지하고자 한다. ⑬ 조직에서도 각자가 맡은 바 책임을 다하게 하는 이론적 틀을 제공한다. 예를 들면 사원은 사원답게, 대리는 대리답게, 팀장은 팀장답게, 사장은 사장답게 하는 역할들을 강조한다. ⑭ 안정과 성장을 중요시한다. 기업들에 유리한 기반을 제공한다. 각자 위치에서 크게 변화나 혁신을 하지 말고 안정적인 기반에서 성장을 강조하는 이론이다. ⑮ 자본주의 정신에 부합한다고 생각한다. 각자의 노력으로 사회이동이 가능하며 각자 자신이 맡은 분야에서 ~답게 일을 열심히 하는 것이 중요하다. 이러한 기능주의 이론과 갈등주의 이론의 사회관을 정리하면 [표 5-6]과 같다.

표 5-6 기능주의 이론과 갈등주의 이론의 사회관

기능주의 이론	갈등주의 이론
• 사회를 긍정적으로 봄	• 사회를 부정적으로 봄
• 사회실체론(실증주의, 객관주의 입장)	• 사회명목론(합리주의, 주관주의 입장)
• 사회를 유기체(사람)에 비유함	• 사회는 이름에 불과함
• 부분들 간의 상호의존성	• 부분들 간의 상호 독립성
• 부분 간 상호 우열은 없고 기능상의 차이만 있을 뿐이며 자율성이 있음	• 부분 간 상호 우열이 있음
• 사회계층은 유동적, 상대적	• 사회계층은 굳어진 구조적 문제
• 사회계층은 차등적 보상의 결과	• 사회계층은 구조적인 문제의 결과
• 사회는 안정되어 있다고 봄. 그러므로 사회의 안정과 질서를 저해하는 행위는 모두 일탈행위	• 사회는 불안정하다고 봄. 불안정한 사회를 안정시키기 위해서는 혁신이 필요하다고 봄
• 사회에서 기본적인 질서들이 합의되어 있다고 봄	• 기본적인 질서들은 지배계층이 자신들에게 유리하게 만든 것임
• 지배계층, 상류계층에서 유리한 이론적 기반이 됨	• 피지배계층, 하위계층에게 유리한 이론적 기반이 됨
• 여당 입장 대변	• 야당 입장 대변
• 답게 철학을 강조함 농민, 어민, 상인, 정치인, 교수답게	• 달리 철학을 통하여 변화·혁신을 강조함 답게와 달리 저항과 투쟁을 강조함
• 조직에서도 적응하게 만듦 사원, 대리, 과장, 차장, 부장, 임원, 사장답게 모범생을 만듦	• 조직에서 창의성을 발휘하게 만듦 모범생 역할을 하기보다 건전한 정신병자들이 세상을 변화한다고 봄
• 성장을 중요시하고 기업을 중요시함	• 분배를 중요시하고 노동자를 중요시함
• 자본주의 정신에 부합한다고 봄	• 자본주의의 모순을 파헤침
• 평등에 관한 생각은 기회균등에서 출발 똑같이 8시간 일해서 어떤 사람은 하루 3만 원 벌고 어떤 1,000만 원 버는 것은 평등하다고 봄	• 평등에 관한 생각은 사회구조의 문제임 똑같이 8시간 일해서 차등 지급되는 것은 개인의 문제가 아닌 사회구조의 문제로 출발점 자체가 불평등하다고 봄

PART

2

교육과정 개발 및 실행

CHAPTER 6

교육과정 개발 모형

학습 개요

이 장은 교육과정 개발 모형을 살펴본다. 특히 STEAM 교육과정 개발 모형에 초점을 맞춘다. STEAM 교육이 무엇이며 이것이 우리에게 왜 중요하고 또 기존의 융·복합형 교육과 어떤 차이가 있는지 등에 관한 물음과 함께 STEAM 교육을 위한 교수체제개발에 대한 정형화된 모형과 새로운 모형을 살펴본다. 전통적 교수체계 설계모형인 ADDIE 모형을 살펴보고, 디자인 씽킹 모형, 창의적 문제해결 모형도 함께 살펴본다. 그런 다음 STEAM 교육을 위한 교수체제설계 모형 선행 연구와 함께 디자인 씽킹을 적용한 STEAM 교육을 위한 '윤옥한의 3차원 교수체제 설계모형'을 알아본다.

학습 목표

1. STEAM 교육이 무엇인지 설명할 수 있다.
2. STEAM 교육을 위한 교수체제개발에 대한 정형화된 모형(ADDIE)과 새로운 모형에 대하여 설명할 수 있다.
3. 윤옥한의 '3차원 교수체제 설계모형'이 무엇인지 설명할 수 있다.
4. 윤옥한의 '3차원 교수체제 설계모형'에 따라 교육과정을 개발할 수 있다.

학습 과제

1. ADDIE 모형에 따라 하나의 교육과정을 개발해 보시오.
2. 윤옥한의 '3차원 교수체제 설계모형'에 따라 하나의 교육과정을 개발해 보시오.

사전 OX 퀴즈

1. STEAM 교육이란 과학기술에 대한 학생들의 흥미와 관심, 이해를 높이기 위하여 과학·기술 기반의 융·복합적 사고와 문제해결 능력을 배양하는 것이다. 과학(Science), 기술(Technology), 공학(Engineering), 예술(Art), 수학(Mathematics) 과목 중에서 2개 이상 과목 사이의 내용과 과정이 통합되는 교육 접근 방식이다.

정답

2. 교수체제설계 모형 중 가장 대표적인 모형은 미국 플로리다 교육공학 센터에서 개발한 ADDIE 모형과 Dick & Carey 모형, Kemp 모형 등이 있다. 교수체제설계의 주요 과정들은 분석, 설계, 개발, 실행, 평가이기 때문에 ISD의 일반 모형을 ADDIE 모형이라고 한다.

정답

3. 아이데오의 디자인 씽킹 프로세스 모델을 구체화한 디자인 씽킹 과정이 5단계로 구성되었다. 5단계는 공감하기, 문제 정의하기, 아이디어 내기, 시제품 만들기, 발전시키기이다.

정답

4. 1963년에 Osborn은 문제해결의 전체 과정을 문제 발견, 문제해결, 해결책 수행의 3가지로 단순화시켰다. 문제 발견의 경우 문제 이해, 문제해결의 경우 아이디어 생성, 해결책 수행의 경우 실행을 위한 계획으로 나누기도 한다.

정답

5. 디자인 씽킹을 적용한 STEAM 교육을 위한 윤옥한의 3차원 교수체제설계 모형의 특징은 첫째, 융·복합교육 교수체제설계를 위한 기본 프로세스를 디자인 씽킹으로 활용한다. 그 과정은 첫째, 공감하기, 문제 정의하기, 아이디어 내기, 시제품 만들기, 발전시키기이다. 둘째, 각각의 단계에서 분석적 사고와 직관적 사고를 조화롭게 활용하여 문제를 해결해 나간다. 셋째, 각각의 단계에서 3차원적으로 문제를 해결해 나간다.

정답

1. STEAM 교육을 위한 교육과정 개발 필요성

지식 기반 사회에서 필요한 인재는 올바른 인성과 창의적 역량을 갖춘 사람이다. 그래서 창의 · 인성교육, 창의 · 융 · 복합교육이 강조된다. 창의 · 인성교육은 창의성 발휘를 돕는 인성 특징과 사회 문화 환경 조성, 도덕적 품성을 지닌 창의적 인재 육성을 목적으로 한다(문용린, 최인수, 2010: 21-29). 창의 · 융 · 복합교육은 교육계와 학자들 사이에 일반적으로 사용되는 것은 아니다. 일반적으로 STEAM 교육(융합 인재교육), 융합 교육, 융 · 복합 교육 등이 많이 사용되고 있다. 이 중에 STEAM 교육이 가장 보편적으로 사용되고 있다(강정찬, 2015: 275-305). STEAM 교육이란 과학기술에 대한 학생들의 흥미와 관심, 이해를 높이기 위하여 과학 · 기술 기반의 융 · 복합적 사고와 문제해결 능력을 배양하는 것이다. **과학**(Science), **기술**(Technology), **공학**(Engineering), **예술**(Art), **수학**(Mathematics) **과목 중에서 2개 이상 과목 사이의 내용과 과정이 통합되는 교육 접근 방식이다.** 사회나 예술 등의 다른 과목과도 연계하여 적용할 수 있다(백윤수 외, 2011: 149-171, 방기혁 외, 2015: 1-23). 한국과학창의재단과 교육부는 STEAM 연구시범학교, STEAM 교사연구회, 한미 STEAM MOU 체결, STEAM 파트너십 프로그램 개발, STEAM 과학 중점학교 적용방안 포럼, STEAM 국제세미나 및 포럼 등 우리나라 STEAM 교육의 적용과 확산을 위해 노력하고 있다.

그러나 STEAM 교육이 무엇이며 이것이 우리에게 왜 중요하고 또 기존의 융 · 복합형 교육과 어떤 차이가 있는지 등에 관한 물음과 함께 **STEAM 교육을 위한 교수체제 개발에 대한 정형화된 모형은 아직 없다**(Yakman, 2007: 120-121). STEAM 교육을 위해서는 새로운 교육방법이나 기존의 교육과 차별화된 교육적 패러다임과 교육 프로그램이 개발되어야 한다. 왜냐하면 융 · 복합적 사고와 문제해결 능력을 배양해야 하기 때문이다. 따라서 **기존의 교수체제 설계모형에 변화가 필요하다. 스탠퍼드 대학은 2005년부터 아이데오**(IDEO)**와 함께 디 스쿨**(d-school)**이라는 급진적 융 · 복합교육 프로그램을 운영하고 있다. 이 프로그램은 디자인 씽킹을 다른 학문에 접목하고, 디자인 프로세스를 경험하게 하는 프로그램이다**(이상선 외, 2015: 63-81). 디자인 씽킹을 적용한 디 스쿨 프로그램의 특징은 **첫째, 협업을 강조한다.** 디 학교에서는 혁신은 사회과학과 비즈니스 기술의 교집합에서 나온다는 디자인 씽킹의 원리에 따라 다채로운 전공의 수강생들이 서로 극단적 협업 방식으로 프로젝트를 수행한다. **둘째, 교재 중심이 아닌 실습과 경험 중심의 교육이다.** 실습과 경험 과정에서 분석적 사고와 직관적 사고 방법들이 동원된다. **셋째, 아이디어 시각화와 스토리텔링 방법을 만든다.** 아이디어를 눈으로 볼 수 있게 시각화하고 아이디어를 현실에 어떻게 접목할 것인지 스토리텔링한다. **넷째, 상호작용과 소통을 촉진한다.** 참여자들이 상호 작용할 수 있는 분위기를 만들 뿐만 아니라 실제로 소통할 수 있는 다양한 기법들이 동원된다. **다섯째, 검증을 통한 다음 단계로 이동한다.** 실제 제품을 만들어서 보여주고 피드백 받는다. **여섯째, 현업에 적용하는 것이다**(http://dschool.stanford.edu/our-point-of-view/).

우리나라에서도 다양한 방법으로 초 · 중등 · 대학의 다양한 교과에서 융 · 복합교육 프로그램이 많이 개발되고 있다(방기혁 외, 2015: 1-23, 양승지, 권난주, 2014: 376-400). 융 · 복합교육은 2011년부터 수학과 과학에 대한 초 · 중등 학생들의 흥미 저조, 과학기술 분야로의 진로 기피, 주입식 교육방법의 한계 등을 극복하기 위하여 교육과학기술부가 공식적으로 추진하고 융 · 복합교육을 권장하고 있다(백윤수 외, 2011: 149-171, 방기혁 외, 2015: 1-23). **최근 대학 교양교육에서도 STEAM 교육이 활발히 논의되고 있다**(김경미, 2016: 71-108, 안호영, 2016: 37-69). **그러나 융 · 복합교육 프로그램 개발은 일반적으로 교육 프로그램을 개발할 때 가장 많이 사용하는 전통적인 수업 설계모형인 ADDIE 중심으로 개발되고 있다.** 이 모형은 분석(Analysis), 설계(Design), 개발(Development), 실행(Implementation), 평가(Evaluation)하는 단계로 구성된다. 디자인 씽킹을 적용하여 개발한 사례는 많지 않지만 디자인 씽킹을 적용하여 프로그램이 개발된 사례가 있다(이상선 외, 2015: 63-81, 전효은, 2015: 333-343, 강미정, 이수진, 2014: 7-35, 정은기, 2012: 202-203). 이 중 이상선 외(2015: 63-81)의 경우 교수 설계의 관점에서 디자인 씽킹을 도입한 학부 과정의 융 · 복합교육 사례를 연구하였으며, 전효은(2015: 333-343)과 강미정 외(2014: 7-35)의 경우 주로 디자인 사고를 적용한 광고 제작, 창의성 교육, 디자인 사고 개념 등에 관한 연구로 교수 설계의 관점에서 접근하지는 않았다.

STEAM 교육의 사례

주제	에너지를 효율적으로 이용하는 건축물: 과학, 미술, 실과 융합	
시기/대상	9월 4주차 / 인천 청라초등학교 6학년 7학급 210명	
교육과정 성취기준	[초등학교 5~6학년] 과학-에너지와 생활	[6과17-02] 자연 현상이나 일상생활의 예를 통해 에너지의 형태가 전환됨을 알고, 에너지를 효율적으로 사용하는 방법을 토의할 수 있다.
	[초등학교 5~6학년] 미술-표현	[6미02-02] 다양한 발상 방법으로 아이디어를 발전시킬 수 있다.
	[초등학교 5~6학년] 실과-기술 시스템	[6실04-07] 소프트웨어가 적용된 사례를 찾아보고 우리 생활에 미치는 영향을 이해한다.
교과별 학습목표	과학	에너지를 효율적으로 이용하는 건축물(116~117쪽)
	미술	환경과 함께하는 건축(50~54쪽)
	실과	소프트웨어는 우리 생활을 변화시켜요(76~77쪽)
수업 흐름	에너지를 효율적으로 이용하는 건축물 과학(0.5차시): • 친환경 건축물 • 열, 풍력, 수력, 태양력 등의 에너지의 이용 • 에너지 효율 제품 미술(2차시): • 자연과 조화를 이룬 건축물 • 친환경 마을 꾸미기 • 3D 프린터, 3D펜 • 목공, 우드락 공예 실과(0.5차시): • 소프트웨어와 생활 변화 • IOT 기능과 스마트 홈 • 에너지 효율 시스템 • 인공지능	

<table>
<tr><td>프로그램명</td><td colspan="7">빅 데이터 시대를 이끄는 준비된 기록자
- 빅 데이터 시대의 정직하고 꾸준한 기록의 중요성 -</td><td>학교급</td><td>고등학교 2학년</td></tr>
<tr><td>교육목표</td><td colspan="9">1. 다양한 데이터 기록 사례들을 통해 데이터 기록의 영향력을 이해할 수 있다.
2. 데이터 조작사례를 통해 연구윤리의 중요성을 인식할 수 있다.
3. 자신에게 필요한 데이터 기록방법을 시각화하여 제작할 수 있다.</td></tr>
<tr><td>관련교과</td><td colspan="9">미술, 정보, 과학탐구실험</td></tr>
<tr><td>2015 교육과정 연계 핵심역량</td><td colspan="9">☑ 자기관리 역량 ☑ 지식정보처리 역량
☐ 창의적 사고 역량 ☐ 심미적 감성 역량
☐ 의사소통 역량 ☑ 공동체 역량</td></tr>
<tr><td rowspan="6">2015 개정 교육과정 연계</td><td rowspan="2">미술</td><td colspan="8">(내용요소) 작품 감상, 디자인적 사고</td></tr>
<tr><td colspan="8">(성취기준)
[12미01-04] 다양한 직업에서 미술의 활용 사례를 찾아 자신의 진로와 연계할 수 있다.
[12미03-04] 미술 작품에 대한 자신의 견해를 관련 자료와 정보 등을 활용하여 논리적으로 서술할 수 있다.</td></tr>
<tr><td rowspan="2">정보</td><td colspan="8">(내용요소) 기록 작성 방법, 데이터 수집과 변형</td></tr>
<tr><td colspan="8">(성취기준)
[12정보02-01] 동일한 정보가 다양한 방법으로 디지털로 변환되어 표현될 수 있음을 이해하고 정보 활용 목적에 따라 보다 효율적인 방법을 선택한다.
[12정보02-03] 인터넷, 응용 소프트웨어 등 컴퓨팅 도구를 활용하여 문제 해결을 위한 자료를 수집하고 분석한다.</td></tr>
<tr><td rowspan="2">과학탐구 실험</td><td colspan="8">(내용요소) 실험과 연구노트, 연구윤리</td></tr>
<tr><td colspan="8">(성취기준)
[10과탐02-05] 탐구 활동 과정에서 지켜야 할 생명 존중, 연구 진실성, 지식 재산권 존중 등과 같은 연구윤리와 함께 안전 사항을 준수할 수 있다.
[10과탐02-06] 과학 관련 현상 및 사회적 이슈에서 과학 탐구 문제를 발견할 수 있다.</td></tr>
<tr><td rowspan="3">내용 및 활동 요약</td><td>1차시</td><td rowspan="3">▶</td><td>2차시</td><td rowspan="3">▶</td><td>3차시</td><td rowspan="3">▶</td><td colspan="3">4차시</td></tr>
<tr><td>관찰력·호기심</td><td>응용력</td><td>실험정신</td><td>아이디어에 대한 인내심</td><td colspan="2">태도함양</td></tr>
<tr><td>데이터 기록의 이해와 중요성 인지</td><td>데이터 기록의 효과적 사례와 부정적 사례 조사와 발표. 데이터 기록 방법의 종류의 이해</td><td>자신의 데이터 기록지 제작</td><td>결과 발표 후 피드백 반영을 통한 보완 및 수정</td><td colspan="2">작업연계 활동 및 데이터 기록 관련 문제에 관한 토론</td></tr>
<tr><td>STEAM 단계 요소</td><td>상황제시</td><td>▶</td><td colspan="3">창의적 설계</td><td>▶</td><td colspan="3">감성적 체험</td></tr>
</table>

출처: 한국과학창의재단

2. 교육과정 개발 모형

일반적으로 전통적인 교수 설계 모형(일반적으로 교수체제설계는 교육과정 개발이라고 볼 수 있다. 교육공학에서 교수체제설계를 이 장에서는 모두 교육과정 개발로 명명한다)인 ADDIE 모형은 교수 설계를 체제적, 체계적으로 안내한다는 장점이 있지만 몇 가지 이론적 한계를 드러내고 있다. **첫째, 선형성의 한계이다.** 교수 프로그램의 실제 사용자인 학습자가 제공하는 상황 맥락적인 정보는 마지막 단계에서 얻을 수 있다. 결과적으로 분석 단계에서 학습자의 요구를 파악한다고 하지만 상황 맥락적인 학습자의 요구를 제대로 반영하지 못하게 된다(임선빈, 1996: 229-256, 임철일, 연은경, 2006: 27-50, 임철일 외, 2007: 55-76, 이승희, 유영만, 2002: 173-193).

둘째, 기존의 교수체제설계 모형은 행동주의 및 인지주의 연구 결과들을 바탕으로 하고 있다. 최근의 교육들은 많은 부분에서 구성주의적 입장에서 학습자 중심의 학습 활동을 강조한다. 예를 들면 문제해결 학습, 팀 기반 학습, 융·복합교육 등과 같은 교수 설계를 하는 데 한계가 있다. 또한 구성주의에 바탕을 둔 설계를 하더라도 1차원적인 설계이기 때문에 한계가 있다.

셋째, ADDIE 모형은 일반적이기 때문에 융·복합교육과 같은 구체적인 상황에 적용 시 한계가 있다. 결과적으로 일반화된 모형보다는 교육 상황과 조건을 고려한 특정화된 교수체제설계 모형이 필요하다(유영만, 1995: 21-36, 임철일 외, 2010: 121-147).

넷째, 구성주의 맥락 아래에서 최근 많이 연구되고 있는 융·복합 교육 교수 설계하자는 교수 설계를 할 때 이미 정해진 정보 분석의 프로토콜을 따라 해결책을 제시하는 것이 아니라 복잡하고 산만한 정보를 가지고 첫 단계부터 분석적 사고와 직관적 사고를 번갈아 가면서 수행하여야 한다. 그런데도 대부분의 교수 설계자들은 논리적 절차에 따라 프로그램을 개발하는 경우가 많다.

전통적 수업설계 모형인 ADDIE는 논리적 절차에 따른 수업설계 모형이다. 융·복합교육과 같은 현업적용성이 높은 프로그램을 개발하기 위해서는 분석적 사고와 직관적 사고가 동시에 필요하다. 분석적 사고는 주로 좌뇌가 관여하며 직관적 사고는 우뇌가 역할을 담당한다. 좌뇌는 논리적, 합리적, 이성적 판단을 하는 데 도움을 주지만 우뇌는 직관적, 이상적 사고를 하는 데 도움을 준다. 디자인 씽킹(design thinking)은 디자인을 만들거나 그리는 것이 아닌 사고방식(way of thinking)을 의미한다. 디자인 씽킹은 일종의 마인드 셋(mind set)이다. 디자인 씽킹은 우리가 변화를 만들어 낼 수 있다고 믿고 세상에 긍정적인 영향을 주는 새로운 해결책을 만들어 내기 위한 체계적인 문제해결 과정이다. 분석적 사고에 기반을 둔 완벽한 논리적 합리성과 직관적 사고에 근거한 창조성의 상호작용을 통하여 문제를 해결하는 방법으로 교육과 경영 분야의 새로운 패러다임이다(로저 마틴 저, 이건식 역, 2010: 57). 융·복합교육 프로그램을 개발하기 위해서는 기존의 교수체제 설계모형의 한계를 극복하는 새로운 접근 방식의 교수체제 설계모형이 필요하다.

2.1. 전통적 교육과정 개발 모형(ADDIE 모형)

교육 프로그램 개발은 교수체제설계 또는 개발(ISD: Instructional System Design or Development)이라는 용어와 유사하게 사용된다. 교수체제설계라는 용어도 수업체제 설계라는 용어와 자주 유사하게 사용된다(Dick, & Carey, 2005: 121-124). 교수체제설계 모형으로는 학교 교실 지향모형, 산출물 지향모형, 체제 지향모형의 3가지 유형으로 구분할 수 있다. 학교 교실 지향모형에는 Smaldino, Russell, Heinich, Molenda의 모형이 있다. 산출물 지향모형으로는 Kemp, Morrison, Ross의 모형이 있으며, 체제 지향모형에는 Dick, Carey 및 Carey의 모형이 있다(이성흠, 장언효, 2008: 158-183). 교수체제설계 모형 중 가장 대표적인 모형은 미국 플로리다 교육공학센터에서 개발한 ADDIE 모형과 Dick & Carey 모형, Kemp 모형 등이다(정재삼, 1996: 213-230, 1998: 80-97). 교수체제설계의 주요 과정은 분석, 설계, 개발, 실행, 평가이기 때문에 ISD의 일반 모형은 ADDIE 모형이라고 한다. ADDIE의 자세한 내용은 [표 6-1]과 같다(윤옥한, 2014: 67-85).

표 6-1 ADDIE 모형

ISD의 과정	역할(기능)	세부 단계(활동)	산출물
분석 (Analysis)	학습 내용(What)을 정의하는 과정	• 요구 사정·수행문 제 분석 • 학습자 분석 • 환경 분석 • 직무 및 과제 분석	• 수행문제 분석 • 교육목적 • 제한점 • 학습과제
설계 (Design)	교수방법(How)을 정의하는 과정	• 목표 설계 • 교수 설계 • 평가 설계 • 방법 설계	• 수행목표 • 교재·교안 • 평가 문항 • 매체·사례 등
개발 (Development)	교수 자료를 만들어 내는 과정	• 교수자료 개발 • 평가 문항 개발 • 각종 교육자료 개발 • 시범 실시(pilot test)	• 교재·교안 • 평가 문항 • 매체·사례 등 • 시범자료
실행 (Implementation)	프로그램을 실제의 상황에 실행	• 프로그램의 실행 • 유지 및 관리	• 프로그램 실행
평가 (Evaluation)	프로그램의 적절성을 결정하는 과정	• 프로그램 효과평가 • 총괄평가	• 프로그램 가치 및 평가보고서 • 총괄평가

[표 6-1]에서 보는 바와 같이 분석, 설계, 개발, 실행, 평가의 각각 단계에서 하는 역할과 세부 활동 및 산출물이 개발된다. 이 5가지 요소들은 어떠한 ISD 모형에서도 발견되는 핵심적인 활동이다. 대부분의 ISD 모형은 체계적, 체제적, 신뢰적, 순환적, 경험적 특징을 가지고 있다. ADDIE 모형에서 분석 단계에서는 주로 요구 분석, 학습자 분석, 환경 분석, 직무 및 과제 분석이 이루어진다. 각각의 단계가 다 중요하지만, 분석 단계는 특히 더 중요하다. 왜냐하면 분석이 제대로 되어야 설계가 되고 설계된 내용으로 개발되기 때문이다. 설계단계에는 목표 설계, 교수 설계, 평가 설계, 방법 설계가 있다. 교수 설계(ID: Instructional Design)는 미시적 교수 설계다. 교안을 만드는 것이다. 다른 설계도 중요하지만 교수 설계는 실제 수업에 활용되기 때문에 이 설계가 잘 구성되어야 매력적인 수업이 될 수 있다. 개발단계에서는 교재, 교안, 교수자

료 개발, 평가 문항 개발이 있다. 즉 교재와 교안이 만들어지며 각종 교육용 자료가 개발되는 단계이다. 자료가 개발되면 시범 시행을 통하여 검증한 후 실행 단계가 이루어진다. 마지막 평가 단계에서는 프로그램 효과성 평가와 총괄평가가 이루어진다.

2-2. 디자인 씽킹 모형

디자인 씽킹은 디자이너의 자세, 문제에 대한 접근 방식과 문제해결 방식을 통해 창조적 가치를 추구하는 동시에 모호한 문제를 풀어나가는 대안을 제시하는 '생각하는 방법'이고, 혁신을 끌어내는 '방법론'이며, 교육과 경영의 '새로운 패러다임'이라고 할 수 있다(김도현, 장영중, 2008: 221-231). 디자인 씽킹은 한 마디로 '생각하는 방식'이다. 생각할 때 '분석적 사고와 직관적 사고'를 함께 사용하는 '통합적 사고'를 디자인 씽킹 절차에 따라 잘 활용하는 방식으로 정의하고 있다(로저 마틴저, 이건식 역, 2010: 57). 디자인 씽킹이란 용어는 다양한 분야에서 쓰이고 있다. 형태나 외관을 꾸미는 디자인 인공물에서부터 정치, 경제, 비즈니스, 생태 환경, 교육 등 인간의 삶에 전반적으로 영향력이 확대되고 있다. 이러한 디자인 영역의 확대는 디자인 개념의 변화를 바탕으로 제품, 서비스, 정보, 환경, 교육 등에 적용되는 디자인 사고에 관한 관심을 급증시켰다(http://www.ideo.com/ work/redefining-self-service-banking-for-bbva에서 2016년 10월 17일 인출).

이러한 변화의 중심에는 디자인 씽킹이라는 용어가 자리 잡고 있다. 전 세계 디자인 기업 중 가장 혁신적인 기업 5위 안에 있는 아이데오(IDEO)의 CEO인 Tim Brown과 스탠퍼드 대학의 디 스쿨의 설립자인 David Kelly가 디자인 사고를 확장하고 있다(이정열, 이주영, 2010: 62-63, 팀 브라운 저, 고성연 역, 2010).

디자인 씽킹은 노벨 경제학상을 수상한 Herbert Simon이 그의 저서인 『인공물의 과학』(1969)에서 처음 거론하였다. 그 이후 다음과 같은 특징을 통해 인공 과학을 구체적으로 설명하고 있다. 첫째, 융·복합교육의 필요성을 제기하였다. 새로운 지식에 접근할 수 있게 하는 서로 다른 분야 간의 소통과 융합을 강조하였다. 둘째, 모든 사람은 디자이너이다. 그는 현재 상황에서 더 나은 상황으로 바꾸려고 계획하는 사람은 모두 디자이너라고 보았다. 이러한 활동을 통해서 변화와 혁신을 이루게 된다. 셋째, 다양한 분야에서 디자인의 문제들을 학제적 팀이 협력하여 통합적이고 종합적으로 해결할 필요가 있다. 디자인 씽킹이란 '사회, 문화, 정치, 환경, 교육 등 인간 생활의 모든 문제를 학제적인 협동을 통하여 디자인의 통합적이고 종합적인 문제해결 능력과 맞물려 해결하는 과정'이다(이정열, 이주영, 2010: 62-63).

IDEO에서 말하는 디자인 씽킹의 경우 '통합적 사고'를 받아들이고 있다. 통합적 사고는 새로운 해결책을 위해 서로 어긋나는 아이디어와 조건을 이용하는 능력을 통하여 사용자들의 긍정적인 반응을 유도하고 호감도와 구현 가능한 기술적 가능성을 찾아가는 것을 의미한다. 예를 들면 제품을 개발할 때 다양한 배경을 가진 디자이너들로 팀을 구성한다. MBA 이수자, 사회학, 심리학, 건축 전문가, 시인 등이 한 곳에 팀으로 구성되어 업무를 진행한다. 각각의 전문 분야들이 참여할 때 다양한 관점에서 전문적인 의견들을 얻을 수 있다(팀 브라운 저, 고성연 역, 2010). 디자인 전공자만이 디자인을 할 수 있다는 생각에서 벗어난다. 인력 구성뿐만 아니라 '관찰(observation)'과 '프로토타이핑(prototyping)'도 중요하게 생각한다. IDEO에서 말하는 디자인 씽킹도 제품을 개발하거나 복잡한 여러 가지 문제를 다 학제적인 또는 여러 전문가가 함께 상호작용을 통해서 창의성과 혁신성을 갖춘 해결 방안을 모색하는 문제해결 과정으로 보고 있다(http://www.designdb.com/dtrend/trend.r.asp?menupkid=234&pkid=13962 인출).

디자인 씽킹 프로세스의 단계는 다양하게 제안되고 있다. 가장 대중적인 모형은 아이데오의 디자인 프로세스 모델인 3I(영감: Inspiration, 발상: Ideation, 실행: Implementation)과 스탠퍼드 디자인 대학과 하소-플래트너 연구소가 제시한 이해-관찰-관점-아이디어 창출-프로토타입-테스트로 구성된 6단계 모형이 있다(강미정, 이수진, 2014: 7-35). 창의적 문제해결 과정보다 디자인 씽킹은 종종 프로토타입 제작과 같은 실증적인 검증을 시도한다는 차이점이 있다. 본서에서는 아이데오의 디자인 씽킹 프로세스 모델을 구체화한 디자인 씽킹의 과정 5단계로 구성하였다. 아이데오의 Design Thinking for Educators 에 소개된 5단계를 중심으로 살펴보면 [표 6-2]와 같다(Riverdale, IDEO 저, 정의철, 김은정 역. 2014, Team Brown, 2009).

표 6-2 디자인 씽킹 모형

단계	중요 포인트	사고기법
공감하기	현장에 직접 방문하여 관찰, 경청, 질문	각각의 단계에서 분석적 사고와 직관적 사고를 절히 조화롭게 사용하면서 문제 해결해 나감
문제 정의하기	분명하고 간결한 문장으로 진술	
아이디어 내기	브레인스토밍, 보디 스토밍, 브레인 라이팅, SCAMPER, 희망점 열거법, 결점열거법, 마인드 맵, 특성열거법, 초점법 등	
시제품 만들기	형태(모양), 기능(작동), 느낌(경험)을 고려하여 시제품을 만들고 만든 내용에 대하여 잘된 점, 잘 안된 점, 개선할 점, 향후 계획을 피드백 받음. 시제품을 만들 때 되도록 빨리 만들어 보는 것이 중요함	
발전시키기	피드백 받은 내용을 중심으로 새로운 시제품을 만듦	

첫째, 공감하기 단계이다. 이 단계에서는 관찰이 중요하다. 공감한다는 것은 미안한 마음이나, 비슷한 감정을 가지거나, 동정하는 것이 아니다. 자세히 관찰하고 상대방에게 경청하고 질문을 통하여 사용자(user)들이 무엇을 원하는지 파악하는 것이 중요하다.

둘째, 문제를 정의하는 단계이다. 이 단계에서는 공감한 내용을 중심으로 분명하고 간결한 문장으로 문제를 진술한다. 예를 들면 '~는 ~하기 때문에 ~할 수 있는 방법이 필요하다'의 형태로 문제를 정의한다(Anthony Di Mari, Nara Yoo, 2013).

셋째, 아이디어 내기 단계이다. 이 단계에서는 아이디어 발상기법들을 적용하여 문제를 해결하는 데 필요한 다양한 아이디어를 생성해 낸다. 중요한 것은 오감을 많이 작용시켜 아이디어들을 생성하기 위한 방법을 생각해 보는 것이 중요하다. 예를 들면 브레인스토밍 할 때 온 몸을 활용하는 보디 스토밍을 함께 적용하는 것이 중요하다.

넷째, 시제품 만들기 단계이다. 문제를 해결하기 위해 나온 아이디어들을 중심으로 시제품을 만들어 보는 단계이다. 이 단계에서는 완벽한 시제품을 만드는 것이 아니다. 완벽성보다는 시제품의 형태 즉, 모양(디자인)과 기능성(작동), 느낌(경험)이 고려된 시제품을 만든다. 외형적으로 보기 좋아야 할 뿐만 아니라 제대로 작동하는지 기능이 중요하며, 사람들이 접했을 경우 사용자들의 느낌도 중요하다. 또한 시제품을 만들 때 되도록 빨리 만들어 보는 것이 중요하다. 만든 시제품에 대해서는 잘된 점과 잘 안된 점, 개선해야 할 점과 향후 계획을 중심으로 피드백을 받는다.

다섯째, 발전시키기 단계이다. 이 단계에서는 시제품에서 만든 내용에 대하여 피드백을 받은 후 그 내용을 중심으로 새로운 제품을 만드는 단계이다. 중요한 것은 각각의 단계에서 분석적 사고와 직관적 사고를 조화롭게 사용하여 문제를 해결하는 것이 핵심이다(Teal, 2010).

2-3. 창의적 문제해결 모형

창의적 문제해결 모형(CPS: Creativity Problem Solving)은 창의성과 관련된 다양한 접근 중 가장 대표적인 모형이다. Wallass의 4단계 모형으로 준비, 부화, 조명, 검증이 있고, Dewey의 5단계 모형인 문제 인식, 문제 파악, 가설형성, 가설검증, 해결 수락 및 수용, Osborn-Parnes의 5단계 모형인 사실 발견, 문제 발견, 아이디어 발견, 해결책 발견, 수용 등이 있다. Osborn은 최초의 창의적 문제해결을 7단계로 제시하였다. 첫째, 오리엔테이션(문제 부각하기), 둘째, 준비(관련 자료 수집하기), 셋째, 분석하기(적절한 자료들을 분류하기), 넷째, 가설 세우기(대안적인 아이디어 만들기), 다섯째, 부화하기(잠시 밀쳐 두고 문득 통찰이 일어나게 하기), 여섯째, 종합하기(아이디어와 정보의 조작을 같이 맞추어 보기), 일곱째, 확인하기(결과적으로 얻게 되는 아이디어를 판단하기)이다. 1963년에 Osborn은 문제해결의 전체 과정을 문제 발견, 문제해결, 해결책 수행의 3가지로 단순화시키고 있다. 문제 발견의 경우 문제 이해, 문제해결의 경우 아이디어 생성, 해결책 수행의 경우 실행을 위한 계획으로 나누기도 한다(김영채, 1997: 171-178).

이러한 CPS는 Isaksen, Dorval & Treffinger(1994)에 의하여 6단계로 구체화되었다. 6단계를 구체적으로 제시하면 [표 6-3]과 같다.

표 6-3 창의적 문제해결 모형

구조	단계	구체적 내용	기법
문제 발견	관심 영역 발견	작업하려고 하는 도전, 기회, 관심사 파악	5 Why, Fish Borne, SWOT, 3C, FAW
	자료 발견	관심 영역에서 발견한 것을 음미하고 중요한 정보를 수집	
	문제 이해	구체적인 문제를 진술	
문제 해결	아이디어 생성	발견된 문제를 해결하기 위한 독창적인 아이디어 생성 및 아이디어 선택	브레인스토밍, 브레인라이팅, SCAMPER, 체크리스트, 희망점 열거법, 초점열거법, 특성열거법
해결책 수행	해결 발견	한 개 또는 해결 가능한 아이디어를 분석하고 선택하기 위한 준거 찾기	5W1H
	수용 발견	최종적으로 선택한 아이디어를 현실에 실현하기 위한 실행 계획 작성	

창의적 문제해결 구조는 3단계로 구분된다. **첫째, 문제 발견 단계이다.** 이 단계에서는 관심 영역 발견, 자료 발견, 문제 이해 단계로 구분된다. 문제를 발견하기 위하여 관심사를 폭넓게 하며 관심 영역과 관련된 자료를 수집하고 수집된 자료를 기준으로 구체적인 문제를 진술하는 것이다. 이 단계에서 사용되는 기법에는 5 Why, Fish Borne, SWOT 분석, 3C 분석, FAW 분석이 사용된다.

둘째, 문제해결 단계이다. 이 단계는 발견된 문제를 해결하기 위하여 창의적인 아이디어를 내는 단계이다. 특히 이 단계에서는 창의적인 아이디어를 내기 위하여 각종 창의적인 문제해결 기법들이 동원된다. 예를 들면, 브레인스토밍, 브레인라이팅, SCAMPER, 체크리스트법, 희망점 열거법, 결점열거법, 초점법, 특성열거법과 같은 기법들을 사용한다.

셋째, 해결책 수행 단계에서는 문제를 해결하기 위하여 창의적 문제해결 기법들을 통하여 생성된 아이디어들을 평가하고 실행 계획을 수립하는 단계이다. 생성된 아이디어를 평가하는 준거를 만드는 해결 발견 단계와 준거를 기준으로 평가한 이후 실행 계획을 수립하는 수용발견 단계가 있다. 실행 계획을 수립할 때는 육하원칙(5W1H) 기법을 사용한다. 누가(Who), 언제(When), 어디서(Where), 무엇을(What), 왜(Why), 어떻게(How) 실행할 것인가를 수립한다.

3. 디자인 씽킹을 적용한 '윤옥한의 3차원 교육과정 개발 모형'

융·복합교육의 특징상 융·복합교육 교수설계의 방향을 잘 설정해야 한다. 첫째, 수업을 설계할 때 필요성의 원리, 융합의 원리, 목적성의 원리, 다양성의 원리, 통합의 원리, 문제해결의 원리. 창의적 설계의 원리, 감성적 체험(경험)의 원리를 적용하는 것이 바람직하다. **첫째, 필요성의 원리이다.** 융·복합교육이 왜 필요한지에 대한 분명한 이유가 있어야 한다. 분명한 이유 없이 정책에 따라 도입하는 것은 문제가 있다. 정책에 따라 도입했다면 그 이유를 명확히 찾는 것이 필요하다. **둘째, 융합의 원리이다.** 융·복합교육이기 때문에 수업과 관련된 다양한 요소들인 교수자, 학습자, 교육과정, 교육환경 변인들을 상호 유기적으로 잘 통합해야 한다. 왜냐하면 융·복합교육의 경우 융합하는 학문이나 교과의 특성 등을 잘 융합하여 새로운 것을 창출해야 하기 때문이다. **셋째, 목적성의 원리이다.** 같은 STEAM 교육 연구라도 어떤 철학과 목표를 가지고 있느냐에 따라서 접근이 달라진다. 이런 문제를 극복하기 위해서 STEAM 교육의 철학 및 목적이 분명해야 한다. 융·복합교육이지만 반드시 달성해야 할 목적이 구체적으로 나와야 한다. 수업 목표를 달성하기 위하여 수업과 관련된 다양한 변인들을 고려해서 설계해야 한다. 융·복합교육은 과학적 사고, 기술 및 공학적인 문제해결 과정을 통해서 여러 교과에 포함된 개념이나 원리를 잘 적용하여 주제나 과제, 문제를 해결해야 한다. **넷째, 다양성의 원리이다.** 다양한 교과나 학문, 문화 및 가치에 대한 흥미와 이해력을 높여야 한다. 다양한 교수자는 다양한 학습자들이 가지고 있는 다양한 관점을 통해서 집단지성을 발휘할 수 있도록 분위기를 조성해야 한다. **다섯째, 다양성의 원리와 함께 융합 더 나아가 통합이 가지는 필요성과 가치를 드러낼 수 있는 다양한 방법들이 강구되어야 한다. 여섯째, 문제해결의 원리이다.** 융·복합적 사고를 적용하여 직접 문제를 해결할 수 있도록 설계해야 한다. 산업체의 요구나 현장에 적용할 수 있는 과제를 선정하여 해결하는 것이 필요하다. **일곱째, 창의적 설계의 원리이다.** 과학기술과 관련된 다양한 분야의 융·복합적 지식, 과정, 본성에 대한 흥미와 이해를 높이기 위한 창의적 설계 방법이 고안되어야 한다. 창의적 설계는 학생들이 어떤 상황에서 창의성, 효율성, 경제성, 심미성을 발현하여 최적의 방안을 찾아 문제를 해결하는 종합적인 과정을 의미한다. 이는 인간의 가치 추구를 위한 문제해결 또는 기술적 설계 활동이라는 공학의 개념이 포함된다. **여덟째, 감성적 체험**(경험)**의 원리이다.** 감성적으로 다양한 체험(경험)을 할 수 있는 학습 환경을 조성하고 제공해 주어야 한다. 감성적 체험이란 학습에 대한 흥미, 자신감, 성취감 등을 통해 학습에 대한 의욕이 생길 수 있도록 해 줄 뿐만 아니라 오감을 활용한 교육방법을 제공하는 것을 의미한다(강정찬, 2015: 275-305, 방기혁 외, 2015: 1-23, 백윤수 외, 2011: 149-171).

이러한 융·복합교육 특징을 살릴 수 있는 디자인 씽킹을 적용한 교수체제설계 모형을 고안하였다. 이 모형은 8가지 융·복합교육 수업 원리를 모두 내포하기 위하여 3차원의 교수체제 설계를 고안하였다. 필요성의 원리, 목적성의 원리, 융합의 원리는 ADDIE 모형에서, 창의적 설계의 원리, 문제해결의 원리는 CPS에서, 감성적 체험의 원리, 다양성의 원리, 통합성 원리는 디자인 씽킹에서 특징을 강조하였다. 이러한 특징을 중심으로 고안한 STEAM 교육 교수체제설계 모형은 아래 [그림 6-1]과 같다.

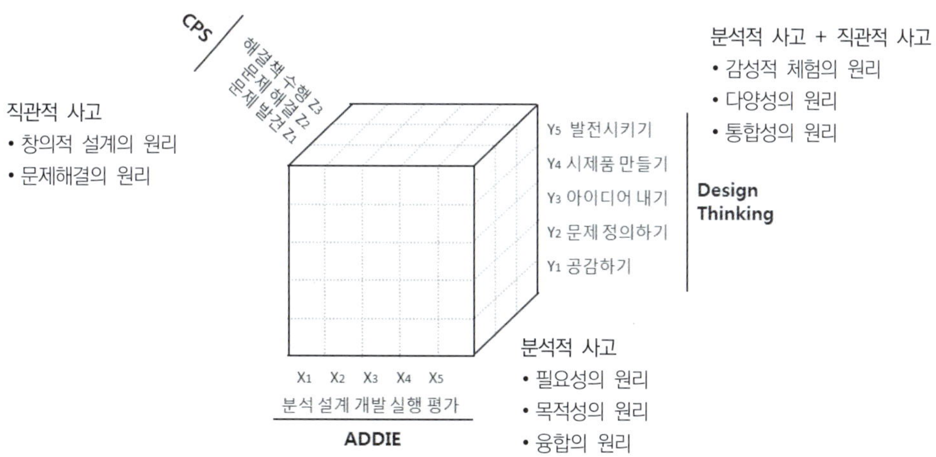

그림 6-1 **디자인 씽킹을 적용한 '윤옥한의 3차원 교수체제설계 모형'**

위 그림과 같이 Y축을 기준으로 X축과 Z축을 동시에 고려한 3차원적인 교수체제 설계 모형이다. Y축의 경우 디자인 씽킹을 중심으로 디자인 씽킹의 프로세스를 단계별로 공감하기, 문제 정의하기, 아이디어 내기, 시제품 만들기, 발전시키기, X축의 ADDIE 모형에서 제시하는 각각의 단계인 분석, 설계, 개발, 실행, 평가가 이루어진다. 이때 Z축에 있는 CPS 모형인 문제 발견, 문제 해결, 해결책 기법이 각각의 단계에서 수행된다. 디자인 씽킹의 각각의 단계가 모두 이렇게 구성되며 각각의 단계에서 분석적 사고와 직관적 사고의 조화를 통해 문제를 해결해 나가는 것이다.

[그림 6-1]을 구체적인 표로 제시하면 [표 6-4]와 같다.

표 6-4 디자인 씽킹을 적용한 '윤옥한의 3차원 교수체제설계 모형'

축	Y축	X축	Z축
모형	디자인 씽킹 프로세스	ADDIE 모형	CPS 모형
핵심 사고기법	분석적 사고 + 직관적 사고	분석적 사고	직관적 사고
단계	Y1. 공감하기	X1. 분석	
	Y2. 문제 정의하기	X2. 설계	Z1. 문제 발견
	Y3. 아이디어 내기	X3. 개발	Z2. 문제 해결
	Y4. 시제품 만들기	X4. 실행	Z3. 해결책 수행
	Y5. 발전시키기	X5. 평가	

[표 6-4]에서 제시된 Y축은 디자인 씽킹을 기준으로 한다. 디자인 씽킹은 분석적 사고와 직관적 사고를 종합적으로 활용하여 문제를 해결한다. 디자인 씽킹의 프로세스 Y1 공감하기, Y2 문제 정의하기, Y3 아이디어 내기, Y4 시제품 만들기, Y5 발전시키기로 전개된다. X축의 경우 ADDIE 모형은 분석적 사고를 통해 문제를 해결한다. ADDIE의 프로세스는 X1 분석, X2 설계, X3 개발, X4 실행, X5 평가로 이루어진다. Z축의 경우 CPS 모형은 직관적 사고를 통해 문제를 해결한다. CPS의 프로세스는 Z1 문제 발견, Z2 문제 해결, Z3 해결책 수행으로 이루어진다.

디자인 씽킹을 적용한 STEAM 교육의 수업체제 설계는 Y축을 기준으로 X축의 분석적 사고와 Z축의 직관적 사고를 함께 적용한다. 예를 들면 Y1 공감하기 단계에서 X축의 X1 분석, X2 설계, X3 개발, X4 실행, X5 평가가 이루어질 뿐만 아니라, Z축 Z1의 문제 발견, Z2의 문제 해결, Z3 해결책 수행이다. Y2 문제정의 단계에서 X축의 X1 분석, X2 설계, X3 개발, X4 실행, X5 평가가 이루어질 뿐만 아니라, Z축 Z1의 문제 발견, Z2의 문제 해결, Z3 해결책 수행이 이루어진다. Y3 아이디어 내기 단계에서 X축의 X1 분석, X2 설계, X3 개발, X4 실행, X5 평가가 이루어질 뿐만 아니라, Z축 Z1의 문제 발견, Z2의 문제 해결, Z3 해결책 수행이다. Y4 시제품 만들기 단계에서 X축의 X1 분석, X2 설계, X3 개발, X4 실행, X5 평가가 이루어질 뿐만 아니라, Z축 Z1의 문제 발견, Z2의 문제 해결, Z3 해결책 수행이 이루어진다. Y5 발전시키기 단계에서 X축의 X1 분석, X2 설계, X3 개발, X4 실행, X5 평가가 이루어질 뿐만 아니라, Z축 Z1의 문제 발견, Z2의 문제 해결, Z3 해결책 수행이다. 각각의 단계에서 모든 과정이 다 이루어지는 것은 아니다. 꼭 필요한 절차는 수행하지만 생략해도 되는 과정은 생략할 수 있다.

3-1. 공감하기 단계

공감하기 단계에서 가장 중요한 것은 공감이다. 이 단계에서는 STEAM 교육을 위해 충분히 공감대를 형성하는 것이 중요하다. ADDIE 모형과 CPS에서 강조하지 않은 단계가 바로 이 첫 단계이다. 공감하기 위해서는 참여 관찰, 민속 방법론과 같은 방법이 동원된다. ADDIE 모형 중 첫 단계에서 제시하는 분석의 방법을 주로 활용하되 CPS에서 활용하는 문제 발견 기법들을 함께 사용하여 STEAM 교육목적을 달성하기 위한 공감대를 형성한다. ADDIE 모형에서 분석단계에서 하는 모든 분석과 설계단계에서 해야 하는 일들을 디자인 씽킹에서는 공감하기 단계에서 한다. 공감하기 단계를 표로 제시하면 [표 6-5]와 같다.

표 6-5 SEAM 교육을 위한 '윤옥한의 3차원 교수체제설계 모형' 중 공감하기 단계

ADDIE 활용	분석 시 고려사항	CPS 활용
• STEAM 교육 필요성	- 학과(과목)별 필요성 확인	• 5Why • FAW • SWOT • Fish Borne • 3C
• 목적 분석	- 학과(과목)별 필요성 확인	
• 학습자 분석	- 학습자 구성분포(학년·전공·남녀·목적) - 학과(과목)별 적절한 인원 배정	
• 환경 분석	- 교실 환경(인터넷 환경, 실험, 토의식 가능 여부 등)	
• 산업체 요구 분석	- 산업체와 연결하여 과제를 수행할 수 있는지 확인	
• 활동과제 분석	- 현업에 적용할 수 있는 과제선정 - 학습자들의 성취동기 유도	
• 교수자 분석	- 인간관계가 좋은 교수자 참여 유도 - 교수자도 즐겁게 가르치는 방법	
• 교육과정 분석	- 전공이 아닌 학습자들을 고려한 교육과정 내용 도출 (선행학습 요소)	
• 학습 방법 분석	- 강의, 토의, 실험, 사례, 팀 프로젝트 등 - 학습자들에게 흥미를 유발하는 방법	
• 교수 설계 분석	- 미시적 교수 설계 - 각종 학습 매체	
• 평가 방법 분석	- 평가 방법	

공감하기 단계에서 활용할 수 있는 CPS 기법에는 왜 해야 하는지에 대한 이유를 다섯 번 질문해 보는 5 Why 기법과 개설하는 데 결정적인 영향을 주는 요인을 분석하는 FAW(Forces at Work)기법, 학과별 장단점을 확인하는 3C 기법(Company, Competitor, Customer), 내부 환경의 강점과 약점, 외부환경의 기회요인과 위협요인을 활용하여 전략을 수립하는 SWOT(S-strength, W- weakness, O-opportunity, T-threat 위협), 문제의 원인을 밝혀보는 Fish Borne을 활용한다. 이 중 STEAM 교육의 필요성을 학과(과목)별로 확인할 때 필요한 기법은 모두 다 적용할 수 있다. 목적 분석을 하는 데 필요한 기법으로는 5 Why, FAW를 활용하는 것이 바람직하다. 산업체 요구 분석에서는 SWOT와 3C 분석을 적용할 수 있다. 공감하기 단계에서는 이러한 기법을 활용하면서 분석적 사고와 직관적 사고를 조화롭게 활용하는 것이 중요하다. 공감 단

계에서는 융합의 원리, 목적성의 원리, 다양성의 원리, 통합의 원리, 문제해결의 원리. 창의적 설계의 원리, 감성적 체험(경험)의 원리를 충분히 고려하여 분석한다. 예를 들면 학습자와 교수자가 재미있게 학습할 수 있는 환경 조성과 더불어 학습자들의 성취동기를 자극하는 방법을 분석 단계에서 충분히 고려하는 것이 디자인 씽킹에서 강조하는 부분이다.

3-2. 문제 정의하기 단계

문제 정의하기 단계에서는 분석한 내용을 중심으로 각각의 문제를 정의한다. ADDIE에서 문제정의는 설계를 위한 기본단계로 볼 수 있다. 이 단계에서 CPS의 활용은 특별한 것이 없다. 문제를 정의할 때 기본적인 방법은 '00은 00해서 00을 해야 한다'라는 방식이다. 예를 들면 'STEAM 교육은 00학과에서 학생들의 취업을 잘 할 수 있도록 산학 연계 활동을 사전에 준비하기 때문에 STEAM 교육을 해야 한다'와 같은 방식으로 각각 분석한 내용을 각각 진술한다. 목적 분석, 학습자 분석, 환경 분석, 산업체 요구 분석, 활동과제 분석, 교수자 분석, 교육과정 분석, 학습 방법 분석, 교수 설계 분석, 평가 방법 분석도 이와 같은 방식으로 문제를 정의한다. 문제를 진술할 때도 중요한 것은 분석적 사고와 직관적 사고를 조화롭게 반영하는 것이 중요하다.

3-3. 아이디어 내기 단계

아이디어 내기 단계에서는 문제를 진술한 내용을 중심으로 각각의 문제에 대한 아이디어를 낸다. 아이디어 내기 단계에서 ADDIE에서의 활용은 설계단계에서 하는 활동이 가장 중요하다. 예를 들면 미시적 교수 설계 방법이 사용된다. CPS의 활용은 희망점 열거법, 결점 열거법, 브레인스토밍, 브레인라이팅, 초점법, SCAMPER, 특성 열거법 등 다양한 기법들이 활용된다. 아이디어 내기 단계를 표로 제시하면 [표 6-6]과 같다.

표 6-6 STEAM 교육을 위한 '윤옥한의 3차원 교수체제설계 모형' 중 아이디어 내기 단계

ADDIE 활용		분석 시 고려사항	CPS 활용
• 교육과정 분석	미시적 교수 설계 방법 적용	- 전공이 아닌 학습자들을 고려한 교육과정 내용 도출 (선행학습 요소)	• 희망점 열거법 • 결점 열거법 • 브레인스토밍 • 브레인라이팅 • 초점법 • SCAMPER • 특성 열거법
• 학습방법 분석		- 강의, 토의, 실험, 사례, 팀 프로젝트 등 - 학습자들에게 흥미를 유발하는 방법	
• 교수설계 분석		- 미시적 교수 설계 - 각종 학습 매체	
• 평가방법 분석		- 평가 방법	

아이디어 내기 단계에서는 문제를 정의한 내용을 중심으로 미시적 교수 설계를 활용한다. 미시적 교수 설계 방법은 Gagné의 9 event's 와 Keller의 ARCS 모델을 중심으로 설계한다. 이 단계에서 주로 교재와 교안이 설계되고, 각종 학습 방법, 매체와 평가도구들을 어떻게 할 것인지 설계된다.

3-4. 시제품 만들기 단계

시제품 만들기 단계에서는 아이디어 내기 단계에서 낸 아이디어를 중심으로 설계된 내용을 실제 개발하는 단계이다. ADDIE에서의 활용은 개발 및 평가단계에서 하는 활동이다. 시제품 개발 단계에서는 교재, 교안, 각종 학습 매체, 평가도구가 개발된다. 시제품 개발을 통해 파일럿 과정을 거치게 된다. 시제품을 만들 때 완벽성보다는 시제품의 형태, 즉, 모양(디자인)과 기능성(작동), 느낌(경험)이 고려된 시제품을 만든다. 외형적으로 보기 좋아야 할 뿐만 아니라 작동할 때 제대로 작동하는지 기능이 중요하며, 사람들이 접했을 경우 사용자들의 느낌도 중요하다. 이러한 3가지를 고려하여 시제품을 만든다. 또한 시제품을 만들 때 빨리 만드는 것도 중요하다. 교수체제설계에서 시제품이란 용어가 다소 어색하지만, 시안을 만든다고 생각하면 된다. 만든 시제품에 대해서는 잘된 점과 잘 안된 점, 개선해야 할 점과 향후 계획을 중심으

로 파일럿 과정을 거쳐 피드백을 받는다.

3-5. 발전시키기 단계

이 단계에서는 시제품에서 만든 내용에 대하여 피드백을 받은 후 그 내용을 중심으로 새로운 제품을 만드는 단계이다. 중요한 것은 각각의 단계에서 분석적 사고와 직관적 사고를 조화롭게 사용하여 문제를 해결하는 것이 핵심이다. 발전시키기 단계에서는 육하원칙(5W 1H) 기법을 사용한다. 즉, 누가(Who), 언제(When), 어디서(Where), 무엇을(What), 왜(Why), 어떻게(How) 실행할 것인가를 수립한다.

미래 사회의 국가경쟁력은 과학·기술·공학 영역의 혁신에 있다고 해도 과언이 아니다. 이러한 사회에 필요한 인재는 문제해결 능력과 창의적 역량이 있는 사람이다. STEAM 교육에서 추구하는 핵심 역량은 첫째, 융·복합적 지식과 융·복합적 개념 형성을 통한 창의적 문제해결 능력을 육성하는 것이다. 내가 가지고 있는 전문지식을 해체 또는 결합하여 다양한 지식을 활용하고 새롭고 적절한 것을 만들어 내는 창의적 문제해결 능력을 육성하는 것이다. 이러한 융합인재 육성을 위한 융·복합교육 수업을 위해서는 기존의 수업방식에 변화해야 한다. 수업방식의 변화를 위해서 교수체제설계 방식이 바뀌어야 한다. 따라서 본 연구에서는 STEAM 교육을 위한 기존의 교수체제설계 방식을 탈피하고 새로운 교수체제설계 모형을 제시하였다.

디자인 씽킹을 적용한 STEAM 교육을 위한 윤옥한의 3차원 교수체제설계 모형의 특징은 첫째, 융·복합교육 교수체제 설계를 위한 기본 프로세스를 디자인 씽킹으로 활용한다. 그 과정은 공감하기, 문제 정의하기, 아이디어 내기, 시제품 만들기, 발전시키기이다. 둘째, 각각의 단계에서 분석적 사고와 직관적 사고를 조화롭게 활용하여 문제를 해결해 나간다. 셋째, 각각의 단계에서 3차원적으로 문제를 해결해 나간다. 예를 들면 공감하기 단계에서 ADDIE 모형과 CPS 모형을 동시에 적용하여 분석적 사고와 직관적 사고를 활용한다. 넷째, 각각의 단계에서 적용할 수 있는 다양한 기법들을 활용한다. 예를 들면 공감 단계에서 관찰, 질문, 경청하는 기법뿐만 아니라 문제를 발견하는 5 Why, Fish Borne, SWOT, 3C, FAW 등 다양한 기법을 적용한다. 다섯째, ADDIE 모형에서 제시하는 분석 · 설계 · 개발 · 실행 · 평가가 중요한 축이 아니라 디자인 씽킹을 중요한 축으로 사용하고 기존의 ADDIE모형과 CPS를 보조 축으로 사용하였다. 융 · 복합교육을 위한 3차원 교수체제설계 모형을 적용하는 것은 어려운 일이 아니다.

4차 산업혁명 시대에 필요한 인재는 융 · 복합형 인재이다. 이러한 인재를 육성하는 방법을 고안할 때도 1차원이 아닌 다양한 차원에서 접근할 필요가 있다. 3차원 교수체제설계 모형이 필요한 이유이기도 하다. 또한 기존의 교수설계모형은 시간이 오래 걸릴 수 있지만 디자인 씽킹의 특징 중 하나는 빨리 문제를 해결하는 것이다. STEAM 교육을 위한 문제점들을 최소화하고 STEAM 교육에 참여하는 교수자와 학습자들에 대한 흥미와 동기유발을 극대화할 뿐만 아니라 빨리 문제를 해결하기 위하여 윤옥한의 '3차원 교수체제설계 모형'을 현장에 적용해 보기를 제안한다.

토의

디자인 씽킹을 적용한 '윤옥한의 3차원 교수체제설계 모형'을 적용하여 교육과정을 개발해 보시오.

가족사진

아티스트 김진호
작사 김진호
작곡 김진호

바쁘게 살아온 당신의 젊음에
의미를 더해줄 아이가 생기고
그날에 찍었던 가족사진 속의
설레는 웃음은 빛바래 가지만

어른이 되어서 현실에 던져진
나는 철이 없는 아들이 되어서
이 곳 저 곳에서 깨지고 또 일어서다
외로운 어느 날 꺼내본 사진 속 아빠를 닮아 있네

내 젊음 어느새 기울어 갈 때쯤
그제야 보이는 당신의 날들이
가족사진 속에 미소 띤 젊은 아가씨의
꽃피던 시절은 나에게 다시 돌아와서

나를 꽃 피우기 위해 거름이 되어버렸던
그을린 그 시간들을 내가 깨끗이 모아서

당신의 웃음꽃 피우길
피우길 피우길 피우길

CHAPTER

7 교육과정 개발 방법

학습 개요

이 장에서는 교육과정을 개발하는 구체적인 기법을 살펴본다. 요구분석이 무엇인지 살펴보고 요구분석의 여러 가지 방법들에 대하여 설명한다. 현장에서 많이 사용되고 있는 요구분석 기법의 하나인 CHNA법을 설명하고 그 절차에 따라 실습도 한다. 교육과정 개발에서 중요한 요소인 목표 분석, 학습자 분석, 환경 분석에 대하여 살펴본다. 학습자 분석과 환경 분석은 구체적으로 어떻게 실행하는지 그 방법에 대하여 실습해 본다.

학습 목표

1. 요구분석의 개념을 설명할 수 있다.
2. 요구분석 방법들에 대하여 3가지 이상 말할 수 있다.
3. CHNA법 절차에 따라 요구분석을 적용할 수 있다.
4. 환경 분석 방법 중 3C 분석을 현장에서 적용할 수 있다.

학습 과제

1. CHNA법 절차에 따라 00대학교 교양과정에 어떤 과목을 개설할 것인지 교육과정을 추출해 보시오.

사전 OX 퀴즈

1. 보편적으로 요구(Needs)는 바람직한 상태(What should be)와 현재 상태(What it is)의 차이를 의미한다.

정답

2. 주요 사건 기법이란 니즈조사에 필요한 결정적인 영향을 미친 사건들과 그 원인을 면접해서 확인 분석하는 기법이다. 사건의 조건: 1. 필요한 요구에 좋은 영향이나 나쁜 영향을 끼친 사건 2. 사건의 원인과 결과가 분명히 있어야 함 3. 자주 일어나지 않지만 중대한 영향을 미칠 것이라고 생각되는 것이다.

정답

3. 요구분석 방법 중 C.H.N.A(Coffing & Hutchinson Needs Analysis)는 R. T., Coffing와 T. E., Hutchinson이 개발한 교육필요점 조사 기법이다.

정답

4. 학습자 분석이란 교육에 참여할 학습자들의 일반적인 특성(인구통계학적 요소)과 구체적인 특성(학습경험이나 배경)을 분석하여 교육과정에 반영할 점들을 찾는 것이다.

정답

5. 환경 분석 및 현상 파악을 위해서는 3C 분석이 필수적이다. 3C 분석이란 경쟁사 분석, 고객 분석, 자사 분석을 말한다. 이 3C 분석 과정에서 FAW 분석이 중요한 요소로 들어가며, 각각 분석하는 과정 중 고객 분석에서는 Segmentation 분석을 해야 한다.

정답

1. 요구분석 개념

요구 사정(needs assessment)은 요구분석(needs analysis), 교육 필요점 분석(education needs analysis), 갭 분석(gab anlysis) 등과 같이 다양한 용어로 사용되고 있다. 그러나 요구 사정과 요구분석은 구분해서 사용해야 한다. 요구 사정이란 요구분석, 교육 필요점 분석, 갭 분석과 같은 것에 바탕을 두고 평가하는 것을 의미한다. 요구분석이란 작업 수행상의 문제가 있는 상황이나 새로운 혁신이 일어나는 상황에서 무엇을 해야 할 것인가에 관한 효과적인 결정을 내리거나 제안을 할 수 있도록, 여러 출처를 통해서 자료 및 의견을 모아 체계적으로 연구하는 것을 의미한다. 요구분석(needs analysis)의 개념을 건축 설계 과정을 통해 살펴보면, 고객이 건물을 짓기 위해 건축 설계자를 만나면 맨 먼저 하는 일이 어떤 건물을 짓고 싶은지 설명하는 것이다. 이때 고객은 건물의 외형뿐 아니라, 목적에 대해서도 분명히 설명한다. 그리고 예산이나 기간 등 건축에 필요한 제반 사항에 대해 건축 설계자와 많은 이야기를 나눌 것이다. 이처럼 고객은 어떤 건물을 원하는지 충분히 설명해야 하고, 건축 설계자는 이를 잘 파악하여 고객이 원하는 것을 설계 도면에 빠짐없이 반영해야 한다. 이때 고객의 요구를 분석할 때 필요한 것이 요구분석이다. **보편적으로 요구(Needs)는 바람직한 상태(What should be)와 현재 상태(What it is)의 차이를 의미한다.** 교육에서 요구분석이란 엄격히 말하면 교육 필요점 분석을 의미한다.

2. 요구분석 방법

조사 방법	특징	장점	단점
일반 지표 활용법	직무, 부문, 조직 등에 필요한 그것들을 조사하는 데 활용되는 보편, 표준적/일반적인 것들을 조사해놓은 것	• 활용이 쉽고 빠름 (시간, 비용부담이 적다)	• 결과가 너무 일반적임 • 지표가 구체적이지 못한 경우가 많음
전문가집단 워크숍 SME Workshop	모든 업무단계 또는 모든 직급을 대표하는 전문가들(혹은 그 직무를 잘 아는 관련 이해 당사자들)이 모여서 니즈조사에 필요한 요건들을 확인하는 것	• 시간·비용 활용성 • 심도 있는 자료수집가를 • 적은 비용으로 많은 정보 수집 가능	• 시간이 많이 소요됨 • 주요 인물이 지나치게 영향을 미칠 수 있음 • 관련자 전체가 모이기 어려움
면접법 - 1:1 면접 - 그룹 면접 - 초점 면접	고도의 기술이 필요하지만, 전문적인 능력을 갖출 경우 심층적인 자료를 수집하는 것이 가능	• 심층적 자료수집 가능 • 보충 자료 수집가를 • 융통성과 신축성 발휘 • 조사자와 응답자의 상호작용 가능	• 조사자의 편견개입 문제 • 많은 시간과 비용 • 면접기법이 부족할 경우 자료수집에 문제
설문지법 - 전화 설문 - 온라인 설문	다양한 설문 형태를 통해 얻고자 하는 자료를 대다수에게 배부하여 얻고자 하는 정보를 얻어 낼 수 있음	• 짧은 시간에 많은 자료수집 가능 • 수집된 자료의 분류와 해석이 용이 • 표준화된 자료를 수집가능	• 일방적 의사소통 • 낮은 회수율
관찰법 - 비디오 - 수업 관찰 - 업무 현장	현장성 있는 생생한 자료를 수집가능	• 현장성 있는 자료수집 가능 • 집단역학, 조직문화, 분위기 파악 유리 • 다른 조사 방법(면접, 설문지)을 통해 얻어진 정보를 확인 가능	• 한 사람이 많은 수의 관찰 불가능 • 관찰자의 편견이 개입되어 관찰자에 따라 같은 문제를 달리 볼 수 있음 • 시간이 많이 소모
문헌조사법 - 파일 조사 - 문헌조사 - 벤치마킹	얻고자 하는 정보를 각종 문헌을 통해 얻어내는 방법	• 자료의 재구성 없이 즉시 사용 가능 • 적은 비용으로 정확한 자료수집가능	• 문헌 작성 시 이론적인 것에만 치우쳐 현장성이 없음
주요 사건기법 (Critical Incidents)	니즈조사에 필요한 결정적인 영향을 미친 사건들과 그 원인을 면접해서 확인 분석하는 기법. 사건의 조건: 1. 필요한 요구에 좋은 영향이나 나쁜 영향을 끼친 사건 2. 사건의 원인과 결과가 분명히 있어야 함 3. 자주 일어나지 않지만 중대한 영향을 미칠 것이라고 생각되는 것 사건의 조사 및 기록 : 1. 사건의 제목과 배경 2. 사건의 개요 3. 그 상황에서 어떻게 행동했는가? 4. 좋은 결과나 나쁜 결과가 나타나게 된 이유가 무엇인가? 5. 그런 사건이 다시 일어날 때 어떻게 행동하겠는가 등에 대한 인터뷰 결과기록		

3. 요구분석 방법 사례

요구분석 방법 중 C.H.N.A(Coffing & Hutchinson Needs Analysis)는 R. T., Coffing와 T. E., Hutchinson이 개발한 교육필요점 조사 기법이다. CHNA의 용도는 교육 프로그램 개발의 필요점 조사 때 기본 자료수집이 쉽고, 교육내용 설정 때에도 활용 가능하며, 강의 시작 전 강의 제목에 관한 세밀한 내용/수준 파악 시 활용할 수 있다. 교육과정 개발 시 간단하면서 유용하게 활용할 수 있는 도구이다.

요구분석 방법은 다음과 같다.

첫째, 표집 규모(모집단이 100명 규모까지는 80~90% 정도 표집) 하고 30명 이내는 전원이 참여하며, 40명 정도면 90% 선인 36명 내외 가능하고, 50명 정도면 88% 선인 44명 내외가 하면 되고, 100명이면 80% 선인 80명 내외가 무작위 추출 시 원칙이다. 그리고 관련 주제의 전문가 등을 표적 추출했을 경우는 5~9명 정도로 임의 선정이 가능하다.

둘째, 3W(Who, What, Whom) 결정이다.

Who : 교육에 관계되는 전체 대상자(모집단)가 정해져 있어야 한다.

What : 질문할 내용 즉, 받고 싶은 교육(대분류, 중분류, 소분류로 구분 가능), 조사하고자 하는 것 등

Whom: 표집된 집단(통상 7명 내외), 소규모인 경우는 전체대상이 곧 표집 집단과 같을 수도 있다.

셋째, 요구분석 방법 절차는 다음과 같다.

① 각자 낸 아이디어 가지 수가 50개 내외가 될 수 있게 한다. 표집 집단의 인원수를 고려해서 개인별로 할당한다(예) 표집 인원 7명이면 각자 8개씩 내게 한다.).

② 아이디어를 취합하고 정리한다. 각자 낸 아이디어를 같은 것은 묶고 일련번호를 부여하여 취합한다. 통상 20~50개의 아이디어로 정리된다.

③ 각 번호 좌측에 밑줄을 그어 기호 표시 여백을 만든다.

④ 1차 선별한다. 아이디어를 낸 각자에게 취합하고 정리된 시트를 주고 좌측 밑줄을 친 곳에 중요하다고 생각되는 항목을 있는 대로 V 표시케 한다.

⑤ 잠시 판단 착오를 줄이기 위해 휴식한다.

⑥ 2차 선별을 한다. 이때 가중치를 부여한다. 자기가 V 표시한 것 중 20% 정도(전체 아이디어가 50개 내외이면 10개, 20개 내외이면 4개 등)를 골라 O표를 하게 한다.

⑦ V 표한 것은 1점, ⓥ 표한 것은 10점씩 부여 후 항목별 점수를 합산한다.

⑧ 높은 점수를 받은 항목부터 1/3 (33% 정도) 정도를 선별하여 5점 척도로 전환한다.

⑨ 전체 모집단에서 설문지를 배부한다. 표집 집단을 포함 전체 대상 집단(대인원)일 때 적정 수의 반응집단을 설정하여 설문을 시행한다.

⑩ 항목별 점수를 집계하여 우선순위를 결정한다.

CHNA 조사 시 SME 선정 및 직종 직급별 내용도출 실제

1. 직종 및 직급별 인원 배분

예: 토목 직종의 사원 2, 대리 2, 과장 2, 차장 2, 부장 2로 구성
건축 직종의 사원 2, 대리 2, 과장 2, 차장 2, 부장 2로 구성

- 교육내용과 직접 관련된 업무에 현재 근무하는 직원, 현 업무에 2년 이상 근무
- 우수한 언어능력과 적극적인 행동 방식, 필요점 조사에 적극적인 협조 의사
- 학습자 특성 파악에 대한 환기(ISD 모델 중 분석: 학습자 분석, 환경 분석 등에 대한 부분을 환기하게 한다)
- 브레인스토밍 설명: 자유분방, 양보다 질, 판단 보류, 결합과 편승 등
- 중요한 소임을 수행할 수 있다는 것을 주지: 실제로 회사의 교육내용으로 구성됨

2. 직종별로 각각의 직급에 대한 필요점을 하나씩 조사

예: 토목 직종의 사원에게 필요한 직무교육, 토목 직종의 대리에게 필요한 직무교육 토목 직종의 과장에게 필요한 직무교육 등에 대하여 필요점 조사를 함. 직급이 단계별로 많으면 과장 이하 과장 이상의 2단계로 구분하여 하기도 함

3. 실제로 실행할 때 직종별로 나누어서 한꺼번에 워크숍으로 실시

예: 토목 직종, 건축 직종, 기계 직종, 전기 직종 등 나누어서 실시

4. 각각의 직급에 공통으로 요구되는 필요점 조사 파악

예: 토목, 건축, 기계, 전기, 설비 등 모든 직종과 관계없이 모든 직급에 관계없이 공통으로 요구되는 필요점 조사를 파악함. 이것도 마찬가지로 과장 이하와 과장 이상으로 나누어 파악하는 것이 바람직함

5. 내용 진술은 구체적인 문장으로 진술
   예: 안전관리, 토목 실무, 시공 실무, 교량, 댐, 이런 과목을 나열하는 것이 아니라 협력업체 직원에 대한 공사 현장에서 안전관리 요령에 대한 교육이 필요하다, 성공사례 및 실패사례 발표 교육이 필요하다와 같은 식으로 기술
6. 경영관리 교육의 경우 직종, 직급을 적절히 안배하여 SME를 선정
   예: 토목 사원, 대리, 과장, 차장, 부장을 고려하여 인원 선정
   건축, 기계, 전기, 설비 등도 마찬가지를 고려하여 인원 선정
7. 경영관리 교육의 경우 각각의 직급에 필요한 교육내용을 도출
   예: 사원, 대리, 과장, 차장, 부장 또는 과장 이하 과장 이상
8. 도출되어야 할 직종 직급별 교육 필요점

구분	직무교육					계층교육	기타
	공통	토목	건축	전기	관리		
사원							
대리							
과장							
차장							
부장							
임원							

CHNA를 통한 영업사원 교육과정 개선에 관한 1차 교육 필요점 조사

안녕하십니까?
현대사회가 정보화, 세계화에 이어 지식기반 사회로 전환되면서 기업 내 인적자원의 중요성이 그 어느 때보다 매우 중요하게 생각하고 있습니다. 우리 회사에서도 직원들의 경력개발 및 인재 육성 차원에서 다양한 방법으로 교육을 많이 시행하고 있습니다. 특히 우리 회사에서는 영업사원 교육 중에서도 000을 담당하고 있는 영업사원 교육에 대해서 매우 중요하게 생각하고 있습니다. 여러분들은 그동안 여러 번 교육훈련을 받을 기회가 많았을 것입니다. 그리고 영업 현장에서 일하면서 느꼈던 애로사항도 많았을 것입니다.
본 설문은 여러분들이 업무를 하면서 이런 부분 교육을 통해서 해결하여 주었으면 바랐던 점이나 교육을 받으면서 느꼈던 애로사항들에 대해서 솔직한 의견을 파악하여, 여러분의 경험들에서 나오는 의견과 요구사항을 충실히 반영시켜 더 좋은 교육훈련 계획을 수립하고자 합니다.

그러므로 이제 여러분들은 교육훈련이 아주 만족스러운 상태로 진행되고 훌륭한 교육성과를 얻었다고 생각해 보시고, 그렇게 영업사원들의 교육을 하기 위해서는 어떻게 하면 좋은지 여러분의 요구사항을 솔직하게 적어 주시기 바랍니다.

1. ______________________________

2. ______________________________

3. ______________________________

4. ______________________________

5. ______________________________

수고하셨습니다. 감사합니다.

영업사원 교육과정 개선에 관한 1차 교육 필요점 조사정리

(아래 문항들은 SME를 통해 나온 표현이며 수정 없이 기재한 것임)

항목	요구사항
1	종합병원 담당자와 개인 의원 담당자를 분리해서 교육하는 것이 필요하다.
2	종합병원 담당자와 개인 의원 담당자를 구분하지 말고 함께 교육해야 한다.
3	의사가 바라는 영업사원의 모습을 교육해야 한다.
4	성공사례 및 실패사례 발표 교육이 필요하다.
5	영업활동에 필요한 임기응변력과 재치를 길러주는 교육이 필요하다.
6	의사나 약사, 간호사에게 쉽게 접근하는 방법과 업무처리 방법, 정보 입수 방법의 교육이 필요하다.
7	세무에 관한 지식을 집중적으로 교육할 필요가 있다.
8	의료보험 업무에 관한 지식, 예를 들면 약가신청절차, 재심청구 절차 등을 교육할 필요가 있다.
9	고가 약을 사용했을 때 의보 삭감을 피하는 방법을 교육할 필요가 있다.
10	전문의를 초빙하여 해당 과에 맞는 또는 필요로 하는 내용을 교육하고 응용할 수 있는 기회를 얻어야 한다.
11	의사와 제품에 관한 의견을 자유롭게 교환할 수 있을 정도로 제품 처리 능력을 길러야 한다.
12	거래처에서 많이 쓰고 있는 제품을 중점적으로 교육해야 한다.
13	제품교육 시에는 실물을 확인하면서 포장단위까지의 세부적인 교육을 할 필요가 있다.

영업사원 교육과정 개선에 관한 2차 교육 필요점 조사

아래 내용은 병원 담당 영업사원의 연수 교육이 영업사원들에게 만족하게 이루어지는 데 필요한 사항들입니다. 당신도 필요하다고 생각되는 항목이 있으면 체크(V)표 해 주시기 바랍니다.

항목	체크	요구사항
1	V	종합병원 담당자와 개인 의원 담당자를 분리해서 교육하는 것이 필요하다.
2		종합병원 담당자와 개인 의원 담당자를 구분하지 말고 함께 교육해야 한다.
3	V	의사가 바라는 영업사원의 모습을 교육해야 한다.
4		성공사례 및 실패사례 발표 교육이 필요하다.
5	V	영업활동에 필요한 임기응변력과 재치를 길러주는 교육이 필요하다.
6	V	의사나 약사, 간호사에게 쉽게 접근하는 방법과 업무처리 방법, 정보 입수 방법의 교육이 필요하다.
7		세무에 관한 지식을 집중적으로 교육할 필요가 있다.
8	V	의료보험 업무에 관한 지식, 예를 들면 약가 신청 절차, 재심청구 절차 등을 교육할 필요가 있다.
9	V	고가 약을 사용했을 때 의보 삭감을 피하는 방법을 교육할 필요가 있다.
10	V	전문의를 초빙하여 해당 과에 맞는 또는 필요로 하는 내용을 교육하고 응용할 수 있는 기회를 얻어야 한다.
11		의사와 제품에 관한 의견을 자유롭게 교환할 수 있을 정도로 제품 처리 능력을 길러야 한다.
12	V	거래처에서 많이 쓰고 있는 제품을 중점적으로 교육해야 한다.
13	V	제품교육 시에는 실물을 확인하면서 포장단위까지의 세부적인 교육을 할 필요가 있다.

영업사원 교육과정 개선에 관한 3차 교육 필요점 조사

설문 체크(V)가 모두 끝났으면, 체크(V) 표시한 것만 다시 한번 읽어 보시고 가장 중요하다고 생각되는 것 3(20%)가지만 골라 ○표를 중복시켜 주십시오.

V 표만 된 것은 1점　　　　　○표가 중복된 것은 10점

문항별 응답자 수와 점수 집계표

항목	응답자 수		총점
	10점	1점	
1	2	4	24
2	2	5	25
3	1	6	16
4	0	3	3
5	3	5	35
6	1	6	16
7	3	2	32
8	5	1	51
9	0	3	3
10	2	3	23
11	1	5	15
12	7	6	76
13	1	1	11

영업사원 교육과정 개선에 관한 3차 교육 필요점 조사정리

순위별 문항의 내용 및 점수(33%)

우선순위	항목	점수	요구사항
1	12	76	거래처에서 많이 쓰고 있는 제품을 중점적으로 교육해야 한다.
2	8	51	의료보험 업무에 관한 지식, 예를 들면 약가신청절차, 재심청구 절차 등을 교육할 필요가 있다.
3	5	35	영업활동에 필요한 임기응변력과 재치를 길러주는 교육이 필요하다.
4	7	32	세무에 관한 지식을 집중적으로 교육할 필요가 있다.

영업사원 교육과정 개선에 관한 4차 교육 필요점 조사

설문 내용에서 나온 것을 정리하여 실제 교육대상자 전체에게 설문조사를 한다.
현재 상태: 아래 항목에 대해서 현재 자신(또는 직속 상사, 직속 부하)이고 능력을 어느 정도 갖추고 있는지를 7점 척도상에서 평정
중요도: 아래 항목에 대해서 업무를 수행하는 데 어느 정도 중요한지를 7점 척도상에서 평정

항목	요구사항	중요도							현재 상태						
		1	2	3	4	5	6	7	1	2	3	4	5	6	7
1	거래처에서 많이 쓰고 있는 제품을 중점적으로 교육해야 한다.	1	2	3	4	5	6	7	1	2	3	4	5	6	7
2	의료보험 업무에 관한 지식, 예를 들면 약가신청절차, 재심청구 절차 등을 교육할 필요가 있다.	1	2	3	4	5	6	7	1	2	3	4	5	6	7
3	영업활동에 필요한 임기응변력과 재치를 길러주는 교육이 필요하다.	1	2	3	4	5	6	7	1	2	3	4	5	6	7
4	세무에 관한 지식을 집중적으로 교육할 필요가 있다.	1	2	3	4	5	6	7	1	2	3	4	5	6	7

- 필요도 산출: 중요도와 현재 상태의 차이를 교육이 필요한 정도라 규정하여 중요도 점수에서 현재 상태의 점수를 뺀 값이 교육 필요도 점수
- 선정된 필요교과목의 구분: 본인 평가, 직속 상사 평가, 직속 부하 평가를 종합 분석하여 선정된 필요교과목의 우선순위를 정함
- 매우 필요한 교과목: 모든 평가자(본인, 직속 상사, 직속 부하 중)에 의해 필요교과목으로 선정된 경우
- 상당히 필요한 교과목: 본인, 직속 상사, 직속 부하 중 둘에 의해 필요교과목으로 선정된 경우
- 필요한 교과목: 본인, 직속 상사, 직속 부하 중 하나에 의해 필요교과목으로 선정된 경우

4. 교육과정 개발을 위한 목표 분석

목표 분석(objective Analysis)은 거시적으로 조직적 차원의 비전과 미션, 부서별 비전과 미션, 직무별 임무(Duty), 과업(Task), 세부 역량 즉 지식 · 기능 · 태도 등으로 구분하여 분석하는 것이 있다. 미시적으로는 지식 · 기능 · 태도를 달성하는 데 필요한 목표를 분석하는 것이 있다. 미시적 목표 분석 방법은 뒤에서 자세히 다룬다. 이는 교육과정, 과목, 차시 등을 결정하는 데 중요한 기준으로 사용한다.

5. 교육과정 개발을 위한 학습자 분석

학습자 분석이란 교육에 참여할 학습자들의 일반적인 특성(인구통계학적 요소)과 구체적인 특성(학습경험이나 배경)을 분석하여 교육과정에 반영할 점들을 찾는 것이다.

학습자 분석 목적

① 학습자가 현재 상태에서 할 수 있는 능력의 정도를 명확히 파악하기 위해
② 학습시켜야 할 교육내용에 적당한 학습자를 찾아내기 위해
③ 학습자의 조건에 맞는 교수전략을 세우고 적절한 교육내용을 선정하기 위해

학습자 특성 파악 항목

일반적 특성 파악(인구통계학적 요소)

학습자의 규모, 연령대, 성별, 업무부서, 근속연수, 경험의 폭등에 관한 정보

구체적 특성 파악(학습경험이나 배경 요소)

선수학습, 사전 학습 정도(지식, 기능, 태도 등과 관련된), 직무 경험 수준, 현재의 능력수준, 학력 수준, 특별히 요구되는 능력의 정도(전문용어), 직무환경의 특성, 학습자의 제약조건, 학습유형 등

학습자 분석 때 필요한 양식은 [표 7-1]과 같다.

표 7-1 **학습자 분석표**

	분석항목	분석내용	적용방안
일반적 특성 (인구 통계 학적 특성)	학습자 규모		
	연령대		
	직급		
	직종		
	성별		
	근속연수		
	기타		
구체적 특성 (내적 특성)	출발점 행동 (Entry Behaviors)		
	선수학습 요소 (Prior knowledge of topic Area)		
	학문적 동기 (Academic Motivation)		
	일반적 학습 선호도 (General learning Preferences)		
	집단특성 (Group Characteristic)		
	기타		

6. 교육과정 개발을 위한 환경 분석

환경 분석이란 프로그램개발 과정에 대한 여러 가지 상황을 말한다. 환경 분석의 경우, 일반적 환경 분석(3C, FAW, SWOT, 7S 등)과 구체적 환경 분석(교육과정과 직접 관련 있는 내용) 두 가지 형태가 있다. 전자의 경우 거시적 환경 분석에 해당하며 후자의 경우 미시적 환경 분석에 해당한다. 먼저 미시적 환경 분석에는 해당 교육내용에 대한 전문가가 있는지, 교육내용을 얻을 수 있는 자료원의 여부, 타 기관에서 하는 유사한 과정의 여부와 장단점, 특징, 과정을 개발 운영하는 데 있어서의 장애 요인 등을 파악하여 과정 개발과 운영에 반영하는 것을 말한다. 환경 분석 시 살펴볼 주요 내용은 다음과 같다.

첫째, 교육과정에 관한 내용 전문가 파악이다. 내용 전문가(SME: Subject Matter Expert)란 특정 주제 혹은 분야에 대해 전문적인 지식을 가진 사람을 말한다. 교육원 내・외부, 각 부처에 근무하는 사람 중에서 교육내용과 관련된 전문가들을 파악하여 과정의 내용 자문과 내용 개발에 도움을 받을 수 있다. 더욱이 내부 개발이 어려울 때는 내용 전문가를 직접 강사로 활용할 수도 있다.

둘째, 내용 관련 자료원이다. 교육내용과 관련하여 참고할 수 있는 국내외 도서, 논문, 인터넷 사이트 등을 파악하여 교육내용을 개발할 때 참고할 수 있다. 또한, 해당과정의 내용을 연구하는 대학이나 연구기관 등을 파악하는 것도 유용할 것이다. **셋째, 외부 유사 과정 파악이다.** 해당 과정과 유사한 과정이 외부(타 교육원, 기업 연수원, 외부 교육기관)에서 운용되고 있는지를 파악한다. 각 과정의 장단점을 비교하고 특징들을 파악한다면 과정 개발 시에 참고할 수 있다. 또한, 외부 연구 용역을 주기 위한 기초 자료로 활용할 수 있을 것이다. **넷째, 과정 개발 시 예상되는 장애 요인과 그에 대한 해결방안 과정 개발과 관련하여 예상되는 어려움을 파악하고 그에 대한 해결책을 마련해 둠으로써 과정 개발을 원활히 해 나갈 수 있다.**

미시적 환경 분석에 필요한 양식은 [표 7-2]와 같다.

표 7-2 미시적 환경 분석표

1. 내용 전문가 명단

성명	전문영역	소속	부서	직위	전화번호/FAX	E-mail

2. 관련 자료원

구분	기관	프로그램	구매 가능
국내			
해외			

3. 외부 유사 과정 분석

과정명	실시기관	과정 목적	과정 내용	주 강사	기타

4. 과정 개발 시 예상되는 장애 요인 및 해결방안

예상 장애 요인	해결방안	비고

환경 분석 기법 예

3C 분석

환경 분석 및 현상 파악을 위해서는 3C 분석이 필수적이다. 3C 분석이란 경쟁사 분석, 고객 분석, 자사 분석을 말한다. 이 3C 분석 과정에서 FAW 분석이 중요한 요소로 들어가며 각각 분석하는 과정 중 고객 분석에서는 Segmentation 분석을 해야 한다.

① **경쟁사 분석**(Competitor Analysis)

첫째, 경쟁사 분석에서는 해당 기업과 경쟁상대가 되는 회사가 어디인지를 철저히 분석하는 것이 급선무이다. 건설사였으면 건설사로서는 최고의 건설사가 어디인지를 알아보아야 하며 이와 함께 가장 발전할 수 있는 건설사가 어디인지도 살펴보는 것이 무엇보다도 중요하다. 즉, 잠재적으로 최고의 건설사가 어느 회사가 될 것인지를 파악하는 것도 대단히 중요하다는 것이다. 둘째, 다음으로 중요한 것이 동종업계의 경쟁사 중 최고로 앞서가는 회사의 강점과 약점을 분석하는 일이다. 즉 최고의 회사의 강점은 무엇이고 약점은 무엇인가를 물적, 인적 요소 등 다양한 요소를 가지고 분석해 보는 것이 필요하다. 물적 요소로는 제도와 같은 것이며 인적 요소로는 최고경영자의 철학이나 그 회사의 문화와 같은 것이 해당한다. 셋째, 당사의 모델이 될 수 있는 기업으로 국내는 물론이고 국외는 어느 회사인지를 찾아보는 것이 중요하다. 그래서 그 모델이 되는 기업이 가진 최대의 강점을 찾아보는 것이 중요하다.

② **고객 분석**(Customer Analysis)

당사의 주 고객을 분석하는 일이다. 주 고객에는 내부고객(회사 내 직원)과 외부고객(회사 외 고객)을 함께 분석하는 것이 필요하다. 여기서 중요한 것은 주 고객을 분석하는 일이다. 주 고객이란 우리 회사의 물건을 구매할 수 있는 고객을 말한다. 따라서 주 고객이 누구인가를 분석하는 일은 대단히 중요하다. 예를 들면 남자인지, 여자인지 10대인지, 20대인지, 30대인지 아니면 시골 사람인지 도시 사람인지 또는 미혼자인지 기혼자의 인지 등을 분석하는 일이 매우 중요하다. 이와 같은 방식으로 구분해 보는 것이 바로 고객세분화(Segmentation) 분석이다.

이 Segmentation은 예를 들면 주 고객을 나이별로 구분해서 다시 그 속에서 성별, 다시 그 속에서 도시와 농촌 기혼과 미혼 등으로 세분해 나가는 기법이다. 즉 우선 한 가지 중요한 요소를 일단 정하고 거기서 더 세분해서 분석해 들어가는 기법이 바로 Segmentation이다. 이러한 Segmentation을 분석하는 것이 중요하다.

☞ Segmentation : Segmentation이란 시장을 하나로 보지 않고 몇 개로 구분하여 구분의 집합체로 보는 것이다. 따라서 Segmentation은 어떠한 형태이든 간에 이익과 결부시키는 것이 필요하고, 감도가 높은 구분을 통합하여 새로운 Segmentation을 실시하는 것이 좋다. Segmentation을 하는 단계는 첫째, 고객구분별로 고객의 특성을 분석하는 것이다. 예를 들면 고객의 특성을 나이별, 수입별, 성별, 지역별과 같이 특성을 일단 분석하는 일이 중요하다. 둘째, 상관성이 높은 축을 선정한다. 축은 하나로 선정하는 경우, 둘로 선정하는 경우, 셋으로 선정하는 경우 등 다양하게 선정할 수 있다. 하나로 선정할 때는 수입을 하나의 축으로 하거나, 둘로 선정할 때는 나이와 수입을 두 축으로 선정할 수 있다.

이럴 때 연령과 수입을 조합하여 고객의 특성을 분석하는 것이다. 즉 나이는 20대인데 수입은 높은 고객이거나 나이는 30대인데 수입은 낮은 경우 등 이처럼 분석해 볼 수 있다. 축을 세 가지로 하는 경우는 나이, 수입, 지역으로 선정할 수 있다. 즉 나이는 10대이면서 수입은 낮고 지역은 강남에 사는 경우 또는 나이는 30대이면서 수입은 많고 지역은 강북인 고객과 같이하여 분석해 볼 수 있다.

Segmentation의 예를 표로 제시하면 아래 [표 7-3]과 같다.

표 7-3 Segmentation의 예

나이	10대	20대	30대	40대	50대
수입	최고	고	보통	저	최저
성별	남	여	남	남	여
지역	강남	강북	강동	강서	영서

③ 자사 분석(Company Analysis)

자사는 여러 가지 방법을 동원해서 분석해 볼 수 있다. 예를 들면 Business System, SWOT, 7s 등 다양한 기법을 통해서 분석해 볼 수 있다. 이 기법을 여기서 다 소개하기는 곤란하므로 개략적으로 자사를 분석하는 방법에 대해서만 언급하고자 한다. 우선 자사를 분석하기 위해서는 자사의 경영방침과 경영전략을 상세히 검토하는 것이 필요하다. 이 분석을 통해서 금년도의 세부적인 실천계획수립이나 여러 가지 분석을 할 근거를 마련해야 한다. 그 사람 다음으로 필요한 것이 자사의 현재 강점과 약점을 알아본다.

FAW 분석(Forces at Work)

FAW는 경영과 사업환경의 변화를 일으키는 Macro한 힘(요인)이다. FAW 분석을 할 때 단지 FAW만 파악하는 것이 아니라, 그 영향까지를 이해하여 빨리 대책을 실행하는 것이 중요하다. 예를 들면 정치구조가 여당에서 야당으로 바뀐다든지, 경제환경 중 노사관계가 판이하게 바뀐다든지, 국제관계에서 달러화가 아주 높게 올라간다든지, 각종 규제가 완화된다든지의 변화를 파악한 후 여기에 대한 대책까지를 마련해야 한다는 것이다.

FAW 분석의 절차로는 다음과 같다. 첫째, 중요한 사업환경요인을 선정한다. 둘째, 중요사업환경요인의 사업 영향도를 추출한다. 셋째, 사업 영향도를 평가한다. 넷째, 해당 사업의 기회요인과 위협요인을 파악한다. FAW 분석의 절차를 표로 제시하면 [표 7-4]와 같다.

표 7-4 FAW 분석

향후 5년간에 걸쳐 지속해서 자사의 사업성과에 커다란 변화를 일으킬 것으로 생각되는 환경요인을 적고 이러한 요인이 향후 사업성과에 어떤 영향을 미치게 될 것인가를 구체적으로 기술

경영환경 변화	사업에의 영향	영향의 크기	기회요인/위협요인
IMF 체제 • 고환율 • 건설시장 개방	수주 어려움	고	위협요인

경영환경 변화	사업에의 영향	영향의 크기	기회요인/위협요인
국내외 환경규제강화 • 안전 환경규제 • 각종 규제법	안전 환경을 고려한 사업	고	위협요인/기회요인

SWOT(Strengths, Weaknesses, Opportunities, Threats) 분석

스왓(SWOT) 기법은 환경을 분석하는 기법이다. 즉 자사의 강점과 약점을 확인하고, 외부환경의 기회주의적 요인과 위협적 요인을 규명하는 분석기법이다. 여기서 강점이란 해당 기업이 경쟁기업과 비교하여 고객들로부터 경쟁우위에 있는 요소를 말하며, 약점이란 해당 기업이 경쟁기업과 비교하여 고객들로부터 경쟁력이 떨어지는 요소를 말한다. 기회요인이란 해당 기업 외부의 환경에서 유리한 기회요인이며, 위협요인은 해당 기업 외부의 환경에서 불리한 위협요인을 말한다. SWOT 분석의 예를 표로 제시하면 아래 [표 7-5]와 같다.

표 7-5 SWOT 분석의 예

구분		우리 회사 내부환경	
		강점(Strengths)	약점(weakness)
외부 경영 환경	기회 (Opportunity)	• SO 전략: 강점을 살려 기회를 잡는 전략	• WO 전략: 약점을 보완하여 기회를 잡는 전략
	위협 (Threats)	• ST 전략: 강점을 살려 위기를 극복하는 전략	• WT 전략: 약점을 보완하여 위기를 돌파하는 전략

- **기업 외부 요인**

- Opportunity(기회): 기업 외부 요인에 의해 기업에 유리한 상황을 기회라 한다. 예를 들어, 광우병 논란으로 쇠고기에 대한 감정이 안 좋아졌을 때는 대체재인 돼지고기, 닭고기를 취급하는 업체들이 호재였다. 저출산 고령화는 노인산업체, 평생교육 강사, 건강기능식품 제조사들의 시장 확대로 이어진다.

– Threat(위기): 기업 외부의 요인에 의해 기업에 불리한 상황을 위기라 한다. 예를 들어, 광우병 논란으로 쇠고기를 취급하던 즉석식 업체들은 매출 감소를 걱정해야만 했다. 저출산 고령화는 지방 중소도시 산부인과 의사, 유치원 원장, 장난감 제조사들에게는 소비자들의 감소를 의미한다.

• **기업 내부 요인**

– Strength(강점): 기업 내부 역량에 의해 기업에 유리한 상황을 강점이라 한다. 예컨대 3M과 같은 기업은 전통적으로 혁신적이다. 이는 기업의 강점이다. 정확히 말하자면, 구성원들이 혁신적인 사고를 해도 불이익을 받지 않도록 하는 인사고과 제도, 지도력 없는 중간관리직이 승진하지 못하도록 조기에 퇴출해버리는 감사 등이 강점으로 작용한다.

– Weakness(약점): 기업 내부의 원인에 의해 기업에 불리한 상황을 약점이라 한다. 내부 요인이라는 것은 기업이 수익을 올리는 데 있어 생산원가, 공장 위치, 생산과정 등의 불리함 등을 예로 언급할 수 있겠다. 이로 인한 소비자들의 기업에 대한 부정적인 인식 등은 약점이 아닌 위협에 속한다.

• **SO**(Strengths Opportunities)

회사 내부로는 강점이 있으면서 환경요인으로는 기회요인이 있는 구간이다. 이럴 때 회사에서는 공격적인 전략을 활용할 수 있다. 조직의 강점을 갖고 기회요인을 적극적으로 공략할 때 성공할 수 있을 것이다.

• **WO**(Weakness Opportunities)

회사 내부에는 약점이지만 외부환경은 기회요인으로 다가오는 상황에 해당하는 구간이다. 따라서 회사에서는 약점을 개선함으로써 외부환경의 기회요인을 잘 활용할 수 있다. 이 구간에서는 회사의 약점을 잘 개선하는 것이 무엇보다 중요하다.

• **ST**(Strengths Threats)

회사 내부에는 강점이지만 외부환경은 위협요인으로 다가오는 상황에 해당하는 구간이다. 따라서 이 구간에 있을 때 위협을 회피하기 위해서는 조직 내부의 강점을 잘 활용하는 전략을 사용하는 것이 대단히 중요하다.

- **WT**(Weaknesses Threats)

  회사 내부 요인이 약점이 있으면서 외부환경도 위협요인에 해당하는 구간이다. 이 구간에서는 위협을 회피하고 약점을 최소화하는 전략을 수립하는 것이 중요하다. I구간이 공격적인 전략을 구사해야 한다고 보면 IV구간에서는 주로 방어적인 전략을 수립하는 것이 중요하다.

스왓 기법은 실제로 내·외부의 환경을 분석하는 경우가 많다. 즉 환경 내부환경과 외부환경으로 크게 둘로 나눈다. 내부환경의 요인과 외부환경에 대하여 우리 조직에서 중요하게 영향을 미칠 수 있는 것을 선정한 후 현재와 미래에 어떻게 변화할 것인지를 예측해 본다. 그런 후 이 환경요인들이 우리에게 기회요인이 되는 것과 위협요인이 되는 것을 확인해 본다. 기회요인과 위협요인을 추출한 다음 대응 전략을 세워 보고 기대효과는 어떤 것인지를 파악해 보면 내부환경과 외부환경을 분석하는 동시에 이에 대한 적절한 대응책도 수립할 수 있다.

토의

CHNA 기법의 절차를 통하여 OO대학교 교양과정에 어떤 교육과정을 개설할 것인지 토의해 보시오.

CHAPTER 8

교육과정 구성

학습 개요

이 장은 교육과정의 구성 방법에 대하여 구체적으로 이해한다. 교육목표 설정 방법으로 Bloom의 이원 목표 분류표, Gagné의 과제분석 접근, Mager의 목표 진술 방법에 대하여 살펴본다. 교육내용 선정 원리, 교육내용 선정 방법, 교육내용 조직 방법, 교육내용 조직의 수평적 원칙(scope), 수직적 원칙(Sequence)에 대하여 살펴본다. 교육방법 구성, 교육평가 구성에 관한 내용도 다룬다. 교육평가의 경우 교육·훈련 프로그램 평가의 모형, 진단평가·형성평가·총괄평가, CIPP 프로그램 평가모형에 대하여 살펴본다.

학습 목표

1. 내가 가르치는 과목의 학습 목표를 ABCD 방법으로 설명할 수 있다.
2. 교육내용 선정 방법을 3가지 이상 말할 수 있다.
3. 교육내용 선정 절차에 따라 구체적인 교육내용을 추출할 수 있다.
4. 교육내용 조직 방법 중 수평적 조직 방법과 수직적 조직 방법에 대하여 설명할 수 있다.
5. 교육 평가모형 중 Kirkpatrick의 4단계 평가모형과 Phillips의 5단계 평가모형을 설명할 수 있다.

학습 과제

1. 교육내용 선정 절차에 따라 000과목의 교육내용을 추출해 보시오.

사전 OX 퀴즈

1. 교육과정을 구성할 때 설계단계에서 해야 할 일들은 목표설계, 내용설계, 교수설계, 평가설계, 운영설계이다.

정답

2. Bloom은 인간 행동의 영역을 인간의 앎에 관한 인지적 영역(cognitive domains), 느낌에 관한 정의적 영역(affective domains), 사고기능이나 육체적 움직임을 나타내는 심리, 운동적 영역(psychmotor domains)으로 분류하고 있다.

정답

3. Mager 입장에서 목적(goals)과는 달리 목표는 구체적으로 다음 4가지 요건을 갖추었을 때 진정한 의미에서의 목표라고 한다. ABCD이다. 그 내용은 첫째, A(Audience)는 학습자를 말한다. 둘째, B(Behavior)는 행위 동사를 말한다. 셋째, C(Condition)는 조건을 말한다. 넷째, D(Degree)는 정도를 말한다.

정답

4. 교육내용의 수평적 조직 원리로 학습 범위(scope)란 특정한 시점에서 학생들이 배우게 될 교과내용 및 교과의 폭과 깊이를 의미하는 것으로 교육내용의 횡적 원리라고 할 수 있다. 수직적 원리로 시퀀스(Sequence)는 교육내용을 조직할 때 어느 것을 먼저 가르치고 어느 것을 나중에 가르치는가를 말하는 것으로 교육과정의 종적 조직에 관계되는 원칙이다.

정답

5. Stufflebeam의 의사결정 지원모형의 경우 평가를 하는 목적은 의사결정을 하기 위한 것이다. 관리 지향적인 평가로서, 평가를 통하여 프로그램을 개선하기 위한 적절한 정보를 얻기 위해 평가를 시행한다.

정답

1. 교육목표 설정

교육과정을 구성할 때 설계단계에서 해야 할 일들은 목표설계, 내용설계, 교수설계, 평가설계, 운영설계이다. 설계된 안은 실제 개발 시 바로 적용되기 때문에 교육과정에 대한 분명하고 상세한 내용으로 구성되어야 한다. 과정별, 과목별 세부 내용과 시간 및 교육방법들이 구체적으로 설계되어야 한다. 설계단계에서의 세부 활동 내용을 그림으로 제시하면 [그림 8-1]과 같다.

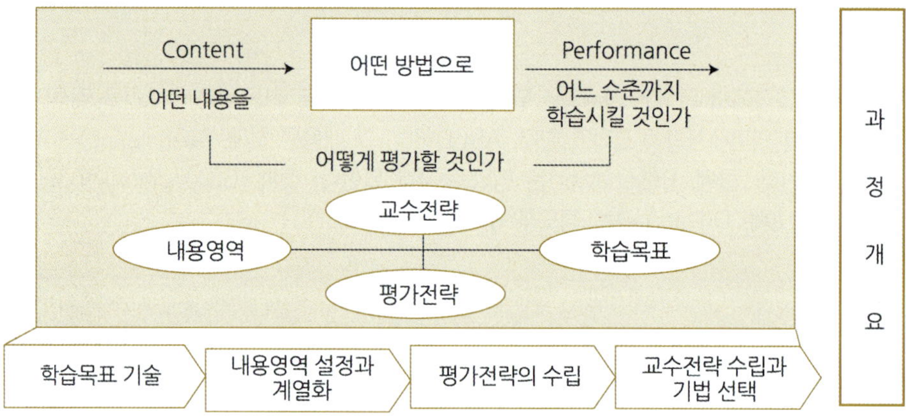

그림 8-1 설계 단계의 세부 활동

교육과정의 구성 절차를 설명하면 다음과 같다. 교육과정 구성의 첫 절차는 교육목적의 설정이다. 교육과정은 교육목적을 달성하기 위한 수단이므로, 교육목적을 확실히 설정해서 교육과정 구성의 기본지침으로 하여야 한다. 교육목적을 설정하는 기준은 첫째, 사회가 추구하는 이상에 두어야 한다. 그러므로 교육목적을 설정하기 위해서는 우선 사회가 추구하는 이상이 무엇인가를 연구 · 조사하는 일이다. 둘째, 사회 이상의 실현에 이바지할 수 있는 바람직한 행위가 무엇인가를 조사 · 분석하는 일이다. 셋째, 사회 이상을 실현하는 데 요구되는 바람직한 행위를 더 구체적으로 분석 · 구분하여 진술하는 일 등이 요구된다.

학습 목표 진술 방법은 학자들에 따라 다양하다. 여기에서는 대표적으로 Bloom, Gagné, Mager의 관점으로 살펴본다.

1-1. Bloom의 이원 목표 분류표

Bloom은 인간 행동의 영역을 인간의 앎에 관한 인지적 영역(cognitive domains), 느낌에 관한 정의적 영역(affective domains), 사고기능이나 육체적 움직임을 나타내는 심리, 운동적 영역(psychmotor domains)으로 분류하고 있다. 이를 표로 나타내면 [표 8-1], [표 8-2]와 같다.

표 8-1 Bloom의 이원 목표 분류표

내용 \ 행동	지식	이해	적용	분석	종합	평가
교육과정 개념	◉	◉	○	●		
우리나라 교육과정	◉	◉	●			
교육과정 구성	○	○	◉			
교육과정 개발 방법	◉	◉	◉	●		

◉ 가장 많음 ○ 보통 많음 ● 가장 적음

표 8-2 Bloom의 학습과제영역

인지적 영역		정의적 영역		운동 기능적 영역	
평가	내적 증거 또는 외적 준거에 따라 정보의 가치를 판정함			비언어적 의사소통	자세, 몸짓, 얼굴표현 등의 표현 동작과 그 밖의 창의적인 동작
종합	여러 정보를 결합해서 새로운 형태의 전체적인 정보를 만듦	인격화	자신의 행동을 이끄는 인생 가치관을 형성함	숙련 동작	놀이, 운동경기, 춤, 예술 등의 종목에서의 숙련 동작

인지적 영역		정의적 영역		운동 기능적 영역	
분석	정보를 개념 요소, 관계, 원리 등으로 나눔	조직화	자신의 가치판단을 명료화하면서 체계화함	신체 능력	지구력, 힘, 유연성, 민첩성, 반응시간, 기민성
적용	학습한 정보를 학습했던 것과는 약간 다른 상황에 이용함	가치화	반응한 여러 자극 가운데 특정한 것에 대하여 수용과 선호를 나타냄	지각 능력	근육운동 감각, 시각, 청각, 촉각 및 이들의 협응 능력
이해	내용의 의미를 파악, 추론, 해석	반응	자극에 자발적으로, 만족스럽게 반응을 보임	기본동작	걷기, 달리기, 도약하기, 밀기, 당기기 등
지식	이미 배운 내용의 정보를 기억함	감수	자극에 주의를 기울임	반사 동작	단편적 및 상호 단편적 반사 행동 동작

Bloom은 기존의 교육목표 분류체계를 아래 [표 8-3]과 같이 새롭게 제시하였다.

표 8-3 Bloom의 신교육목표 분류체계

지식 차원 (Knowledge dimension)	인지과정 차원(cognitive process dimension)					
	1. 기억	2. 이해	3. 적용	4. 분석	5. 평가	6. 창조
A. 사실적 지식						
B. 개념적 지식						
C. 절차적 지식						
D. 메타인지 지식						

○ 학습자 활동 예시

인지수준	인지과정	하위활동	예시
기억하기	재인하기	확인하기	- 제시된 자료와 일치하는 지식을 장기기억 속에 넣기(ex. 미국사의 주요 사건들의 날짜를 재인한다)
	회상하기	인출하기	- 장기기억으로부터 관련된 지식을 인출하기(ex. 미국사의 주요 사건의 날짜를 회상한다)
이해하기	해석하기	명료화하기 바꿔 쓰기 표현하기 번역하기	- 하나의 표현 형태를 다른 표현 형태로 바꾸기 (ex. 주요 연설문이나 서류의 내용을 바꿔 쓴다)
	예증하기	예시 들기 실증하기	- 개념이나 원리의 구체적인 예나 범례 찾기 (ex. 다양한 미술양식의 예를 든다)
	분류하기	유목화하기 포섭하기	- 사물이 특정 유목(개념이나 원리)에 속한다는 것을 결정하기
	요약하기	추상하기 일반화하기	- 일반적 주제나 요점을 요약하기 (ex. 동영상에 나타난 사상들에 대한 짧은 요약문을 작성한다)
	추론하기	결론짓기 외삽하기 내삽하기 예언하기	- 제시된 정보로부터 논리적인 결론을 도출 (ex. 외국어 학습에서 여러 사례로부터 문법적 원리를 추론한다)
	비교하기	대조하기 도식화하기 결합하기	- 두 개의 아이디어, 대상들 간에 일치점을 탐색하기 (ex. 역사적 사건들을 현재 상황과 비교한다)
	설명하기	모델구성하기	- 인과관계 체제 모델 구성하기 (ex. 프랑스의 18세기 주요 사건들의 원인을 설명한다)
적용하기	집행하기	시행하기	- 어떤 절차를 유사한 과제에 적용하기 (ex. 하나의 정수를 다른 정수로 나눈다)
	실행하기	사용하기	- 어떤 절차를 친숙하지 못한 과제에 적용하기 (ex. 뉴턴의 제2법칙을 적절한 상황에 활용한다)
분석하기	구별하기	변별하기 식별하기 초점화하기 선정하기	- 제시된 자료를 관련된 부분과 관련되지 않은 부분으로, 중요한 부분과 중요하지 않은 부분으로 구분하기 (ex. 수학적 문장제 문제에서 관련된 수와 관련되지 않은 수를 구분한다)
	조직하기	발견하기 통합하기 윤곽그리기 해부하기 구조화하기	- 요소들이 구조 내에서 어떻게 기능하는가를 결정하기 (ex. 역사적으로 기술된 증거들을 특정한 역사적인 해설에 대한 찬반의 증거로서 구조화한다)
	귀속하기	해체하기	- 제시된 자료를 기반으로 하고 있는 관점, 편견, 가치, 혹은 의도를 결정하기 (ex. 저자의 정치적인 관점에 따라 그의 관점을 결정한다)
평가하기	점검하기	조정하기 탐지하기 모니터하기 검사하기	- 과정이나 산출물 내부의 오류나 모순을 탐지하기, 과정이나 산출물의 내적 일관성 여부를 결정하기, 절차가 실행될 때 그 효과성을 탐지하기 (ex. 과학자들의 결론이 관찰된 데이터로부터 도출되었는지의 여부를 결정한다)
	비판하기	판단하기	- 어떤 결과와 외적 기준간의 불일치 여부를 탐지하기, 어떤 결과가 외적 일관성을 가졌는지의 여부를 결정하기, 특정문제에 대한 절차의 적절성을 탐지하기 (ex. 두 가지 방법 중 어느 것이 주어진 문제를 해결하는 최상의 방법인지를 판단한다)
창조하기	생성하기	가설세우기	- 준거에 기반을 둔 대안적인 가설을 제안하기(ex. 관찰된 현상을 설명하기 위해 가설을 설정한다)
	계획하기	설계하기	- 어떤 과제를 성취하기 위한 절차를 고안하기(ex. 특정한 역사적 토픽에 관한 연구 보고서를 계획한다)
	산출하기	구성하기	- 어떤 절차를 만들어내기(ex. 어떤 특정한 목적을 위한 거주지를 건설한다)

1-2. Gagné의 과제분석 접근

Gagné는 학습을 5가지 범주로 분류하고 있다. 5가지 영역에 관한 내용을 표로 정리하면 [표 8-4]와 같다.

표 8-4 Gagné가 제시한 학습의 5가지 범주

학습된 능력	수행
지적 기능 (intellectual skill)	문제해결을 위하여 개념이나 규칙을 활용하는 것: 구체적인 사례를 회상하고 학습 자극에 변별적으로 반응하는 것 가네는 지적 기능을 Bloom이 채택한 복잡성의 차원에 따라 다음과 같이 8개의 유형으로 위계화 유형8: 문제해결학습(problem solving) 유형7: 규칙학습(rule learning) 유형6: 개념학습(concept learning) 유형5: 변별학습(discrimination learning) 유형4: 언어연결학습(verbal association learning) 유형3: 연쇄 학습(chain learning) 유형2: 자극-반응학습(stimulus-response connection) 유형1: 신호 학습(signal learning)
운동 기능 (motor skills)	신체적 운동을 유연하고 적절한 계열에 따라 실행하는 것: 신체운동, 지각운동, 심리 운동 기능 등 모두가 포함되며 속도, 정확성, 힘, 유연성 등이 준거
언어 정보 (verbal skills)	정보를 진술하는 것: 학교학습의 초기 단계, 혹은 특정 학습과제의 초기 단계에 가장 많이 필요로 하는 능력
인지 전략 (cognitive strategies)	문제에 관한 새로운 해결 방안을 모색: 자신의 사고와 학습 과정을 통제하기 위한 다양한 방법을 활용하는 것
태도 (attitude)	특정한 방식으로 행동할 것을 선택하는 것: 태도는 정의적 영역의 행동을 총칭해서 지칭하는 능력 태도를 어떤 사물, 인물, 사건에 대해 개인의 행동을 선택하게 영향을 미치는 내적 상태로 규정

1-3. Mager의 목표 진술 방법

Mager 입장에서 목적(goals)과는 달리 목표는 구체적으로 다음 4가지 요건을 갖추었을 때 진정한 의미에서의 목표라고 한다. ABCD이다. 그 내용은 아래와 같다.

첫째, A(Audience)**는 학습자를 말한다.** 학생 대상자란 학습한 후 학습자를 말한다.

둘째, B(Behavior)**는 행위 동사를 말한다.** 성취행동 또는 최종행동(terminal performance)이다. 학습 목표를 달성했을 때 학습자가 최종적으로 보여 주어야 하는 구체적인 행동을 행위 동사로 표현하는 것이다. 예를 들면 안다, 이해한다, 인식한다와 같은 것은 직접 관찰하기 어렵다. 이와 같은 목표를 Mager는 암시적 목표(implicit objectives)라고 했다. Mager는 목표 진술 시 이와 같은 암시적 목표보다는 명시적 목표(explicit objectives)로서 관찰 가능한 동사들을 쓸 것을 주장하고 있다. 행위 동사의 예는 [표 8-5]와 같다.

표 8-5 행위 동사 표현의 예

구 분		동 사	실 례
지적 영역	지식	정의하다, 묘사하다, 확인한다, 명칭을 붙이다, 목록을 만들다, 이름을 대다, 진술한다	• '빛'이라는 용어를 정의하다 • A와 B의 연관성을 진술한다
	이해	계산하다, 비교하다, 토의하다, 식별하다, 그리다, 스스로 설명한다, 예를 들다, 해석하다, 풀다	• A의 2가지 예를 들다 • 실험 결과를 그래프로 그린다
	적용분석 평가 종합	추론하다, 결정하다, 예측한다, 연관시키다, 보여 주다, 사용하다, 분석하다, 분류하다, 창작한다, 비평하다, 설계하다, 계획한다	• A 물질의 순도를 판단하고 이유를 밝힌다(평가) • 고체의 무게를 측정하는 새로운 절차를 설계한다(종합)
정의적 영역		선택하다, 조직하다, 반응한다, 참가하다, 완성하다, 감상한다	• 실험실 작업을 할 때의 안전 절차를 선택한다
심리 운동적 영역		조립하다, 짓다, 측정한다, 깨끗이 하다, 조립하다, 설계한다, 분해하다, 고정하다, 만들다, 칠하다, 감싼다	• 전기 땜질을 인두를 갖고, 구리 선을 기계적으로, 전기적으로 완전하게 납땜한다

셋째, C(Condition)는 조건을 말한다. 행동이 발생할 것으로 기대하고 있는 중요한 조건(condition)을 제시하는 것이다. 즉 어떠한 조건으로 학습 목표를 달성하는지를 명시해 줄 필요가 있다. 예를 들면 사용될 장비나 재료, 그 행동을 관찰할 수 있는 장소, 시간, 그 외 환경, 학습자에게 주어질 정보 등이 주어지는 것을 말한다. 예를 들면 오픈 북 테스트했을 경우, 팀원의 잘못된 부분을 발견했을 때, 전자계산기를 주었을 때, 공식을 제공했을 때, 10분을 주었을 때 등이 조건에 해당한다.

넷째, D(Degree)는 정도를 말한다. 최종 행동의 성취가 어느 정도로 정확해야 목표가 달성되었다고 판정할 수 있는가의 준거(criterion) 제시이다. 학습자가 목표를 달성했는지를 판단할 수 있는 근거 또는 기준을 마련해야 한다는 것이다. 그러한 행동을 어느 수준까지 습득해야 하는지, 그 평가 기준에 해당한다. 평가 기준의 경우 정밀성, 속도, 달성해야 할 % 혹은 수치, 허용 오차, 정확성, 우수성의 정도를 말한다. 예를 들면 같은 실수를 다시는 하지 않도록 질적인 측면에서는 예시 목표에서와 같이, 양적인 측면에서는 3가지 상품 결점을 찾아내고 시작부터 15분 이내에 고친다. 100m 달리기를 11초대로 달린다. 10개 중 9개 이상 찾아낸다.

학습 목표는 이러한 4가지 요건을 갖추어야 하지만 실제로 목표 기술과정에서는 4가지 요건이 모두 필요하지 않은 경우가 많이 발생할 수 있다. 4가지 요건을 학습 목표에 모두 포함하면 오히려 학습 목표의 본질적 의도를 왜곡할 수도 있으며 목표 기술과정에 투자되는 시간이 많은 관계로 목표 기술 자체에 회의적인 반응을 불러일으킬 수 있다. 따라서 이러한 학습 목표가 갖추어야 할 4가지 구성요소를 모든 상황에 일률적으로 적용하기보다는 주어진 상황의 특성을 고려하여 적용할 필요가 있다. 목표 진술 방법에 있어서 학자마다 조금씩 차이가 있다. Tyler, Mager, Gagné, Gronlund의 목표 진술 방식을 비교하면 [표 8-6]과 같다.

표 8-6 목표 진술 방식 비교

Tyler	Mager	Gagné	Gronlund
① 학습자를 주어로 하여 ② 학습 내용 또는 학습자료와 함께 ③ 도착점 행동으로 명시적으로 진술	① 학습자를 주어로 하여(A:Audience) ② 행위 동사 (B:Behavior) ③ 도착점 행동이 일어나는 상황 및 조건 (C:Condition) ④ 도착점 행동 명시 (D:Degree)	① 학습자의 ② 도착점 행동(핵심 동사)와 ③ 그 행동이 일어나는 조건과 함께 ④ 보조동사를 구체적으로 진술할 것을 요구	1. 일반적 학습 목표 (학습 내용과 함께 '안다.' 또는 '이해한다.' 등과 같은 내재적 행동으로 진술) 2. 명시적 학습 목표 (관찰되고 측정될 수 있는 행위 동사로 진술) ① 학습 내용과 함께 ② 학습자를 주어로 하여 ③ 교수-학습의 결과로 변화
① 학습자는 ② 삼각형의 합동조건을 ③ 열거할 수 있다	① 학생은(A) ② 십 단위 수를 두 개씩 무작위로 뽑아 만든 20개의 덧셈 문제를 주면, 계산기를 사용하지 않고(C) ③ 20개 문제 가운데 적어도 18개는(D) ④ 정확히 계산할 수 있다(B)	① 학생은 ③ 어미가 se로 끝나는 한 쌍의 낱말을 교재나 사전을 보지 않고 ④ 그것을 소리 내어 ② 낱말을 구분할 수 있다.	1. 조선 시대에 중요한 역사적 사실을 알기 (일반적 학습 목표) 1.1 날짜, 사건, 관련 인물을 확인하기(명시적 학습 목표) 1.2 특정 역사적 사건의 특징을 기술하기(명시적 학습 목표)

토의

ABCD 방법으로 이 수업의 목표를 2가지 기술해 보시오.

2. 교육내용 선정 원리

교육내용 선정의 일반적인 원리는 다음과 같다. **첫째, 타당성의 원리이다.** 교육내용은 교육의 일반 목표 달성에 도움을 주는 것이어야 한다. **둘째, 확실성의 원리이다.** 교육내용은 원칙적으로 참이어야 한다. **셋째, 중요성의 원리이다.** 학문을 토대로 교육내용을 선정할 때 학문을 구성하는 가장 본질적인 것을 교육내용으로 삼아야 한다. **넷째, 사회적 유용성의 원리이다.** 교육내용은 사회의 유지와 변혁에 도움을 주는 것이어야 한다. **다섯째, 인간다운 발달의 원리이다.** 교육내용은 학생의 성장과 자아실현에 도움을 주는 것이어야 한다. **여섯째, 흥미의 원리이다.** 교육내용은 학생들이 흥미가 있을 수 있는 내용이어야 한다. **일곱째, 학습 가능성의 원리이다.** 학생들이 학습할 수 있는 내용을 선정해야 한다.

교육목적이나 목표가 설정되면 다음에는 학습 내용을 선택해야 한다. 교육과정의 범위는 교육과정으로 채택하는 학습경험의 영역, 또는 범위를 말한다. 학습 내용의 선택은 바람직한 인격 형성에 가치가 있는 학습경험이 선정되어 학생에게 제공되어야 한다. 학습의 범위를 설정할 때 인간 생활의 중요한 기능에 관한 과학적인 연구, 인간 생활의 역사적 연구, 인간 생활의 철학적 고찰 등이 필요하다. 교육과정이 포함되는 경험 영역은 민주적 사회에서 생활하는 데 필요한 지식 · 기능 · 평가능력, 그리고 태도 등을 발달시키는 데 필요한 모든 학습경험을 포함한다. 학생들이 학습해야 할 것은 너무 많아서, 바람직한 학습범위를 설정하는 방법과 기준이 필요하다.

일반적인 선정 방법을 Smith가 주장한 이론과 Alberty의 선정 방법으로 나누어 살펴보면 다음과 같다.

Smith는 다음과 같은 네 가지 방법을 제시하였다. 첫째, 판단적 방법이다. 판단적 방법이란 여러 계층의 교육내용 구성자들이 독자적인 판단을 통해서 올바른 교육내용을 찾아내도록 하는 방법이다. **둘째, 실험적 방법이다.** 내용 선정에 있어서 어떤 교육내용이 달성하고자 하는 목표나 충족시키고자 하는 원칙을 충분히 만족시킬 수 있는 실험을 통해서 결정하는 방법이다. **실험적 방법과 유사한 것으로 목표 분석 방**

법이 있다. 교육목표를 분석해서 학년에 따라 학습범위를 설정하는 방법이다. 이 방법은 교육과정의 내용을 교육목적에 따라 논리적으로 선택하려는 점에 특징이 있다. **셋째, 분석적 방법이다.** 여러 가지 목적 또는 원칙을 확인하기 위해서 어떤 활동에 기능적으로 공헌할 수 있는 교육내용을 발견하기 위해서 현실 상황을 분석하여 선정하는 방법이다. **넷째, 합의적 방법이다.** 여러 사람의 의견을 수집하는 방법이다.

Alberty**는 다음과 같은 교육내용 선정 방법을 제시하였다. 첫째, 교과서법이다.** 교과서법이란 교과서나 교재 내용을 분석하여 교육내용을 선정하는 방법인데, 전통적 교육에서 적용하는 교육과정 구성의 전형적인 방법이다. 학교의 경우 교과서법은 1종 교과서와 2종 교과서 또는 인정도서를 기준으로 삼는 것이다. 이 경우에는 정해진 교과서를 충실하게 이수하도록 준비하고, 학습을 전개하는 것이다. 교재법은 교과나 교재의 논리적인 체계, 학문적인 계통에 따라 학습하는 것을 주로 한다. 이와 같은 교과서법 및 교재법은 주로 교과 교육과정에서 취하는 방법이다. 교과서법은 교과서의 내용을 그대로 범위로 정한다. **둘째, 활동분석법이다.** 인간의 생활 활동에 근본 원리를 두고 인간 생활의 여러 가지 활동을 과학적으로 분석하여 사람이 세상을 살아나가는 데 가장 필요로 하는 활동 내용을 학습경험으로 선정하는 방법이다. Bobbit는 이 방법을 위한 인간 활동을 건강생활, 양선생활, 언어활동, 공민적 활동, 여가활동, 직업적 활동, 종교적 활동, 일반적 사회활동, 정신적 건강 활동, 비전문적 실제 활동 등의 10가지로 구분하였다. **셋째, 사회 기능법이다.** 아동이 사회 성원으로서의 필요를 결정하기 위하여 사회생활을 분석하고 거기에서 명시된 사회적 학습의 필요를 교육과정의 범위로 결정하고 여기에서 학습경험을 선정하는 방법이다. **넷째, 청소년욕구법이다.** 학습자의 심리적 특성을 근본 원리로 삼고 학습자의 필요와 흥미, 관심 등의 욕구를 중심으로 하여 학습경험을 선정하는 방법이다. **다섯째, 문제영역법이다.** 학습자가 직면하는 여러 가지 생활 경험의 장면에서 기본적인 장면을 발견하고 그 장면을 분석함으로써 학습자의 문제를 발견하여 교육내용을 선정하는 방법이다.

3. 교육내용 선정 방법

위에서 제시하였듯이 교육내용을 선정하는 방법은 다양하다. 여기에서는 학습 목표를 달성하는 데 필요한 교육내용을 선정하는 절차는 Smith가 제시한 판단적 방법, 실험적 방법, 분석적 방법, 합의적 방법을 통합한 것이다. 즉 통합적 방법으로 내용 선정 시 참고사항은 다음과 같다. 첫째, 학습 목표를 달성하는 데 필요한 학습 내용과 관련 자료들을 수집 · 분석한다. 둘째, 교육내용에 대해 잘 알고 있는 내용 전문가를 찾는다. 내용 전문가는 프로그램개발 관련 기관의 전문가와 외부 전문가를 동시에 찾는다. 셋째, 내용과 관련된 자료가 수집되면 그 내용의 정확성과 최신성을 검토한다. 넷째, 학습자의 요구와 학습 목표에 맞는 최종 내용을 선정한다. 다섯째, 내용이 학습자가 실제로 할 수 있는 내용 위주로 선정되어야 한다.

내용설계 시 설계 대상자 선정 방법

주 대상자는 특정 과제와 관련된 업무에 능통한 사 · 내외 우수 업무수행자(star performer)나 내용 전문가(subject matter expert)가 돼야 한다. 우수 업무수행자의 선정 시 기준과 원리는 다음과 같다.

① 교육내용과 직접 관련된 업무에 현재 근무자

② 현 업무에 2년 이상 근무자

③ 요구분석에서 도출된 수행 문제와 관련된 직무에서 바람직한 수준(should-be level)의 지식과 기술을 수행하는 사람

④ 언어능력이 좋고 적극적인 행동 방식을 가진 사람

⑤ 과제 분석에 도움을 주려는 긍정적인 참여 의사를 표시한 사람

⑥ 산출된 과제의 상호심의(cross-examination)를 통한 신뢰성과 타당성의 제고를 위한 다수의 업무수행자

학습자 분석 선행

학습자의 특성은 크게 일반적인 특성과 특정 학습 내용의 학습 여부에 대한 정보가 있다. 일반적인 특성에는 학력, 언어능력, 학습의 동기화 정도, 장애 여부(시각, 청각, 보행), 교수 매체(컴퓨터, 실물 등) 작동 가능 여부, 학습자의 지역적 분포, 학습자의 수 등이 있다. 이 중 학력과 언어능력이 학습 내용을 결정하는 데 중요한 정보가 될 수 있다. 특정 학습 내용의 학습 여부에 대한 정보에는 선수학습(prerequisites)과 사전학습(prior learning)으로 구분할 수 있으며 모두 내용 결정에 영향을 미친다. 학습자 특성에 대해 어떤 정보가 필요한가를 파악한 후 해당 정보를 제공해 줄 정보원을 규명하는 작업이 필요하다. 학습자 특성의 파악을 위한 정보원은 이전 교육담당자 학습자의 상사나 부하, 학습자 자신, 시험 결과, 관련 문서나 기록 등이 있다. 학습자의 특성은 주어진 상황에 따라 다양한 자료수집 방법을 활용하여 도출할 수 있다.

교육내용을 도출할 때 가장 유의해야 할 부분

① 기존의 문헌이나 관련 교재에 의존하는 것은 금물
교육목표와 교육내용 등과 관련된 기존의 교육 프로그램 존재 여부 확인

② 교육목표나 경영성과목표를 달성하기 위해 업무에 필요한 교육내용(need to know)만을 도출하여 중요성이 적은 '알면 좋은 내용(nice to know)'을 배제

③ 사내에서 교육내용과 관련된 직무에서 탁월한 업무수행 능력을 갖추고 있는 우수 업무수행자(star performer)나 사외의 내용 전문가

④ 기존에 존재하는 문헌이나 교재에 대한 의존을 탈피하고 참고만 함

⑤ 내용의 타당성과 신뢰성을 위해 하나의 우수업무 수행자나 내용 전문가에게 의존해서는 안 됨

상세한 교육내용 결정방법

① 해당 과제와 관련된 우수 업무수행자 15명을 선발

② 본인들의 업무 장소를 떠난 제삼의 장소에 초빙해서 연구자를 포함한 교육·훈련부문 담당자가 촉진자(facilitator)의 역할을 하는 워크숍(workshop)의 형태

③ 5명의 우수 업무수행자와 교육팀에서 2명의 촉진자가 한 조가 되어 총 3개 조

④ 각각의 조는 앞의 넓은 벽면을 중심으로 자리를 잡고 5명의 수행자는 벽면을 보면서 자리를 잡음

⑤ 수행자들에게 사인펜과 포스트잇 형태의 카드를 제공 후 벽면의 측면에 수행자들이 볼 수 있는 위치에 플립차트를 설치

⑥ 플립차트에는 세부 교육내용이 도출될 교육목표, 경영성과목표, 제목 형태의 과제, 학습자 특성 등을 미리 기술

⑦ 전체 수행자들에게 워크숍의 전체 과정, 방법, 진행 시 유의사항 등을 주지시키기 위한 사전 교육을 시행

⑧ 교육내용은 단순히 알면 좋은(nice to know) 차원이 아니라 교육목표, 경영성과목표를 성취하기 위해 업무와 직결되어 꼭 알아야 할 내용(need to know)

• 꼭 알아야 할 내용

- 중요도(importance): 특정 업무와 직접 관련해서 중심이 되거나 기본이 되는 내용
- 결과의 심각성(criticality of the consequence): 업무에서 실수하였을 때 회사나 본인에게 중대한 피해를 줄 수 있는 상황과 관계된 내용
- 빈도성(frequency): 직결된 업무에서 자주 사용되는 교육내용
- 실수율(error rate): 업무에서 실수가 자주 발생하는 상황과 관계된 내용
- 안전 문제(safety concerns): 화재, 산업재해 등과 같은 안전사고의 위험이 큰 상황과 직결된 내용

⑨ 도출된 과제와 과제숙련도에 대해 상호심의(cross-examination)

교육내용을 선정하는 방법을 표로 나타내면 [표 8-7]과 같다.

표 8-7 우선순위 설정에 의한 교육과정 내용 선정 방법

학습 목표						
교육 내용	교육내용 선정기준					
	목표와 일치성	교육 가능성	중요도	결과의 심각성	빈도성	가용 자원

4. 교육내용 조직 방법

교과 조직의 방법에는 학문의 논리적 구조에 따른 조직 방법과 학습자의 특성에 따른 조직 방법으로 나눌 수 있고 그 두 가지를 절충한 방법이 있다. **첫째, 논리적 방법이다.** 논리적 방법은 교과나 학문의 논리적 구조에 따른 조직 방법이다. 즉, 쉬운 것으로부터 어려운 것으로, 간단한 것으로부터 복잡한 것으로, 구체적인 것으로부터 추상적인 것으로, 가까운 것으로부터 먼 것으로의 순서에 근거하여 배열하는 방법으로 주로 교과를 중심으로 한 교육과정 계획에서 적용된다. 이 방법은 선수학습을 기초로 해서 후속 학습으로 배열하는 방식으로, 교육내용은 대체로 교과의 논리적 순서가 학습자에게 제공되는 학습 내용의 배열순이 된다. 이 경우, 학문의 기본개념을 효과적으로 전개하는 장점이 있으나 학습자의 심리적 발달단계는 전혀 고려하지 못하는 단점이 있다.

둘째, 심리적 방법이다. 심리적 방법은 학습자들의 성숙 정도와 성장발달의 특성, 경험의 민감성, 흥미와 욕구, 학습의 난이도 등을 고려하여 조직하는 방법이다. 학습자 중심 조직이라고 하는 진보적인 방법이다. 교육현장에는 각자의 능력과 흥미와 관심과 취미 등이 다양하고, 또 변화가 많으며 서로의 환경이나 실행 경험들이 상이하여 개인차를 최대한으로 고려하지 않을 때는 많은 문제가 제기될 수 있다.

셋째, 절충적 방법이다. 절충적 방법은 논리적 방법과 심리적 방법의 장점을 절충하여 배열하는 방법이다. 학생의 심리적 발달 순서와 교재의 논리적 발전을 조화하여 절충하는 방식이다. 교재의 논리적 순서와 발전이 보장되는 동시에 학습자의 심리적 특성과 흥미 유발을 중심으로 하는 두 가지 방법을 절충하는 방법이다. 절충적 방법은 교재와 학습자라는 두 요소를 고려한 바람직한 방법이다.

5. 교육내용 조직의 수평적 원칙과 수직적 원칙

교육내용의 선정과 함께 선정된 교육내용은 적절하게 조직되어야 한다. 교육내용을 조직하는 방법에는 여러 가지 원칙들이 제시되고 있다. Tyler는 계속성, 계열성, 통합성으로 구분하였다. Anderson은 공통성과 진행성을, Briggs는 수직적 구조와 위계적 구조와 평면적 구조로 이해하였다. Schrader는 계속성, 나선성, 응집성, 통합성을 주장하였다. 일반적으로 교육내용을 조직하는 방법은 수평적 조직 원리(scope)와 수직적 조직 원리(Sequence)로 구분해서 볼 수 있다.

5-1. 교육내용의 수평적 조직 원칙

1) 범위의 원칙(the principle of scope)

학습 범위(scope)란 특정한 시점에서 학생들이 배우게 될 교과 내용 및 교과의 폭과 깊이를 의미하는 것으로 교육내용의 횡적 원리라고 할 수 있다. 어떠한 시점에서 학생들이 배워야 할 내용이 무엇이며, 그것들을 얼마나 깊이 있게 배워야 하는가를 결정하는 역할을 한다. 배워야 할 내용은 학교급별(초등학교-중학교), 학년별, 교과별, 단원별로 달라지고, 교과 내용의 깊이는 대체로 배울 내용에 할당된 시간 수로써 간접적으로 표현된다. 학교에서 무엇을 배우며 또 얼마나 깊이 있게 배우는가 하는 스코프의 결정은 교육적으로 매우 중대한 일이다. 더욱이 학생들이 학교에서 받는 총 수업 시간 수는 일정하게 정해져 있으므로, 교육내용의 여러 후보 중에서 무엇과 무엇을 선택하고 거기에 얼마만큼의 시간을 배당한다는 것은 필요한 일이기 때문이다.

일반적으로 스코프의 결정에 영향을 미치는 주요한 요인으로는 교육 관계 법령과 교육사상의 역사적 전통, 그리고 국가적, 사회적, 개인적 가치 등이 있으나, 결국은 교육과정을 결정하고 실행하는 교육행정가, 교사들이 이들 요인을 선택적으로 이용한다는 점에서 교육과정의 스코프는 따지고 보면 정치적 협상의 산물이라고 말할 수 있다.

범위는 교과 내용의 폭과 깊이를 의미하며 학습자의 발달 수준과 제한된 여건 속에서 가장 알맞은 범위로 조직하는 것을 뜻한다. 교육과정에서의 범위의 원칙은 광범위하고 복잡한 생활 경험에서 시야를 정하는 역할을 하는 기준이며, **일반교과(필수교과)와 특수교과(선택교과)를 어떻게 균형 있게 조화시키는가 하는 문제에 대한 원칙이다.**

여기서 배워야 할 내용은 학교급, 학년, 교과, 과목에 따라 달라지고, 깊이는 대체로 배울 내용에 할당된 시간 수로서 간접적으로 표현된다. 학교급별 교육과정의 스코프는 각급학교에서 배워야 할 내용의 폭은 교과 이름들로 표시되며, 이들 교과에 배당된 시간 수가 내용의 깊이를 가리킨다. 학년별 교육과정의 스코프는 각 학년에 적용되는 교과와 이들에 배당된 시간 수로 표시된다. 학년별 교과의 스코프는 그것을 구성하는 단원이나 대주제들 속에 포함된 내용으로 구성되며, 여기에 할당된 시간 수로 표시된다. **예를 들어 중학교 1학년 『국어』 교과의 스코프는 듣기, 말하기, 읽기, 쓰기, 국어 지식, 문학 등의 내용과 이들에 배당된 시간 수를 말한다.**

2) 통합성의 원칙(the principle of intergration)

교육내용들의 관련성을 바탕으로 교육내용들을 하나의 교과나 단원으로 묶거나, 관련 있는 내용을 서로 연결하여 제시하는 것을 말한다. 단원 학습의 주제를 중심으로 필요한 자료를 각 교과 영역에서 추출하여 학습할 수 있도록 횡적으로 조직하는 원칙이다. 통합이라는 의미는 과거의 경험과 현재의 경험을 통합하여 미래의 경험으로까지 통합시키는 일이며, 학생과 교사의 경험을 연결하게 해 통합시키는 일이다. 또한 학생 개인이 가지고 있는 지식이나 개념을 통합하여 재구성하는 일 등을 통한 전인교육을 의미한다. 또한 지식 내용과 지적 과정의 통합, 지식과 정의적 특성의 통합, 지식과 행위의 통합, 교과의 통합을 포함한다. 이러한 통합의 원칙이 결핍되면 학습경험 간의 고립, 단편, 상극, 누락, 상실이 생긴다. 이 원리는 여러 교과의 내용이나 경험을 서로 연결하고 통합하여 더욱더 효과적인 학습과 성장발달을 촉진하도록 해야 한다는 원칙이다. 이러한 통합의 원칙은 최근에 융·복합의 원칙으로 발전하는 것이 필요하다. 통합의 원칙 대신에 융·복합의 원칙이란 용어 표현이 적당할 것이다.

5-2. 교육내용의 수직적 조직 원칙

1) 계열성의 원칙(the principle of sequence)

시퀀스(Sequence)는 **교육내용을 조직할 때 어느 것을 먼저 가르치고 어느 것을 나중에 가르치는가를 말하는 것으로, 교육과정의 종적 조직에 관계되는 원칙이다.** 학습 내용의 계열 결정은 교육과정 구성에서 교육목적 또는 교육목표가 설정되고 학습 내용이 선택되면, 그 선택된 학습 내용을 학습하는 정도나 순서에 따라 학습의 계열(系列)을 결정하는 시퀀스를 정하여야 한다. 계열성의 원칙은 계속성의 원칙에 그 질적인 심화성과 양적인 확대성을 강조한 원칙이다. 교육과정이 제시되는 시간적 순서에 따라 계열화하는 종적인 조직 원칙이다. 계열성은 내용이 가르치는 순서와 무엇이 다른 학습 내용의 뒤에 와야 하는지에 관심이 있다. 이는 교과의 선행내용을 기초로 하여 후속 내용이 전개되며 점차 내용의 발전적 심화와 확대를 더해 가는 것을 의미한다. Bruner**가 말한 나선형 형태의 반복적인 계열을 주축으로 한 조직 원칙이다.** 계열성의 원칙은 계속성의 원칙에서 더 발전한 개념이다.

학습 내용의 계열에는 대체로 다음과 같은 원리가 있다. **첫째, 논리성의 원리이다.** 교구(教具)나 교재가 가지고 있는 논리적인 구조에 따라서 학습 내용을 배열(配列)한다. 일반적으로 원리나 개념은 이러한 계열에 따라서 발전적으로 학습된다. 이 원리는 수학 · 과학 등에 사용된다. **둘째, 연대순의 원리이다.** 이 원리는 역사의 학습범위의 계열에서 볼 수 있다. 시간적인 계열은 과거에서 현재로 하는 것이 보통이나 최근에는 이와 반대의 경우도 있다. **셋째, 구체에서 추상에의 원리이다.** 학습의 최초의 단계에서 쓰이는 계열원리이다. 초등학교의 학습계열에서 이러한 원리가 많이 쓰인다. **넷째, 단순에서부터 복잡에의 원리이다.** 이 원리는 간단한 반응을 포함한 경험에서부터 복잡한 것으로 옮아 가는 것이다. 이 계열은 학생의 정신발달에 따르는 **심리학적 원리**이다. **다섯째, 사회 확대의 원리이다.** 아동의 직접적인 주변 사회(제1차 집단)에 관한 학습경험의 계열에서 시작하여 차차 규모가 큰 사회로, 즉 이익을 위해서 존재하는 제2차 집단으로 확대하여 가는 원리이다. 쉽게 말하면 가정생활 · 동료 집단생활 · 학교 사회생활 · 지역사회 생활 · 국가 사회생활 · 국제 사회생활 등과 같이 사회 규모의 확대에 따라 학습 내용을 나열하는 것이다.

2) 수직적 연계성의 원칙(vertical articulation)

수직적 연계성(vertical articulation)이란 이전에 배운 내용과 앞으로 배울 내용이 잘 연계되도록 교육내용을 조직하는 것을 말한다. 수직적 연계성은 학교급 간, 학년이나 단원의 교육내용을 연결하는 데 중요한 역할을 한다.

3) 계속성의 원칙(the principle of continuity)

계속성의 원칙이란 반복 학습의 원칙이다. 교육내용을 조직할 때 중요한 개념, 원리, 사실 등의 학습을 계속 학습할 수 있도록 종적으로 조직하는 원칙이다. 어떤 교육목표가 학습자의 행동 속에 실현되기까지 학습경험의 여러 요소를 어느 정도 계속 반복 경험할 수 있도록 조직한다는 원리이다. Taba의 '누적적 학습'도 이 원리에 입각한 것이다. **협동심과 봉사 정신에 관한 내용을 같은 학년의 국어, 사회 등에서 동시에 제시하는 것과 같은 것이다.**

교육과정 구성에 있어 스코프와 시퀀스의 결정에 따라 단원이 구성된다. 즉 이 양자를 횡축(橫軸)과 종축(縱軸)으로 하여 결합하면, 각 학년에서 학습시킬 구체적인 내용이 결정된다. 이것이 학생들이 학습해야 할 단원이 되는 것이다. 교육과정을 전개시키려면, 학습단원의 설정, 전개에 관한 계획 · 실시 및 평가의 단계까지 구상하여야 한다. 이 단계에 이르러야 비로소 교육과정으로서의 완전한 성격을 갖추게 되기 때문이다. 영역(scope)과 계열(Sequence)을 이해하기 쉽게 표현하면 [표 8-8]과 같다.

표 8-8 영역(scope)과 계열(Sequence) 예

계열 \ 영역	영역(국어과 문학 단원)		
	문학의 본질	문화의 수용과 창작	문학과 문화
1학년	0		
2학년		0	
3학년			0

토의

교육내용 조직의 수평적 원칙(scope)과 수직적 원칙(Sequence)을 바탕으로 교육내용을 조직해 보시오. 구체적인 교육과정(예: 국어, 영어, 수학, 과학, 사회)을 중심으로 단원을 설정하고 단원의 구체적인 내용도 이러한 원칙에 따라 설계해 보시오.

6. 교육방법 구성

교육내용 선정 후 교육과제 영역별 교육방법은 교육내용 과제의 특성에 따라 설계할 수 있다. 일반적으로 지식(Knowledge), 기술(Skill), 태도(Attitude)로 구분하며, 기준에 따라 최적의 교육방법을 제시한다. 교육과제 영역별 교육방법 구성을 표로 제시하면 [표 8-9]와 같다.

표 8-9 교육과제 영역별 교육방법

교육방법 \ 과제영역	지식(knowledge)	기술(Skill)	태도(Attitude)
강의	●	○	
시청각(예- 비디오 시청)	●	◎	
분임토의	◎	◎	○
체험		◎	●
시뮬레이션	◎	●	
사건처리법		◎	◎
실기실습	◎		◎
사례연구	◎	●	●
현장학습	○	●	●
역할연기		●	●
게임		●	◎
문제 중심 학습		◎	◎
실천학습	○	◎	

● - 매우 밀접, ◎ - 다소 밀접, ○ - 밀접

7. 교육평가 구성

평가설계의 경우 진단평가, 형성평가, 총괄평가를 어떻게 해 나갈 것인가? 이는 Kirkpatrick의 4단계 평가 중 1단계 반응평가, 2단계 학습평가, 3단계 행동 평가, 4단계 결과평가를 어떻게 해 나갈 것인가를 미리 설계하는 것이다. 평가설계 시 과제영역별 교육 평가 방법을 어떻게 할 것인가를 미리 설계하는 것이다. 과제영역별 교육 평가 방법에 대한 구분은 [표 8-10]과 같다.

표 8-10 과제 영역별 교육평가 방법

구분		지식(Knowledge)	기술(Skill)	태도(Attitude)
시험 평가	선택형 평가	●	○	
	행동 평가	●	◎	
	단답형	●	◎	
	주관식		◎	●
행동 평가	토론평가	◎	◎	○
	발표평가	○	●	●
	역할연기		◎	
	체험		●	◎
	실기/실습 평가		●	◎
	면접 평가	◎	◎	●
	관찰평가		●	●
보고서 평가	자기평가 보고서 평가			●
	연구보고서 평가	●	●	◎
	결과 발표	◎		●
	포트폴리오 평가		◎	○

● - 매우 밀접, ◎ - 다소 밀접, ○ - 밀접

교육·훈련 프로그램 평가의 모형

교육 · 훈련 프로그램 평가의 모형을 학자들에 따라 정리하면 [표 8-11]과 같다.

표 8-11 교육·훈련 프로그램 평가의 모형

모형	평가의 정의	특징
Tyler의 목표 달성 확인 모형	• 교육과정 및 교수-학습 프로그램으로 교육목표가 어느 정도나 실현되었는지를 밝히는 과정	• 교육목표의 달성 정도를 확인하는 과정 • 교육활동의 과정 혹은 부차적인 교육효과 측정에 어려움 • 평가활동의 단순화와 기계화에 대한 비판
Stufflebeam의 의사결정 지원 모형	• 의사결정의 대안을 판단하는 데 필요한 적절한 정보를 획득하고, 기술하고 제공하는 과정	• 맥락-투입-과정-산출평가 • 관리 지향적 평가로서 의사결정의 종류에 따른 정보와 자료 획득 가능 • 프로그램 개선을 위한 적절한 정보
Scriven의 가치판단 모형	• 다양한 교육적 수단이 갖는 장점, 진가, 가치 등에 관한 질문에 해답을 추구하는 일. 평가는 그 자체가 이러한 가치판단의 결정을 위한 방법론적 활동	• 탈 목표(goal-free) 평가 • 교육 프로그램의 가치는 사용자나 수혜자의 관점에서 판단 • 형성적·종합적 역할
Parlett와 Hamilton의 조명적 평가 모형	• 교육의 과정과 절차에 관련된 요소들을 명료화하여 보여 줌으로써 교육의 개선을 가져오고자 노력하는 사람에게 도움을 주고 빛을 밝혀 주는 일	• 평가를 위한 실험·설계적 연구에는 무관심 • 설명과 해석이라는 사회·인류학적 접근에 따른 교육상황 이해

Tyler의 목표 달성 확인 모형의 경우 평가의 주목적이 교육목표 달성 정도를 확인하는 것이다. Stufflebeam의 의사결정 지원 모형의 경우 평가를 하는 목적은 의사결정을 하기 위한 것이다. 관리 지향적인 평가로서 평가를 통하여 프로그램을 개선하기 위한 적절한 정보를 얻기 위해 평가를 시행한다. Scriven의 경우 타일러의 목표 달성 확인 모형과 반대되는 평가 모형으로 탈 목표 평가 모형이라고도 한다. 교육 프로그램의 가치란 사용자나 수혜자의 관점에서 판단해야 하며, 다양한 교육적 수단이 갖는 장점, 가치 등에 대한 해답을 찾기 위해서 평가가 이루어진다. Parlett와 Hamilton의 조명적 평가 모형은 우리가 그림을 감상하는 것처럼 설명과 해석이라는 사회 인

류학적 접근에 따라 교육상황을 이해하고자 하는 평가 모형이다. 교육평가의 여러 형태 중 교육이 이루어지는 시기별로 진단평가 · 형성평가 · 총괄평가가 있다. 구체적인 내용은 [표 8-12]와 같다.

표 8-12 진단평가 · 형성평가 · 총괄평가

구분	진단평가	형성평가	총괄평가
기능	• 학습자의 배치 • 선행기능의 습득 유·무 판단 • 학습 전 성취 수준의 결정 • 교수방법의 대안에 관련된 특성에 따른 학생의 분류 • 계속적 학습 곤란의 원인 결정	• 학습 단위에 관련된 학생의 진보 상태를 교사와 학생에게 피드백 • 학습 단위의 구조에 따라 오류를 확인함으로써 대안 교수방법을 제시 가능	• 학습 단위, 학기, 학년 말에 학생 성적의 판정 및 자격 부여
시간	• 학습, 학기, 학년의 시초에 배치를 위하여 • 정상 수업으로는 학생이 계속해서 도움을 못 받는 교수 도중에	• 교수 도중에	• 학습 단위, 학기, 학년의 끝에
평가에서의 강조점	• 지적·정의적·심리 운동적 행동 • 신체적·환경적·심리적 요인	• 지적 행동	• 일반적으로 지적 행동 • 교과에 따라 심리 운동적 행동 • 때때로 정의적 행동
검사 도구 형태	• 사전검사를 위한 형성 및 총괄평가의 도구 • 표준화 학력검사 • 표준화 진단검사 • 교사 제작의 평가도구 (관찰 및 점검표 등)	• 학습목적에 맞게 특별히 고안된 형성평가 도구	• 종말 혹은 총괄평가 도구
교육목표 표집 방법	• 각 선행기능 행동의 구체적 표본 • 비중을 둔 교과 목표의 표본 • 특별한 교수형태에 관계있다고 생각되는 학생 변인의 표본 • 신체적·정서적·환경적 행동의 표본	• 학습 단위의 위계에 포함된 모든 관련 있는 과제의 구체적 표본	• 비중을 둔 교과 목표의 본
문항 난이도	• 선행기능 및 능력의 진단: 대부분 쉬운 문항, 65% 이상의 난이도	• 미리 구체화할 수 없음	• 평균 난이도가 35~70%이고 대단히 쉬운 문항 또는 어려운 문항도 포함
채점	• 규준지향 및 목표지향 겸용	• 목표지향	• 일반적으로 규준지향이나 목표지향도 사용
점수의 보고 방법	• 하위기능별 개인 약력	• 학습위계에 포함된 각 과제에 대한 급락의 개인 점수의 유형	• 목표에 비추어 본 총점 혹은 하위점수

산업교육현장에서 많이 활용되고 있는 교육훈련 프로그램 평가 모형을 표로 제시하면 [표 8-13]과 같다.

표 8-13 CIPP 교육과정 평가 모형

준거	내용
1. 상황평가 1-1. 학습자 특성 1-2. 프로그램 특성	프로그램 계획단계에서 추구할 목표를 설정하고 구성하는 결정 내용과 관련된 것을 평가함
상황평가 문항 예시	이 프로그램은 학습자의 특성을 잘 반영하고 있다. 이 프로그램은 기관이 추구하는 목표를 프로그램 특성에 잘 반영하고 있다.
2. 투입평가 2-1. 교육목표 2-2. 교수학습	설정된 교육목표와 요구를 성취하는 데 필요한 수단을 구체화하기 위한 구조적 결정과 관련된 것을 평가함
투입평가 문항 예시	교육내용이 배우고자 하는 교육목표와 일치한다. 교육내용이 현업에 도움이 된다. 교수는 학습자의 학습 의욕과 흥미를 유발한다. 교수는 강의 준비를 충실히 준비하였다.
3. 과정평가 3-1. 인간관계 3-2. 학습지원환경	설계한 대로 실천하기 위한 결정과 관련된 것을 평가함
과정평가 문항 예시	같은 반 학습자들은 상호 친하게 지내는 편이다. 학습지원환경(식당, 휴게실 등) 편의시설이 잘 되어 있다.
4. 산출평가 4-1. 공익성 4-2. 학습자 만족도 4-3. 학습성과	목표의 성취를 측정 해석하고 프로그램을 존속시킬 것인지 아닌지와 관련된 것을 평가함
산출평가 문항 예시	이 프로그램은 자기 계발 향상에 도움이 된다. 이 프로그램은 학습자들에게 만족감을 준다. 이 프로그램은 학습성과를 높이는 데 도움이 된다.

CIPP 모형은 교육과정을 개발할 때 의사결정의 틀을 제공할 뿐만 아니라 프로그램 평가할 때 평가의 지표로 활용할 수 있다.

가. 상황평가

상황평가(Context Evaluation)는 기획 의사결정을 위해서 필요하다. 이 단계에서 프로그램 개발에 필요한 요구와 기준자료에 관한 정보를 찾아낸다. 기획 의사결정은 프로그램의 목적과 목표의 선정에 영향을 준다. 프로그램 계획단계에서 추구할 목표를 설정하고 구성하는 결정 내용과 관련된 것을 평가할 수 있다.

나. 투입평가

투입평가(Input Evaluation)는 구조 의사결정을 위해서 필요하다. 구조 의사결정은 기획 결정에서 나온 목표를 달성하는 데 필요한 전략과 절차를 설계하는 데 영향을 준다. 즉 프로그램을 설계하고 개발하는 데 영향을 준다. 설정된 교육목표와 요구를 성취하는 데 필요한 수단을 구체화하기 위한 구조적 결정과 관련된 것을 평가할 수 있다.

다. 과정평가

과정평가(Process Evaluation)는 실행 의사결정을 위해서 필요하다. 실행 의사결정은 이미 선정된 설계, 방법, 전략을 실행하고 개선하는 데 수단을 제공한다. 설계한 대로 실천하기 위한 결정과 관련된 것을 평가할 수 있다.

라. 산출평가

산출평가(Product Evaluation)는 순환 의사결정이 어떤 활동이나 프로그램 자체를 계속하거나, 바꾸거나, 종료할지를 결정한다. 이 4단계는 프로그램 개발에 영향을 미칠 뿐만 아니라 개발된 프로그램을 평가할 때 기준으로 사용하기도 한다. 목표의 성취를 측정 해석하고 프로그램을 존속시킬 것인지 아닌지와 관련된 것을 평가할 수 있다.

토의

CIPP 교육과정 평가 모형에 따라 수업하는 과목을 한 가지 선택하여 그 과목을 평가해 보시오.

Kirkpatrick과 Phillips의 모형을 좀 더 구체적으로 표현하면 [표 8-14]와 같다.

[표 8-14] Kirkpatrick의 4단계 평가모형과 Phillips의 5단계 평가모형

Kirkpatrick의 4단계 평가		Phillips의 5단계 평가	
평가단계	평가 내용	평가단계	평가 내용
1 : 반응	참여자가 이 프로그램에 대해 느낀 바를 평가함	1 : 반응과 계획된 행동	프로그램에 대한 참가자의 반응 측정과 구체적인 실행계획을 수립
2 : 학습	참여자가 프로그램을 통하여 제시된 학습을 어느 정도 이해하는가를 평가함	2 : 학습	지식, 기능, 태도 변화의 정도를 측정
3 : 행동	학습 결과로서 참여자의 행동 변화가 있는지를 평가함	3 : 현업 적용	현업에서 행동 변화와 배운 내용의 적용도 측정
4 : 결과	프로그램의 교육 결과 조직과 개인의 산출물 변화 여부를 평가함	4 : 경영 성과	프로그램의 사업에 미치는 영향 측정
		5 : 투자 회수 효과	프로그램에 투입된 비용과 결과에 대한 금전적 가치 측정

1단계 평가는 반응평가이다. 교육 프로그램 평가는 프로그램의 유용성, 적절성, 내용, 방법, 자원 활용의 공헌도 등을 평가하기 위한 학습자의 만족도를 측정·평가하는 제1단계 '교육 만족도'와 함께 시작하며 '반응평가'라고도 한다. 교육 만족도 평가는 조직(학교)에서 교육 프로그램 수정·보완을 통한 프로그램 향상에 필요한 평가 자료를 수집하는 형성평가로서 사용할 수 있으며, 교육 프로그램 담당자는 프로그램에 대한 의사결정을 위한 총괄평가의 방법으로도 반응평가를 사용할 수 있다. 반응평가는 프로그램에 대한 전반적인 만족도를 평가하는 것으로 교육환경(식사, 강의장, 주변 환경 등)에 대한 만족도, 강사(강의 진행, 내용의 전문성 등), 교육목표 달성 정도 등에 대한 학습자들의 만족도를 확인하는 평가이다. 이 평가는 주로 설문지를 통해서 이루어진다. 때로는 간담회를 통해 질적으로 만족도를 확인하는 경우도 있다. 때에 따라서 교육담당자가 만족도를 판단하는 경우도 있다.

2단계 평가는 학습평가이다. 이 평가는 학습자가 지식, 기능, 태도 등의 교육목표를 달성한 정도를 확인하는 평가이다. 이 평가는 '학업성취도평가'라고도 하며 프로그램 종료 후 전체적 교육효과를 목표 달성을 중심으로 평가하기 때문에 보다 총괄적이라고 할 수 있다. 주로 시험을 통해서 이루어진다.

3단계 평가는 행동평가이다. 행동평가는 교육을 마친 후 학습자의 행동에 어떤 변화가 일어났는가를 확인하는 단계이다. 3단계 평가를 Phillips는 현업적용성 평가라고 한다. 현업적용성 평가는 학습을 마친 후 3~6개월 지난 후 현업에 복귀했을 때 학습한 내용을 현업에 얼마만큼 적용했는지를 확인하는 것이다. 실제로 반응평가에서는 만족도가 높게 나왔지만 현업적용성 평가에서는 만족도가 낮게 나올 확률이 있다. 학습한 내용을 일정 기간 지난 후 얼마나 활용하느냐를 확인하는 평가가 3단계 평가이다. 새로 도입하는 과정일 경우 행동평가를 해 볼 필요성이 있다.

4단계 평가는 결과평가이다. Phillips는 이 평가를 경영 성과 기여도 평가라고 한다. 경영 성과 기여도 평가 또는 결과평가는 학습한 내용이 경영 성과에 얼마나 기여했는지를 확인하는 평가이다. 기업가는 투자한 금액에 대하여 그 투자 효과를 알고 싶어 한다. 이 프로그램을 통하여 학습자가 학습했다면 그 프로그램의 효과 즉, 그 프로그램이 경영 성과에 얼마나 기여했는지를 확인하는 평가가 4단계 평가이다.

5단계 평가는 Kirkpatrick은 제시하지 않았다. 그의 제자인 Phillips가 4단계 평가를 확대 발전시킨 평가가 5단계 평가인 투자회수율(return on investment: ROI) 평가이다. 예를 들면 한 프로그램을 운영하는 데 한 개인에게 직접비 500만 원, 간접비 300만 원, 기회비용 700만 원을 합하여 1,500만 원이 투자되었다고 한다면 1,500만 원 투자한 금액에 대한 경영 성과 기여도, 회수율이 얼마 정도가 되는지를 확인하는 평가이다. 5단계 평가의 경우 여러 가지 상황적인 조건이나 회수율에 대한 비용분석 등이 매우 어려워서 실제로 기업 현장에서 많이 이루어지지는 않고 있다.

CHAPTER 9

교육과정 실행

학습 개요

이 장은 교육과정 실행 방법을 살펴본다. 교육과정을 실행하기 위해서 반드시 교안이 필요하다. 교안을 작성할 때 알아야 할 학자 중 Gagné와 Keller의 이론을 이해한다. Gagné의 9 events는 체계적인 외적 조건을 위한 아이디어로, 내적 조건이 확보되어 있다고 하더라도 외적 조건이 제공되지 못할 때 성공적인 학습이 잘 이루어지지 않는다고 보았다. Keller는 한 인간이 어떤 과제를 해결하고자 하는 노력과 실제로 행하는 수행, 수행의 결과에 영향을 미치는 개인 특성 변인과 환경 변인이 학습 동기에 많은 영향을 미친다고 보았다. Gagné와 Keller의 이론을 바탕으로 교안을 작성하는 방법을 알고 적용해 본다. 강의 시 도입하는 방법, 전개하는 방법, 마무리하는 방법에 대하여 살펴본다.

학습 목표

1. 교육과정 실행을 위한 교안을 작성하는 데 필요한 Gagné와 Keller의 이론을 설명할 수 있다.
2. 교육과정을 실행할 때 필요한 교안을 작성할 수 있다.
3. 교육과정 실행을 위해 도입, 전개, 마무리하는 방법을 설명할 수 있다.

학습 과제

1. 2시간 분량의 강의를 위한 교안을 작성해 보시오.

사전 OX 퀴즈

1. 미시적 교수설계를 위해서 알아야 할 학자들이 Gagné와 Keller이다. Gagné는 학습 목표를 성공적으로 달성하기 위해서는 내적 조건과 외적 조건이 충족되어야 한다고 보았다. Gagné의 9 events는 체계적인 외적 조건을 위한 아이디어로 내적 조건이 확보되어 있다고 하더라도 외적 조건이 제공되지 못할 때 성공적인 학습이 잘 이루어지지 않는다고 보았다.

정답

2. Keller는 한 인간이 어떤 과제를 해결하고자 하는 노력과 실제로 행하는 수행, 수행의 결과에 영향을 미치는 개인 특성 변인과 환경 변인이 학습 동기에 많은 영향을 미친다고 보았다. 이 중 환경 변인이 학습자들의 동기 수준을 결정짓는 중요한 역할을 하게 되는데 그 환경 변인으로 주의집중(attention), 관련성(relevance), 자신감(confidence), 만족감(satisfaction)의 네 가지가 있다고 보았다.

정답

3. 강의의 기본을 이루는 구성요소에는 크게 도입(서론)과 전개(본론), 종결(결론)로 구성된다. 도입할 때 5분 관리는 주의집중으로 하고 전개할 때 15분 관리는 폭탄이 설치되어 있어야 하며, 폭탄이란 사진, 유머, 게임, 동영상, 각종 사례 등 주의집중시킬 수 있는 것을 말한다. 종결할 때 5분 관리는 감동적으로 마치는 것이 좋다.

정답

4. 도입할 때 주의집중하면 세로토닌이 분비된다. 웃거나 즐거울 때 나오는 호르몬은 엔도르핀이다.

정답

5. 거울 법칙은 내가 상대방과의 관계에서 내가 웃지 않으면 상대방도 웃지 않을 가능성이 크다는 것이다. 강의할 때 거울의 법칙을 잘 활용해야 한다.

정답

1. Gagné 9 events

학생들이 학습해야 할 모든 경험적인 측면에서 교육의 과정은 일반적으로 크게 4단계로 구분할 수 있다. 첫째, 교육목적이나 교육목표 설정, 둘째, 학습경험 선정 및 조직, 셋째, 교수-학습 과정, 넷째, 교육평가이다. 이러한 네 가지 영역 중 셋째, 교수-학습 과정이 바로 교육과정 실행 단계이다. 교육과정을 실행하기 위해서는 반드시 교안이 필요하다. 교안 작성이 바로 미시적 교수설계이다. 미시적 교수설계를 위해서 알아야 할 학자들이 Gagné와 Keller이다.

교수설계는 실제 강의 활동을 설계하는 단계이다. 강의 활동 설계 시 가장 널리 알려지고 활용되고 있는 부분이 Gagné 9 events이다. 실제 강의 활동을 할 때 어떻게 하면 학습자들이 가장 잘 학습효과를 낼 수 있는가에 대한 부분이 끊임없이 연구되어 오고 있다. Gagné는 수업사태와 수업전략을 크게 아홉 단계로 나누어 설명하고 있다. Gagné에 의해 개발된 수업사태(event of instruction)는 단위 수업 즉, 일정한 시간에 마칠 수 있는 주제 혹은 목표를 달성하기 위하여 활용할 수 있는 일련의 순차적 활동이자 교수방법으로 구성되어 있다.

Gagné의 입장에서 학습 목표를 성공적으로 달성하기 위해서는 내적 조건과 외적 조건이 충족되어야 한다고 보았다. 학습의 내적 조건은 학습 목표와 관련된 사전 지식을 학습자가 가지고 있느냐와 관련된 본질적 조건과 학습자가 학습할 동기가 있느냐와 관련된 보조적 조건이 있다. 이러한 내적 조건이 확보된 상태에서 외적 조건이 중요한 기능을 한다는 것이다. Gagné의 9 events는 체계적인 외적 조건을 위한 아이디어로 내적 조건이 확보되어 있다고 하더라도 외적 조건이 제공되지 못하면 성공적인 학습이 잘 이루어지지 않는다고 보았다. 단위 수업을 하면 아홉 단계를 거쳐 수업할 때 학습자들이 학습을 가장 효과적으로 잘 할 수 있다는 것이다.

그러나 학교 현장이나 수업하는 교사들이 아홉 단계 모두를 거쳐서 강의하지는 않는다. 때에 따라서는 몇 단계를 하지 않고 지나가는 경우도 많다. 여기서 중요한 것은 아홉 단계의 아이디어이다. 강의도 서론이 있고 본론이 있고 결론이 있다는 것이다. 서론 부분에서 해야 할 일, 본론 부분에서 해야 할 과제, 결론 부분에서 해야 할 부분 등이 있다는 것이다. 실제로 강의를 많이 하는 강사나 교사, 교수들의 경우 아래 아홉 단계에 대해서 항상 염두에 두고 강의할 필요가 있다. 수업 설계를 위한 Gagné의 9 events에 관한 내용은 [표 9-1]과 같다.

표 9-1 Gagné의 9 events에 따른 강의 활동 계획

구 분	수 업 전 략
1. 주의집중	수업과 관련된 화두나 재미있는 문제나 게임을 도입한다.
2. 학습 목표 제시	이번 과정을 마치면 어떤 것을 해결할 수 있는지 의도하는 문제에 대한 해결책을 주지시켜 준다.
3. 선수학습 회상 자극	관련 문제 해결 전략이나 필요한 인지적 지식을 회상할 수 있도록 학습자를 고무시켜 준다. 즉 지난번에 학습했던 내용을 질문하거나 소개한다.
4. 자극 자료의 제시	해결되어야 할 문제의 독특한 특징을 설명해 주거나 관련된 문제에 대해 많은 자극 자료를 제시해준다.
5. 학습 지침의 제공	문제 해결에 필요한 단서를 제공해준다.
6. 수행 행동의 유도	문제 해결에 이르는 일반적인 과정을 설명하고 문제 해결 활동에 학습자를 적극적으로 참여시킨다.
7. 수행 결과에 대한 피드백	문제 해결을 위해 이제까지 동원된 해결책이나 활동 그 자체에 대한 타당성에 대해 피드백을 해 준다.
8. 수행 결과의 평가	문제 해결 활동 결과를 팀별로 평가 후 평가 결과에 대해서 공유할 수 있는 기회를 얻는다.
9. 기억 및 전이 촉진	유사한 문제 상황에 일반화시킬 수 있도록 주어진 문제 상황에서 일반적인 특징을 추출할 수 있도록 해 주고 학습자에게 비슷한 문제 상황을 제시하고 실제로 적용할 기회를 제공해준다.

Gagné의 9 events에 따른 강의 활동 계획 사례를 예시로 나타내면 [표 9-2]와 같다.

표 9-2 Gagné의 9 events에 따른 강의 활동 계획 사례

학 습 과 정 안					
단원명	표현 - 표지 꾸미기	차시	2/3	대상	중학교 2학년 남학생
학습 목표	• 표지 디자인의 목적을 알고 표현할 수 있다. • 표지를 꾸미는 데 필요한 문자, 그림, 사진 등을 활용할 수 있다.				
교재	교사			학생	
	교과서, 지도안, 흑판, 컴퓨터, 빔프로젝터, 작품계획서, ppt, 참고자료			교과서, 필기도구	

학습 과정	학습 내용	시간 (분)	교수-학습활동		학습 자료	도달 시 유의점
			교사	학생		
도입	주의 집중	8	• 인사를 하고 출석을 부른다. -빈자리를 확인한다. • 독특한 형식의 cd자켓을 보여주며 그것이 무엇인지 질문한다. (이소라 4집: 책과 비슷한 형식을 가지고 있는-책이 아니라 cd임을 알려주고 다양한 형태로 만들 수 있는 것을 알려준다.)	• 인사한다. • 학습 태도를 갖추고 주목한다.		자연스럽게 수업 분위기를 조성한다.
	학습 목표 제시		• 학습 목표를 제시한다. • 자신이 좋아하는 책이나 음악의 표지를 디자인할 것임을 이야기한다.	• 학습 목표를 다 같이 읽어본다.	ppt	본인이 직접 표지 디자인할 수 있다는 자부심을 심어준다.
	선수 학습 회상 자극		• 표지 디자인의 정의가 그 조건에 관해 확인하고 학습 내용을 언급한다.	• 전시 학습 내용을 떠올리며 확인한다.		대답을 유도하여 자연스럽게 익히도록 한다.
전개	자극 자료 제시		• 표지 디자인 방법에 관해서 설명한다. - 교과서와 참고자료들을 보면서 다양한 표현 방법을 익힌다. - 예식장을 보여주며 아이디어를 구상하는 방법을 제시해 준다.	• 방법을 예식장과 친구가 아이디어를 구체화하는 것을 보며 자신의 아이디어와 비교하며 익힌다.	ppt	예식장과 비교하면서 자연스럽게 조건을 다시 한번 익히도록 유도한다.

학습 과정	학습 내용	시간 (분)	교수-학습활동: 교사	교수-학습활동: 학생	학습 자료	도달 시 유의점
전개	학습 지침 제공	10	• 문자, 그림요소의 배치와 형태, 크기 색채 계획 등은 어떻게 하는 것이 좋은지 살펴보고 제작과정을 익힌다. - 여러 글씨체를 보며 느낌을 비교해 본다. - 사진을 사용했을 때와 삽화를 이용했을 때의 느낌 차이를 확인해 본다. • 제작과정을 시각 자료로 보여주면서 제작과정을 익힘과 동시에 재료의 선택 방법을 익힌다.	• 여러 종류의 책과 CD 표지를 보며 자신이 사용할 수 있는 재료와 표현 방법을 생각해 본다.	ppt	다양한 종류의 글씨체와 시각 자료를 제공한다. 학생들이 고정관념을 가지지 않도록 유의해서 설명한다.
응용	수행 행동 유도	17	• 표지 디자인이 고려해야 할 사항들을 질문하여 다시 한 번 정리한다. • 작품계획서의 작성 방법을 구체적으로 예를 들어 설명한다.	• 질문에 대답하면서 조건을 다시 한번 머릿속에 떠올린다. • 설명을 들으면서 자신의 작품을 정리한다.	작품계획서	잘 표현할 수 있는 주제와 소재를 찾을 수 있도록 도와준다.
	수행 결과 피드백		• 작품계획서의 문항들에 답을 채워가면서 자연스럽게 자신의 아이디어를 구체화하고 스케치할 수 있게 한다. • 순회지도 하며 잘못된 곳을 보완할 수 있도록 지도한다. • 전체적으로 유의사항을 다시 알려주며 스케치를 보완하여 밑그림을 완성하도록 한다.	• 작품계획서를 성실히 작성하며 스케치를 한다.		중간과정에서 수정을 도와주어 디자인 생각에서 너무 벗어나지 않도록 지도한다. 모든 학생이 실습하고 있는지 확인한다.

<table>
<tr><th rowspan="2">학습 과정</th><th rowspan="2">학습 내용</th><th rowspan="2">시간 (분)</th><th colspan="2">교수-학습활동</th><th rowspan="2">학습 자료</th><th rowspan="2">도달 시 유의점</th></tr>
<tr><th>교사</th><th>학생</th></tr>
<tr><td rowspan="3">정리 및 평가</td><td>수행 결과 평가</td><td rowspan="3">10</td><td>• 잘된 스케치 한, 두 개를 발표시킨다.
• 디자인 조건에 기준으로 하여 평가한다.</td><td>• 스케치를 마무리하고 발표 준비를 한다.
• 완성된 표지 스케치를 앞에서 발표한다.</td><td></td><td>디자인 조건에 맞추어 평가할 수 있도록 한다.</td></tr>
<tr><td rowspan="2">기억 및 전이 촉진</td><td>• 표현과정 중 발견된 문제점을 알려준다.
• 형성평가의 문제 답을 학생들에게 유도하여 표지 디자인의 조건을 다시 익힌다.</td><td>• 대답한다.</td><td>ppt</td><td></td></tr>
<tr><td>• 과제(작품계획서 완성 및 보완)를 제시하고 다음 시간에 스케치한 것을 토대로 작품을 완성할 것을 예고하고 준비물을 알려준다.
• 인사를 하고 마친다.</td><td>• 경청하고 인사한다.</td><td></td><td></td></tr>
</table>

2. Keller의 ARCS 모델

Keller는 학습 내용을 전개할 때 즉, 수업해 나가는 데 있어서 어떻게 하면 매력적으로 할 수 있을 것인가에 대한 전략을 체계적으로 종합하여 ARCS(attention, relevance, confidence, satisfaction) 이론을 제안하였다. 그는 한 인간이 어떤 과제를 해결하고자 하는 노력과 실제로 행하는 수행, 수행의 결과에 영향을 미치는 개인 특성 변인과 환경 변인이 학습 동기에 많은 영향을 미친다고 보았다. 이 중 환경 변인이 학습자들의 동기 수준을 결정짓는 중요한 역할을 하게 되는데, 그 환경 변인으로 주의집중(attention), 관련성(relevance), 자신감(confidence), 만족감(satisfaction)의 네 가지가 있다고 보았다. 이 네 가지 관점에서 어떻게 동기를 유발하게 할 것인가를 표로 제시하면 [표 9-3]과 같다.

표 9-3 Keller의 ARCS 모델(처방적 동기유발 전략)

1. 주의 환기 및 집중을 위한 전략 (Attention) 호기심과 관심을 유발	1-1. 지각적 주의 환기 전략	1-1-1. 시청각 효과의 사용 1-1-2. 비일상적인 내용이나 사건제시 1-1-3. 주의 분산의 자극 지양
	1-2. 탐구적 주의 환기 전략	1-2-1. 능동적 반응유도 1-2-2. 문제해결 활동의 구상정리 1-2-3. 신비감의 제공
	1-3. 다양성의 전략	1-3-1. 간결하고 다양한 교수형태 사용 1-3-2. 일방적 교수와 상호작용적 교수의 혼합 1-3-3. 교수 자료의 변화 추구 1-3-4. 목표, 내용, 방법이 기능적 통합
2. 관련성 증진을 위한 전략 (Relevance) 주요 필요한 가치에 관련	2-1. 친밀성 전략	2-1-1. 친밀한 인물 혹은 사건 활용 2-1-2. 구체적이고 친숙한 그림 활용 2-1-3. 친밀한 예문 및 배경지식 활용
	2-2. 목적 지향성 전략	2-2-1. 실용성에 중점을 둔 목표 제시 2-2-2. 목적 지향적인 학습 형태 활용 2-2-3. 목적의 선택 가능성 부여

	2-3. 필요나 동기와의 부합성 강조 전략	2-3-1. 다양한 수준의 목적 제시 2-3-2. 학업성취 여부의 기록체제 활용 2-3-3. 비경쟁적 학습상황의 선택 가능 2-3-4. 협동적 상호 학습 상황제시
3. 자신감 수립을 위한 전략 (Confidence) 성공에 대한 자신감과 긍정적 기대를 갖게 함	3-1. 학습의 필요조건 제시의 전략	3-1-1. 수업의 목표와 구조의 제시 3-1-2. 평가 기준 및 피드백 제시 3-1-3. 선수학습 능력의 판단 3-1-4. 시험의 조건 확인
	3-2. 성공의 기회 제시의 전략	3-2-1. 쉬운 것에서 어려운 것으로 제시 3-2-2. 적정 수준의 난이도 유지 3-2-3. 다양한 수준의 시작점 제공 3-2-4. 무작위의 다양한 사건제시 3-2-5. 다양한 수준의 난이도 제공
	3-3. 개인적 조절감 증대의 전략	3-3-1. 학습의 끝을 조절할 수 있는 기회 제공 3-3-2. 학습 속도의 조절 가능 3-3-3. 원하는 부분에로의 재빠른 회귀 가능 3-3-4. 선택할 수 있고 다양한 과제의 난이도 제공 3-3-5. 노력이나 능력에 성공귀착
4. 만족감 증대를 위한 전략 (Satisfaction) 강화를 관리하고 자기 통제가 가능하게 함	4-1. 자연적 결과 강조전략	4-1-1. 연습 문제를 통한 적용 기회 제공 4-1-2. 후속 학습을 통한 적용 기회 제공 4-1-3. 모의 상황을 통한 적용 기회 제공
	4-2. 긍정적 결과 강조전략	4-2-1. 적절한 강화 계획의 활용 4-2-2. 의미 있는 강화의 강조 4-2-3. 정답을 위한 보상 강조 4-2-4. 외적 보상의 사려 깊은 사용 4-2-5. 선택적 보상체제 활용
	4-3. 공정성 강조전략	4-3-1. 수업목표와 내용의 일관성 유지 4-3-2. 연습과 시험내용의 일치

첫째, 주의집중(attention)**이다.** 이것은 지각적 수준에서 인식의 수준까지 끌어올려야 한다. 즉, 단순한 재미 수준에서 벗어나서 흥미를 일으킬 수 있도록 해야 한다. 단지 웃기기 위해 플레이보이 잡지를 보여주거나, 농담 수준을 벗어나 인식의 수준 또는 강의와 연결 짓는 것이 좋다. 주의집중을 위해서는 재미있는 유머도 좋지만,

학습자들이 흥미를 느낄 수 있는 내용을 찾아내는 것도 중요하다. 또는 이슈나 심각한 이야기를 던지는 것도 하나의 방법이 될 수 있다. 이렇게 학습자들의 주의를 유발하고 유지하게 시킬 수 있도록 하기 위해서는 지각적 각성(perceptual arousal), 탐구적 각성(inquiry arousal), 변화성(variability)을 계속해서 학습자들에게 제시해야 한다. 지각적 각성의 경우 이 수업이 정말 흥미롭게 진행될 것이라고 하는 학습자들의 기대를 불러일으킬 수 있도록 강사는 재미있는 그림과 같은 것을 보여줄 수 있다. 탐구적 각성의 경우 학습자들의 지적 호기심을 유발하는 것으로 질문을 한다든지 문제를 제시하는 것 등으로 주의를 집중시킬 수 있으며 변화성의 경우에는 학습자들의 지루함을 덜어 주기 위해 다양한 학습 방법을 도입하거나 목소리를 변화 있게 하거나 하는 방법을 쓰면 될 것이다.

둘째, 관련성(relevance)**이다.** 내가 왜 이 학습을 하는지, 이 학습을 하고 난 후 어떤 도움이 되는지를 명확히 해 주는 것이 중요하다. 현재 학습이 재미가 있고 이득이 될 수 있다는 것을 확인시켜 주는 것이 필요하다. 즉, 내적 유인책을 줄 때 가장 효과적이다. 예를 들면 안전 수칙 불이행으로 면허가 취소되기 전에 시험을 쳐서 80점 이상 맞으면 15일 감면받는 교육이 있다. 안전 수칙에 대한 강사는 우리가 지금까지 배운 주의집중이나 서론, 본론, 결론 다 무시하고 바로 강의에 돌입한다. 그렇게 하더라도 학습자들은 어떠한가? 눈이 말똥말똥 반짝반짝하면서 강의를 듣는다. 이렇게 하더라도 강사의 강의에 학습자들은 아주 잘 빨려든다. 이것이 바로 관련성이다. 나와 직접적인 관련성이 있어서 교수-학습이론을 완전히 무시하더라도 학습은 잘 이루어진다. 특히 자격교육의 경우가 대부분 관련성이 매우 높다. 반대로 관련성이 가장 낮은 교육은 어떤 것이 있을까? 민방위 교육이다. 이 관련성에는 모티브 일치, 목적 지향성, 친밀성으로 구성된다. 위의 예에서 볼 수 있는 부분은 학습자의 모티브와 일치되기 때문에 학습을 잘 할 수 있었던 예라고 볼 수 있다. 목적 지향성의 경우 학습자들에게 수업하는 목적을 구체적이고 분명하게 이야기해 줄 때 학습이 더 잘 될 수 있다. 친밀성의 경우 새로운 교육내용이라고 하더라도 학습자들이 이전에 배운 내용과 유사한 것처럼 유의미하게 연결해 주는 부분이 필요하다.

셋째, 자신감(confidence)이다. 개인들에게 자신감을 느끼게 해 주는 것이 중요하다. 학습자들이 긍정적인 피드백을 받을 수 있게 한다. 따라서 강사는 학습자들이 쉽게 대답할 수 있는 것을 질문한다든지, 답을 할 수 있는 학습자에게 질문을 하는 것이 필요하다. 그런데 강사가 자기 자랑만 한다든지, 몹시 어렵게 질문을 하거나 답을 아주 못하도록 질문을 하면 학습자들은 쉽게 좌절하게 된다. 학습자들이 자신감을 가질 수 있도록 하는 것이 중요하다. 강사 중에 자기만 잘 낫고 학습자들은 아예 미숙한 사람 취급하는 강사들이 의외로 많이 있다. 그래서 자기만 알고 있는 내용을 고의로 질문하여 학습자들을 완전히 무시해 버리는 경우가 있는데 이것은 바람직하지 않다. 이러한 자신감은 학습 성공에 대한 기대감을 다루고 있으며 학습요건, 성공기회, 개인적 통제로 구성된다. 학습요건은 이번 수업에서 기대하는 것이 무엇이고 어떻게 평가할 것인지와 같은 정보를 학습자들에게 제공하는 것이다. 성공의 기회는 위에서 제시한 바와 같이 학습자들이 대답할 수 있는 질문을 통해 학습자들에게 성공의 기회를 부여하는 것이다. 개인적 통제의 경우 학습자들이 자기 주도적인 학습을 할 수 있는 여건을 마련해 주는 것이 필요하다.

넷째, 만족감(satisfaction)이다. 학습자들에게 만족감을 주는 것도 중요하다. 즉, 학습자들이 교육 중간마다 운동을 넣어 달라고 할 경우, 또는 야외 수업을 하자고 하면 특별히 문제가 없으면 수용하는 것이 좋다. 그런데 조심해야 할 것이 그냥 운동하게 내버려두면 안 된다는 것이다. 운동도 어디까지나 수업의 연장에서 하도록 해야 한다. 철저한 규칙을 정해서 또는 교육과 연관 지어서 할 수 있도록 해야 한다. 즉, 학습자들의 성숙도를 고려해서 관리를 잘해야 한다. 이 만족감에는 성취에 대한 만족감뿐만 아니라 교육적인 측면 외의 만족감도 고려해 두는 것이 필요하다. 이러한 만족감은 내재적 강화, 외재적 보상, 공정성으로 구성된다. 내재적 강화의 경우 학습자들이 내적인 만족을 통해 스스로 동기유발 될 수 있게 학습자들의 내재적 자존심에 대한 언어적인 강화를 하는 것이며, 외재적 보상의 경우 어떤 과제를 해결했을 경우 칭찬이나 외적 보상을 제공하는 것이다. 공정성의 경우 실제로 수업한 내용에서 시험문제를 출제한다든지 학습자 모두에게 공정하게 대해 주는 부분 등이 여기에 해당한다.

3. 교육과정 실행

강의의 기본을 이루는 구성요소에는 크게 도입(서론)과 전개(본론), 종결(결론)로 구성된다. 각각의 단계에서 강의를 잘하는 방법에 대해서 알아본다. 도입할 때 5분 관리는 주의집중으로 하고 전개할 때 15분 관리는 폭탄이 설치되어 있어야 한다. 폭탄이란 사진, 유머, 게임, 동영상, 각종 사례 등 주의집중시킬 수 있는 것을 말한다. 종결할 때 5분 관리는 감동적으로 마치는 것이 좋다. 이렇게 하는 이유가 있다. 우리 몸속에 좋은 호르몬인 세로토닌 · 엔도르핀 · 다이돌핀 분비 방법이 있다. 편안할 때 나오는 세로토닌이 있다. 잘 알려지지 않았으나 자주 만들어지고 좋은 곳에 갈 때마다, 좋은 소식을 들었을 때, 좋은 음악을 들었을 때, 아주 좋은 경치를 만났을 때 수시로 생산되는 약이다. 마음의 긴장을 없애주고 혈압을 안정시켜 주고 잠이 오게 하는 호르몬인 멜라토닌을 분비케 해주고 엔도르핀도 생산케 도와주며 우울증에 탁월한 효과도 있다. 도입할 때 주의 집중하면 세로토닌이 분비된다.

웃거나 즐거울 때 나오는 호르몬은 엔도르핀이다. 이 엔도르핀은 우리 몸속에서 생성되는 약으로, 웃으면 나오는 희한한 호르몬이다. 배꼽을 쥐고 눈물이 나올 정도로 웃을 때 가장 많이 생산된다. 사람의 엔도르핀은 살 수 없지만, 돼지 엔도르핀은 살 수 있다고 한다. 1mg에 2,000만 원 정도 한다. 웃으면 되는데 왜 돈 주고 사는가? 엔도르핀 효과는 진통 효과가 있다. 모르핀의 200배로 면역력을 증강할 뿐만 아니라 스트레스도 해소한다. 특히 NK세포를 증가시켜 암을 줄어들게 하고 심장질환을 없애준다. 전개해 나갈 때 폭탄을 많이 쓰면 엔도르핀이 분비된다.

감동하면 나오는 다이돌핀이 있다. 감동적인 강론을 들을 때, 노래를 들을 때, 성가를 부를 때 나온다. 감동의 정도에 따라 다르게 분비된다. 가슴이 벅차 눈물이 나오며 얼굴은 일생에서 가장 행복한 모습을 띤다. 피부에 닭살이 돋으며 심하면 전율이 오를 때 가장 많이 분비된다. 엔도르핀의 4,000배 효과가 있으며 어떠한 크기, 어떠한 형태의 암도 없어질 수 있게 할 수 있으며 통증도 순간에 없어지게 하고 모든 괴로움에서 완전히 벗어나게 할 뿐 아니라 죽음의 고통도 벗어나게 하는 대단한 효과가 있다. 결론을 맺을 때 감동적으로 마치는 이유가 여기에 있다.

3-1. 도입하는 방법

도입 부분은 보통 주의집중, 동기부여, 강의개요 설명 등으로 이루어진다. 대부분 자기소개 시간이 도입되는 경우가 많다. 이 도입 부분은 강의할 시간이 어느 정도냐에 따라서 10%가 되기도 하고 5%가 되기도 한다. 강사가 상황에 맞게 시간을 할애하면 된다. 강의는 언제부터 시작되는가? 강의는 강사가 문을 열고 들어올 때부터 시작된다. 이때 비언어적인 부분이 대단히 중요하다. 즉, 어떤 강사들은 학습자들과 눈도 마주치지 않는다든지, 자신감이 없다든지 등은 좋지 못한 행동이다. 학습자들은 강의장 문을 여는 순간부터 관찰한다. 그러므로 강사는 자신감 있는 행동으로 미소를 짓고 눈을 마주치면서 가능하다면 반갑습니다, 안녕하세요 등과 같은 말을 시작하는 것이 좋다.

무슨 일이든 서론, 본론, 결론의 형태로 구성된다. 영화와 연극도 그렇고 도입 부분, 전개 부분, 결론 부분이 있다. 연애하거나 협상할 때도 마찬가지다. 도입하는 방법의 몇 가지 예를 소개한다.

"저한테 배정된 시간이 두 시간인데 120분 동안 속강하겠습니다. 신바람이 나면 30분 정도 더 할 작정입니다."라고 하면 청중들은 눈이 동그래진다. "그런데 무작정 그렇게 하는 것이 아니고 한 10분, 20분 정도 해보고 여러분들의 눈치를 살펴보겠습니다. 여러분들의 눈치를 살펴봐서 여러분들이 들을 의사가 없다고 생각되면 저는 바로 끝내겠습니다. 여러분들이 들을 의사가 없다는 표시로 차고 있는 시계를 흔들어주시면 바로 끝낼 겁니다. 그런데 한두 명만 흔들면 절대로 안 끝냅니다. 3분의 2 이상 흔드시면 바로 끝내겠습니다. 만약 한두 명만 흔들면 흔드는 사람만 내보내겠습니다."라고 한 후 "여러분들에게 몇 가지 당부 말씀이 있습니다. 어떤 학습자들은 제 강의에 너무 매료되어 감사하다는 표시로 고개를 깊숙이 숙이시는 분들이 있는데 그럴 필요는 없습니다. 좀 심한 분들은 엎드려 절까지 하는데 전혀 그럴 필요는 없습니다. 감사하다는 표시는 제 강의가 모두 끝났을 때 한 번만 해 주시기를 바랍니다.” 등이 바로 5분 관리 내용이다. 이렇게 청중들을 주의 집중시킬 수 있는 말을 미리 준비해서 서론을 말하는 것이다.

‘찹쌀떡, 가래떡, 떡볶이, 콩떡’을 일단 몇 번 따라 하게 한다. 리듬을 타면서 하면 더욱 재미있다. 그런 후 이번에는 ‘떡’할 때는 ‘떡’에만 손뼉을 치게 한다. 예를 들면 ‘찹쌀떡(박수), 가래떡(박수), 떡(박수)볶이, 콩떡(박수).’ 그 사람 다음엔 ‘떡’에는 말을 하지 말고 손뼉만 치게 한다. ‘찹쌀(박수), 가래(박수) (박수)볶이, 콩(박수).’ 이렇게 잠깐 게임을 한 후 본론으로 들어간다.

두 사람이 손을 잡고 흔들면서 ‘멍멍이랑 놉시다. 멍멍이랑 놉시다.’ 한 후 서로 마주 보면서 손바닥을 마주친다. 그러면서 ‘멍짝, 멍멍 짝짝, 멍멍멍짝짝짝’ 등으로 열 번까지 해본 후 본론으로 들어간다. 이상과 같이 서론 즉, 도입하는 방법들을 잘 연구해서 시작하는 것이 좋다.

주의집중은 자기소개 즉, 자신의 이름을 갖고 하는 경우가 있다. 예를 들면 00회사에서 자기소개 시간에 자신의 이름을 Air System이라고 쓴 적이 있었다. 그 사람 이름은? 공기식이었다. 이와 같은 식으로 하는 것도 하나의 방법이 된다.

신체적인 특성을 가지고 자신을 소개할 수도 있다. 즉, 키가 작은 경우 “여러분들은 모두 다 키가 저보다 커서 참 좋겠습니다. 키가 크니까 멀리 내다 볼 수 있겠죠. 그런데 저는 키가 작아서 낮게 보면서 자세히 볼 수 있습니다.” 하는 식이다.

시사적인 이야기를 갖고 시작할 수도 있다. “50년 전 오늘은 무슨 일이 있었을까요?”라고 화두를 갖고 시작하든지 “오늘 아침 신문을 보니까 어떤 일이 있었는데 여러분들은 어떻게 생각하십니까?”라고 시작해도 좋다. 누구나 다 아는 사실의 시사적인 이야기를 갖고 강의를 준비한 흔적을 남겨주는 것이 좋다.

강의 주제와 관련된 화두로 시작할 수도 있다. 예를 들면 창의력 계발 강의의 경우 다음과 같은 예로 시작할 수 있다. 건설회사의 경우 롤러 기사가 있다. “성실한 롤러 기사는 어떤 기사일까요? 안전 법규를 준수하고, 시간을 잘 지키며, 롤러를 잘 관리하는 등 이런 기사가 성실한 롤러 기사가 아닌가? 생각됩니다. 그런데 창의적인 롤러 기사는 어떨까요? 제가 알고 있는 롤러 기사 중에 실제로 그런 롤러 기사가 있었는데 참으로 신기하더라고요. 해운대 백사장에 롤러를 끌고 갑니다. 거기서 한 번 쫙 밀고 가면 어떻게 될 것 같습니까? 카펫처럼 되겠죠. 그런데 바퀴에 글자를 새겨서 밀고 가면 어떨까요? 그것이 바로 광고가 되는 것이죠. 이처럼 창의력이란 것은 바로 이런 것이 아닐까? 생각됩니다." 이렇게 화두를 시작해도 된다.

유머를 갖고 시작하는 것도 좋다. 유머를 갖고 시작하면 되도록 농담은 되도록 피하고 뒷맛이 괜찮은 유머를 활용하는 것이 좋다. 어떤 강사의 경우 농담으로 시작해서 농담으로 끝나는 경우가 있는데 이렇게 하는 경우는 좋지 않다.

인사나 박수에 대한 부분으로 시작할 수도 있다. "여러분들이 저에게 손뼉을 쳐 주셨는데 박수에는 어떤 의미가 있을까요?"라고 앞에 있는 사람에게 슬쩍 질문해 본다. 옆 사람이 발표하면 "쿠션 먹고 옆에 있는 사람이 대답하시네요."라고 말을 시작할 수도 있다. "박수에는 아마 열과 성을 다해서 강의해 달라는 의미로 박수를 보내 주셨을 것으로 생각합니다. 그런데 처음보다 마지막에 박수를 받는 것이 더 의미가 있을 것으로 생각됩니다. 마지막에 박수를 받을 수 있게 열심히 하겠다"라고 시작할 수 있다.

첫 말을 학습자 배려로 시작할 수 있다. '저한테 이렇게 귀중한 시간을 내 주신데 대해 먼저 감사드립니다.'라는 말을 함으로써 학습자에 대한 배려의 표시를 한다. 그런 후 '비록 제가 모든 것을 다 알지는 못하지만 제가 알고 있는 범위 내에서 최선을 다해서 귀중한 시간을 내신 것에 대해 최소한 몇 가지만이라도 가지고 갈 수 있도록 노력하겠습니다.'라고 말을 함으로써 자신감과 철저한 준비를 했다는 것을 보여 줌으로써 학습자들이 관심을 두고 들을 수 있도록 동기를 유발해 준다.

도입이 중요한 이유가 있다. 말에는 서론, 본론, 결론이 있어야 한다. 서론, 본론, 결론을 어떻게 말해야 하는가? 첫째, 서론 또는 처음 도입하는 말의 5분 관리를 잘해야 한다. 왜냐하면 처음 도입 5분 관리를 잘하지 못하면 사람들이 잘 집중하지 않는다. 인상 이론 중 일관성 오류 이론이 있다. 사람들이 첫인상을 결정하는 것은 2~5초 사이에 결정된다는 것이다. 한번 첫인상을 결정하면 처음부터 끝까지 그 인상을 가지고 가려고 하는 경향이 바로 일관성 오류 이론이다. 그러므로 시작을 잘하지 못하면 끝까지 그 인상을 가지고 가려고 하는 경향 때문에 처음 5분 관리를 잘해야 한다.

그 처음 5분 관리는 바로 주의집중하는 말로 시작하는 것이 좋다. 내가 무엇으로 청중들에게 말할 때 주의집중시킬 것인가는 미리 준비해 두어야 한다.

토의

교재에 제시된 내용 외에 주의를 집중하는 방법에 대하여 토의해 보시오.

강의를 잘해 나가기 위해서 우선 가장 중요한 것 중의 하나가 학습자들의 시선을 끄는 일이다. 강의를 시작하는 시점에서 학습자들이 강의를 들어 보아야겠다는 마음가짐을 갖게 만드는 것이 중요하다. 이러한 측면에서 어떻게 학습자들의 주의를 집중시켜 나갈 것인가 하는 부분을 상당히 많이 고민해야 한다.

토의

나의 첫 이미지는 어떤가에 대하여 이야기해 보시오.

이미지의 가치

평소에는 매우 조용하고 차분하지만 술만 마셨다 하면 망가지는 여성을 생각해 보자. 평소의 차분하고 조용한 이미지를 먼저 많이 보아왔던 사람들의 80%는 그 여자는 술버릇만 나쁘지, 조용하고 정숙하다고 하지만 술에 취해 망가진 모습을 먼저

본 사람들의 80% 정도는 그 여자는 그렇고 그런 여자라고 평가한다는 것이다.

다음 내용을 상상해 보라. 인상이 좋지 않은 사람이 복도에서 커피를 마시면서 이쪽으로 걸어오고 나도 커피를 마시면서 복도를 걸어가고 있다. 그런데 인상이 좋지 않은 사람이 나에게 커피를 엎질렀을 경우 나는 인상이 좋지 않은 사람에게 무슨 말을 할 것인가? 아마 세탁 비용을 달라고 할지 모른다. 어떤 사람은 이렇게 질문하니까 인상이 좋지 않은 사람이 저쪽 복도에서 걸어오면 마주치지 않고 다른 곳으로 피해서 간다고 대답하는 사람도 있다. 이번엔 반대로 내가 커피를 상대방에게 무심결에 엎질렀다고 가정해 보자. 어떤 소리를 들을 것인가? 상대방 이미지에 따라 사람들은 반응하는 형식이 달라질 수 있다.

대관령 양떼 목장에 가면 양들이 이미지가 좋은 사람이 지나가면 다 내려온다는 전설이 있다. 김태희가 지나가니까 몇 마리가 내려왔는가? 다 내려왔다. 저자가 지나가니까 몇 마리가 내려왔는가? 한 마리다. 그 한 마리가 내려와서 혼자 중얼거리고 있었다. 뭐라고 하는지 가서 들어 보았다. 어떤 새끼가 밀었어! 유머다.

여러분들이 과일가게에서 과일을 산다고 가정해 보자. 어떤 과일을 고를 것인가? 아마 겉모습이 쭈글쭈글하고 얼룩이 많이 진 과일을 고르지는 않을 것이다. 겉모양이 반들반들하고 예쁜 것을 선호할 것이다. 과일을 고를 때도 이렇게 겉모습 이미지를 본다. 과일은 스스로 이미지를 만들어 낼 수 없다. 사람이 이미지를 만들어 주는 것이다. 그런데 인간은 스스로 자신의 이미지를 만들어 낼 수 있다. 이것이 이른바 이미지 관리(image making)이다.

인상을 관리하기 위한 몇 가지 법칙

첫째, 콘크리트 법칙이 있다. 이 법칙은 인상이 한번 결정되면 바꾸기가 쉽지 않다는 것이다. 첫인상은 콘크리트처럼 쉽게 굳어져 버린다는 것이다. 우리 뇌는 처음 보고 느낀 것을 가장 오래 기억하게 되어 있다. 그러므로 첫인상은 지속성이 있다. 한번 이미지화된 첫인상을 바꾸는 데는 무려 40시간의 재면담이 있어야 한다는 것이다. 사실상 40시간을 재면담하기란 가족 외에는 쉽지 않다. 그러므로 첫인상이 중요하다. 정치인 중 이회창의 이미지는 '대쪽 이미지'였다. 2007년 대통령선거에서는 그 대쪽 이미지를 바꿔보려고 수십 년간 써온 무테안경을 얇은 금속으로 바꾸기도 하고, 특유의 뾰쪽한 턱을 부드럽게 처리해도 차가운 대쪽 이미지를 벗어나는 데는 한계가 있었다. 이미지 경영의 저자인 Mary Mitchell은 '첫 이미지를 만들 수 있는 두 번의 기회란 없다'라고 주장한다.

둘째, 부정성의 법칙이 있다. 한번 전과자는 사회에 발붙이기 힘들다고 하듯이 부정적인 특징이 긍정적인 것보다 인상 형성에 더 강력하게 작용하는 것이다. 다른 사람에게 어떤 사람에 대한 평가를 부탁했을 때 그 평가가 부정적인 피드백이 되었을 경우 좋은 사람임에도 불구하고 부정적인 측면만 보이게 된다. 만일 어떤 사람이 당신에 대하여 사기꾼이라는 말을 다른 사람을 통해서 들었다고 가정해 보자. 그 사람이 당신을 만났을 때 당신이 사기꾼이 아니더라도 사기꾼의 인상을 주게 된다는 것이다. 이러한 나의 부정적인 인상은 회복하기가 어렵다는 것이다.

셋째, 거울 법칙이 있다. 거울은 절대 먼저 웃지 않는다. 내가 상대방과의 관계에서 웃지 않으면 상대방도 웃지 않을 가능성이 크다는 것이다. 인사를 할 때 실험 한번 해보라. 내가 먼저 "안녕하세요. 만나서 반갑습니다." 웃으면 상대방도 웃으면서 그렇게 인사할 것이다. 반면에 무뚝뚝하거나 아무 표정 없이 인사를 하면 상대방도 똑같이 그렇게 인사할 것이다. 강의할 때 가장 중요한 것 이론 중 하나이다. 학습자들이 웃지 않을 때 내가 먼저 더 많이 웃어야 학습자들이 나의 웃는 모습을 보고 따라 웃을 수 있다. 이 법칙을 잘 활용해야 한다.

넷째, 본뜨기 법칙이 있다. 이 법칙은 내가 좋아하는 사람의 모습을 그대로 따라하면 그 사람과 좋은 관계를 형성하는 데 도움이 된다는 것이다. 다리를 꼬고 앉으면 나도 다리를 꼬고 앉거나, 팔짱을 끼고 있으면 나도 팔짱을 한다. 이것이 본뜨기 법칙이다. 회사에서 존경하는 상사가 있으면 그 사람의 행동을 모방하는 예가 바로 이것이다. 상사가 피우는 똑같은 담배를 피운다든지 상사의 자세를 따라 하는 행동 등이 바로 이러한 예이다.

3-2. 전개하는 방법

전개할 때는 매 15분 폭탄을 설치하여야 한다. 폭탄의 역할을 하는 것이 바로 동영상, 플래시, 유머, 게임, 흥미를 끌 수 있는 사례 등이다. 폭탄이 없는 대중 연설이나 설교, 강의는 그 자체가 바로 폭탄이다. 사람들은 재미가 없어도 15분 정도는 주의집중이 가능하다. 그런데 15분 정도가 지나면 말하는 사람의 목소리가 일정하고 목소리의 크기도 작고 내용도 지루하다면 졸음이 온다. 그래서 연설이나 강연을 할 때 매 15분 정도마다 폭탄이 설치되어 있어야 한다. 폭탄을 터트리면 조는 사람도 바로 깬다. 사실 연설이나 강연내용이 중요하니 폭탄이 중요한 것은 아니다. 그런데도 대부분 청중은 폭탄을 터트릴 때는 눈이 반짝반짝 빛나다가 중요한 이론적인 내용이나 좀 지루한 내용을 설명하면 조는 경우가 허다하다. 그래서 폭탄의 역할이 중요한 것이다. 연설이나 강연을 할 때 매 15분 폭탄이 설치되어 있으면 재미없는 이론적인 내용도 조는 사람 없이 주의집중을 하게 할 수 있다. 그런데 이 폭탄은 연설내용이나 강연내용과 관련이 있는 폭탄이면 더욱 좋다. 가장 좋은 폭탄은 학습자의 눈높이에 맞는 사례이다.

전개할 내용 배열은 다음과 같이 한다. 전개는 전체에서 부분으로, 시간적 순서에 의해, 공간적 순서에 의해, 쉬운 것에서 어려운 것으로, 아는 것에서 모르는 것으로, 일반적인 것에서 특수한 것으로, 중요한 것에서 덜 중요한 것으로, 강의의 주 내용을 설명하는 것이다. 본론을 강의할 때도 주제에 따라서 서론, 본론, 결론의 형식으로 구성하는 것이 바람직하다. 학습 내용도 항상 관심 끌기 부분이 꼭 들어가는 것이 좋다.

토의

이상한 사람을 어떻게 대처해 나갈 것인가에 대하여 토의해 보시오.

생각해보기 • • •

4×7=27이 맞는가? 28이 맞는가?

어느 한 고을에, 이무식이 동네에 다니면서 4×7=27이라고 하면서 다니고 있었다. 동네에 다니면서 매번 4×7=27이라고 한다. 옆에 윤비전 씨가 볼 때 분명히 4×7=28인데 이무식이 4×7=27이라고 하니 답답해 미칠 지경이었다. '윤비전이 너는 왜 자꾸 4×7=27이라고 하느냐?'라고 물으니 이무식은 4×7=27아니냐고 반문하는 것이었다. 분명히 4×7=28이 맞지 않은가? 그래서 윤비전이 이무식에게 그럼 당신 말이 맞는지 내 말이 맞는지 원님에게 가서 물어보자고 제의하였다. 이무식도 좋다고 하여 원님에게 판결을 맡기기로 하고 원님에게 두 사람이 갔다.

윤비전이 '원님 4×7=28이 맞지요. 판결해 주십시오.'라고 하니까 원님이 이무식은 석방하라고 명하였고 윤비전은 곤장 28대를 쳐서 내 보내었다. 윤비전 입장에서는 얼마나 억울한가? 분명히 자신의 답이 맞는데 왜 나를 곤장 치는가? 억울하여 원님에게 그 이유를 물었다.

그러자 원님이 하는 말이 다음과 같았다. '4×7=28이라는 것을 삼척동자도 다 안다. 그런데 굳이 확실히 맞는 답을 가지고 여기까지 와서 따지는 당신이 바로 한심한 사람이 아닌가? 그렇지 않은가? 그래서 당신에게 곤장을 친 것이다.'

우리는 살아가면서 4×7=27이 맞다고 하는 사람들을 많이 본다. 그런데 그 사람들과 싸우면 어떻게 되겠는가? 나는 전국으로 출장을 자주 다니므로 이런 경우를 가끔씩 본다. 자동차를 갖고 지방으로 출장 가는 중에 있었던 일이다. 고속도로를 규정 속도인 100km로 2차선을 달리고 있는데 갑자기 1차선에서 스포츠카가 내 차 앞으로 빠르게 추월하여 지나갔다. 너무 놀란 나머지 경광등을 켜고 클랙슨을 울렸다. 그런데 갑자기 그 스포츠카가 천천히 속도를 줄여 내 차 앞에서 50km로 가는 것이었다. 그래서 차선을 바꾸어 다시 1차선으로 비켰다. 그랬더니 다시 1차선으로 내 앞을 가로막으며 천천히 달리는 것이었다. 아마 경광등과 클랙슨 때문에 화가 났던 모양이다. 그래서 나도 화가 나서 다시 창문을 열고 클랙슨을 누르면서 화내려고 하는 순간 갑자기 4×7=27이 생각났다. 그래서 차창 밖으로 손을 흔들며 미안하다고 하니까 그제야 그냥 다시 제 속도로 달리기 시작했다.

이때 내 성질대로, 즉 고속도로 한복판에서 삿대질을 하며 젊은 친구와 싸웠더라면 누가 4×7=27이 되는가? 생각해 보라. 살아가면서 이런 일이 가끔씩 있다. 그때마다 4×7=27을 생각하면 웬만한 것들은 그냥 지나갈 수 있다. 나의 비전이 확실히 만들어져 있다면 그 비전을 달성해 나가는 데 방해가 되는 요소들은 모두 제거하며 비전을 달성해 나가는 것에만 매진할 수 있다.

3-3. 마무리하는 방법

끝맺음을 가장 잘하지 못하는 사람은 누구인가? 교장 선생님이다. 교장 선생님은 조회할 때 "끝으로 여러분들에게 한 말씀 드리고 마칩니다." 그러다가 "마지막으로 한 말씀 더 드리겠습니다." 그러다가 "결론적으로 말씀드려서……." 잘 마무리 못하는 사례이다. 왜 이렇게 될까? 마무리를 무엇으로 할 것인지 정해지지 않은 상태에서 "끝으로 여러분들에게 한 말씀 드리겠습니다."라고 한다. 머릿속으로 끝을 정리하면서 이야기를 하다가 보니 마음에 들지 않아서 다시 "마지막으로 여러분들에게……." 라고 말을 이어간다. 끝마무리도 반드시 어떤 말로 마무리할 것인지 머릿속에 미리 정해져 있어야 한다. 그렇지 않으면 위와 같은 방식으로 끝을 맺는 경우가 많다. 이때 종결하는 방법은 감동적으로 마무리한다. 처음 5분 관리도 중요하지만, 마무리 5분 관리도 중요하다. 처음 5분 관리는 주의집중할 수 있는 내용으로 시작하였고, 중간에는 폭탄 즉 유머나 재미있는 내용으로 15분 관리를 하였지만, 마무리 5분 관리는 감동적인 영상이나 감동적인 문구, 감동적인 말로 끝내 주는 것이 좋다.

종결 부분은 주로 요약과 복습 시간, 재동기부여 및 강조할 부분을 강조하며 마지막 말을 하고 끝내는 것이다. 강의를 아무리 시작부터 중간까지 잘하더라도 마지막 5분을 잘 정리하지 못하면 학습자들에게 강한 인상을 심어주기가 어렵다. 따라서 마지막 결론을 맺을 때는 힘 있고 강하게 그리고 아주 깊은 인상을 줄 수 있도록 해야 한다. 그러므로 끝맺음에 대한 부분을 미리 준비해 두는 것이 필요하다. 실제로 끝맺음을 가장 잘하지 못하는 사람들의 경우 끝으로, 마지막으로, 결론적으로 등과 같이 정해진 시간을 넘기면서까지 결론을 맺지 못하는 경우가 많이 있다.

끝맺음을 아주 잘한 사례로 경제특강을 아주 잘하시는 강사 한 분의 예를 들어 본다. 그분은 경제를 주제로 강의하면서 마무리에서는 다음과 같은 맺음말로 끝을 맺으면서 반전과 학습자들에게 강한 인상을 심어주었다.

"지금까지 우리나라 경제에 대해서 말씀드렸는데, 개인적으로 재테크도 많이 하시는 것도 중요하지만 마지막으로 여러분께 한 가지만 말씀드리고 마칠까 합니다. 인생에서 가장 중요한 것 중의 하나는 돈, 명예, 권력을 추구하는 것도 좋지만 이것을 잃으면 모두 다 잃는 것입니다. 무엇이겠습니까? 예, 건강입니다. 앞으로 건강관리 잘하시기를 바랍니다. 이상 마칩니다."

다음과 같이 할 수도 있다.

"지금까지 적극적으로 경청해 주셔서 감사드립니다. 이상 마칩니다."

강사과정에서 끝맺음할 때의 사례는 다음과 같이 하는 경우가 좋다.

"저는 '오늘'이란 말을 좋아합니다. 오늘이란 단어에는 어떤 의미가 있을까요? 오늘이란 어제 죽은 사람들이 그토록 바라던 내일입니다. 만약 여러분들이 내일 죽는다고 생각하고 오늘을 산다면 옆에 있는 사람이 나쁜 사람 한 사람도 없고, 떨어지는 먼지도 새롭게 보이고, 이슬 한 방울도 아주 영롱하고 찬란하게 보일 겁니다. 오늘이란 이만큼 소중합니다. 하루하루를 충실히 살아가시기를 바랍니다. 감사합니다."

"우리가 학교 다닐 때 한 번쯤은 네 잎 클로버를 찾아본 경험이 있을 것입니다. 네 잎 클로버의 꽃말이 무엇인지 알고 있습니까? 행운입니다. 그런데 세 잎 클로버의 꽃말은 무엇인지 아십니까? 행복입니다. 대부분 사람은 행운을 찾고자 하는데, 저는 행운보다 더 소중한 것이 행복이라고 봅니다. 그런데 행복을 옆에 두고서 행운을 좇는 어리석음을 범하는 경우가 많습니다. 지금 여러분 곁에는 행복이 있습니다. 그 행복을 잘 지켜나가는 것이 더 중요할지도 모릅니다. 오늘 여기서 행복해야 내일 거기서도 행복할 수 있습니다. 모두 다 행복하시기 바랍니다. 감사합니다."

"아주 옛날에 소와 사자가 살고 있었습니다. 둘은 너무 사랑하여 엄마 아빠의 반대에도 무릅쓰고 결혼하였습니다. 너무 사랑하기 때문에 둘은 최선을 다해서 서로를 섬겼습니다. 소는 소 나름대로 최선을 다하여 자기가 먹어본 음식 중 가장 싱싱한 풀과 채소 등을 육식동물인 사자에게 매일 갖다 주었습니다. 사자도 사자 나름대로 최선을 다하여 자기가 먹어본 음식 중 가장 싱싱한 육회 고기 등을 채식 동물인 소에게 매일 갖다 주었습니다. 처음엔 조금씩 먹었는데 둘이 이렇게 계속 최선을 다해서 결국 소와 사자는 헤어졌다는 것입니다. 소 같은 최선, 사자 같은 최선은 오히려 독이 될 수 있습니다. 우리도 그렇지 않은가요? 나는 당신에게 최선을 다해주는데 당신은 왜 나에게 그러냐? 나도 당신에게 최선을 다해주는데 당신은 왜 나에게 그러냐? 우리가 최선을 다한다고 할 때, 특히 인간관계에 있어서는 상대방이 원하는 것에 대하여 최선을 다해야 합니다. 나만을 위한 최선이 될 때 그 최선이 오히려 독이 될 수 있습니다."

PART

3

미래 교육과정 설계 방향 및 사례

CHAPTER 10

중학교 자유학기제도, 고등학교 학점제도

학습 개요

이 장은 중학교 자유학기제도와 고등학교 학점제도에 대하여 살펴본다. 중학교 자유학기제도 운영 방법과 구체적인 운영 사례에 대하여 알아본다. 자유학기 활동의 경우 진로 탐색 활동, 주제 선택 활동, 예술·체육 활동, 동아리 활동으로 자유학기 활동을 다양하게 할 수 있게 한 내용에 관하여 구체적인 사례를 중심으로 살펴본다. 고등학교 학점제도의 경우 학점을 기준으로 학사 제도가 설계·운영되며, 세부 운영방식은 학교 운영 여건에 따라 다양하다. 그 다양한 방법에 대하여 구체적으로 살펴본다.

학습 목표

1. 중학교 자유학기제도 운용에 대하여 구체적으로 설명할 수 있다.
2. 중학교 자유학기제도 운용 모형에 따라 자유학기 중점 모형을 설계할 수 있다.
3. 고등학교 학점제도 운용에 대하여 구체적으로 설명할 수 있다.

학습 과제

1. 중학교 자유학기제도 운용 사례를 조사해 보시오.
2. 자유학기 운영을 어떻게 할 것인가? 운영 모형 중 한 가지 또는 복합 활용하여 자유학기를 어떻게 운영할 것인지 하나의 모형을 구성하여 자유학기 중점 모형을 설계해 보시오.

사전 OX 퀴즈

1. 중학교 자유학기제도란 중학교 과정 중 한 학기 동안 학생들이 시험 부담에서 벗어나 꿈과 끼를 찾을 수 있도록 토론·실습 등 학생 참여형으로 수업을 운영하고, 진로 탐색 활동 등 다양한 체험 활동이 가능하도록 교육과정을 자율적으로 운영하는 제도이다.

정답

2. 중학교 자유학기제도의 특징은 꿈·끼 교육 확산을 위한 교육과정 운영이다. 교실 수업 혁신으로 토론 및 프로젝트 수업, 실험·실습 등 학생 참여·활동 중심의 수업을 확대하고, 과정 중심 평가를 시행한다.

정답

3. 자유학기 활동의 경우 진로 탐색 활동, 주제 선택 활동, 예술·체육 활동, 동아리 활동으로 자유학기 활동을 다양하게 할 수 있게 하였다.

정답

4. 고등학교 학점제도란 진로에 따라 다양한 과목을 선택·이수하고, 누적 학점이 기준에 도달하면 졸업을 인정받는 교육과정 이수·운영제도이다. 학점을 기준으로 학사 제도가 설계·운영되며, 세부 운영방식은 학교 운영 여건에 따라 다양하다.

정답

5. 고등학교 학점제도의 제도적 요건으로 첫째. 교육과정은 이수 단위를 학점으로 하여, 학력(자격) 취득을 위한 총 이수학점·필수 이수학점 등을 제시한다.
   - 영역 선택형의 경우 사회·교양·예체능 등 영역별 선택이 필요한 분야의 경우, 과목군 내에서 다양한 과목을 개설
   - 단계 선택형의 경우 전문자격 과정 및 수학·과학 등 위계성이 강한 과목으로, 난이도·학습량 등에 따라 단계를 구분하여 다양한 과목을 개설한다.

정답

1. 중학교 자유학기제도

1-1. 중학교 자유학기제도 이해

중학교 자유학기제도의 개념은 다음과 같다. 중학교 과정 중 한 학기 동안 학생들이 시험 부담에서 벗어나 꿈과 끼를 찾을 수 있도록 토론·실습 등 학생 참여형으로 수업을 운영하고, 진로 탐색 활동 등 다양한 체험 활동이 가능하도록 교육과정을 자율적으로 운영하는 제도이다.

중학교 자유학기제도의 추진 배경은 다음과 같다. 우리나라 초·중등 교육을 학생들의 꿈과 끼를 키우는 행복 교육으로 변화시키는 전기를 마련하기 위해 '자유학기제 확산'을 교육개혁 핵심과제로 선정하고, 2016년부터 모든 중학교에서 시행하고 있다. 교육 본질에 충실한 교육과정, 인성교육 중심의 수업과 개인 맞춤형 진로 교육을 통해 입시 위주의 교육에서 벗어나 학생들의 꿈과 끼를 살려주는 행복 교육으로 전환하기 위한 것이다. **토론·실습·체험 중심의 중학교 자유학기제를 도입하여 한 학기 동안 중간·기말고사 지필시험을 치르지 않고 다양한 체험학습**(활동) **과정과 결과를 서술적으로 기술한다.** 중학교 자유학기제도의 시행 근거는 다음과 같다. **초·중등교육법 시행령 개정**(2015.8), **진로 교육법 제정**(2015.6.22. 공포) 그리고 **2015 개정 교육과정의 자유학기제 편성·운영 제시**(2015.9)에 바탕을 둔다.

중학교 자유학기제도의 특징은 다음과 같다. 첫째, 꿈·끼 교육 확산을 위한 교육과정 운영이다. 교실 수업 혁신으로 토론 및 프로젝트 수업, 실험·실습 등 학생 참여·활동 중심의 수업을 확대하고, 과정 중심 평가를 시행한다. 다양한 꿈·끼 탐색 활동을 위하여 진로 탐색 활동, 주제 선택 활동, 동아리 활동, 예술·체육 활동 등 다양한 '자유학기 활동'을 운영하는 것이다. 둘째, 중앙–지역으로 이어지는 자유학기제 체험 활동 기반 확충이다. 교육부, 중앙부처, 민간기관, 대학 등과 "자유학기제 진로 체험협의회"를 운영하여 협력 체계를 강화하고 체험처를 확충, 내실화하는 것이다. 셋째, 교육청과 지역 협력 체계를 구축하여 지역사회의 다양한 자원을 학교와 연계하는 등 체험 활동 지원을 내실화하는 것이다. 모든 교육지원청(177개)은 자유학기제 · 진로 체험지원단 운영(2015. 7)하며, 130개 자유학기제 · 진로체험지원센터를 설립(2015. 6. 30), 74개를 추가 설립(2015. 12) 하였다. 넷째, 운영학교는 2015년 2학기 자유학기제 운용에 차질이 없도록 진로 체험처(58,882개, 162%)와 체험 행사(102,507개, 141%)를 확보하였다.

1-2. 중학교 자유학기제도 운영 모형

중학교 자유학기제도 운용의 경우 첫째, 학생 중심 교육과정 편성으로 교육과정 편성 운영의 자율성을 부여하고 있다. 또한 교육과정을 재구성할 수 있게 하였다. 자유학기 활동의 경우 진로 탐색 활동, 주제 선택 활동, 예술 · 체육 활동, 동아리 활동으로 자유학기 활동을 다양하게 할 수 있게 하였다.

둘째, 교수-학습 방법의 경우에는 참여와 활동 중심으로 이루어지게 하였다. 교과 교육과정 재구성을 통한 교과 융합 수업이 가능하다. 토론, 문제해결, 의사소통, 실험, 실습, 프로젝트 학습을 한다. 자유학기 활동의 경우 학생의 흥미나 관심사에 기반한 프로그램을 편성하여 능동적, 자기 주도 학습의 경험을 제공한다.

셋째, 평가 및 기재의 경우 중간 · 기말고사 등 지필식 총괄평가는 시행하지 않으며, 자기주도 학습, 협력학습을 촉진하는 평가를 시행한다. 교과에 대한 태도와 흥미, 동기, 인성 등 정의적 특성에 대한 평가를 활성화한다. 자기성찰 평가, 포트폴리오 평가 등 학생의 학습과 성장을 지원하는 형성평가, 수행평가를 강화한다. 평가 결과는 성취 기준에 따른 성취 수준, 참여도 및 태도, 꿈 · 끼 관련 활동 내용 등을 중심으로 학교생활기록부에 서술식으로 기재한다. '자유학기 활동'은 활동 내용, 참여도, 열성, 특별한 활동 내용 등을 중심으로 창의적 체험 활동 기재 요령에 따라 기재한다. 학생들의 평소 학습에 도움을 줄 수 있도록 형성평가 결과 등을 학생 발달 형태로 누가 기록하여 수시 피드백을 시행한다. 중학교 자유학기제도의 운영 모형은 [그림 10-1]과 같다.

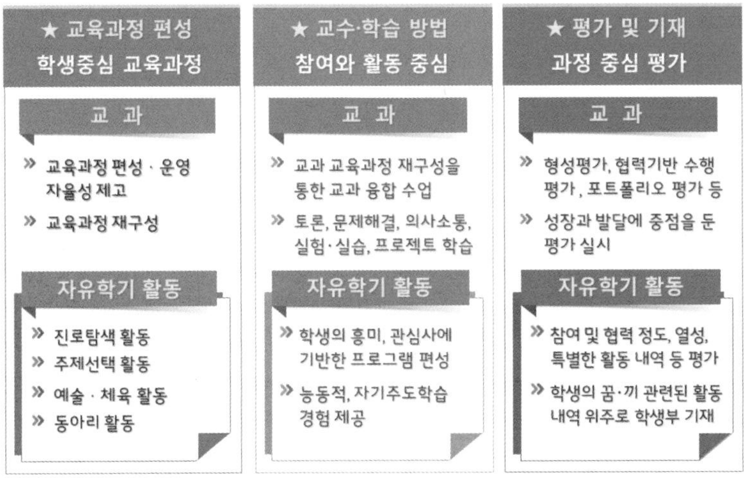

그림 10-1 중학교 자유학기제도 운용 모형

1-3. 중학교 자유학기제도 교육과정 편성 및 운영

중학교 자유학기제도 교육과정 편성 및 운영의 경우 학교에서 교육과정을 자율적으로 편성하고 운영할 수 있게 하였다. 자유학기의 학교 교육과정 편성 · 운영의 자율성을 보장(초·중등교육법 시행령 개정: 2015.8)하고, 2015 개정 교육과정을 반영하였다. 교과 및 창의적 체험 활동 시수를 활용하여 학생의 희망과 관심사에 기반한 '자유학기 활동(예를 들어 진로 탐색 활동, 주제 선택 활동, 예술·체육 활동, 동아리 활동)'을 170시간 이상 편성 · 운영하도록 하였다. 운영기의 경우, 1학년 1학기, 1학년 2학기, 2학년 1학기 중에서 학교의 장이 해당 학교 교원이나 학부모의 의견을 수렴하고 학교의 목표와 특성을 고려하여 각 활동을 적절하게 운영하도록 하였다.

학생부 기재 및 나이스 교육과정 편제 지원을 위하여 자유학기 동안의 꿈 · 끼 관련 활동을 학교생활기록부에 기재할 수 있도록 조치하였으며, 교과 '성취도'란에 'P' 입력, '자유학기 활동'을 기재할 수 있는 양식을 신설하였다. 자유학기와 일반 학기의 연계를 통한 꿈 · 끼 교육 확산을 위하여 자유학기의 성공 사례를 일반 학기로 확산(학생 참여 수업, 과정 중심 평가, 진로 탐색 활동 등을 일반 학기와 연계 운영)하여 학교 전반의 변화를 도모하였다.

1-4. 중학교 자유학기제도 참여 및 활동 중심의 교실 수업 확산

자유학기제도 정착을 위하여 첫째, 학생 참여 · 활동형 수업, 교과 융합, 프로젝트 수업 활성화를 권장하고 있다. 암기식 수업을 최소화하고 수업에 참여하는 태도와 자기 표현력 향상을 위한 협동학습, 토론 수업을 활성화하고 있다. 교과 교육과정의 적극적 재구성을 통한 교과 및 학습 주제 간 융합 수업을 시행하여 융합적 사고력과 문제해결 능력을 배양한다. 개인 및 조별 프로젝트 학습을 확대하고, 실생활 연계 수업을 강화한다. 교사들을 위하여 학습공동체 구축을 권장하고 있다. 주제별 · 교과별 학생 활동 중심 수업 개선 지원을 위한 자유학기제 교사연구회 운영을 지원한다. 2014년 30개에서 2015년 126개, 2016년 340개 운영하였다. 또한 연구대회 추진의 경우 중학교 교원, 교육전문지를 대상으로 '자유학기제 실천사례 연구대회'를 2015년 신설하였다. 자유학기제 교수-학습 모형은 [그림 10-2]와 같다.

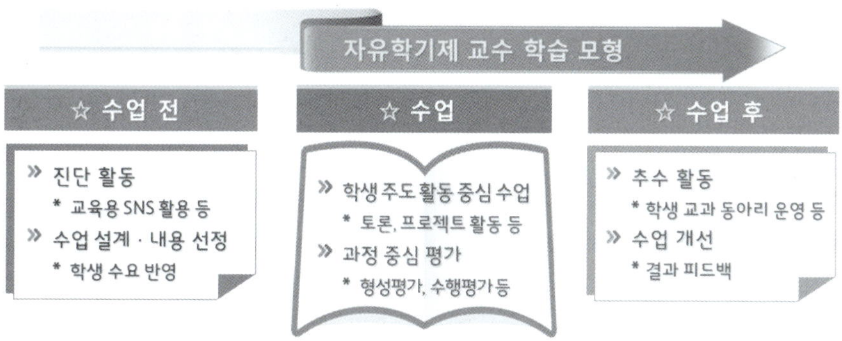

그림 10-2 자유학기제 교수-학습 모형

1-5. 꿈·끼 탐색 지원을 위한 자유학기 활동 영역

자유학기제도의 꿈과 끼의 탐색 지원을 위한 활동 영역에는 첫째, 진로 탐색 활동 영역, 둘째, 주제 선택 활동 영역, 셋째, 예술 · 체육 활동 영역, 넷째, 동아리 활동 영역이 있다.

1) 진로 탐색 활동 운영

진로 탐색 활동 운영의 경우 첫째, 진로 학습활동이 있다. 이는 학생이 적성과 소질을 탐색하여 스스로 미래를 설계해 나갈 수 있도록 체계적인 진로 교육의 토대를 마련하는 것이다. '교과 통합 진로 교육'을 활성화하여 학습과 진로에 대한 동기를 부여하는 것이다. 둘째, 진로 체험이다. 이는 학생들이 희망하는 체험처에서 현장 직업체험, 직업 실무체험 등 다양한 진로 체험 활동을 학교별로 2회 이상 실시하는 것이다. 학생부 진로활동 기록 사항을 상급학교에 연계하여 학생의 진로 교육 및 상담 · 지도 활동 전반을 체계적으로 기록 · 관리할 수 있도록 구성하였다. 자유학기제도의 진로 탐색 활동 운영은 [그림 10-3]과 같다.

자유학기제도 진로 탐색 활동 운영 모형

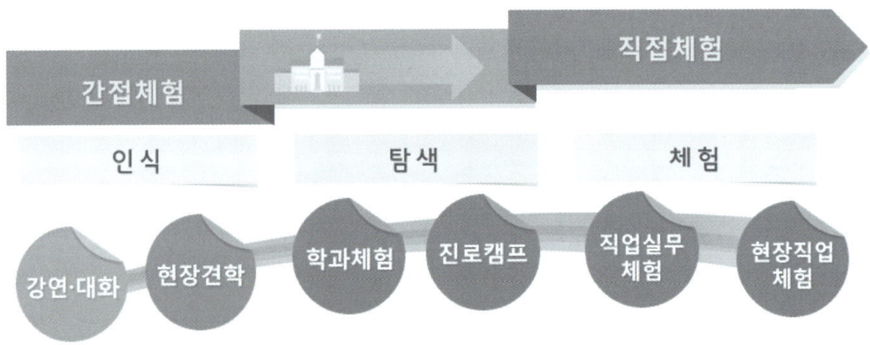

☞ 체험 방식(간접 체험, 직접 체험), 체험 기간(단기간, 장기간) 등을 고려하여 영역별(인식, 탐색, 체험)로 균형감 있게 편성하되, 직접 체험 위주의 진로 체험 활동을 권장

그림 10-3 자유학기제도의 진로 탐색 활동 운영 모형

2) 주제 선택 활동 운영

주제 선택 활동 영역의 목적은 학생의 흥미, 관심사에 맞는 전문적이고 체계적인 학생 중심 프로그램을 운영하여 학습 동기를 유발하고 전문적인 학습 기회를 제공하는 것이다. 교과 연계 주제 선택 활동을 적극적으로 운영하여 자신의 관심 분야에 대한 재능을 발견하고 다양한 진로를 탐색할 기회를 제공하는 것이다. 공공 · 민간 기관과의 협력 네트워크를 강화하여 체험 · 사례 중심의 헌법교육, 경제교육, 인성 · 행복교육을 내실화할 수 있다.

3) 예술 · 체육 활동 운영

예술 · 체육 활동 영역의 목적은 학생의 희망을 반영한 다양한 문화, 예술, 체육 활동 기회를 제공하여 학생들의 소질과 잠재력을 끌어내는 교육이다. "1학생 1 문화 · 예술 1 체육 활동", 예술 · 체육 관련 진로 교육 콘텐츠 개발 · 보급을 통해 문화 · 예술(뮤지컬, 연극 등), 체육 교육을 활성화하는 것이다. 예를 들면 2016년 '예술 명예 교사의 학교로 찾아가는 강연 콘서트(강연+콘서트)' 운영과 같은 것이다.

4) 동아리 활동 운영

동아리 활동 영역의 목적은 학생들의 공통된 관심사를 바탕으로 학생 주도 꿈 · 끼 탐색 동아리 활동 운영을 지원하여 자치 능력, 자율적 문제해결 능력을 함양하는 것이다. 학생 동아리 한마당, 지역 진로 체험 페스티벌 등에서 동아리 활동 결과를 합동 발표하는 등 학교 간 동아리 연계 활동을 강화한다. 자유학기제 학생 동아리 지원은 2015년 1,300개에서 2016년 2,000개 동아리를 지원하였다.

2. 중학교 자유학기제도 운영 사례

중학교 자유학기제도 운용 사례를 꿈과 끼의 탐색 지원을 위한 활동 영역에 따라 첫째, 진로 탐색 활동 영역, 둘째, 주제 선택 활동 영역, 셋째, 예술·체육 활동 영역, 넷째, 동아리 활동 영역, 다섯째, 예술체험 중점 + 동아리 프로그램 중점 모형을 가미한 복합 모형이 있는데 이러한 사례를 중심으로 살펴본다.

2-1. 진로 탐색 활동과 예술·체육 중점 모형 운영 사례

00중학교 "꿈과 끼를 키우는 행복 교육을 통한 미래 핵심 역량의 신장"

[자유학기제 운용 모형]
: 진로 탐색 활동과 예술·체육 중점 모형

시간＼요일	월	화	수	목	금
1	기본교과(20시간) 국어(4), 도덕(2), 사회(2), 수학(4), 과학(3), 영어(3), 기술·가정(1), 한문/보건(1) ※ 미술·체육·학교스포츠클럽을 예술·체육, 선택 프로그램에 융합				
2					
3					
4					
5	행복꿈사다리 (행복+글쓰기+목공)	1인 3 예술·체육 프로그램	진로동아리 미래핵심 역량	SCEP	1인 2 선택 프로그램
6					
7					
8	자율과정과 연계한 선택형 방과후학교 운영				

[교육 특색 내용]

- 교수-학습 및 평가 방법 개선
  - 핵심 성취 기준 중심으로 교육과정의 재구성하고, 그에 맞는 참여와 활동 중심의 교수-학습 방법을 적용
  - 학생의 인지적·정의적 성장을 관찰하고 기록하여 과정 중심의 평가 시행
  - 학생 자기성찰 평가지와 학생성장 기록지 작성으로 학생-교사-학부모 평가 체제 구축
- 수요자 중심의 맞춤형 자율과정 운영
  - 1인 3 예술·체육형 선택 프로그램으로 예술프로그램, 교외 스포츠, 교내 스포츠를 각각 5주씩 운영하여 디자인 상상발전소, 탁구, 방송 댄스 등 학생 각자의 흥미와 요구에 맞도록 편성하여 다양한 경험과 진로 탐색의 기회를 제공
  - 47개의 진로동아리 "진로-동아리 봉사의 날" 운영을 통해 단순한 동아리 활동이 아닌 자신의 진로에 맞는 다양한 활동과 더불어 사회에 배려와 나눔을 실천할 기회를 제공

❍ "수학"에서 배운 통계로 다른 교과 속의 문제를 해결할 수 있다는 것이 놀랍고도 흥미로웠어요. 교과 내용만 배우는 것이 아니라 우리 생활 속의 문제를 과학적으로 분석하고, 국어-도덕에서 배운 방법으로 표현할 수 있어요! (학생)

❍ 선생님께서 아이들에 대해 관심이 많음을 느꼈고, 아이가 얼마나 성장했는지 알게 되었다. 성장 기록지를 통해 아이의 학습 태도가 많이 개선되고 있음을 알고 특히 좋았다. (학부모)

2-2. 수업 개선 중심의 학생 (주제)선택 프로그램 중점 모형 운영 사례

00 중학교 "화명 [꿈틀+ 프로젝트]로 행복 공감 학교 만들기"

[자유학기제 운용 모형]
: 수업 개선 중심의 학생 (주제)선택 프로그램 중점 모형

시간 \ 요일	월	화	수	목	금	토
1	기본교과(20시간) ※ 국(3), 영(3), 수(3), 사(3), 과(3), 기가(1), 도(1), 체(2), 일본(1) ※ 블록 타임 : 사회, 수학, 과학					*토요 동아리 *진로 체험 *스포츠클럽대회 *자기 주도 공부방
2						
3						
4						
5	예술 (음악, 미술)	학생 선택 (교과 연계, 고정) 16개 반	동아리 (고정) 15개 반	인성	진로 B (진로 독서)	
6				진로 A (진로와 직업)		
7	자율활동 (고정)	선택형 방과후학교				

[교육 특색 내용]

- 교수-학습 및 평가 방법 개선
  - 모둠활동을 통해 학급의 반장, 부반장 외에 다수의 학생이 지도력을 발휘할 기회를 얻었고, 성적이 아닌 각자가 가진 자신만의 역량 중심으로 서로를 평가하고, 인정하는 분위기 형성
  - 국어(토의 · 토론), 사회(NIE), 수학(스토리텔링), 과학(과학 글쓰기), 영어(협력학습), 기술가정(디지털 협동학습) 등 교과별로 수업브랜드를 가지고 교과 간 융합 수업을 시행하였고, 진로 연계 수업을 1회 이상 운영
- 학생 선택 프로그램 중심의 맞춤형 자율과정 운영
  - 학생 선택 프로그램(교과 연계)'을 핵심으로 '꿈 찾기' 진로 탐색 프로그램, '끼 찾기' 학생 선택 프로그램*, '행복 찾기' 예술 · 인성 프로그램 운영

    * 16개 반을 개설하여 2회 선택이 가능한 '학생 선택 프로그램(교과 연계)'은 외부전문가 코티칭, 커리어넷과 연계한 진로와 직업탐색, 현장 진로 체험을 병행하고 15개 반을 개설한 '진로동아리'는 봉사활동과 격주로 운영 및 비즈쿨과 연계

❍ 교사의 교육과정 재구성 및 교수 · 학습 방법에 대한 역량 강화
  - '융합 수업으로 타 교과와의 협의가 선택이 아닌 필수가 됐어요. (교사 김 O 진)'

❍ 시험이 없으니 담임선생님과 성적보다는 우리 아이의 적성, 진로, 생활 태도 등에 관한 이야기를 더 많이 나눌 수 있어서 좋아요. (학부모)

2-3. 예술·체육 선택 프로그램 중점 모형 운영 사례

00 중학교 "꿈 무릇 끼 무릇 희망 찾는 자유학기제"

[자유학기제 운용 모형]
: 예술·체육 선택 프로그램 중점 모형

<table>
<tr><th>요일
시간</th><th>월</th><th>화</th><th>수</th><th>목</th><th>금</th></tr>
<tr><td>1</td><td colspan="5" rowspan="4">기본교과(20시간)
국어(4), 도덕(2), 사회(2), 수학(3), 과학(3), 영어(3), 정보(3)
※ 음악·미술·체육을 자율과정 프로그램에 융합</td></tr>
<tr><td>2</td></tr>
<tr><td>3</td></tr>
<tr><td>4</td></tr>
<tr><td>5</td><td>진로·인성</td><td>동아리(스포츠)</td><td rowspan="2">진로·감성</td><td>동아리(교과)</td><td rowspan="2">예술·체육
선택 프로그램
(6개)</td></tr>
<tr><td>6</td><td rowspan="2">체육 활동</td><td rowspan="2">교과 연계
선택 프로그램
(6개)</td><td rowspan="2">문화·교양
선택 프로그램
(7개)</td></tr>
<tr><td>7</td><td></td><td></td></tr>
</table>

[교육 특색 내용]

- 교수-학습 및 평가 방법 개선
  - 교육내용 재구성을 통해 핵심 성취 기준 기반 수업을 진행
  - 교과별 프로젝트 수업을 통한 학생 주도적 주제선정, 역할 분담, 결과 도출 및 발표에 이르는 과정을 경험하게 함으로써 성취감과 자존감을 향상하게 시켜 자기 주도적 학습을 위한 동기부여 유도
- 자율과정 운영 특색
  - 생태도시의 특성을 살린 지역 관계 기관*과 연계한 지역사회 연계 프로그램 운영
    * 협력 기관 : 국립생태원, 국립해양생물자원관, 장항미디어센터, 서천청소년수련관, 희리산 자연휴양림 등
  - 보고 듣고 느끼는 감성 교육을 접목한 진로 교육 및 지역사회 연계* 진로 체험 활동
    * 국립 해양생물자원관 '꿈꾸는 미래, 나의 바다' 해양 진로 교육, 서천군 미디어 문화센터 '미디어 진로 교육' 라디오, 리포터, 사진작가, 영상 체험 등

❍ '마을을 교실 삼아 공부하니 아이들이 활기차더라, 내가 학교 다닐 때도 이런 제도가 있었으면 좋았겠다'. 지속해서 되면 좋겠다. (장항읍 장 김○○)

❍ '학생이 참여하는 활동 중심형 수업의 놀라운 효과를 몸소 체험하고 아이들이 많이 참여하는 수업 방법을 더 연구해야겠다.'라고 다짐하는 계기가 됨. (국어 교사 강○○)

2-4. 동아리 중점 모형 운영 사례

00 중학교 "MDMH로 나아가는 행복학교 만들기" (More Dreams, More Happiness)

[자유학기제 운용 모형]
: 동아리 중점 모형

<table>
<tr><th>요일 / 시간</th><th>월</th><th>화</th><th>수</th><th>목</th><th>금</th></tr>
<tr><td>1</td><td colspan="5" rowspan="4">기본교과(21시간)
국어(4), 도덕(2), 사회(3), 수학(3), 과학(3), 영어(3), 기술·가정(2), 정보(1)
※ 음악·미술·체육·학교스포츠클럽을 예술·체육, 선택 프로그램에 융합</td></tr>
<tr><td>2</td></tr>
<tr><td>3</td></tr>
<tr><td>4</td></tr>
<tr><td>5</td><td rowspan="2">동아리
(스포츠)</td><td rowspan="3">선택 프로그램 1</td><td rowspan="2">예·체능 1
(학생선택형)</td><td>선택 프로그램 2</td><td rowspan="2">동아리</td></tr>
<tr><td>6</td><td>예·체능 2</td></tr>
<tr><td>7</td><td>※진로 탐색</td><td>※진로 탐색</td><td>진로 탐색</td><td>※동아리</td></tr>
<tr><td>8</td><td colspan="5">동아리 활동과 연계한 선택형 방과후학교 운영</td></tr>
</table>

[교육 특색 내용]

- 교수-학습 및 평가 방법 개선
  - 교과별 핵심 성취 기준 중심으로 교육과정 재구성, 교과별로 특색 있는 교수-학습 방법을 구안·실천 및 블록 타임 제 기반 주제 중심 토론학습 및 교과 통합 프로젝트 수업 시행
  - 학생들의 문제 해결 능력, 창의력, 기초학습 능력, 대인 관리능력 등의 핵심 역량 함양을 위하여 교과별 핵심 성취 기준을 바탕으로 한 평가 문항을 개발하였으며, 거의 모든 교과에서 서술형 평가를 활용하고, 특히 동료평가와 소집단별 프로젝트 평가, 자기평가 등의 다양한 정의적 평가 방법을 도입하여 실시
- 자율과정 운영 특색
  - 학생들의 흥미와 적성 및 진로 희망을 고려하여 '함께 하는 세상 / 가자! 세계로!' 등 1학년 18개의 동아리를 조직하고, '탐색단계 - 활동 단계 - 표현 및 정리단계'의 과정으로 운영
  - 대인 관리능력, 진로 개발 능력, 자기 관리능력, 시민의식 등의 함양을 위하여 step by step (진로 탐색-진로 체험-진로 설계) 진로 프로그램을 운영

❍ 자유학기제를 하면서 자녀가 자신의 미래에 관한 이야기를 자주 하고 부모와 대화를 나누는 시간이 많아졌다. 자유학기제가 운용되는 학기에만 그치지 말고 학생들의 꿈을 키울 수 있는 교육활동으로 계속 이어지길 바란다. (학부모)

❍ 사진동아리 활동으로 신문기자의 꿈을 키우게 되었다. 피카소 따라잡기 수업으로 미술에 재능이 있다는 걸 알게 되었다. (학생)

2-5. 예술·체육 중점 + 동아리 프로그램 중점 모형 운영 사례

00 중학교 "꿈과 끼를 버무려 두근두근 미래로! 세계로!"

[자유학기제 운용 모형]
: 예술·체육 중점 + 동아리 프로그램 중점 모형

<table>
<tr><th>요일
시간</th><th>월</th><th>화</th><th>수</th><th>목</th><th>금</th></tr>
<tr><td>연서
꿈나라</td><td colspan="5">아침 명상 및 자기성찰 평가</td></tr>
<tr><td>1~3</td><td colspan="5">기본교과(20시간)
국어, 도덕, 사회, 수학, 과학, 체육 핵심 성취 기준 기반 수업</td></tr>
<tr><td>4</td><td rowspan="2">예술(미술)</td><td></td><td rowspan="2"></td><td>스포츠동아리</td><td rowspan="2"></td></tr>
<tr><td>5</td><td rowspan="2">학생 선택
프로그램</td><td rowspan="2">동아리</td></tr>
<tr><td>6</td><td rowspan="2">예술(음악)</td><td rowspan="2">생생한 스포츠</td><td rowspan="2">진로활동</td></tr>
<tr><td>7</td><td></td><td></td></tr>
</table>

[교육 특색 내용]

- 교수-학습 및 평가 방법 개선
  - 교과 단원별 핵심 성취 기준 교과과정 재구성
  - 학생 중심의 활동실 교수-학습 방법으로 전환을 위해 교과협의회를 통해 교과 간의 융합 요소를 추출하여 주제를 중심으로 교과 융합형 교수-학습 활동을 전개
- 자율과정 운영 특색
  - 예술·체육 프로그램, 학생 선택 프로그램*운영으로 예술 및 체육 관련 분야 진로에 관한 관심과 흥미를 높이고 문화 감성을 함양
    * 꿈 찾아 디자인, 하모니, 생생한 스포츠, All That English, 카이 로봇, 얼네 (연극) 등
  - 개인 맞춤형 진로 프로그램을 운영하여 학생의 자기 이해 능력을 신장

❍ 신규교사로서 다양한 교수-학습법의 적용을 통해 가르치는 재미와 보람을 느끼게 되었으며 교사로서 긍지를 갖게 되었다. '(교원)

❍ 자유학기제의 다양한 활동을 통하여 나 자신의 꿈에 대해 생각해보는 계기가 되었고 내가 참여하는 수업이 재미있다. (학생)

❍ 예체능 프로그램이나 학생 선택 프로그램을 통하여 학생들이 작은 성공의 경험을 통해 자신감이 회복되었고, 학부모들도 학교 교육에 대한 신뢰와 만족도가 높아졌다. (학부모)

참고: 교육부 보도자료 2014. 12. 24. 중학교 자유학기제 운용 우수학교 시상 및 학생, 교원, 학부모 수기 발표

토의

자유학기를 어떻게 운영할 것인가? 운영 모형 중 한 가지 또는 복합 모형을 활용하여 자유학기 중점 모형을 설계해 보시오.

2-6. 진로 탐색활동운영 영역의 학기별 운영 사례

1학기 운영 사례

날짜	시간	활동명	활동 내용
4.17(금)	1	자유학기 오리엔테이션	자유학기에서의 진로 탐색 목적 및 이해
6.23(화)	4	온라인 직업인 멘토링을 활용한 진로 탐색	158개 직업인 영상 제공 후 관심 직업 찾아 듣고 소감 적기 *직업 탐색 활동보고서 쓰기 대회로 연계
7.1(수)	1	학습역량 검사	사전 검사 실시
7.8(수)	4	6대 핵심역량을 활용한 창직 프로그램	1교시: 실시간 검사해석방송 2교시: 가상 현실 속 게임 형식으로 HEXA CT검사 결과를 반영하여 자신의 강점이 반영된 고유한 캐릭터 만들기 3교시: 자신의 캐릭터로 새로운 직업을 만드는 롤플레잉 게임을 통해 창직을 이해하고 역량을 발휘하는 활동 4교시: 검사결과 보고서 작성 시간 (* 아래 세부 내용 추가 정리)

날짜	시간	활동명	활동 내용
7.23(목)	2	학습역량강화 캠프	자기 이해의 증진과 학습코칭을 위한 학습역량강화 캠프 자기 강점 찾기, 자신의 공부방법 이해하기 (* 아래 세부 내용 추가 정리)
7.29(수)	2	나도 히어로 되어 보기	커리어 롤모델 인형을 제작해보면서 RIASEC 직업흥미와 연결시켜 보는 활동  학생 작품 사례
8.4(화)	2	독서를 통한 진로 탐색	자신의 진로와 관련된 도서를 찾아 읽고 소감 * 진로독서록을 모아 책으로 만들어주심

※ 커리어넷 홀랜드 검사 결과 나이스에 연계

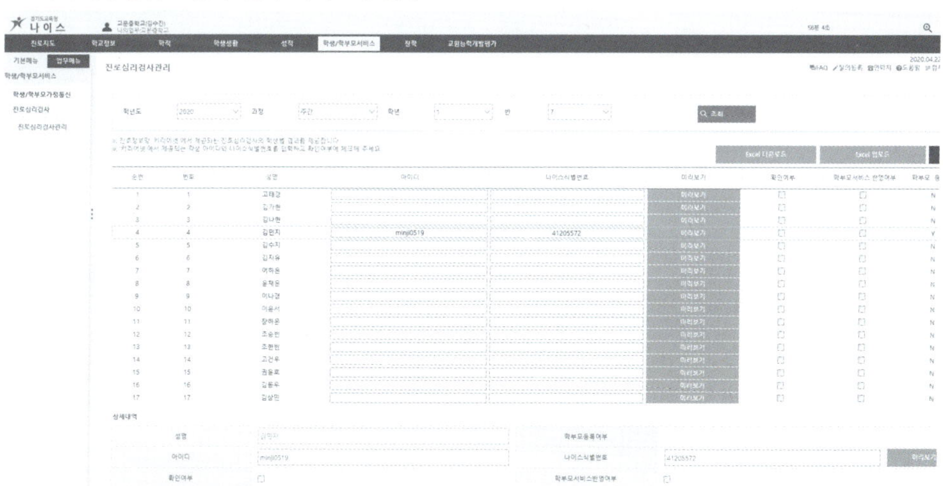

7.8(수) 6대 핵심역량을 활용한 창직 프로그램

<청소년 비즈쿨>온라인 진로캠프 운영 계획

'6대 핵심역량 검사 HEXA CT와 창직 프로그램 운영'

1 목적

- ○ 코로나-19 대응 장기화에 따른 온라인 진로 캠프 운영으로 역량중심 진로교육 모색
- ○ 문제해결 과정을 통해 2015 개정교육과정의 6대 핵심역량의 이해 기회 제공
- ○ 역량에 따른 창직 활동을 통해 미래 직업 사회 변화와 직업탐색
- ○ 자신의 역량을 알고 그에 따른 학습역량 인식시킴으로 진로의식과 삶의 방향을 설정

2 방침

- ○ 등교수업 주간의 직업탐색시간을 활용하여 6대 핵심역량 사전 검사 및 검사 결과 배부 및 캠프 안내
- ○ 온라인 진로캠프 전에 교사와 학생 모두 전용 플랫폼에 접속 및 로그인 방법 숙지로 차질없이 실시간 프로그램이 진행될 수 있도록 사전 점검 계획
- ○ 온-오프 블렌디드 러닝 기반 미래형 배움중심 수업 운영이 될 수 있도록 계획 및 담당교사 연수
- ○ 캠프 당일 워크북 및 체험 보고서를 작성하고, 직업탐색시간에 검사결과 피드백 및 심화과정을 통해 역량중심 진로선택 능력을 길러 자신에게 맞는 진로탐색의 기회가 되도록 함.

3 세부 추진 계획

가. 일시 : 2020. 7. 8. (수) 1~4교시

나. 대상 : 1학년 전체

다. 프로그램명 : 온라인 창직 진로 캠프

라. 담당 : 진로전담교사, 교과교사

마. 세부계획

- 1 -

연번	날 짜	활 동		담당교사
1	6.10(수)	2015 개정 교육과정 6대 핵심역량(HEXA CT) 사전 검사		자유학기시간 -검사실시
2	6.29(월) -7.3(금)	검사 결과지 및 워크북 배부/프로그램 안내		프로그램 사전연수 및 명단작성
3	7/8(수) 1~4교시	1교시	실시간 검사해석방송	-출석확인 및 수업현황 실시간 점검, 워크북, 체험보고서 관리
		2교시	가상 현실 속 게임 형식으로 HEXA CT검사 결과를 반영하여 자신의 강점이 반영된 고유한 캐릭터 만들기	
		3교시	자신의 캐릭터로 새로운 직업을 만드는 롤플레잉 게임을 통해 창직을 이해하고 역량을 발휘하는 활동	
		4교시	검사결과 보고서 작성시간	

4 예산

내역	산출내역	금액	비고
체험비	8,000원×208명	1,664,000	청소년 비즈쿨 체험활동비

5 기대효과

- ○ 비대면 온라인 진로탐색 활동으로 코로나19로부터 안전한 진로체험 환경 조성
- ○ 자신의 핵심역량에 대한 충분한 숙지와 그에 따른 미래 창직활동 체험
- ○ 전문 진행자의 활용으로 현장감 넘치는 멘토링으로 학생 맞춤형 역동적인 진로교육 제공

- 2 -

등교 수업시 사전검사 실시 사진

㈜달꿈 견적서

작 성 일: 2020년 5월 27일

교문중학교 귀하

공급자				
사업자번호	215-87-96093			
대 표	이수인	상호명	㈜달꿈	
사업장주소	서울특별시 강남구 언주로141길 28, 웰빌리지 101호(논현동)			
업 태	서비스	종목	강연 및 행사기획	
Tel	02-558-1114	Fax	02-6937-1816	

아래와 같이 견적서를 제출합니다.			
합계	일금일백육십육만사천원정 (₩1,664,000원)		
진행기관	교문중학교		
행사일자	2020년 7월 8일 수요일		
행사진행일시	1교시 - 4교시 (쉬는시간포함)		
행사명	온라인 진로캠프		
내용	수량 (명)	금액(1인기준/원)	총금액
6대 핵심역량 진로검사(해석/2h) & 창직 프로그램(활동/2h)	208	8,000	1,664,000
합 계		1,664,000	
비고	부가세포함		

2020.7.8.(수) 1~4교시 실시간 온라인 진로·직업 탐색 수업 안내

1학년 ( )반 이름(   )

○ 1교시 수업: 9시 10분~(아래의 5번-③ 강의실 입장까지 완료할 것!!)

	시 정 표	진로수업 내용	준비물
1교시	09:10 - 09:50(40)	[illegible]	[illegible]
2교시	09:55 - 10:35(40)	[illegible]	(⇒ 등교시 반드시 제출)
3교시	10:40 - 11:20(40)	[illegible]	
4교시	11:25 - 12:05(40)	[illegible]	

2번. 상단 온라인 진로프로그램의 '온라인 나의교실' 클릭(※ 회원가입 필요없음)

① 별도의 회원가입 절차 없이 홈페이지 상단 온라인 진로프로그램의 '온라인 나의 교실' 클릭

① 교문중학교 확인
② 기본정보 입력
③ 학생인증 클릭

① 학교 이름 확인
② 강의 목록 확인
③ 강의실 입장 (9시 10분까지)
④ 결과보고서(소감문) 작성하기

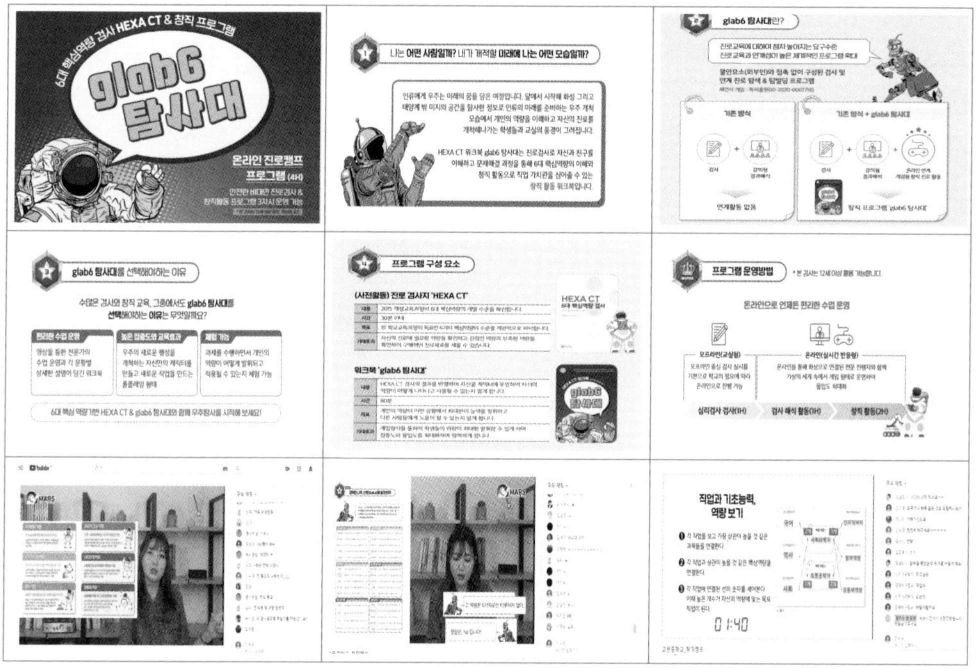

실시간 온라인 해설 강의 및 워크북 활동 장면

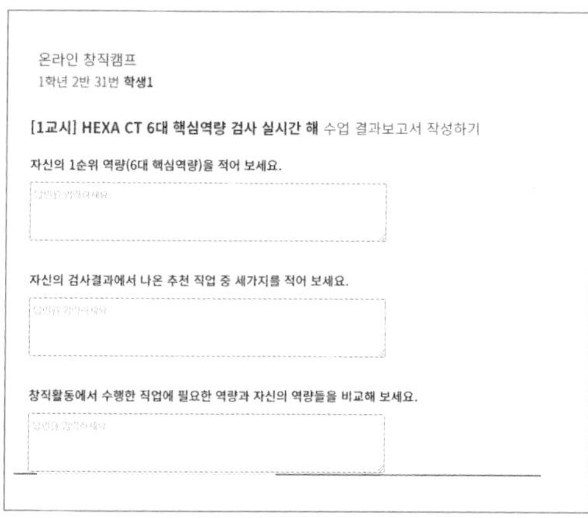

결과보고서 작성 화면

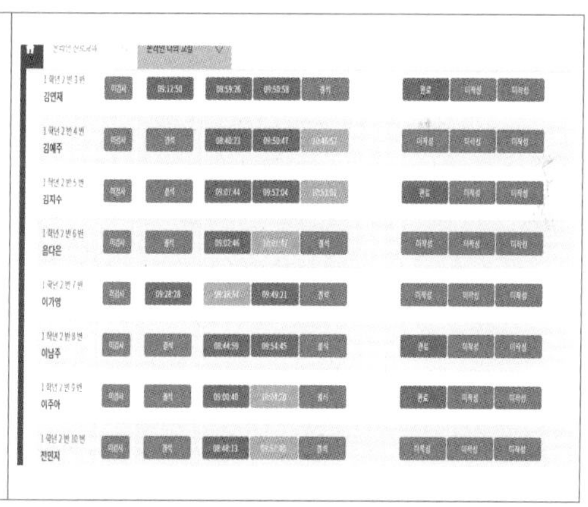

실시간 출석체크 및 보고서 제출현황 확인

7.23(목) 학습역량강화 캠프

학습 역량강화 캠프

「자기 이해 증진과 학습코칭 캠프」

1 프로그램 목적

교육의 기회와 발현 측면에서 학습과정에 자기이해와 자신의 학습전략이 얼마나 효과적인지 이해하고, 학업성취도에 영향을 줄 수 있는 다양한 요인들에 대해 알아 봄으로써 자신의 장점과 단점을 이해하고, 적성,재능을 찾아 스스로 진로를 고민하며 공부 할 수 있는 환경을 제공하기 위함.

2 프로그램 목표

1. 자기 이해 증진과 마음 읽기
2. 학습증진 및 동기, 목표 향상 지표
3. 학습방법에서 장, 단점 파악 보완계획
4. 학업적 자아개념 및 자기효능감 향상
5. 주도적 학습역량 유지,관리
6. 개인별 진로,학습실천 계획 ICLP (Individual Career & Learning Plan)

3 프로그램 개요

학령기 발달과 학습 과정에서 학업성취는 개인의 사회적 지위를 획득하는데도 많은 영향을 미치지만 심리적으로 성격 형성에도 큰 영향을 미친다. 학교에서의 실패경험이 지속적일 때, 청소년들은 자연 부정적이고 무능력한 자아상을 만들어 내고 자신에 대한 가치와 유능감이 부족한 성격으로 변할 수 있다. 멘토링을 통해 목표과제에 주도적으로 대처해가는 행동특성 변화와 개개인 주도적 학습, 진로역량향상 프로그램

학습역량 강화 캠프

4 프로그램 상세 활동 모습

5 프로그램 일정

1) 심리검사 선정 (학생 대상): •학습심리검사결과 처리 10일

	심리검사 선정 주제	평가 영역	목 적	심리검사 선정	검사시간
1교시	나의 마음 읽기와 강점 찾기	성격 ,동기	문제해결	Fit다요인지능검사	45분
2교시	나의 공부방법 이해하여 보기	학습전략	학습증진	학습전략검사	45분

발달정도에서 일반적성과 학습전략 검사 결과 중심으로 창의적 문제해결과정에 개입되는 감정, 동기의 정도를 이해하고 자신의 행동양식, 정보처리 패턴을 이해하여 목표과제를 성취해가는 학습기술 및 전략을 세우는 계획을 세우고 실천하여 학습능력은 발전 할 수 있다

①. 목표과제 성취 과정에서 집중, 방해, 갈등요인을 찾아 스스로 극복해보는 과정을 체험, 실천하여보는 경험을 통하여 단계적 행동특성의 변화를 구체적으로 명료화 한다

②. 개인별 학습 실천 계획: ILP(Individual & Learning Plan)
목표과제 학습 수행을 위한 목표설정과 전략 교과 과목을 파악하고 단기, 중, 장기 주도적 학업 계획을 실천

③. 잠재력과 소질을 개발하고 주도적으로 목표과제를 성취하기 위한 개인의 성격, 재능, 주어진 환경요인 같은 개별적인 특성을 이해하는 것이 **부모, 교사**들도 중요하다.

학습 역량강화 캠프

「자기 이해 증진과 학습코칭 캠프」

1 프로그램 목적

교육의 기회와 발현 측면에서 학습과정에 자기이해와 자신의 학습전략이 얼마나 효과적인지 이해하고, 학업성취도에 영향을 줄 수 있는 다양한 요인들에 대해 알아 봄으로써 자신의 장점과 단점을 이해하고, 적성,재능을 찾아 스스로 진로를 고민하며 공부 할 수 있는 환경을 제공하기 위함.

2 프로그램 목표

1. 자기 이해 증진과 마음 읽기
2. 학습증진 및 동기, 목표 향상 지표
3. 학습방법에서 장, 단점 파악 보완계획
4. 학업적 자아개념 및 자기효능감 향상
5. 주도적 학습역량 유지,관리
6. 개인별 진로,학습실천 계획 ICLP (Individual Career & Learning Plan)

3 프로그램 개요

학령기 발달과 학습 과정에서 학업성취는 개인의 사회적 지위를 획득하는데도 많은 영향을 미치지만 심리적으로 성격 형성에도 큰 영향을 미친다. 학교에서의 실패경험이 지속적일 때, 청소년들은 자연 부정적이고 무능력한 자아상을 만들어 내고 자신에 대한 가치와 유능감이 부족한 성격으로 변할 수 있다. 멘토링을 통해 목표과제에 주도적으로 대처해가는 행동특성 변화와 개개인 주도적 학습, 진로역량향상 프로그램

학습역량 강화 캠프

4 프로그램 상세 활동 모습

5 프로그램 일정

1) 심리검사 선정 (학생 대상): •학습심리검사결과 처리 10일

	심리검사 선정 주제	평가 영역	목 적	심리검사 선정	검사시간
1교시	나의 마음 읽기와 강점 찾기	성격 ,동기	문제해결	Fit다요인지능검사	45분
2교시	나의 공부방법 이해하여 보기	학습전략	학습증진	학습전략검사	45분

발달정도에서 일반적성과 학습전략 검사 결과 중심으로 창의적 문제해결과정에 개입되는 감정, 동기의 정도를 이해하고 자신의 행동양식, 정보처리 패턴을 이해하여 목표과제를 성취해가는 학습기술 및 전략을 세우는 계획을 세우고 실천하여 학습능력은 발전 할 수 있다

①. 목표과제 성취 과정에서 집중, 방해, 갈등요인을 찾아 스스로 극복해보는 과정을 체험, 실천하여보는 경험을 통하여 단계적 행동특성의 변화를 구체적으로 명료화 한다

②. 개인별 학습 실천 계획: ILP(Individual & Learning Plan)
목표과제 학습 수행을 위한 목표설정과 전략 교과 과목을 파악하고 단기, 중, 장기 주도적 학업 계획을 실천

③. 잠재력과 소질을 개발하고 주도적으로 목표과제를 성취하기 위한 개인의 성격, 재능, 주어진 환경요인 같은 개별적인 특성을 이해하는 것이 부모, 교사들도 중요하다.

2학기 운영 사례

날짜	시간	활동명	
9.3(목)	3시간	어썸스쿨 인공지능 히어로	(* 아래 세부 내용 추가 정리)
10.8(목)	4시간	메인콘텐츠 창직프로그램	(* 아래 세부 내용 추가 정리)
10.26(월)	4시간	진로비전캠프(꿈액자)	(* 아래 세부 내용 추가 정리)
11.10(화)	4시간	홀로그램	(* 아래 세부 내용 추가 정리)
1.4(월)	1시간	학년발표회	

9.3.(목) 어썸스쿨 인공지능 히어로

교시	배움 목표	주제	세부활동
1	인공지능의 정의, 개념 학습	About A.I	인공지능을 배워야 하는 이유를 깨닫고, 인공지능의 정의, 개념, 작동 원리를 이해하며 호기심을 갖는 활동 1) 마인드 오프닝 : 인공지능이 그린 그림 맞추기(구글 딥드림 활용) 2) 우리의 배움 목표 : 원리와 개념 이해, 협력과 문제 해결, 인공지능 사고력과 상상력 향상 3) 인공지능이 뭐지?(정의, 이해, 개념) 4) 퀵드로우 실습
2	인공지능 서비스 활용	나만의 인공지능	인공지능의 작동원리를 이해하고, 인공지능 서비스와 제품을 학습한 후 나의 필요와 성장에 도움이 되는 인공지능 찾기 1) 퀵드로우로 이해하는 인공지능 2) 인공지능 서비스와 제품들 3) 나의 관심사, 나의 필요와 성장을 채워주는 인공지능 서비스 찾기 4) 창직을 한다면 어디에 인공지능이 이용될 수 있을까?
3	생각과 상상(소감문)	퀴즈앤을 통한 정리	오늘 수업 정리 및 소감을 퀴즈앤으로 마무리

10.8(목) 메인콘텐츠 창직프로그램

구분	학습주제	프로그램 내용
1차시	나만의 강점과 어울리는 신직업을 찾아라	주요활동 : 강점피라미드 & 나의 강점에 어울리는 신직업
2차시		- 강점 피라미드를 통해 나의 강점과 강점 유형을 알아본다. - 나의 강점 유형에 맞는 신직업을 알아본다. - 제시된 4가지 문제상황에 대해 나만의 해결방법을 찾아보고 친구들에게 소개한다. 이를 통해 강점 유형별 해결방법을 알 수 있다.
3차시	나만의 새로운 직업만들기 /신직업 창직 박람회	주요활동 : 창직의 3원리 & 나만의 신직업 만들기
4차시		창직의 3원리에 대해 알 수 있다. - 직업카드, 콘텐츠카드, 상황카드, 강점카드 등 다양한 카드가 들어있는 스티커와 워크지를 통해 신직업을 만들어본다. - 나의 미래 직업을 정하고 어떻게 활동하는지 상상해서 표현해본다. - 나의 미래 신직업을 친구들에게 소개해본다.

10.26(월) 진로비전캠프(꿈액자)

구 분	시 간	학습도구	주요 내용
1교시	09:10 ~ 09:50		• 꿈노트 작성 - 꿈의 필요성 - 미래 갖고 싶은 직업 3가지 작성
			- 진로탐색 - 미래유망직업탐색 - 비전 로드맵 작성 - 비전 선언문 작성
2~3교시	9:55 ~ 11:20		• 꿈액자 만들기 - 자신의 꿈과 구체적인 비전 담기

구 분	시 간	학습도구	주요 내용
4교시	11:25 ~ 12:05		• 꿈 발표하기 - 꿈에 대한 확신과 자신감 갖기 • 설문조사 및 마무리

11.10(화) 홀로그램

운영과정	학습목표	시간	유의점 및 자료
1교시	• 딜루션 장우성 대표 4차산업 뉴미디어 홀로그램 가상현실 산업과 발전 진로 선택 강의 • 가상현실 홀로그램 이산하 차장 영상교육 - 가상현실 홀로그램 기초이론 영상교육 - 가상현실 홀로그램 개발 과정 교육 - 뉴미디어 산업과 문화의 발전 과정 교육 • 가상현실 홀로그램 학과 및 진로선택 교육 - 4차산업 가상현실 홀로그램 산업 발달과정 교육 - 4차산업 뉴미디어 VR,AR.MR 이론영상 교육	45분	• 가상현실 홀로그램 (영상자료) • 직업제작원리(영상자료) (홀로그램 원리 자료) • VR / AR / MR (교육용영상 자료)
2교시	• 가상현실 홀로그램 사업분야 - 가상현실 홀로그램 산업현황 • 뉴미디어 가상현실 홀로그램 변화 - 뉴미디어 산업의 8가지 변화 - 5G 산업과 가상현실에 산업화 과정 - 뉴미디어 홀로그램 시장규모 - 홀로그램 기술 제작 산업화 교육	45분	• 마이크로소프트홀로그램 (영상자료) • MR(Mixed Reality) 직업제작원리(영상자료) • PPT 자료 (MR홀로렌즈 원리 자료)
3교시	• 마이크로 소프트 혼합현실 MR(Mixed Reality) 홀로렌즈 시현 및 영상교육 (윈도우 홀로그래픽 기술을 이용한 홀로렌즈는 완전한 가상 화면을 보여주는 가상현실(VR)이나 실제 화면에 덧씌우는 증강현실(AR)과 달리 현실 화면에 실제 개체의 스캔된 3D 이미지를 출력하고 이를 자유롭게 조작할 수 있는 혼합현실 (Mixed Reality,MR)을 말한다) - 생활속에 MR 변화과정 체험 - 가상현실 MR 원리 직업 교육	45분	

운영과정	학습목표	시간	유의점 및 자료
	- 가상현실 MR 기본원리 체험교육 - 가상현실 MR 현재 직업소개		
4교시	• 가상현실 홀로그램키트 만들기 체험 - 가상현실 홀로그램제작 키트 4단계 실습 모형제작 체험 • 휴대폰 영상을 통한 홀로그램 변환 체험 - 학생들 각자 휴대폰으로 직접 체험	45분	• 휴대폰 QR코드 활용변환 지도 • 휴대폰 직접 촬영하고 바로 MR로 변환 활용 체험실습 • 자신이 스스로 키트를 제작함으로써 성취감을 높임

3. 고등학교 학점제도

3-1. 고등학교 학점제도 추진 배경

고등학교 학점제도란 진로에 따라 다양한 과목을 선택 · 이수하고, 누적 학점이 기준에 도달하면 졸업을 인정받는 교육과정 이수 · 운영제도이다. 학점을 기준으로 학사 제도가 설계 · 운영되며, 세부 운영방식은 학교 운영 여건에 따라 다양하다.

고등학교 학점제도 추진 배경은 첫째, 미래사회 전망에 따른 교육의 역할을 하기 위함이다. 4차 산업혁명 시대 도래에 따라 인공지능이 인간의 지적 노동을 대체하는 등 산업구조 및 사회 전반에 혁명적 변화가 예상된다. 2025년에는 40%의 제조업 노동력이 로봇으로 대체될 것으로 예측된다. 단순 지식 · 기술의 습득이 아닌 새로운 가치를 창출할 수 있는 문제 해결력, 창의성, 융합적 사고력 등이 중요하게 드러난다. 빠르게 변하는 직업 세계와 고용구조에 적응할 수 있는 진로 개척 역량, 연대 · 참여의식을 갖춘 시민을 키워내기 위한 교육체제 마련이 시급하다. 또한, 학생 수 급감에 따른 교육 여건의 개선을 미래형 교육 실현을 위한 중요 기회로 활용하는 한편, 모든 학생의 잠재력과 역량을 키울 수 있는 교육을 통해 생산가능인구 감소가 국가 성장동력 저하로 이어지지 않도록 대비하기 위함이다. 2022년까지 고교 학생 수는 31% 감소(2016년 175만 명에서 2022년 122만 명)할 전망이다.

둘째, 우리 교육의 현실을 진단해 볼 때 필요하다. 미래 사회에 필요한 인재가 아닌 표준화된 산업사회 인재상을 기준으로 한 획일적 교육 패러다임이 남아 있다. 특히, 고교 교육은 대학입시와 수능에 종속되어 획일적 교육과정 운영(문·이과 분반 등)과 국 · 영 · 수 위주 암기식 수업이 이루어지는 상황이다. 줄 세우기식 평가(9등급 산출)에 따라 모든 학생의 자기 주도적 학습을 지원하고 배움과 성장의 질을 높이는 데에도 미흡하다. 지나친 성적 경쟁을 유발하는 한편, 학교의 교육과정 운영이 소수 상위권 학생의 입시 성과를 기준으로 이루어지는 문제도 여전하다. 학생 개개인이 잠재력과 역량을 최대한 발휘할 수 있도록 돕는 개별화된 교육을 제공하지 못하는 것은 물론 교육과정 운영(수업) 및 평가권에 대한 교사의 자율성과 전문성도 충분히 존중받지 못하는 한계가 지속되고 있다. 아울러, 고교체제 다양화의 결과로 나타난 서열화된 고교 입시로 인해 초·중학교 교육까지 왜곡되고 사교육이 확대되는 한편, 대다수 일반고의 학력과 학습 의욕 저하로 공교육의 위기가 증폭되고 교육과정과 학교의 혁신을 위한 현장의 동력이 약화되고 있다.

셋째, 고교 교육의 패러다임 전환이 요구되고 있다. ① 입시 중심에서 학생성장 중심으로 전환이 필요하다. 입시·경쟁 중심 교육에서 벗어나 모든 학생의 진로 개척 역량 함양을 지원하는 고교교육 본연의 기능 회복이 필요하다. 교육과정을 학생이 선택하고 그에 따른 책임을 지도록 하여, 학습 동기를 부여하고 자기 주도적 학습자로의 성장이 필요하다. 또한, 수업·평가에 대한 교사의 자율성을 강화하는 동시에 성취 기준을 준거로 모든 학생의 학습의 질을 보장하는 책임교육 실현이 필요하다. ② 경직적이고 획일적인 교육에서 벗어나 유연하고 개별화된 교육이 필요하다. 입시·수능 준비에 초점을 둔 교육과정 운영이 아닌 모든 학생의 진로 설계와 성장을 돕는 학생 맞춤형 교육과정 운영이 필요하다. 실질적 선택권을 보장하는 선택형 교육과정 운영을 통해 학생 개개인에게 필요한 교육 제공이 필요하다. 학교 안팎의 자원을 활용하고, 학교 간 장벽을 낮춤으로써 교육과정의 다양성과 전문성을 확보해야 한다. ③ 수직적 서열화에서 수평적 다양화가 필요하다. 학교 유형 다양화가 아닌 개별 학교 내 교육과정 운영 다양화를 통해 평준화된 고교체제의 한계를 보완해야 한다. 다양한 능력과 적성을 가진 학생들이 함께 교육받는 가운데서도 역량을 최대한 발휘할 수 있도록 지원하는 교육체제 마련이 필요하다. 학교 내에서도 제한된 과목 중심의 서열화된 평가체제를 벗어나, 다양한 과목이 개설되고 성취 기준을 중심으로 한 평가체제 확립이 필요하다.

3-2. 고등학교 학점제도 제도적 요건

고등학교 학점제도의 제도적 요건으로 **첫째, 교육과정**은 **이수 단위**를 **학점**으로 하여, 학력(자격) 취득을 위한 **총 이수학점·필수 이수학점** 등을 제시한다.

- **영역 선택형의 경우:** 사회 · 교양 · 예체능 등 영역별 선택이 필요한 분야의 경우, 과목군 내에서 다양한 과목을 개설
- **단계 선택형의 경우:** 전문자격 과정 및 수학 · 과학 등 위계성이 강한 과목으로, 난이도 · 학습량 등에 따라 단계를 구분하여 다양한 과목을 개설

둘째, 평가제도는 학점 취득을 위한 과목별 **성취 기준 설정** 및 수업 중 이루어지는 **교사별 평가, 과정 평가의 안착이 필요하다.**

셋째, 졸업제도는 출석 일수를 기준으로 하는 학년 단위 진급 · 졸업이 아닌 **학점을 기준으로 양적 · 질적 졸업요건을 설정한다.**

이상과 같은 내용으로 학점제형 학사제도 운영체계를 살펴보면 [그림 10-4]와 같다.

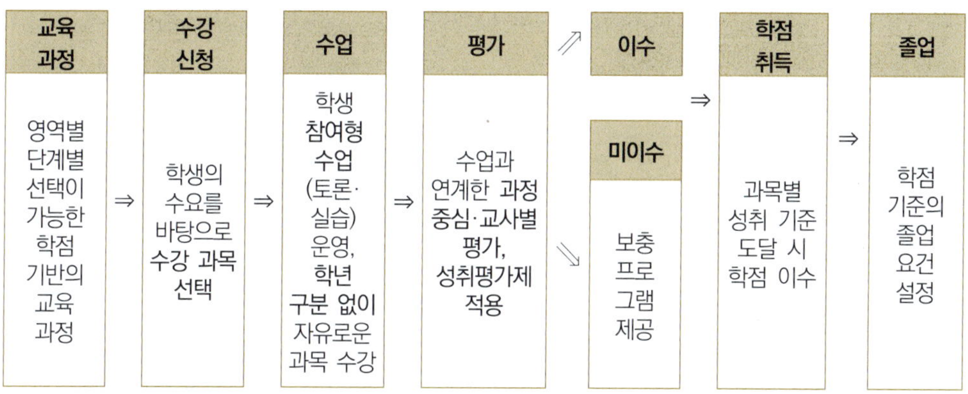

- ▸**교사** : 1인의 교원이 전공 교과군 내 다양한 선택 과목을 개설·지도, 체계적 교원 수요 예측·수급으로 학생의 과목 개설 수요에 따라 탄력적 교원 배치
- ▸**시설** : 개설 과목 확대, 학생참여형 수업 등에 대응할 수 있는 충분한 교실 및 학생들의 학교생활 지원을 위한 홈베이스·자율학습 공간 등 확보

※ 동 모형은 최종 제도 완성 시 체계도로 성취평가제 적용 등은 연구 · 검토를 거쳐 시기 · 방안 등 결정, 미이수(F) · 재이수제 등은 제도 안착 후 적용하는 방안으로 검토 예정

그림 10-4 학점제형 학사제도 운영체계

❖ 고교 학점제의 실행을 위해서는 현행 학사 제도 전반의 변화가 필요하므로 중장기적 준비를 거쳐 우선 적용 가능 요소부터 단계적 추진('22년 도입 예정)

3-3. 고등학교 학점제도 도입 및 고교 교육혁신에 따른 변화

고등학교 학점제도의 도입으로 인한 고등학교 교육혁신에 따는 변화는 [그림 10-5]와 같다.

구분	이전	변화
학생상	▸ 타율적 관리의 대상 ▸ 학교에서 제시하는 교육과정을 이수하는 수동적 존재	▸ 자율적 존재로서 본인의 진로 개척에 필요한 역량을 갖추어가는 **자기 주도적 학습자** ▸ **자율**(과목 선택)과 그에 따른 **책임**(이수)을 통해 **민주시민**으로 성장
교사상	▸ 교과 지식 전달자, 학생 관리자로서 해야 할 역할 중시 ▸ 대학입시 및 진학 지도 전문가	▸ 모든 학생의 **성장**과 **학습**을 지원하는 **조력자** ▸ **교수-학습 전문가**로서 해야 할 **역할 확대**
교육 과정	▸ (운영 단위) 학년 및 학급 ※ 문·이과, 진로 집중과정에 근거한 학급 편성 및 학급을 기준으로 한 교육과정 운영 ▸ (편성 준거) 교원 수급 상황에 따라 교원이 가르칠 수 있는 과목 위주 편성(공급자 중심)	▸ (운영 단위) 과목을 선택한 학생 그룹 ※ 적성, 흥미 등에 따른 개인별 과목 선택에 의한 교육과정 운영 ▸ (편성 준거) 학생의 진로와 적성, 흥미 중심(수요자 중심)
교육의 다양성 확보	▸ 학교 유형 다양화(외고·자사고)를 통한 **학교 선택권 확대** ▸ **학교 간 서열화**	▸ 과목 선택권 확대를 통해 **학교 내 교육과정 다양성 확보** ▸ **다른 학교, 지역사회** 등과 **협력**한 다양한 교육과정 운영모델 제시 ▸ **평준화 체제하의 수평적 다양화**
	[(예시) 고교체제 개편 전-후 학교별 교육과정 운영 비교] 외고: 심화 영어 회화·작문 국제고: 국제 관계와 국제기구 자사고: 사회문제 탐구	⇨ 일반고 심화 영어 회화·작문(외고) 국제 관계와 국제기구(국제고) 사회문제 탐구(자사고)
대입	▸ 정량화·서열화된 점수 기준 ▸ 국·영·수 내신이나 수능 중심 입시	▸ 학생들의 **잠재력**과 **역량**에 대한 **정성적 평가 강화** ▸ 선택 교과·자발적 학습활동 등을 종합적으로 고려
초중고 교육 연계	▸ 서열화된 고교 체제 아래, 고입·대입 경쟁을 위한 초·중학교 교육의 왜곡	▸ 고등학교 교육혁신에 따른 초·중학교 교육의 정상화

그림 10-5 고등학교 학점제도 도입 및 고교 교육혁신에 따른 변화

3-4. 고등학교 학점제도 운영 계획

고교 학점제 도입을 위한 교육과정 및 학교 운영방안은 학생 진로 수요를 기반으로, 학생 희망에 따른 과목 개설이 이루어지는 '**학생선택형 교육과정 편성 · 운영**(수강신청제 도입)'이다. 학생 흥미 · 적성을 고려한 진로 탐색 및 그에 따른 자기 주도적 학업 설계를 지원하고, 이에 근거한 교육과정 편성 · 운영 방법이다. 학교 내 교육과정 다양화를 기본으로 하되, 지역별 · 학교별 여건에 따라 '**학교 간 연계 교육과정**', '**지역사회 연계 교육과정**' 동시 활용이 가능하다.

1) 수강 신청제 도입 (학생선택형 교육과정 편성·운영)

- (진로·학업 설계) 진로 상담을 내실화하여 진로와 연계한 학생의 학업 계획서 작성, 이수가 필요한 교과목 등에 대해 체계적으로 안내
  ※ 의지와 자질이 있는 교사를 학교장이 지정하여 교육과정 지도팀을 구성하고, 진로 · 학습코칭을 담당하도록 지원(일정 수업 시수 경감)
- (교육과정 운영) 학교는 학생 진로를 고려한 다양한 선택 과목을 개설하고, 학생은 직접 수강 신청하여 개인별 시간표 편성. 학생의 과목 선택권 확대를 위해 최대한 학교 내에서 다양한 교과를 개설하고, 소인수 · 심화 과목에만 공동교육과정, 지역사회 연계 교육과정, 온라인 교육과정 등 개설
  ※ 학생 수요를 최대한 반영하되, 교원 · 인프라 등 미수용 원인을 분석하여 향후 인프라 소요 파악 및 운영 모형 개발 시 기초자료로 활용

[(참고 1) 교육과정 운영 유형 예시]

1. 단위학교 단독형

▸ 학교 교원, 외부 강사 및 학교 시설 등을 활용하여 단위학교 내에서 모든 선택 과목의 운영이 이루어지는 모형

2. 다른 학교 연계형(인근 학교 간 협력을 통해 공동 과목 개설)

▸ (일반고 간 연계) 소인수·심화 과목 등 단위학교에서 개설하기 어려운 과목을 중심으로 공동교육과정 운영(*연구학교-선도학교 간 연계 등은 시·도 교육(지원)청이 지원)

▸ (일반고-특성화고 연계) 진로 변경 및 직업교육을 희망하는 일반고 학생들을 대상으로 특성화고의 직업교육 프로그램 수강 기회 제공

3. 지역 교육시설 활용형

▸ 교육청 혹은 지역 공공기관, 대학 등의 유휴 공간 내 수업 운영 및 학습을 할 수 있는 공간을 확보하여 공동교육과정 운영(*공간 확보, 학교 간 연계 등은 교육(지원)청이 지원)

4. 지역대학 협력형

▸ 심화 과목, 실습 등을 중심으로 지역 대학 내에 고교생 대상 수업을 개설·운영하고, 계절수업 등을 활용해 정규 교과로 이수할 수 있도록 지원

5. 온라인 강의 활용형

▸ 물적·인적 인프라 부족으로 다양한 과목 개설이 어려운 농산어촌 지역 등을 중심으로 다양한 온라인 교육과정 개설·운영

⇨ 예시를 참고하여 **지역별·학교별** 여건에 따라 적합한 방식을 **선택하여** 운영

2) 학생 맞춤형 학습관리 지원

• (교육과정 지도) '교육과정 지도팀'을 중심으로 학업 계획서 및 학습 이력을 토대로 커리큘럼 컨설팅과 개인 시간표 관리 등 지원

※ 교과 수업뿐만 아니라, 창의적 체험 활동(자율활동, 동아리 활동, 진로활동 등)도 희망 진로 및 교과 이수 상황과 연계하여 지도·안내

• (평가 및 학생부 기재 내실화) 객관식 지필평가 비중을 줄이고 수업과 연계하는 과정 중심 평가 강화

- 적성 · 희망 진로에 따른 과목 수강, 과정 중심 평가 결과 등 학생 성장 과정을 학생부(교과 세부 특기사항 등)에 충실히 기재

- (공강 관리 지원) 개인별 시간표에 따라 공강이 발생하면 자기 주도적 학습을 지원하고, 학교별 상황에 맞는 생활지도 방안 마련
- (기초학력 보장) 성취 기준 미달 학생에 대한 별도 학업 보충 기회 제공

※ 대상 과목과 과목별 성취 기준 미달 여부는 교사와 학교가 기초학력 보장 취지에 맞게 자체적으로 판단

3-5. 바람직한 진로 지도 및 진로 탐색을 위한 고교학점 제도의 운영방안

교육과정은 국가적 · 사회적 요구와 교육 수요자의 요구, 과학기술과 학문의 발전, 교육과 환경의 변화 등 교육 내 · 외적 변화에 효과적으로 대응하기 위해 개정되어 왔다. 교육과정 1차 개정은 1954년 4월~1963년 1월, 2차 개정은 1963년 2월~1973년 1월, 3차 개정은 1973년 2월~1981년 12월, 4차 개정은 1982년 1월~1987년 6월, 5차 개정은 1987년 7월~1992년 9월, 6차 개정은 1992년 10월~1996년 12월, 7차 개정은 1997년 1월~2009년 2월이다. 교육과학기술부(현 교육부)에서는 7차 교육과정을 마지막으로 이제는 전면적 또는 일률적으로 개정하지 않고, 수시로 부분적으로 개정하기로 하였다. 8차 개정은 2007년, 9차 개정은 2009년, 10차 개정은 2015년에 이루어졌다. 2015 개정 교육과정에서 고교학점제도의 틀을 마련하였다(윤혜진, 조정원, 2021; 안정희, 배성아, 2013; http://ncic.go.kr).

고등학교 학점제도란 "진로에 따라 다양한 과목을 선택·이수하고, 누적 학점이 기준에 도달하면 졸업을 인정받는 교육과정 이수·운영제도이다. 학점을 기준으로 학사 제도가 설계·운영되며, 세부 운영방식은 학교 운영 여건에 따라 다양하다." 고교학점제의 주요 내용은 교육과정, 평가제도, 졸업제도로 구분해서 살펴볼 수 있다(교육부, 2015). 교육과정에서는 이수 단위를 학점으로 정하여 학력(자격) 취득을 위한 총

이수학점과 필수·선택 이수학점이 제시된다. 평가제도의 경우 학점 취득을 위한 과목별 성취 기준을 설정하여 수업 중에 교사별 평가와 과정 중심을 평가하고, 평가 후 성취 수준 미달 시에는 학업 보충 기회를 제공해야 한다. 졸업제도는 출석 일수를 기준으로 하는 학년 단위의 진급이나 졸업이 아닌 이수 학점을 기준으로 졸업 요건을 설정하고 있다(설규주, 2020; 손찬희 외, 2017; 이광우 외 2017; 교육부, 2017; 교육부, 2015).

문재인 대통령 공약에서는 진로·적성 맞춤형 교육을 위하여 고등학교에서 필수 교과를 최소화하고 학생에게 교과 선택권을 부여하여 학생이 원하는 강좌를 신청하도록 하는 고교 학점제 도입을 제시하였다(홍후조, 2018). 교육부는 고교 학점제 추진 일정을 다음과 같이 제시하였다. 2018년부터 2021년까지는 학점제 도입 기반 마련 시기이다. 2018학년도부터 2015년 개정 교육과정이 현장에 안착하면서 고교 학점제도 연구 선도학교를 운영하였다. 2020년에는 2015 개정 교육과정 일부 개정 고시를 통하여 학생 과목 선택권을 확대하였으며, 2019년 1학기부터 진로 선택과목 성취평가제를 우선 적용하였다. 경기도의 경우 대부분 고등학교가 자유 수강제도로 교육과정을 개편하였으며, 2020년 전국의 50여 개의 마이스터고등학교가 이를 시행 중이다. 2022년부터 2024년까지는 학점제도 부분 도입 시기이다. 2022년에는 2015년 교육과정을 일부 개정안을 적용할 예정이다. 고교 학점제 취지를 반영한 교육과정 총론 기준 일부를 수정하여 학점제로 전환할 예정이며, 학교 밖 이수 과목의 학점화 기준도 제시할 예정이다. 2022년에는 전체 고등학교를 대상으로 고교 학점제를 부분 도입할 예정이다. 2025년은 학점제 본격 시행 시기이다(홍후조, 2018; 안홍선, 2017; 교육부, 2017; 교육부, 2015).

현재 우리나라 고등학교에서 적용되고 있는 '단위제'는 설정해 놓은 최소 졸업 단위에 도달하면 졸업을 인정해 준다는 측면에서 볼 때 학점제와 유사하다. 그러나 교과별 필수이수 기준을 요구하지 않는다는 점에서 학점제와 차이가 있다. 단위제는 법정 최소 수업일수만 충족하면 다음 학년으로의 진급 또는 졸업할 수 있다. 교육과정을 이수하는 데 있어서 학생 스스로 '선택'이 아닌 '수업일수'를 중요하게 생각하는 기존의 경직되고 획일적인 체제하에서는 학생의 학업 동기를 유발하기 어렵다. 학생의 진로와 적성에 맞는 교육과정을 운영하기 위해서는 기존의 단위제에서 벗어나 학생의 선택을 존중하는 유연한 진로 탐색형 체제로의 전환이 필요하다. 학생이 개인의 학업 역량과 필요에 맞추어 진로·적성에 따른 교육과정을 스스로 선택하여 교육과정을 이수할 수 있도록 하고 진로를 선택할 수 있도록 하는 제도로서 '고교학점제'가 가장 적합한 제도라고 볼 수 있다(이상은, 장덕호, 2019; 홍후조, 2018; 정광희 외, 2017; 김정빈, 2017; 이현, 2017).

고등학생 시기는 학생 개개인의 관심과 흥미 그리고 적성이 분화되므로 학생들이 스스로 자신들의 욕구를 충족시킬 수 있도록 과목 선택권을 최대한 보장해 주어야 한다(이현, 2018). 학생들이 스스로 듣고 싶은 과목을 선택하여 들을 수 있게끔 권리를 부여하는 것은 단순히 학생 개인의 자율성과 인권을 보장하는 것에 그치지 않는다. 학생이 스스로 자신의 관심·흥미·적성을 고려하여 수강을 희망하는 과목을 듣게 된다면 관심을 가지고 모인 학생들로만 구성된 강의실은 수업 분위기가 확연히 향상될 것이다(송영준, 2017). 학생의 진로와 학업 수요를 최대한 반영하여 다양한 선택과목을 편성·운영함으로써 학생의 실질적인 과목 선택권을 보장하는 것이다. 진로 설계와 성장을 돕는 학생 맞춤형 교육과정 운영을 통해 자신의 삶을 스스로 개척하는 자기 주도적 역량을 함양하는 것이다(교육부, 2017).

그러나 고교 학점제가 도입되면 많은 학교에서 다양한 어려움이 있을 것이다. 고교학점제에 대한 우려를 정리하면 다음과 같다. 첫째, 학생들의 교과목 수요 예측의 어려움과 교사들의 부담이 증가할 것이다. 둘째, 입시에 유리한 교과목 또는 흥미 위주의 교과목 선택 가능성이 커질 것이다. 셋째, 시민으로서 보편적인 역량을 육성하는 교육이 부족할 가능성이 제기된다. 넷째, 교육과정의 안정 가능성을 해치고 교사의 불안감을 증폭시킬 것이다. 다섯째, 시설개선에 많은 예산이 필요하다. 가변형 교실 공간, 유연한 수업 공간 등이 제기될 것이다. 여섯째, 현재의 고등학교가 다양한 교과목을 가르칠 수 있는 시스템인가? 여러 과목을 가르칠 수 있는 교사 양성 및 자격 시스템이 갖추어져 있지 않다는 것이다. 일곱째, 강사 고용 예산의 문제가 있다. 교사 수요로 충당할 수 없는 교과목에 대한 강사 고용 비용이 증가한다. 여덟째, 수능 체제와 충돌하기 때문에 현실적으로 정착하기 어려움이 제기된다. 공정성과 객관성을 중시하는 한국의 정서로 수능 중시는 지속될 것이며, 수능 교과목에 반영된 과목들은 고등학교 편제에 반영하지 않을 수 없는 것이 현실이다. 아홉째, 지역 간 교육 격차가 심화할 것이다. 학교별, 지역별 여건의 차이 때문이다(우원재, 2019; 박혜진 외, 2018; 이광우, 2018; 송영준, 2017; 안상진, 2017).

학생들의 경우에는 첫째, 진로 · 진학의 불확실성 때문에 생기는 어려움이 있다. 학생들은 자신의 진로를 확실하게 정하는 것이 어렵다. 그러므로 진로 · 진학과 연계하여 학점을 이수하는 것에 한계가 있다. 둘째, 학생들이 진지하게 자신의 진로와 적성을 고려하기보다는 즉흥적인 흥미에 따라 재미있어 보이거나 쉬운 과목을 선호할 수도 있다. 셋째, 학생들은 진로 선택과목의 특성에 대한 이해도가 낮아 과목 선택에 어려움이 있어 과목의 성격에 관한 교육이 필요하다. 과목은 많은데 과목에 대한 정보가 부족하여 선택에 어려움을 겪는 경우이다. 넷째, 진로와 관련이 있거나 흥미가 있어서 듣고 싶은 과목이 있는데 학교의 사정상 개설이 불가능해 과목 선택에 어려움을 겪는 경우이다. 물론 학교에서 모든 과목을 수강할 수 있으면 좋겠지만 현실적으로 쉽지 않은 일이다. 이러한 문제들에 대하여 교사와 학생이 함께 관심을 가지고 해결해 나가야 한다(서봉언, 2020; 이상은, 장덕호, 2019; 박균열, 엄준용, 2018).

1) 고교 학점제도 교육과정 운영 방향

우리나라의 교육과정에서 학점제라는 용어가 공식적으로 등장한 것은 '미래형 교육과정 구상(안)'이었다. 고등학교 교육과정에서 '학점제' 도입을 논의한 것은 이번이 처음이 아니다. 2009년 12월 10일에 '일반계 고등학교 제고 방안'으로서 "영어 · 수학 '무학년제 · 학점제' 운영"이 제시되며 시범학교까지 선정되어 시행된 바가 있다. 그 내용을 살펴보면 영어 · 수학 교육과정에만 학년 구분 없이 단계를 구성하여 단계별로 학업 성취 수준을 달성한 학생은 다음 단계를 이수할 수 있도록 한다는 것이다(한혜정, 2019; 김진숙 외, 2018; 홍후조, 2018). 이 방안은 결국 실패하였다. 왜냐하면 학점제를 시행하기 위해서는 단순히 수준별 수업이 아닌 학생의 선택이 반영된 교육과정을 함께 편성하고 운영하지 못했기 때문이다. 그리고 수업은 수준별로 나누어 따로 하고 평가는 학년 단위로 통틀어 이루어지며 수업과 평가가 서로 불일치했다는 점 또한 실패 요인으로 지적된다(김정빈, 2017).

2015 개정 교육과정의 배경은 다음과 같다. 2015 개정 교육과정의 중요한 배경 중의 하나는 '창의 · 융합형 인재' 양성에 대한 국가 사회적 요구에서 출발한 것이다. 2015 개정 교육과정 교육과정에 대한 논의는 "고등학교 교육과정 운영의 문제점을 개선하기 위하여 현행 문 · 이과 구분에 따른 지식 편식 현상을 개선하고 창의 · 융합형 인재 양성에 대한 사회적 요구에 부응하기 위해 시작되었다"(교육부, 2017a). "2015 교육과정은 학교교육 전 과정에서 학생들에게 중점적으로 길러주고자 하는 핵심 역량을 설정하고, 첫째, 통합사회 · 통합과학 등 문 · 이과 공통 과목 신설, 연극 · 소프트웨어 교육 등 인문 · 사회 · 과학기술에 대한 기초 소양 교육을 강화하며, 둘째, 교과별 핵심 개념과 원리를 중심으로 학습 내용을 적정화하고, 교실 수업을 교사 중심에서 학생 활동 중심으로 전환하기 위한 교수-학습 및 평가 방법을 제시한 점이 가장 큰 특징으로 볼 수 있다"(교육부, 2017; 교육부, 2015).

2015 개정 교육과정에서 고등학교 학생들은 고교 3년간 총 204단위(1단위는 1주일에 한 시간 수업하는 것, 한 학기 17시간 수업)를 이수하게 된다. 이 중 교과 180단위 창의적 체험활동 24단위를 이수하게 된다. 교과 180단위는 필수이수 단위 94단위를 포함하여 자율편성 단위 86단위로 구성된다. 필수이수 94단위는 50%까지를 국어, 수학, 영어, 한국사가 포함되는 기초 교과 영역에서 사용하게 된다. 물론, 교과별로 국어, 수학, 영어, 사회, 체육, 예술 등은 10단위를 필수 이수해야 하고, 과학은 12단위, 생활 교양은 16단위 등 총 94단위는 필수이수 단위이다"(교육부, 2017; 교육부, 2015).

2025년부터는 고등학교 수업량 기준이 '단위'에서 '학점'으로 전환된다. 수업량 적정화를 위하여 수업 일수 내 학사 운영의 유연성 제고 및 교과 심층 학습을 위하여 1학점 수업량 및 총 이수학점을 조정한다. 1학점을 50분을 기준으로 하여 16회를 이수하는 수업량으로 하고, 3년간 192학점(2,560시간) 취득을 고등학교 졸업 기준으로 설정한다. 3년의 수업 연한 내 학생이 192학점을 균형 있게 취득하도록 학기당 최소

수강 학점 수(예: 28학점) 규정을 마련하고 있다(교육부, 2021).

자율편성 86단위는 학생의 적성과 진로를 고려하여 편성하게 된다. 자율편성 86단위는 고교별로 선택 가능 과목을 다르게 할 수 있다. 그러므로 재학 중인 학교 또는 진학 희망 학교의 교과 편성을 자율적으로 할 수 있다. 2015 개정 교육과정에서는 이전의 교육과정에 비해 학생의 과목 선택권이 상대적으로 확대되었다."(김진숙 외, 2018; 박혜진 외, 2018). 이는 현재 국내 교육 현장에서 가장 문제시되고 있는 과도한 성적 경쟁과 입시에 대한 부담을 더는 효과를 가져오는 동시에 학생 개개인의 진로와 적성에 따른 맞춤식 수업을 제공하고자 하는 취지를 지니고 있다. 이러한 다양한 과목들을 어떻게 편성하는 것이 바람직한지 살펴본다.

2) 고교 학점제도 정착을 위한 교육과정 편성 방향

고교 학점제도는 학생들이 자신의 진로를 고려하여 필요한 과목을 선택하여 이수하는 것을 기본 조건으로 한다. 고등학교 교과의 구조는 다음과 같다. "고등학교 교과의 구조는 보통교과와 전문교과로 구분된다. 보통교과의 경우 공통 과목과 선택과목으로 구분된다. 공통 과목의 경우 기초 소양 함양과 기본 학력을 갖추기 위해 모든 학생이 이수해야 하는 과목이다. 국어, 수학, 영어, 한국사, 통합사회, 통학과학(과학 탐구 실험 포함)으로 구성된다. 공통 과목 중 통합사회, 통합과학, 과학 탐구 실험은 사회와 과학의 기본적인 소양을 균형 있게 학습할 수 있도록 하려는 취지로 신설된 것이다. 선택과목은 일반선택과목과 진로 선택과목으로 구분된다. 일반선택과목은 교과별 주요 학습 영역을 일반적인 수준에서 다루는 과목으로서, 고등학교 단계에서 필요한 교과별 학문의 기본적 이해를 바탕으로 한 과목이다. 진로 선택과목은 학생 각자의 적성과 진로에 따라 맞춤형으로 교육을 받기 위한 과목으로, 교과 융합 학습, 진로 안내학습, 교과별 심화 학습, 실생활 체험학습 등이 가능한 과목이다. 전문교과의 구조는 전문교과Ⅰ과 전문교과Ⅱ로 구분된다. 전문교과Ⅰ은 특수목적고등학교(산업수요 맞춤형 고등학교 제외)에서 편성하는 교과이다. 과학, 체육, 예술, 외국어, 국제 계열에 관한 과목에 한정한다. 전문교과Ⅱ는 특성화 고등학교와 산업수요 맞춤형 고등학교에서 편성하는 교과이다. 국가직무 능력표준에 따라 경영 · 금융, 보건 · 복지, 디자인 · 문화콘텐츠, 미 · 관광 · 레저, 음식 조리 등에 해당하는 과목이다"(교육부, 2017; 교육부, 2015).

2025년부터는 학생이 과목 내용 · 위계를 고려하여 선택할 수 있도록 과목구조가 개편된다. 보통교과의 경우 공통과목과 선택과목(일반선택·융합선택·진로선택)으로 구분되며 전문교과의 경우 전문공통 · 전공일반 · 전공실무로 구분된다(교육부, 2021). 공통과목의 경우 기초소양 및 기초학력 함양, 학문의 기본 이해 내용 과목이 해당된다. 학생 수준에 따른 대체 이수 과목도 포함된다. 일반선택의 경우 교과별 학문 내의 분화된 주요 학습내용 이해 및 탐구를 위한 과목이다. 융합선택의 경우 교과 내, 교과 간, 주제 융합과목, 실생활 체험 및 응용을 위한 과목이다. 진로선택의 경우 교과별 심화학습(일반선택과목의 심화과정) 및 진로관련 과목이다. 전문교과에서 전문공통은 직업세계 진출을 위한 기본 과목이며, 전공일반은 학과별 기초역량 함양과목이며, 전공실무는 NCS 능력단위 기반 과목이다.

학교 교육과정 편성의 기본적인 방향은 첫째, 보통 교과 과목 위주로 편성해야 한다. 왜냐하면 일반적인 고등학교의 상황을 고려하였을 때, 학생들의 진로는 대학 진학을 전제로 하는 경우가 많다. 따라서 고등학교는 학생들의 진로와 진학을 고려한 과목 선택이 가능하도록 보통 교과 과목을 위주로 학교 교육과정을 편성할 필요가 있다(김지혜, 2020; 한국교육학술정보원, 2019; 유기웅 외, 2014). 현행 대학 입시 체제가 그대로 유지되는 가운데 고교 학점제가 시행된다면 즉, 입시와 수업이 분리되어 나타난다면 학교 교육의 무력화와 사교육의 폭발을 일으킬 것이다. 예를 들어 가정에서의 지원이 가능한 학생들을 중심으로 사교육으로의 쏠림 현상이 일어날 것이다(이현, 2017).

[표 10-1]과 같이 과목만 해도 90여 가지나 되고, 전문교과까지 포함하면 그 숫자는 더욱 늘어난다. 과목은 많은데 과목에 대한 정보가 부족하여 선택에 어려움을 겪는 경우이다. 그러므로 다양한 교과목 중 보통 교과 과목 위주로 편성하는 것이 첫 번째이다.

표 10-1 2015 개정 교육과정 고등학교 보통교과 편제표

구분	교과 영역	교과 (군)	공통 과목	선택과목	
				일반 선택	진로 선택
보통 교과	기초	국어	국어	화법과 작문, 독서, 언어와 매체, 문학	실용 국어, 심화 국어, 고전 읽기
		수학	수학	수학 I, 수학 II, 미적분, 확률과 통계	실용 수학, 기하, 경제 수학, 수학 과제 탐구
		영어	영어	영어 회화, 영어 I, 영어 독해와 작문, 영어 II	실용 영어, 영어권 문화, 진로 영어, 영미 문학 읽기
		한국사	한국사		
	탐구	사회 (역사/ 도덕 포함)	통합 사회	한국 지리, 세계 지리, 세계사, 동아시아사, 경제, 정치와 법, 사회·문화, 생활과 윤리, 윤리와 사상	여행지리, 사회문제 탐구, 고전과 윤리
		과학	통합 과학 과학 탐구 실험	물리학 I, 화학 I, 생명과학 I, 지구과학 I	물리학 II, 화학 II, 생명과학 II, 지구과학 II, 과학사, 생활과 과학, 융합과학
	체육·예술	체육		체육, 운동과 건강	스포츠 생활, 체육 탐구
		예술		음악, 미술, 연극	음악 연주, 음악 감상과 비평 미술 창작, 미술 감상과 비평
	생활·교양	기술·가정		기술·가정, 정보	농업 생명과학, 공학 일반, 창의 경영, 해양 문화와 기술, 가정과학, 지식 재산 일반
		제2 외국어		독일어 I 일본어 I 프랑스어 I 러시아어 I 스페인어 I 아랍어 I 중국어 I 베트남어 I	독일어 II 일본어 II 프랑스어 II 러시아어 II 스페인어 II 아랍어 II 중국어 II 베트남어 II
		한문		한문 I	한문 II
		교양		철학, 논리학, 심리학, 교육학, 종교학, 진로와 직업, 보건, 환경, 실용 경제, 논술	

둘째, 학생의 진로에 따른 과목 선택권을 보장한다. 자신이 원하는 분야의 관련 과목을 깊이 있게 학습할 수 있게 해야 한다. 어문계열은 수학 교과는 높은 단계까지 요구하지 않는다. 상경계열은 사회 탐구 분야에서 다양한 선택, 기반이 되는 어문계열 함양, 관련 수학 분야의 깊이 있는 학습이 필요하다. 보건계열은 화학, 생명과학에 관한 깊은 공부, 사회 분야에 관한 공부가 필요하다. 공학계열은 어려운 수학까지 공부할 필요가 있다. 물리학, 화학의 공부가 중요하다. 대학의 전공이 다양한데, 학생들이 어떤 전공을 말하면서 그에 따른 선택과목을 어떻게 해야 하는지에 대한 정보는 시도교육청에서 과목 선택 안내나 대학 전공 안내에 대한 책자를 만들어서 보급하고 있다. 대부분의 이런 책자에는 학생의 진로에 따른 권장 이수 과목을 소개하고 있다. 숙명여대, 국민대, 숭실대, 명지대, 서울여대 등에서는 대학교 자체에서도 학생의 이수 권장 과목을 소개하고 있다. 이런 자료를 활용하고 각 대학교 홈페이지를 보면 대학교에서 배우는 과목이 나와 있다. 학생들의 과목 선택에 대하여 교사는 과목 선택에서 가장 중요한 기준은 학생이 대학에 진학하였을 때, 그 학과의 공부를 충분히 따라갈 수 있느냐에 대한 것이다. 학생의 과목 선택 과정에서 이 부분에 대한 교사의 지도가 중요하다(한국교육학술정보원, 2019).

셋째, 교육과정 편성의 근거도 확인해야 한다. 교육과정 편성 과정에서 어려움을 겪을 때, 그 사정을 짚어보면 관행과 관행의 충돌인 경우가 많다. 일부(관리자 또는 업무담당자 등)에 의한 편성, 재직 교사의 전공과목 및 수급 기준 편성, 전년도 기준 편성 등이 많고, 교원 간 소통 부재와 함께 권리 주장으로 포장된 권력 행사도 있다. 교육과정을 효과적·효율적으로 편성하려면, 추진 근거를 명확하게 이해하고 적극적으로 해석하는 자세가 필요하다. 교육과정 편성 과정에서 임의성을 배제하고 공식성을 갖추도록 해야 한다. 관련 법령, 지침 등을 근거로 하며, 위임된 범위 안에서 자율적으로 내규를 만들어야 한다. 수업 및 평가에 대한 교사의 전문성과 자율성이 보장되어야 한다. 교사의 수업과 평가가 연계되어야 하고, 이에 따른 교사별 (과정) 평가 결과의 신뢰성이 확보될 수 있도록 노력해야 한다(한국교육학술정보원, 2019; 우원재, 2019; 김정빈, 2017).

CHAPTER

11 교육과정 재개념화

학습 개요

이 장은 교육과정 사회학을 이해하기 위하여 먼저 지식사회학과 신교육사회학에 대하여 살펴본다. 지식사회학적 관점에서 지식이란 신념에 관한 합리적 논거라는 문제를 살펴본다. 그리고 신교육사회학의 특징에 대하여 몇 가지 알아본다. 교육과정사회학이 무엇인지 살펴본 후 교육과정에서 중요하게 다루는 교육과정 재개념화 문제를 살펴본다.

학습 목표

1. 지식사회학에서 말하는 지식이 무엇인지 설명할 수 있다.
2. 신교육사회학의 특징을 3가지 이상 말할 수 있다.
3. 교육과정 사회학이 무엇인지 설명할 수 있다.
4. 교육과정 재개념화를 설명할 수 있다.

학습 과제

1. 교육과정 재개념화를 조사해 보시오.
2. Bernstein의 교육과정 분석 방법에 따라 자신이 공부하는 교육과정이 어떤 유형에 속하는지 구체적으로 조사해 보시오.

사전 OX 퀴즈

1. 지식사회학 관점에서는 지식이란 신념에 관한 합리적 논거라고 주장하면서 사회적인 산물로 보았다.

정답

2. 신교육사회학은 영국을 중심으로, 교육과정사회학은 미국을 중심으로 전개된 이론이다.

정답

3. 교육과정사회학에서 주장하는 교육과정 재개념화는 Tyler가 주장하는 교육의 과정에 관하여 비판적으로 분석해야 한다는 주장이다.

정답

4. Bernstein이 말하는 교육의 자율성이란 공식적 재맥락화와 수행과정을 구분하는 데서 출발한다.

정답

5. Bernstein이 말하는 교수방법에는 가시적 교수 방법과 비가시적 교수 방법이 있는데 가시적 교수방법은 지식의 전달과 겉으로 드러난 성취를 강조하는 교수방법이다.

정답

1. 지식사회학

신교육사회학을 이해하기 위해서는 우선 지식사회학을 이해해야 한다. 지식사회학을 이해하기 위해 우선 지식이란 무엇인지에 대한 답을 해 볼 필요가 있다. 지식이란 무엇인가? 지식사회학자들에 의하면 대부분의 지식은 인간에 의해 구성된 것이며 인간이 만들어 낸 생산물로 생각한다. 다시 말하면 **지식이란 '신념에 관한 합리적인 논거'이다.** 지식사회학자들은 지식이 역사적, 사회적 조건을 초월하여 외부에서 객관적으로 형성되고 유지되는 것이 아니라는 것이다. 진리라고 말하는 것도 영구불변한 것이 아니다. 인간이 진리인 것으로 인식하는 것에 불과하다고 생각한다. 지식은 주어진 것이 아니고 구성된 것이며 또한 새로운 지식에 의해 대체될 수 있는 것이다. **지식사회학자들은 '합리성'이라는 것까지도 관행이나 인습에 불과하다고 생각한다.** 대부분의 지식은 역사적, 사회적으로 구성되며 사회집단마다 현실을 다르게 인식하고 해석한다는 것이 지식사회학적 주장이다. 한 마디로 말하면 **지식사회학이란 지식이 사회적으로 구성된다는 것이다.** 즉, 지식사회학은 지식의 여러 형태를 사회적인 대부분의 조건과의 연관에서 연구하는 문화사회학의 일부이다. **이러한 주장을 학교내부의 여러 문제와 교육내용의 선택 및 조직 문제와 관련시킨 사람들이 곧 신교육사회학, 교육과정 사회학자들이다.**

Marx는 저서 『정치경제학 비판』 에서 인간의 의식은 결코 사회적 배경에서 벗어날 수 없으며 인간의 의식에서 생산되는 지식 역시 사회의 영향력 안에 있다고 주장했다. Marx가 논의하기 시작한 이러한 의견을 '지식사회학'이라고 학술적으로 정의하고 확장한 최초의 사람은 Max Scheler와 Karl Mannheim이다. Scheler는 자신의 장편논문 「지식사회학의 문제들」(1924)에서 '지식사회학(soziologie des wissens)'이라는 용어를 처음으로 사용했다. Mannheim은 자신의 저서 『지식사회학』 (1954)에서 지식사회학을 '사상의 사회적 혹은 존재적 조건화에 대한 이론'이라고 폭넓게 정의하고 존재 구속성을 역사 이론적으로 분석하고자 했다(김봉석, 2010).

토의

창조론이 과학적 지식인가, 진화론이 과학적 지식인가? 토의해 보시오.

창조론과 진화론 모두 비과학적 이론에 불과하며 신념에 관한 합리적 논거이다. 둘 다 과학이 아니라 신념이다. 창조이론이며 진화이론이다. 이론이란 '~일 것'이라고 표현된다. 자연과학적 관점에서 말하는 것이다. 과학이 되기 위해서는 법칙이 성립되어야 한다. 법칙이란 '~이다'라고 표현한다. 이러한 측면에서 창조론이 하나님이 이 세상을 창조했을 것이라는 이론이면 진화론은 인간이 원숭이가 진화되어 만들어졌을 것이라는 이론이다. 법칙이 되기 위해서는 증명이 되어야 한다. 증명이란 눈으로 반복적 관찰이 가능해야 한다. 예를 들면 만유인력의 법칙, 관성의 법칙, 부력의 법칙 등이 바로 좋은 예이다. 만유인력의 법칙의 경우, 대부분의 물체는 위에서 아래로 떨어질 '것이다'가 아니라 '떨어진다'이다. 물건을 떨어트려 보면 눈으로 몇 번이고 관찰할 수 있다. 이것을 의심하는 사람은 10층 옥상에서 떨어져 보면 바로 증명할 수 있다.

창조론과 진화론은 증명할 수 없다. 하나님이 세상을 다시 한번 창조해야 증명할 수 있으며 진화론은 다시 한번 진화되어서 현재 상태를 만들어야 증명할 수 있다. 둘 다 증명하는 것이 아니라 증거를 가지고 이론적으로 설명할 뿐이다. 창조론의 경우 성경과 성경에 나오는 인물, 지명 등으로 많은 증거를 제시한다. 진화론도 마찬가지로 화석과 같은 많은 증거를 제시하고 있을 뿐이다. 따라서 두 이론은 과학적인 것이 아니라 비과학적이다. 어떤 사람은 창조론을 주장하는 사람들이 내세우고 있는 증거들을 보고 창조론을 믿고 어떤 사람은 진화론이 내세우는 증거를 보고 진화론을 믿는다. 과학적인 것이 아니라 믿음이란 것이다.

이러한 증거들을 누가 많이 제시하느냐에 따라 믿음의 정도가 달라질 수 있다. 이러한 측면에서 지식이란 신념에 관한 합리적 논거로 볼 수 있다. 따라서 지식은 위장될 수도 있으며 사회적 · 역사적 · 정치적 맥락에 따라서 달라질 수 있다. 특히 정치적 맥락에 따라 지식이 달라질 수 있다. 왜냐하면 자신들의 정치적 이념에 따라 올바른 증거들을 조작할 수 있기 때문이다. 따라서 지식은 절대적인 것이 아니라 상대적이며 합리성조차 관행이나 인습에 불과하다는 결론이 나온다.

이러한 측면에서 다시 생각해 볼 문제가 있다. 영향력 있는 사람이 말하는 지식이 진리가 아닐 수 있다. 책에 나온 내용이 틀릴 수 있다. 매스컴에서 말하는 내용이 진리가 아닐 수 있다. 교수나 선생님이 가르치는 내용이 진리가 아닐 수 있다.

2. 신교육사회학

제2차 세계대전이 끝나고 난 후의 1950년대와 60년대는 사회발전이나 교육에 관한 부분에서 근대화 이론의 전성기였다. 신교육사회학은 1970년대에 기능주의적 접근에 대한 반발로서 대두되기 시작했다. 기능주의 이론과 갈등주의 이론이 미국을 중심으로 사회를 거시적으로 해석하였다면, **영국을 중심으로 지식사회학에 이론적 근거를 두고 대두된 교육사회학의 형태를 신교육사회학이라고 한다.** 기능주의 이론과 갈등주의 이론은 사회의 구조나 형태로 학교교육과 사회와의 관계를 파악하였다. 그러나 **신교육사회학은 학교 내부에 초점을 맞추었다. 학교 내부에서 일어나고 있는 문제인 교육과정, 교육방법, 교육평가, 교사와 학생들 간의 상호작용 등 학교 내부의 미시적인 문제들이 주된 관심 영역이었다. 그중 특히 교육과정의 사회적 성격과 교수-학습 과정의 사회적 과정에 관한 연구의 필요성을 강조하였다. 특히 교육과정을 하나의 블랙박스(black box)로 취급했다면서 비판하였다.** 즉, 교육과정 자체가 어떻게 구성되었는지에 대한 비판을 전혀 하지 않았다는 것이다. 그러므로 신교육사회학에서는 교육과정이 어떻게 구성되었는지에 대한 비판적 논의가 필요하다고 보았다.

신교육사회학이란 용어는 1972년에 Gobert가 처음 사용한 것으로 알려져 있다. 그러나 신교육사회학의 이론적 발전에 가장 중요한 공헌을 한 것은 Michael Young이며 1970년대와 80년대에 걸쳐 비슷한 시각의 학교교육을 논의한 신교육사회학자로 Basil Bernstein이 있다. Young은 지식은 상대적이며 사회구조에 의해 내용이 선정되고 조직되는 사회적 구성물이며, 계층화되어 있으며, 교육과정은 상류층에 유리하게 구성되어 있다고 보았다. 따라서 기존 지식을 배우는 것은 기존 질서와 문화를 습득하는 것으로, 결국 상류층에게 유리한 지배 질서를 재생산한다고 보았다. Bernstein의 경우 학교에서 사용하는 언어를 연구하였다. 특정한 사회구조와 그 사회구조 속에서 사람들이 언어를 사용하는 방법 사이에 직접 그리고 상호관계가 있다고 믿었다. 사회언어학적 입장에서 학교 내부에서 사용하는 언어는 지식을 매개하는 수단이기 때문에 학업성취와 밀접한 관련이 있다고 보았다. 사회에서 사용하는 언어에 두 가지 언어변이형이 있다고 보았다. 한 변이형을 정밀어(elaborated code, 원래 formal code), 다른 변이형을 한정어(restricted code, 원래 public code)라 하였다. 정밀어는 정확한 문법의 순서와 구문 규칙을 사용하는 데 비해, 한정어는 문법적으로 짧고 간단하고 종종 완전치 못한 구문 형태를 가진 덜 끝난 문장을 사용한다. 대부분 사회계층이 정밀어에 동등한 접근을 할 수는 없다. 특히 하위 노동계층 사람들과 그들의 자식들은 정밀어를 거의 경험하지 못하기 때문에 하위 노동 계층 출신 어린아이들은 정밀어가 교수 매체로 사용되는 학교에 다닐 때, 불리한 상황에 놓이게 된다고 보았다. **Young과 Bernstein의 주장은 조금씩 다르지만, 공통적인 것은 지식을 '사회적 구성물'로 보는 것이다**(안병환, 이영호, 1989).

신교육사회학의 특징은 다음과 같다. 첫째, 이념과 가치를 중요시하였다. 인간을 능동적으로 보고 의식의 해방과 평등을 지향하였다. 인간은 수동적인 존재가 아니라 자율적, 자발적 존재로서 지식을 있는 그대로 수용하는 것이 아니라 지식 그 자체에 대한 분석과 검토 등을 강조한다. 이들은 교육에 있어서 무엇보다도 이념을 중요시한다. 이념과 가치 여부에 따라서 어떤 지식은 교육과정으로 편성되며, 어떤 내용은 교육과정으로 판정되지 않는다. **둘째, 지식은 사회적 구성물이며 교육과정은 사회적 산물이다.** 신교육사회학자들은 상대주의적 입장 그리고 지식 사학적 입장에서 지식은 영구불변하는 것이 아니고, 특정한 시대의 사회적, 역사적 상황에서 구성된 것이라고 주장한다. 지식과 진리를 구성하고 그 타당성을 판단하는 기준으로서의 '합리성'이나 '과학성' 자체도 사회적 구성물에 불과하다고 한다. 합리성이나 과학성이라는 명분도 자본주의적 생산체제를 가지고 있는 사회에서 자본주의에 대한 비판을 억제하고 사회의 현상 유지를 위한 기득권층의 준거라고 본다. 신교육사회학의 이러한 입장은 교육과정에 대한 사회학적 연구를 촉발시켰다. 신교육사회학은 학생의 선발, 지식의 조직, 교육이념, 가치의 분석, 교육과정 등에 보다 더 많은 관심을 가져야 한다고 주장한다. 특히 교육과정은 교육이념과 함께 이들이 가장 중요시하는 영역이다. 학생들에게 어떤 지식을 왜 어떤 방법으로 가르쳐야 할 것이냐의 문제는 그들의 중요한 관심사이며, 그것은 바로 교육과정의 문제이다. **셋째, 교사와 학생의 관계도**

사회적 산물이다. 왜냐하면 교사는 자신의 기준에 따라 학생들을 분류하고 이에 근거해서 학생들과 상호작용한다. 문제는 교사가 학생들을 분류하는 기준이 교육적인 요인이 아니라 부모의 사회경제적 지위(SES: Scocial States Economy)의 요인에 의하는 경우가 많다는 것이다. 그러므로 중·상류층으로 분류되는 학생은 하류층으로 분류되는 학생보다 유리하다는 것이다. 그러므로 교사가 갖는 학생에 대한 태도는 학생들의 성적에 영향을 준다는 것이다. **넷째, 문화적 상호작용적 분석을 통한 역사적·구조적·미시적·질적 접근을 강조하였다.** 교육 현상의 미시적 접근방법과 분석을 위해 지식사회학, 민속방법론, 해석학, 상징적 상호작용 이론을 도입하였다. 또한 가치 중심적인 주관적 이해와 이데올로기 등 내부적 요인을 강조하였으며 인간을 능동적 존재로 보고 양적 연구보다 질적 연구에 중점을 두고 있다.

3. 교육과정 사회학

3-1. 교육과정 사회학 등장 배경

신교육사회학이 영국을 중심으로 활발히 전개되었다면 교육과정사회학은 미국을 중심으로 전개된 이론이다. **신교육사회학이 학교 내부에서 일어나고 있는 대부분의 과정에 대하여 비판적 분석을 제기하였다면, 교육과정 사회학은 학교 내부 중 교육과정에 초점이 맞추어져 연구되었다.** 이러한 교육과정 사회학은 지식사회학의 관점을 바탕으로 현상학, 상징적 상호작용이론, 민속방법론, 신마르크스주의자들의 이론에 근거하였다. 교육과정사회학이 불붙기 시작한 것은 1970년대 영국에서 비롯된 신교육사회학자인 Young을 중심으로 한 학교에 대한 비판적 분석이었다. 학교에서 가르치는 지식과 교육과정이 사회적 불평등을 매개하는 중요한 요소임을 지적하면서 기능주의 이론과 갈등주의 이론에서 도외시한 교육과정의 탐구에 초점을 맞추어야 한다고 주장하였다. 대표적인 학자로는 신교육사회학을 주장한 Young, Bernstein, 문화적 재생산이론의 Bourdier, 문화적 주도권 이론의 Apple, Giroux 등이 있다.

3-2. 교육과정 재개념화

교육과정 개발은 교육과정이 교육학의 한 학문 분야로 시작된 이후부터 지금까지 약 60년 동안 교육과정 탐구의 지배적인 전통으로 군림해 왔다. 교육과정 재개념화 운동은 그러한 지배적인 전통에 저항하면서 대안적 탐구 방안을 모색하려는 시도이다(박채영, 2016). 교육과정을 개발하는 것은 사회적 맥락과 무관하게 오직 사전에 주어지는 원리 또는 지침을 적용하는 기계적인 방식으로 수행되지 않는다(박채영, 2016; 손원영, 2001; Hunkins & Hammill, 1994). Young과 Apple이 교육과정의 사회적 측면을 강조하는 데 관심을 두고 있다면, Pinar는 교육과정의 개인적 측면을 강조하였다. 교육과정에 관한 Pinar의 논의와 Young과 Apple의 논의는 차이를 나타내고 있지만, 이들 모두 전통적인 교육과정의 기술공학적 접근을 비판하고 있다. 이외에도 인종, 국적,

종교, 성과 그것에 따른 행위의 양식 등 다양한 요인이 있을 수 있다(박채영, 2016; Asher, 2002).

교육과정 재개념화 운동은 인문학과 사회과학에서 활용되는 다양한 방법론을 동원하여 기술공학적 접근의 문제들을 지적하는 동시에 기존의 교육과정을 새로운 시각에서 조망하는 측면으로 확장되고 있다. 교육과정 재개념화 운동은 지금까지 유일한 탐구의 방향으로 일관하던 교육과정 개발과 그 운영에서 벗어나 교육과정에 관한 다채로운 시각의 담론을 통해서 교육과정의 탐구 영역을 확장한 시도로 평가되고 있다(김민환, 1991). 교육과정 재개념화 운동의 이러한 새로운 시도는 교육과정 탐구가 인문학과 사회과학 전체로 확장해나갈 가능성을 염두에 두고 있다는 평가까지 대두되고 있다(이용환, 2002). 우리나라에서 교육과정 재개념화에 관한 연구는 크게 두 부류로 나타났다. 하나는 교육과정 분야에서 이루어졌으며, 다른 하나는 교육사회학 분야에서 이루어졌다(김민환, 1998). 교육과정 분야에서 교육과정 재개념화 논의는 1980년대 초에 이루어졌으며, 교육사회학 분야에서는 교육과정의 사회적 정치적 성격을 분석하는 관점에서 이루어졌다. 우리나라에서 교육과정 재개념화에 관한 연구는 주로 재개념화에 관한 논리를 소개하거나 각각의 이론가들의 관점을 비교 연구하는 것이 대부분이다(김민환, 1998).

전통적으로 교육과정 학자들은 교육과정을 편성하는 절차를 개발하는 일이다. 그러나 1950년대 후반부터 교육과정 학자들의 전통적 역할은 도전을 받는다. 그 결과 교육과정학 분야에는 '교육과정의 재개념화'라 불리는 하나의 운동이 나타나게 된다. 교육과정의 문제를 과거의 학교만의 문제로 간주하기보다는 더 넓은 사회적 맥락에서 찾고자 하였다. 전통적 교육과정은 Bobbit에서부터 Tyler에 이르기까지 교육과정의 편성, 절차, 방법, 원리 등의 처방적인 일에 관심을 두었다. 교육과정의 정체성이 실제로는 교육과정 전문가들의 생각보다는 정치, 경제, 사회적 변화에 더 민감하게 반응함을 깨닫지 못하였다.

Schwab(1978)의 논문 '타일러 이후의 교육과정학 분야는 죽어가고 있다.'라는 충격적인 선언은 교육과정학의 재개념화라고 하는 새로운 물결을 일으키는 기폭제의 역할을 하였다. Schwab는 Tyler가 취했던 그러한 방향을 추상적인 수준에 머물러 있는 '이론적 탐구'라고 비판하면서 그것에 대한 대안으로서 '실제적 탐구'를 내세우고 있다(Schwab, 1969). 이러한 논문에 당시 교육과정 학자들이 동조하면서 1950~1960년대를 지배한 행동주의적이고 기술공학적인 접근에 대한 비판과 함께 새로운 교육과정학의 토대를 구축하기 시작하였다. 이러한 움직임을 교육과정의 '재개념화'라고 한다. Macdonald(1975)는 '교육과정의 재개념화'라는 용어를 처음 사용하였다.

교육과정 재개념화란 교육의 과정(process of education)에 대한 Tyler의 모형에 관하여 비판적 검토가 필요한 것을 말한다. Pinar는 이들을 일컬어 전통주의자라고 명명하였다. Tyler의 교육과정 개발 모형은 합리적 모형, 목표 중심 모형, 평가 중심 모형 등으로 불린다. Tyler는 『교육과정과 수업의 기본원리』(1949)에서 하나의 교육과정 모형으로 체계화하였다. 그의 교육과정 모형은 ① 구체적 목표를 정하고 ② 학습 경험을 선정하여 ③ 학습 경험을 조직하고 ④ 마지막으로 평가하는 순으로 모형이 이루어져 있다. Tyler외에 Taba(1962)는 ① 목적 및 목표, ② 내용 및 학습 경험, ③ 평가의 3요소로도 제시하였다. Tyler의 제시보다 훨씬 앞서 '미국의 8년 연구의 교육과정'에서 자문역할을 한 Giles와 그의 지지자들은(1942) ① 교육목표, ② 교과, ③ 방법과 조직, ④ 평가를 교육과정의 기본 요소로 제시하였다. 여기서는 목표, 학습 경험, 평가의 기본과정을 그대로 인정하면서도 학습 경험을 좀 더 조작적인 개념으로 파악하기 위하여 그것을 다시 내용과 학습 경험으로 구분하였다.

교육과정의 정의에서 학생들이 학습해야 할 모든 경험적인 측면에서 보면 일반적으로 크게 4단계로 구분할 수 있다. 첫째, 교육목적이나 교육목표 설정, 둘째, 학습 경험 선정 및 조직, 셋째, 교수-학습 과정, 넷째, 교육 평가다. 이러한 네 가지 영역은 다시 두 가지 영역으로 구분할 수 있다. 교육목적과 교육 방법이다. 즉, 교육목적을 달성하기 위하여 학습 경험을 선정하고 조직할 뿐만 아니라, 실제로 교육목적을 달성하기 위하여 교수-학습 과정이 일어나며, 교육목적 달성을 확인하기 위하여 평가한다.

교육과정 재개념주의가 구체적으로 일어나게 된 것은 1970년대 이후이다. 교육과정 재개념주의자들이 처음으로 집단적인 모임을 하게 된 것은 1973년 Pinar의 주도로 뉴욕의 로체스터대학에서 열린 회의이다. 그 이후 1980년대 들어서 교육과정의 이론적 탐구를 다양화하려는 재개념주의자들의 노력은 활발해졌다(Benham, 1981; Pinar, 1988). 1980년 후반에는 그동안 교육과정 이론의 1세대라고 지칭하던 전통적 'Tyler의 논리'는 끝났다고 선언하기에 이르렀다(Pinar, 1988). Pinar(1988)는 Tyler의 전통적 접근과 달리 교육과정을 보다 철학적이고, 사회-경제적인 맥락에서 새롭게 접근하는 단체들을 교육과정 재개념주의자(reconceptualists)라고 지칭하였다. 그러나 같은 재개념주의자라고 하더라도 교육과정에 대한 이들의 관심과 접근방식이 모두 같은 것은 아니다. 다양한 학자들이 서로 다른 관점에서 교육과정의 전통적 범주를 넘어 그 탐구 영역을 확장하려고 노력하였다(허숙, 1995). 재개념주의의 이론화의 기초는 마르크스주의로부터 실존주의 철학, 현상학, 해석학, 신 마르크스 이론, 정신적 분석학, 탈 현대주의 이론에 이르기까지 복잡한 배경을 갖고 있다. 실존주의와 정신분석학에 바탕을 두고 개인의 교육적 경험분석과 의미의 추구에 관심을 두는 Pinar와 신마르크스주의 이론에 바탕을 두고 교육과정의 정치·사회적인 맥락의 분석과 이념의 문제에 초점을 둔 Apple은 교육과정을 형식적 교육과정뿐만 아니라 잠재적 교육과정까지 중요한 연구 문제로 다루고 교육과정 재개념화에 관심을 가졌다.

Pinar와 Apple은 형식적 교육과정뿐만 아니라 잠재적 교육과정까지 중요한 연구 문제로 다루고 교육과정 재개념화에 관심을 가졌다. 재개념주의의 이론화의 기초로서 실존주의 철학, 현상학, 해석학, 신마르크스 이론, 정신적 분석학 등을 들 수 있다. Pinar의 경우 교육과정 재개념화란 교육과정학 탐구의 실존적 재개념화를 의미한다. 기본적인 주제는 인간의 실존적 해방이다. 인간이 현실 속에서 개인이 갖는 경험이나 의미 이해에 초점을 둔다. 인간 해방은 추상적으로 이론화하고 표준화시켜 놓은 관념적 인식에서 벗어나서 생동적이고 구체적인 개인의 직접적 경험의 세계를 회복함으로써 이루어질 수 있다고 보았다. 인간의 경험을 이해하는 가장 바람직한 방법은 그 경험이 갖는 개별적 특수성을 강조하는 것이다. 그러므로 교육과정은 교육활동 속에서 학생 개개인이 갖는 경험의 본질이다.

Pinar는 교육과정 재개념화의 3단계를 제시하였다. 첫째, 자신의 교육 경험을 있는 그대로 표현하는 방법의 단계이다. 둘째, 그 경험 속에서 자신의 행동과 사고를 결정하는 데 작용했던 가정이나 논리가 무엇이었는지를 비판적으로 살펴보는 일이다. 셋째, 다른 사람의 교육 경험을 자서전적으로 분석함으로써 타인과 함께 교육이 갖는 기본적인 구조와 과정을 인식하고 공감하는 단계이다. 교육과정의 방법론은 다음과 같다. 첫째, 회귀이다. 회귀는 과거에 일어난 것을 그대로 기억하기 위해 먼저 과거로 돌아간다. 이를 통해 사고의 폭을 넓힌 후 기억을 확장한다. 과거가 어떻게 작용하고 어떤 영향을 미치는지 탐구한다. 둘째, 전진이다. 전진은 자신의 미래 모습을 상상한다. 셋째, 분석이다. 분석은 과거, 미래, 현재라는 세 장의 사진을 동시에 펼쳐놓은 후, 이들의 복잡한 관계를 분석하는 단계이다. 넷째, 종합이다. 종합은 생생한 현실로 돌아가 내면의 목소리에 귀 기울이고, 자기에게 주어진 현재의 의미를 자문하고 모든 것을 나와 함께 놓고 나를 이해하는 것이 종합이다.

Apple은 구조적 재개념화를 강조하였다. Apple은 학교교육과 교육과정에 대해 비판하였다. 학교의 문화적 재생산 기능을 비판하였다. Apple은 학교는 지배계급의 문화를 재생한다고 비판하였다. Apple의 교육과정에 대한 새로운 개념화 작업은 Pinar와 마찬가지로 자신이 하는 일에 대한 깊은 성찰로부터 시작된다. 스스로 교사로서 삶을 되돌아볼 때, 그에게 남은 의문은 학생들의 실패에 대한 책임의 소재 문제였다. 처음에는 학생들의 책임을 묻기도 하고, 또는 자기 자신이나 교사들의 책임을 따져보기도 하였지만, 결국 이는 그들이 속한 기관이나 사회체제로부터 주어진 인식이나 제도에 더 큰 원인이 있음을 알게 되었다. Apple이 Pinar와 다른 점은, 교육 현실의 문제를 인식하면서 Pinar는 그 관심을 실존적 의식의 세계로 돌려 우리가 갖는 교육 경험의 의미와 본질을 파헤치는 일에 초점을 맞추었지만, Apple은 신 마르크스 이론에 바탕을 두고 그러한 의식을 형성하게 하는 외부적인 조건과 제약이 무엇인지를 따지는 데 더 관심을 두었다.

교육과정 재개념주의의 탐구 영역은 첫째, 사회·정치적 접근이다. 이 접근에서의 비판은 교육과정의 문제는 결코 학교만의 문제가 아니라는 것이다. 교육과정의 결정은 학교가 속해 있는 사회로부터 영향을 받으며, 정치적인 이해관계에 놓여 있다는 것이며 Apple 등이 대표적이다. 둘째, 역사적 비판 접근이다. Kliebard는 전통적인 교육과정 이론이 받아들여 온 가정을 비판적으로 조사하기 위하여 교육과정을 역사적 관점에서 분석하였다. 역사적인 비판은 Tyler류(탈 역사성, 탈 사회성)의 교육과정 연구가 현재까지도 가장 지배적인 교육과정 유형으로 자리 잡게 된 배경과 함께 그것의 허점을 들추어낸다. 교육과정의 역사적 비판 접근을 이해하기 위해서는 교육과정 자체의 역사뿐 아니라 교육과정과 관련을 맺고 있는 사회구조와 정치 및 경제구조에 관한 이해가 필요하다. 셋째, 자서전적 접근이다. Pinar와 Grumet은 '코스를 달리다'를 뜻하는 교육과정의 라틴어 어원, '쿠레레(currere)'로 대표되는 자서전적 교육과정 이론을 소개하였다. 코스를 달린다는 currere의 의미를 코스를 따라 달리는 개인적 경험을 뜻하는 것으로 이해해야 한다고 보았고, Pinar는 '분배되어야 할 산출물'서의 교육과정의 개념에서 벗어나 '경험한다'라는 쿠레레로 교육과정을 재개념화하고자 하였다. 전통적 관점에서의 교육과정 개념은 교육과정의 문제를 보다 효율적으로 해결할 수 있는 최소한의 단계를 마련하는 데 관심을 두는 접근방법이지만, 새로운 관점에서의 쿠레레는 달리는 과정에서 학습자가 주관적으로 경험하는 내용을 강조할 수 있다는 것이다(김경자, p.389). 넷째, 현상학적 접근이다. 현상학적 접근은 학습자 개인의 교육적 경험의 질과 본질에 초점을 맞춘다. 이러한 접근은 즉각적이고 감각적으로 나타나는 경험을 중요시한다. Huebner, Greene, Macdonald 등이 대표적이다. 이들은 인간의 지각과 경험, 특별히 인간 경험의 심미적인 질에 초점을 맞춘다.

재개념론자는 전통적인 교육과정 탐구를 비판적인 시각으로 바라보면서 교육과정에 대한 새로운 관점 견해가 필요하다고 보았다. 교육과정 재개념화 운동에 관한 내용이 끊임없이 진화한다. 교육과정 재개념화 운동은 단일한 시도가 아니다. 거기에는 실존주의, 현상학, 정치학 등 인문학과 사회학에 속하는 거의 모든 시각 다양하게 있다(이용환, 2002). 이처럼 교육과정 재개념화는 다양한 관점이 있지만, 종합하면 교육과정 재개념화란 첫째, 학습목적이나 학습 목표에 대한 분석이다. 이 목적이나 목표가 왜 선정되었는지 따져 보아야 한다. 둘째, 교육과정 자체가 어떻게 조직되고 구성되었는가에 대한 분석이다. 구체적인 목표에 따라 학습 경험 내용이 어떤 기준에 의하여 선정되었는가를 비판적으로 분석하고 검토해야 한다. 셋째, 선정된 교육과정 내용이 학교에서 어떤 방식으로 어떻게 전달되고 있는가에 대한 비판적 분석해야 한다. 넷째, 이러한 교육과정이 어떻게 평가되고 있는가 또한 검토되어야 한다는 것이다. 이러한 것을 분석하고 비판하는 것이 교육과정 재개념이다(이겔스톤 저, 이경섭, 김인식, 최호성 역, 1989).

한편, 2000년대에 들어 교육과정 연구를 둘러싸고 나타난 사회적 · 학문적인 변화는 재개념주의 논의에도 변화의 압력을 가하고 있다. 먼저 21세기의 급격한 사회변화는 교육과정 분야에서 새롭게 고려해야 할 문제 혹은 기존의 틀이나 관점으로는 해결하기 어려운 복잡한 문제들을 제기하고 있다(Barnett, 2012). 또한 학문적으로는 포스트-모더니즘, 포스트-식민주의, 포스트-휴머니즘 등 새롭게 나타난 사조들이 교육과정 분야에 유입되면서 기존 교육과정 연구의 상태(state)를 재고해 볼 것을 요청하고 있다(Malewski, 2010: 32).

토의

교육과정 재개념화에 비추어 볼 때 OO중학교, OO고등학교, OO대학교에서 교육과정을 어떻게 재구성해야 하는가? 이에 대해 토의해 보시오.

3-3. Bernstein의 교육과정 분석

Bernstein은 **교육과정 구성이 사회질서의 원리를 반영한다고 보고 교육과정 분석의 개념을 분류와 구조로 정립하였다.** 이러한 사회질서의 원리는 학교에서 학생들에게 교육과정을 통해 내면화한다고 보았다. Bernstein이 말하는 분류는 횡적인 개념이며 구조는 종적인 개념이다. Bernstein이 말하는 분류의 개념은 과목 간(인간관계이론, 심리학 개론, 기계공학 이론, 통계이론 등), 전공분야 간(문과, 이과), 학과 간(교육학, 경영학, 자동차공학 등)의 구분을 말한다. 학과 간의 경계가 어느 정도 엄격하냐의 여부가 기준이 된다. 구조란 개념은 과목 내(교육사회학) 또는 학과 내(교육학과) 조직의 문제로 가르칠 내용과 가르치지 않을 내용의 구분이 뚜렷한 정도 여부, 계열성의 엄격성 정도 등 교사와 학생이 소유하고 있는 통제력의 정도를 말한다. 구조화가 엄격하면 교사나 학생의 요구를 반영하기 어렵다. 반대로 구조화가 느슨하게 되어 있으면 욕구를 반영시키기 쉽다. **교육과정 유형**에는 **집합형과 통합형이 있다. 집합형 교육과정이란 분류와 구조 모두 엄격하지만, 통합형 교육과정은 분류와 구조가 자유롭다.** 학과 간, 전공분야 간, 과목 간 분류와 구조가 모두 명확하므로 소속 학과에 대한 소속감이 높다. 학생들은 교육과정을 선택할 때 자유롭게 선택할 여지가 별로 없다. 반면 통합형 교육과정의 경우 학과 간, 전공분야 간, 과목 간 분류가 엄격하지 않다. 그러므로 과목 및 학과 간 횡적 교류가 많아지며 학생들의 선택폭이 확대될 수 있다(김규태, 2012; 김천기, 2012).

Bernstein은 **교육과정 개념에서 수행과정을 분석하였다. 수행과정은 교수방법 및 교육평가와 관련되는 것이다.** 즉, 공식적으로 결정된 교육과정을 전달하는 과정인 교수방법을 분석하였다. 그는 교수활동을 교육활동을 지배하는 원칙이 구체적이냐 아니면 덜 구체적이냐에 따라 가시적 교수방법과 비가시적 교수방법으로 구분하였다. 가시적 교수방법과 비가시적 교수방법을 구분하면 [표 11-1]과 같다.

표 11-1 가시적 교수방법과 비가시적 교수방법

가시적 교수방법(visible pedagogy)	비가시적 교수방법(invisible pedagogy)
• 취업 관련 계층일 때 선호하는 방법	• 상징적 통제를 중시하는 상위계층 선호
• 지식의 전달 강조	• 학습자의 인지적·언어적·정의적 변화와 동기 수준에서의 변화를 강조
• 겉으로 드러난 성취를 강조	• 학습자의 내적 변화를 강조
• 강한 분류와 강한 구조	• 약한 분류와 약한 구조
• 명확한 기준과 정교한 측정 방법에 의한 객관적 평가 방법 중시	• 학생들과의 비교 자체를 거부함 • 학생들의 내적 상태와 과정을 고려함

Bernstein은 위와 같이 가시적 교수방법의 경우 전통적 보수적 견해에서 주로 하위계층일 경우에는 가시적 교수방법을 선호하지만, 상위계층의 경우 비가시적인 교수방법을 선호한다고 보았다. 가시적 교수방법이든 비가시적 교수방법이든 교사는 상황에 맞게 가르치는 방법을 선택하여야 한다. 그는 가르치는 방법 즉 수행과정에서 교사의 자율성을 강조하였다.

토의

교학사 역사 교과서 일본 위안부, 친일 행적, 정권 평가서술 논란

사안	교학사 주요 기술내용	논란
일본군 위안부	일제는 1944년 여자정신근로령을 발표하고 12~40세 여성들을 침략전쟁에 동원했다. 동원된 여성들은 일본·한국 군수공장에서 일하였다. 일부 여성들은 중국·동남아 일대·필리핀 등지로 끌려가 일본군 위안부로 희생당해	• 위안부가 1944년 여자정신근로령 발표 후 일부 여성들에게 벌어진 일이라고 혼돈을 줄 수 있는 서술 • 기존 교과서와 학계에선 위안부 문제가 최소한 1937년 일제의 난징대학살 후, 국가 총동원령 이후 본격화됐다고 정리 • 최근 1942~1944년 해외 일본군 위안소 관리인으로 일했던 조선인 일기도 공개
친일 관련	• 경성방직·화신백화점 등을 대규모 민족자본으로 평가 • 일제강점기 형성된 기술자·상공인·기업인 집단이 한국 자본주의 성장의 주역이라는 논거 • 한국인들은 시간 사용의 합리화를 일제로부터 강요받았다. 약속 시간을 지킬 것, 시간을 효율적으로 사용할 것 등	• 친일 행위자 인정받고 반민특위에 구속됐던 사람들인데, 친일 행위는 빼고 일본자본과 경쟁한 민족자본인 것처럼 서술 • 친일 행위에 대한 합리화 • 한국인들의 시간관념이 비합리적이며 일본인들이 들어와 한국이 근대화됐다는 해석 논란
정권 서술	• 김대중·노무현 정부는 공과과를 기술하여 잘못한 쪽에 중점 • 노태우·이명박 정부는 대체로 긍정적 • 이명박 정부 비판은 전무, 한식 세계화 사진이 세계화의 대표적 예로 들어감	• 우편향 논란 일었던 2008년 대안교과서 한국 근현대사보다 더욱 편향적 기술 • 교학사 교과서에는 대안교과서에도 있던 김대중·노무현 전 대통령 사진이나 김대중 대통령 사진이나 김대중 전 대통령의 2000년 노벨 평화상 수상 기록은 빠져 있음

※ 이외 대안교과서 표절 논란: 교학사 교과서 283쪽 "공장 및 광산 노동자의 1/4 정도는 초등교육을 받았고" 부분은 대안교과서 100쪽 "공장 노동자의 절반과 광산 노동자의 4분의 1가량"을 잘못 표절. 위키피디아, 네이버 등 표절 논란: 교학사 252쪽 이야기 한국사 "고종독살설" 위키피디아의 고종독살설을 그대로 옮겨옴. 사실 오류, 용어 혼란 등 문제: 교학사 교과서 276쪽 "1941년 여름에는 미국과 일본의 전쟁 가능성을 경고하는 일본 내막 기를 출간하였고, 그해 실제로 태평양 전쟁이 발발하였다." 276쪽엔 내막 기의 출간을 1941년 여름으로, 바로 옆 277쪽에선 1941년 초로 서술해 혼돈을 줌. 이승만의 저술을 반복해 강조하다가 실수한 것으로 분석됨.

출처: 경향신문(2014. 1. 17).

토의

한국사 교과서 국정화 문제에 대하여 어떻게 생각하는가? 찬성하는가? 반대하는가? 찬성하면 왜 찬성하는지, 반대하면 왜 반대하는지 토의해 보시오.

한국사 교과서 국정화 문제 논의

국정교과서의 개념

- 자유발행 교과서 : 출판사나 저자가 정부 기관의 검 · 인정 절차 없이 출판한 교과서
- 검정 교과서 : 민간에서 개발한 도서 중 국가의 검정 심사에서 합격한 도서이고 교육부 장관의 검정을 받은 교과서
- 인정 교과서 : 국정교과서나 검정 교과서가 없는 경우 또는 이를 사용하기 곤란한 경우에 사용하기 위하여 교육부 장관의 인정을 받은 교과서
- 국정교과서 : 국가가 저작권을 가지며 국가적 통일성이 필요한 교과목 위주로 개발하는 교과서

현재 우리나라의 교과서 체제는 국정교과서 + 검 · 인정 교과서를 채택하고 있다. 한국사의 경우에는 검정 교과서를 사용하고 있다. 교학사 교과서 부실 검정 논란 발단 등으로 2017학년도 대학수학능력시험부터 한국사를 필수 과목으로 지정하였다.

한국사 교과서 국정화에 대한 찬성 견해

첫째, 국정화로 인해 통일된 역사 인식을 기를 수 있다.

검정 교과서의 경우, 서로의 정치적 관념이 다르다 보니 서술방식이나 내용이 판이할 수 있다. 한국사 교과서는 단순한 하나의 과목이 아니라 국민 의식을 일깨우는 국민교육이기 때문에 필자들이나 출판사들의 자의적인 해석에 맡기는 것은 매우 무책임할 수 있다. 따라서 정부, 즉 교육부가 나서서 통일된 내용으로 교육하는 것이 바람직하다.

둘째, 각각의 교과서가 담고 있는 내용이 서로 상이하다면, 통일된 문제로 평가를 받는 수험생들에게도 불만이 될 수밖에 없다.

셋째, 검정 교과서 사용으로 인한 문제점이 많다.

부실한 검정 과정으로 인한 오류 과다의 문제가 있으며, 내용 부실로 인한 교과서의 질 하락이 있다. 예를 들면 교학사의 교과서는 대부분 극우적 성향과 친일·독재자 미화가 많으며, 검정 후에도 652건의 오류가 발견되었고, 내용의 부실하였다(교과서에 수록된 사진의 절반 이상의 출처가 네이버, 구글과 같은 포털 사이트).

넷째, 부가적인 검수 과정이 필요하여 시간과 금전적 손실이 크다.

출판사는 사적 기업이므로 단순 금전적 이득을 위한 사업으로 변질할 가능성이 크다. 또한 교과서에 문제점 발견 시 신속한 대응 처리가 어려울 수 있다.

다섯째, 국정교과서를 통해 진정한 애국심을 기를 수 있다.

사회조직의 유지와 발전의 요소는 동질감과 정체성이다. 민족적 정체성과 자부심을 품게 하여 애국심을 기르는 데 필요하다. 역사교육의 핵심 도구는 한국사 교과서이다. 국가에서는 민족사를 중심으로 한 영웅 이야기와 국가의 승리 등을 기술한 교과서를 배부할 때 가능하다. 검정 체제로 돌아서자 근·현대사 분야에 현격히 치우쳐 교과서가 제작되었으므로, 한국사 교과서는 앞서 말한 기능들을 잃게 된 듯하다.

한국사 교과서 국정화에 대한 반대 견해

첫째, 국정교과서는 획일화되고 암기형식의 학습을 만든다.

역사란 다양한 자료를 찾아 읽고 사물을 다양한 각도에서 접근함으로써 생각하는 힘을 기르는 과목이다. 그러나 국정교과서는 지식을 암기하는 역사 수업을 만든다.

둘째, 국정교과서는 획일화되었기 때문에 역사가의 다양한 해석을 억압한다.

George Clark는 '객관적인 역사적 진리란 존재하지 않는다'고 보았다. 결과적으로 교과서의 질을 하락시켰다.

셋째, 집권 세력에 지나치게 우호적인 서술 가능성이 크다.

- 1974년 박정희 정권 당시 총 22종의 국사 교과서는 하나를 제외하고 모두 없어졌다. 10월 유신을 정당화하는 실현 수단이 국정교과서였던 것이다.
- 박정희 정권 당시의 국정교과서의 문제점을 보면, 5.16쿠데타를 '정부가 무능하고 부패하여 국가와 민족을 수호하기 위하여 뜻있는 군인들이 혁명을 일으켰다'라고 설명한 것이다.
- 4·19혁명은 '독재에서 나라를 구하려는 혁명'이었고, 5.16쿠데타는 '혼란과 공산위협으로부터 나라를 지키려는 혁명'이었다고 주장하였다. 즉, 4·19혁명과 5.16쿠데타를 같은 혁명이라고 서술한 것이다.

넷째, 국정화는 세계의 흐름과 맞지 않는 퇴행적 발상이다.

- 주요 국가인 미국, 영국, 일본 등의 선진국들은 국정교과서를 운영하지 않는다. 현재 국정제를 시행하고 있는 나라는 북한, 방글라데시, 베트남 등뿐이다.

구분	미국	일본	중국	독일	핀란드	프랑스	영국
역사 교과서 발행체제	자유	검정	검정	검정	자유	자유	자유
대입 반영	선택	선택	일부 필수	선택	선택	필수	선택

우리 앞의 생이 끝나갈 때

아티스트 넥스트
작곡 신해철
작사 신해철
편곡 신해철

흐린 창문 사이로 하얗게
별이 뜨던 그 교실
나는 기억해요 내 소년 시절의
파랗던 꿈을
세상이 변해 갈 때
같이 닮아 가는 내 모습에
때론 실망하며 때로는
변명도 해보았지만
흐르는 시간 속에서
질문은 지워지지 않네
우린 그 무엇을 찾아
이 세상에 왔을까
그 대답을 찾기 위해
우리는 홀로 걸어가네
세월이 흘러가고
우리 앞의 생이 끝나갈 때
누군가 그대에게
작은 목소리로 물어보면
대답할 수 있나 지나간
세월에 후회 없노라고
그대여
흐르는 시간 속에서
질문은 지워지지 않네
우린 그 무엇을 찾아
이 세상에 왔을까
그 대답을 찾기 위해
우리는 홀로 걸어가네
세월이 흘러가고
우리 앞의 생이 끝나갈 때
누군가 그대에게
작은 목소리로 물어보면
대답할 수 있나 지나간
세월에 후회 없노라고

CHAPTER 12

미래 교육과정 설계 방향 및 사례

학습 개요

이 장은 미래 교육과정 설계를 위한 방향을 제기하기 위한 것이다. 이 장에서는 미래 교육과정 설계를 위해서 어떻게 해야 하는가에 대하여 저자는 3D(Discover to new value chain, Digital literacy, Diverse of educational method) 교육이 필요하다고 제시하였다. 그리고 미래 교육과정 설계를 위하여 다양한 교육과정 운영 사례를 제시하였다. 첫째, 팀팀Class는 혁신적 교육방식, 둘째, TEAM 교육 인증제도, 셋째, HOT TEAM 클래스, 넷째, 알파 프로젝트이다. 이러한 구체적인 교육과정 운영이 어떻게 이루어지고 있는지 살펴본다.

학습 목표

1. 미래 교육과정 설계 방향에 관하여 교육내용 측면과 교육방법 측면에서 설명할 수 있다.
2. 미래형 교육과정 운영 사례에 대하여 2가지 이상 설명할 수 있다.

학습 과제

1. 대학에서 운영되고 있는 다양한 미래형 교육과정 운영 사례를 조사해 보시오.

사전 OX 퀴즈

1. 코로나19 이후 교육의 방향에 대하여 저자는 3D(Discover to new value chain, Digital literacy, Diverse of educational method) 교육이 필요하다고 제언하였다.

정답

2. 현재 세계를 이끄는 질서는 민주주의, 자본주의, 능력주의이다. 그러나 이러한 질서도 이제는 다시 점검할 필요가 있으며 새로운 질서를 창출할 필요가 있다.

정답

3. 팀팀Class는 혁신적 교육방식으로 첫째, 사회문제에 직접 접근하는 시민참여 활동 Community Maping이 있고, 둘째, 2인 이상의 교수가 동시에 참여하는 Tutorial Class를 포함해 강의실 안에서 배우는 것에서 그치지 않고, 실용적으로 접근을 시도하는 교육과정 방법이다.

정답

4. TEAM 교육 인증은 내·외부 환경 분석, 시사점을 통해 학과(전공)의 교육과정에 대한 방향성을 도출하고, 세부 목표를 세워 집중할 분야를 설정하여 교육과정을 편성하는 것이다.

정답

5. HOT TEAM 클래스는 산업계 전문가가 수업의 설계부터 참여하여 수업 설계, 수업 진행, 멘토링 등에 참여하여 이루어지는 교육과정이다. 교수와 산학멘토가 협력하여 개발한 '세상을 바꾸는 질문(Big Question)'을 제시하고 문제 해결을 위해 학생들의 탐구활동을 기반으로 능동적 사고를 촉진하는 교육과정이다.

정답

1. 미래 교육과정 설계 방향

2019년 코로나19가 사회에 엄청난 변화를 일으켰다. 혹자들은 코로나 이전(BC: Before Corona)과 코로나 이후(AC: after Corona)로 사회를 구분하려고 한다. 고대 그리스에서 시작하여 중세 대학에서 구체화한 7자유교과는 교육의 기본 교육과정이다. 7자유교과의 3학 영역과 4과 영역은 교양 교육의 교육과정 유형이다. 언어를 통한 사고력 향상을 지향하는 3학 영역은 논리학, 문법, 수사학 교과로 구성되었고, 수를 통한 추상적 사고 능력을 익히는 4과 영역은 산수, 기하학, 천문학, 음악 교과로 편성되었다. 그러나 시대적 흐름은 자유의 확대, 선택의 기회를 갈구하고 있다(백승수, 2019: 101-122 ; 김상윤, 2016).

코로나 이후 교육의 방향에 대하여 저자는 다음과 같은 3D(Discover to new value chain, Digital literacy, Diverse of educational method) **교육을 제안한다. 첫째, 새로운 가치사슬에 대한 교육이다.** 특히 교양 교육이란 올바른 세계관과 건전한 가치관을 바탕으로 세계화된 새로운 정보사회에서 비판적 창의적 사고와 원활하고 개방적인 의사소통을 통해 공동체적 문화적 삶을 자율적으로 주도할 수 있는 주체적인 지도자로서 자질을 함양하기 위한 것으로서, 학문 계열을 넘어서서 모든 학생에게 동질적인 내용을 교수하는 교육이다(백승수, 2019: 101-122 ; 손동현, 2005: 220). 그 동질적인 내용을 위하여 새로운 가치사슬에 대한 교육이 필요하다.

둘째, 디지털 리터러시 교육이다. 디지털 리터러시 교육이 필요한 이유는 4차 산업혁명 시대(초연결, 융복합)에는 디지털이 필수적이기 때문이다. 4차 산업혁명은 3차 산업혁명에서 축적된 정보통신 기술을 활용하여 초연결, 융복합 함으로써 인류의 진보와 혁신에 획기적인 영향을 미칠 것이다. 4차 산업혁명의 5G 통신기술과 스마트폰의 지능화, IoT 센서 기반의 클라우드, 지능화된 플랫폼들은 코로나 19 이후 온라인 기반에 가상 소통 채널이 절실히 필요하게 되었다(강경리, 2020: 195-220). 그러므로 디지털 시대에 필수적으로 요구되는 정보 이해 및 표현 능력으로 디지털 기기를 활용하여 원하는 작업을 실행하고 필요한 정보를 얻을 수 있는 지식과 능력인 디지털 리터러시 교육이 필요한 것이다.

셋째, 다양한 교육방법 활용이다. 교수설계전문가 중 한 사람인 Reigeluth-Merill은 교수설계 변인으로 교수 조건 변인, 교수방법 변인, 교수 결과 변인 3가지를 제시했다(여상희, 2019: 987-1006). 이 중 교수 결과 변인으로 효과성, 효율성, 매력성이 있다. 효과성이란 수업목표를 달성하면 되는 것이며, 효율성이란 수업목표를 달성할 때 시간과 노력을 덜 기울여 달성하는 것이며, 매력성이란 학생들이 얼마나 수업에 몰입하고 재미있게 하는가에 해당한다. 그렇다면 어떤 방식을 사용하든 세 가지 결과 변인을 만족시켜 주면 된다. 그런데 온라인 강의는 효과성, 효율성, 매력성 측면에서 대부분 만족하기 어렵다. 한 학기 수업에서 그 과목에서 다루고자 하는 지식, 기능, 태도의 변화를 위해서는 온라인 강좌는 지식적인 측면만 일부 만족시킬지 모른다. 그러므로 다양한 교육방법 활용이 절실하다.

1-1. 새로운 가치사슬 교육

코로나 이후 시기는 지금과는 분명히 다른 삶을 살아야 한다. 지금까지 살아온 방식에 대한 성찰이 필요하다.

첫째, 자연 생태계에 대한 가치 교육이 필요하다. 생태계는 상호작용하는 유기체들과 또 그들과 서로 영향을 주고받는 주변의 무생물 환경을 묶어서 일컫는 말이다. 같은 곳에 살면서 서로 의존하는 유기체 집단이 완전히 독립된 체계를 이루면 이를 '생태계'라고 부를 수 있다. 이 말은 곧 상호의존성과 완결성이 하나의 '생태계'를 이루는 데 꼭 필요한 요소라는 뜻이다. 인간은 혼자 살 수 없다. 인간과 인간, 인간과 동물, 인간과 자연이 공존하는 삶을 살 수밖에 없다(최재천 외, 2020; 김광연, 2019: 97-121; 여운상, 2016: 20-27). 그러나 이러한 생태계 안에 사는 유기체들은 먹이사슬을 통해 서로 밀접하게 연관되어 있어서 약육강식의 가치가 작동한다. 인간이 만물의 영장이며 인간이 지구의 주인이라는 것이다. 그러나 이제는 이러한 생각에서 벗어나서 인간이 자연과 조화로운 삶을 어떻게 해 나가야 하는지 근본적인 성찰이 필요하다. 코로나 이후에는 경쟁이 아니라 공존이다. 극단적으로 말하면 코로나 19를 퇴치하기보다는 코로나 19와 어떻게 공존하는 삶을 살아야 하는가에 대한 성찰이 필요하다.

둘째, 인간은 왜 무한경쟁을 해야 하는가? 왜 신자유주의 시대정신으로 살아야 하는지? 그리고 자본주의에 대한 근본적인 성찰이 필요하다. 신자유주의가 휩쓸고 간 자리에 야수 자본주의의 폐허가 민낯을 드러내고 있다(김누리, 2020; 구본우, 2020: 40-85 ; 최재천 외, 2020). 코로나 범유행으로 견고해 보이던 하나의 세계, 하나의 우주가 무너지고 있다. 신자유주의 시대가 막을 내리고, 미국의 세기가 저물고 있다. 물질주의와 소비주의, 경쟁 지상주의의 세계에 빨간 경고등이 켜지고 있다. 포스트 코로나 시대는 거대한 전환의 시대가 될 것이다. 인류가 살아남으려면 모든 것이 변해야 한다. 시장 중심 사회에서 인간 중심 사회로, 경쟁사회에서 연대사회로, 신자유주의 국가에서 복지국가로, 인간의 자연 지배에서 인간과 자연의 공생으로, 능력주의에서 존엄주의로 전환해야 한다(김누리, 2020; http://www.hani.co.k2020.07.10일 검색).

지금까지 세계를 지배하던 체제는 이제는 작동하지 않으리라는 사실이다. 자본주의와 인간에 대한 성찰은 자본주의가 과연 오래갈 체제인지 근본적인 의문을 제기한다. 자본주의는 인간 존엄의 조건인 인간성을 파괴하고, 인간 생존의 조건인 사회를 파괴하며, 인간 생명의 조건인 자연을 파괴하기 때문이다. 이제 '자본주의 이후'를 생각할 때다. 포스트 코로나 시대는 질적으로 새로운 체제를 요구하고 있다.

코로나로 인한 경제 위기는 지난 세기의 경제 위기와는 차원이 다르다. 산업사회 시기에는 노동의 착취가 문제가 되었지만, 지금은 일자리 자체가 없는 문제이다. 일하고 싶어도 기계가 일자리를 대치했기 때문에 일자리가 없다. 그러므로 기본적인 소득과 같은 개념이 등장하는 것이다. 교양 교육에서 이상과 같은 새로운 질서에 대한 교육이 필요하다. 한 사회를 유지하기 위해서는 질서가 필요하다. **현재 세계를 이끄는 질서는 민주주의, 자본주의, 능력주의이다. 그러나 이러한 질서도 이제는 다시 점검할 필요가 있으며 새로운 질서를 창출할 필요가 있다.** 질서는 하루아침에 형성되는 것이 아니다. 교육에서 끊임없는 가치사슬에 대한 교육을 통하여 새로운 시대에 맞는 새로운 질서를 창조할 필요가 있다.

토의

현재 세계를 이끄는 질서는 민주주의, 자본주의, 능력주의이다. 그러나 이러한 질서도 이제는 다시 점검할 필요가 있으며 새로운 질서를 창출할 필요가 있다.
이러한 질서가 어떻게 바뀌어야 한다고 생각하는가? 예를 들면 조선 시대로 타임머신을 타고 간다면 그 시대로 가고 싶은가?

Yuval Harari는 저서 『호모데우스』(2017)에서 과학의 발달로 인본주의가 퇴색해 이제는 신의 가치나 인간 중심 이데올로기 의미가 사라질 미래를 설득력 있게 그려낸다. 저자는 21세기 인간이 경제성장 덕분에 기아, 역병, 전쟁을 통제할 수 있게 됐다고 말한다. '호모데우스' 즉 신이 된 인간은 다음 순서로 **불멸, 행복, 신성**을 꿈꾼다. **2045년 기술 특이점**(Singularity) 시대인 것이다. "경제성장과 생태계 안정 중 하나를 선택해야 하는 순간이 오면 정치인, CEO, 유권자들은 성장을 선호한다"라며 "21세기 이후에도 그런 식이면 우리는 파국을 면치 못할 것"이라고 경고한다. 그렇다면 인류는 어떻게 해야 할까? 이에 저자는 "이 파국을 막을 브레이크가 어디에 있는지 아무도 모르고, 만일 어떻게든 브레이크를 밟는다면, 경제가 무너지고 그와 함께 사회도 무너질 것"이라며 "만에 하나 성장이 멈춘다면, 경제는 포근한 평형 상태에 안착하는 것이 아니라 추락해서 산산조각이 날 것이다. 자본주의가 불멸, 행복, 신성을 추구하라고 우리를 부추기는 이유가 여기에 있다"라고 설명한다.

1-2. 디지털 리터러시 교육

4차 산업혁명 시대 핵심 동력은 바로 '소프트 파워'이다. 소프트 파워란 교육·문화·과학·기술 등 인간의 이성 및 감성적 능력을 포함하는 문화적 힘을 의미하며, 창의적인 아이디어를 기술, 지식, 제품과 연계·융합하여 혁신적인 비즈니스로 구현하는 역량을 의미한다. 애플의 창업자인 Steve Jobs가 애플을 성장시키는 데 있어서 교양과 인문학과 결합한 기술을 중요하게 여겼던 것도 바로 이러한 소프트 파워의 관점에서 이해할 수 있다(강소연, 조형희, 2018: 2028-2029 ; 강철승, 2017: 31-70 ; .김치헌, 2017: 76-81 ; 김현정, 2017: 95-122).

디지털 리터러시(digital literacy)는 4차 산업혁명 시대(초연결, 융복합), 디지털 시대에 필수적으로 요구되는 정보 이해 및 표현 능력으로, 디지털 기기를 활용하여 원하는 작업을 실행하고 필요한 정보를 얻을 수 있는 지식과 능력을 말한다. 종이책에는 익숙해 있지만, 아직도 e-book에는 익숙하지 않고, 집합 교육에는 익숙해 있지만, 화상교육에는 익숙하지 않고, 인터넷과 스마트폰을 일상에서 활용하지만, 인터넷과 스마트폰으로 학습하는 것에는 익숙하지 않은 문화를 바꾸어야 한다. 약간의 디지털을 안다고 해서 디지털을 올바르게 잘 사용할 수 있다는 의미가 아니다. 디지털 리터러시 교육이 7가지 측면에서 선행되어야 한다(김용덕, 최동연, 2020: 885-908 ; 홍명희, 이순영, 2020: 107-115 ; Li, et al., 2019: 114-177 ; Fahrurrozi, et al., 2019: 108-111).

첫째, 디지털 기술활용 능력이다. 인공지능, 가상현실, 3D프린터, 드론 등과 같은 4차 산업 혁명의 핵심 기술을 이해하고 순기능과 역기능에 대해서도 알아야 한다. 전문적인 분야가 아니더라도 실생활에 필요한 디지털 기술을 활용할 수 있는 역량을 육성해야 한다. 엑셀이나 파워포인트를 다루는 것처럼 단순한 코딩을 통하여 초보적인 로봇을 만드는 것과 같은 역량을 말한다.

둘째, 디지털 데이터의 구별 활용능력이다. 즉 디지털 자료들에 대하여 진짜와 가짜를 구분할 수 있는 능력이 필요하다. 인터넷과 유튜브에 수많은 확실하지 않은 가짜 자료들이 증가하고 있다. 가짜 뉴스도 엄청나게 많이 나온다. 특정 사안에 대해 왜곡되어

범람하는 정보의 흐름을 정보 전염병(infodemic)이라고 하는데 이 정보 전염병이 만연한 세상이다. 이러한 세상에서 데이터 기반의 사실과 가짜를 구분하는 능력이 필요하다.

셋째, 디지털 콘텐츠 활용능력이다. 가상공간에서 수집한 자료를 다양한 방법으로 가공하고 처리하여 사용자가 의미 있게 사용할 수 있도록 한 결과물인 정보를 만들 수 있는 능력을 말한다. 콘텐츠는 가공에 따라 정보 또는 지식이 될 수 있다. 어떤 내용이나 소재에 다양한 문화적 공정을 더해 가치를 부여하거나 높이는 것을 의미한다. 이런 콘텐츠를 만들 줄 아는 능력이 바로 디지털 콘텐츠 리터러시이다. 1인 미디어 또는 소셜 미디어 시대에 누구나 디지털 콘텐츠를 소비하고 생산을 한다. 따라서 디지털 콘텐츠 활용능력이 필요하다.

넷째, 디지털 미디어 활용능력이다. 디지털 미디어는 기존 미디어와 다른 것이다. 기존 미디어는 정보화 시대 이전에 우위를 점했던 대중 매체로 인쇄 매체(신문, 잡지) 영화, 음악, 광고대행사, 라디오, 텔레비전 등이다. 디지털 미디어는 유튜브, SNS, 인터넷 등을 말한다. 이러한 디지털 미디어를 활용하는 능력이 필요하다(김수혜, 신형석, 2020: 71-97 ; 조재영, 2020: 30-39).

다섯째, 디지털에 기반을 둔 콘텐츠 제작 기술 능력이다. 유튜브에 영상을 올리거나 SNS에 글을 작성하는 등과 같은 것이다. 디지털에 기반한 콘텐츠 제작은 재매개체 매개에 대한 논의이다. 재매개는 새로운 미디어가 완전히 새로운 형식을 채택하는 것이 아니라 기존 미디어의 형식을 빌려와 그것을 개조한다는 논리다. 재매개 논리에 따르면 뉴미디어에서 새로운 것은 미디어 그 자체가 아니라 뉴미디어가 기존의 올드미디어를 새롭게 개조하는 방식에서 찾을 수 있다. 올드미디어는 뉴미디어와의 경쟁에 대응하기 위해 자신을 개조하는 등 뉴미디어와 올드미디어의 관계는 일방적이고 단선적인 것이 아니라 상호의 것으로 이해되어야 한다(김현정, 2017: 95-122 ; 안종배, 2017: 21-34 ; 조상식, 2016: 152-185).

여섯째, 디지털 커뮤니케이션 활용능력이다. 4차 산업혁명 시대가 도래한 현재 대부분의 일상과 업무 등의 생활을 디지털을 통해서 하게 된다. 따라서 디지털 공간에서 사람을 만나고 소통하는 방법에 익숙해져야 한다. SNS, 실시간 스트리밍, 이메일,

화상교육, 화상회의 등의 소통 방법에 익숙해 져야 한다. 앞서 디지털을 잘 활용하는 것도 중요한 사실이지만 디지털 공간에서 사람들에게 예의나 태도를 지키는 것이 중요하다. 예를 들면 편지를 통하여 소통하던 시절의 문화에서 전자우편을 통한 소통 방식으로 전환이 필요하다.

일곱째, 디지털 감수성이다. 디지털을 접하는 데 거부감이 없어야 한다. 화상교육을 하더라도 거부감이 없어야 한다는 것이다. 디지털 교육이든 회의든 자연스럽게 받아들이는 문화가 필요하다(김수혜, 신형석, 2020: 71-97 ; 홍명희, 이순영, 2020: 107-115). 문화는 생활양식이기 때문에 이러한 모든 것이 디지털로 트랜스되어 가는 것에 대하여 교육이든 업무든 거부감이 없어야 하며 적극적이고 능동적이며 아주 자연스럽게 받아들이도록 해야 한다. 4차 산업혁명에 대하여 이론적으로 구호로만 말할 것이 아니라 이러한 변화에 대하여 자연스럽게 문화로 정착될 수 있도록 해야 한다. 코로나19가 4차 산업혁명을 우리가 몸으로 받아들이도록 하는 데 크게 이바지할 것으로 본다.

1-3. 교육방법의 다양화

인공지능과 트랜스 휴머니즘이 주도하는 엄청난 변화 속에서 대학의 가치와 이념을 회복시키는 중요한 책임이 교양 교육에 있다. 4차 산업혁명 시대 고등교육은 교수자 중심에서 학생 중심으로, 교수에서 학습으로, 교과과정 중심 학습에서 프로젝트 중심 학습으로, 일방적 지식 전수 교육에서 공유와 협력에 기반한 상호학습으로, 단기교육에서 평생교육으로, 일원화된 교실 교육에서 맞춤형 교육으로의 전환해야 한다(강소연, 조형희, 2018: 2028-2029 ; 김현정, 2017: 95-122 ; 정연재, 2020: 59-77).

지금은 4차 산업혁명 시대이다. 이러한 시대 미래의 교육 방향은 강의식보다 토의식 수업, 문제해결식 수업이 효과적이다(이영재, 2020: 37-74 ; Lee, et al., 2019: 1-6). 그런데도 문제해결을 과거의 방식 틀에서 해결하려고 한다. 학교 대부분이 온라인 수업으로 운영하려고 한다. 다양성의 시대에 천편일률적이다. 물론 온라인 수업(가상대학)에서 다양한 활동, 예를 들면 팀 과제, 토의, 동영상, 퀴즈, 문제해결 등 다양한 방식을 활용하고 있지만 이러한 방식이 답인가에 대하여 의구심을 가지지 않을 수 없다. 그러므로 비대면 수업도 다양한 방식, 융·복합 교육방식이 필요하다. 다양한 방식에 대하여 몇 가지 살펴본다.

첫째, 불특정 다수도 청강할 수 있는 실시간 수업이다. 유튜브 등 실시간 스트리밍을 통해서 수업하면 수강 신청한 학생들뿐만 아니라 수강 신청한 친구 부모, 또는 불특정 다수의 사람이 수업을 들을 수 있다. 연세대가 디지털 강의를 중요시하는 교육 패러다임 전환에 발맞춰 온라인 강의 비중을 확 늘리고 외부에 담장을 허물어 우수 강의 콘텐츠를 국내는 물론 해외에 공유하는 혁신안을 추진하고 있는 것으로 확인됐다. 중장기적으로는 연세대 학생뿐만 아니라 관심 있는 국내외 대학생, 청소년, 직장인 등도 연세대 강의 콘텐츠를 볼 수 있게 한다는 방침이다(https://news.naver.com. 2020.07.09일 인출).

둘째, 수강 신청한 학생들을 대상으로 하는 실시간 수업이다. 학교 대부분에서 아마 실시간 수업방식으로 줌(Zoom)을 도입하고 있는 것으로 알고 있다. 줌에서도 채팅으로 토의도 가능하고, 상호 소통도 가능하며, 자료도 함께 볼 수 있다.

셋째, 문제 중심 학습(PBL: Problem Based Learning) **또는 프로젝트 중심 학습**(PBL: Project Based Learning)**도 하나의 방법이다. 디자인 씽킹**(design thinking)**수업도 좋은 방법 중 하나이다.** 교수가 학생들에게 한 달 동안 수업과 관련된 문제나 프로젝트를 주고 그 문제나 프로젝트를 해결하여 제출하게 하는 방법이다(박일수, 2019: 197-205). 교수가 직접 문제를 주기도 하지만 학생 스스로 문제를 내고 문제를 한 달 동안 해결하게 해 보자는 것이다. 캠퍼스가 없는 학교(미네르바스쿨)에서 수업하는 방식은 교수들의 실시간 수업과 학교 수업에서 배운 내용을 실제 기업에서 적용해 문제를 해결하여 성과를 나게 해 보는 방식을 활용하고 있다(이혜정 외, 2019: 59-84). 캠퍼스가 없는 학교도 하는데 캠퍼스가 있는 학교들은 왜 적용해 보지 못하는가?

넷째, 독서이다. 매번 책 읽기를 강조하면서 이때 책을 읽게 만들어 보자는 것이다. 독서 관련 과목을 의무적으로 개설하는 범위를 뛰어넘어 졸업 자격과 연결하거나 학점과 연계하는 등 강력한 독서 인증제를 도입해 대학생의 다양한 독서 활동을 권장할 필요가 있다(방미영, 이건웅, 2020: 5-28 ; 김성연, 2020: 171-189). 수업과 관련된 책이든 전혀 상관없는 책이든 한 달 동안 책을 읽고 느낀 점이나 시사하는 바를 제출하게 한다. 아니면 학생들이 꼭 읽어야 할 고전을 정하여 읽고 수업과 연결하여 시사점을 제시해 보게 만드는 방법도 있다.

다섯째, 사이버 강좌이다. 온라인 수업은 학생들이 상황에 따라 비동시적으로 이루어지므로 온라인 수업에서 학습 성취와 학습 만족을 높이기 위해서는 잘 구조화된 웹 기반 프로그램의 설계와 개발이 이루어져야 한다(강경심, 2019: 41-47 ; 권영애, 송영은, 2017: 93-108). 대학의 효율적 사이버교육 방안으로 동기 유발이 필수적이고, 상호작용 효과의 강화 전략과 학습자 집중력의 강화 전략이 포함되어야 한다. 이상과 같은 다양한 방식들을 융복합하여 수업하기를 권장한다. 연구 방법 중 **삼각법**(triangulation)이 있다. 한 가지 방법이 아닌 적어도 세 가지 방법을 사용하는 것이 연구의 신뢰성을 확보하는 데 도움이 된다는 것인데 수업도 한 가지 방법만 고집하지 말고 다양한 방법을 혼용해서 활용해 보기를 권장한다.

1-4. 4차 산업혁명 시대 교육과정 운영 방향 탐색

4차 산업 혁명은 2016년 세계 경제 포럼(World Economic Forum, WEF)에서 Klaus Schwab이 주창한 용어이다. 4차 산업혁명은 초연결사회, 융·복합 사회를 말한다. 제4차 산업 혁명은 정보통신 기술의 융합으로 이루어지는 차세대 산업 혁명이다. 세계경제포럼에서 제시한 4차 산업혁명은 사물인터넷, 로봇, 인공지능, 빅데이터 등의 기술이 나노기술, 바이오 기술, 정보기술, 인지과학과 융합 기술로 발전하고, 이로 인한 지능형 사이버 물리 시스템이 생산을 주도하는 사회 구조로의 혁명으로 정의되고 있다(클라우스 슈밥 저. 송경진 역, 2017). 4차 산업혁명은 물리적 세계와 디지털적 세계의 통합이다. O2O(Online 2 Offline)를 통해 수행되고, 생물학적 세계에서는 인체의 정보를 디지털 세계에 접목하는 기술인 스마트워치나 스마트 밴드를 이용하여 모바일 의료도 구현할 수 있다. 4차 산업혁명은 연결, 탈중앙화, 분권, 공유, 개방을 통한 맞춤 시대의 지능화 세계를 지향한다. 지능화 세계를 구축하기 위해 빅데이터, 인공지능, 블록체인 등의 기술들이 활용된다. 지능화를 위해 현실 세계의 모든 내용을 가상세계로 연결한 다음, 가상세계에서 빅데이터, 인공지능 분석을 통해 예측과 맞춤을 예상하고 이를 현실 세계에 적용하면 된다(강명구, 2018; 이민화, 2017).

4차 산업혁명 시대의 도래와 함께 융·복합형 인재에 대한 사회적 요구가 점차 늘어나고 있다(신은수, 이영준, 2020; 김소연, 2018; 방기혁 외, 2015; 정재원, 2015; 김혜영, 2013; 노상우, 안동순, 2012; 백윤수 외, 2011; 손동헌, 2009; Gao, H., et al., 2020). 역사적으로 새로운 기술의 출현과 이것을 대하는 사람들의 태도에 따라 미래의 운명은 달라진다. 4차 산업혁명을 이끄는 중요 기술인 사물인터넷, 빅데이터, 인공지능, 클라우드컴퓨팅에 등을 이해하는 것은 미래사회를 이해하는 기본적인 소양이 될 것이다. 기술 친화적으로 생각하고, 융·복합형 인재 양성을 위해서 요구되는 소프트 역량들이 필요하다(박경종, 강마리아, 2020).

21세기 교육 분야에서 가장 큰 이슈 중의 하나는 창의·융합이다. 국가 차원에서도 창의·융합형 인재를 양성하기 위해서 다양한 지원사업을 하고 있다. 4차 산업혁명 도래와 함께 급격한 기술 변화로 융·복합 교육의 필요성이 더욱 제기되면서 대학 교육에서도 문제 해결역량, 협력 및 소통 역량이 강조되고 있다. 이와 더불어 '국가와 기업에 필요한 인재 양성'이라는 대학의 사회적 책무성이 더욱 강조되면서 대학은 산업계 수요를 반영한 인재상 도출과 이에 걸맞은 인재를 양성하기 위해 다양한 융·복합 교육과정을 운영하고 있다(허지숙, 왕윤자, 2020).

교육부는 2015년 9월 23일 박근혜 정부의 '6대 교육개혁 과제'의 하나인 '공교육 정상화'를 위한 핵심과제로서, 창의·융합형 인재 양성을 목표로 하는 2015 개정 교육과정을 확정·발표하였다. 이 개정은 현행 문·이과 구분에 따른 지식 편식 현상을 개선하고 융합형 인재 양성에 대한 사회적 요구에 부응하고자, 초·중등 교육과정과 대학수학능력시험 제도를 연계하여 개편할 계획임을 천명하면서 시작되었다. 2015 개정 교육과정은 현행 교육과정(2009 개정 교육과정)이 추구하는 인간상을 기초로 지식정보사회가 요구하는 핵심역량을 갖춘 '창의·융합형 인재'상을 제시하였다. "창의·융합형 인재란 인문학적 상상력, 과학기술 창조력을 갖추고 바른 인성을 겸비하여 새로운 지식을 창조하고 다양한 지식을 융합하여 새로운 가치를 창출할 수 있는 사람을 말한다."(교육부, 2015).

4차 산업혁명 시대 창의 융·복합형 인재를 육성하고 미래의 교육 방향을 제시하기 위하여 "최근 4년(2016.6~2020.5)간 한국언론진흥재단의 Big Kinds와 네이버의 Data Lab 시스템을 이용하여 대학의 교육과정 변화에 대해 분석하였다. 대학 교육과정 혁신·창의·융합의 키워드로 검색된 633건의 관계도 분석, 월별 키워드 트렌드, 연관어 분석한 결과" 4차 산업혁명 사회에 최적화된 창의·융합형 인재 양성이 빠른 신기술환경의 지능 정보 중심의 사회 패러다임으로 변화됨에 따라 대학도 이를 수용하고 더욱 빠르게 미래를 예측해야 한다"라고 보았다(황의철, 2020). 4차 산업혁명 시대는 융합 기술이 주도하는 산업 구조를 갖춘 사회가 될 것이다. 그러므로 이러한 사회적 요구를 반영하여 '창의·융합형 인재 양성' 실현을 방침으로 교과 융합(통합)형 수업을 활성화하였다(정광순, 2015; 정성호, 2015). 실제 교육현장에서는 현재 융·복합 교육의 실행을 위한 다양한 시도와 노력을 하고 있다.

그러나 융·복합 교육과정을 설계하여 현장에서 잘 구현하지 못하고 있는 것도 현실이다. 국내 교육과정 학술지 게재논문 분석 연구 결과 우리나라에서는 교육과정 개발 및 설계와 관련된 연구의 비중이 압도적으로 높다는 것을 확인했다. 구체적인 내용을 보면 교육과정 구성 체계, 교육내용의 적정화, 국가 및 학교 교육과정, 교육과정 운영실태 및 실행의 문제점, 교육과정 정책 및 개혁과 관련된 내용이다. 실제 대학에서 미래 사회환경에 맞는 교육과정이 어떻게 운영되고 있는지에 관한 연구는 별로 없다(박민정, 성열관, 2011).

4차 산업혁명 시대에 필요한 인재는 융·복합형 인재이다. 세계경제포럼에서는 4차 산업혁명 시대 핵심역량으로 4C를 강조하고 있다. 4C는 융·복합형 인재 양성을 위해 필요한 역량들이다. 4C는 창의력(creativity), 의사소통(communication), 협업(collaboration), 비판적 사고(critical thinking)이다. 이러한 핵심역량을 육성하는 방법이 강구되어야 하지만 4차 산업혁명 시대 필요한 융·복합형 교육과정 운영 사례에 관한 연구는 많지 않다. 4차 산업혁명 시대에는 기존 지식습득이 아닌 새로운 문제를 해결하고 필요한 지식을 융합할 수 있는 역량을 기를 수 있도록 해야 한다. 융·복합 교육은 국가교육과정을 토대로 교과를 가르치는 것에서 나아가 여러 교과 간 또는 교과 내 다양한 교육내용을 상호연계, 통합, 융합할 수 있어야 한다(강정찬, 2015; 정미경 외, 2014).

1) 4차 산업혁명 시대 교육과정 운영 방향: 융·복합형 교육과정

융·복합형 인재 교육에 관한 연구는 지속해서 다양하게 진행되어 왔다(신은수, 이영준, 2020; 김소연, 2018; 방기혁 외, 2015; 정성호, 2015; 정재원, 2015; 김혜영 외, 2014; 2013; 노상우, 안동순, 2012; 김성원 외, 2012; 백윤수 외, 2011; 손동헌, 2009; Richard, Y. C. L., 2020; Jesionkowska, et al., 2020). 이러한 융·복합형 인재교육은 전인교육을 지향한다. 교육목적상 인지적 영역과 정의적 영역의 목적을 모두 실현하는 것이다. 융·복합형 교육과정 실행 방법으로 실생활과 학습자의 경험을 통합하는 것을 강조한다. 인지적 영역의 목적은 학습과 관련한 문제 해결 능력, 창의력, 협동력, 집중력, 비판적 사고능력을, 정의적 영역의 목적은 학습자의 흥미, 동기, 태도를 뜻한다(홍광표, 조준오, 2015; Yakman, 2010).

융·복합 교육이 4차 산업혁명 시대에서 요구되는 지식의 재창출 능력과 문제 해결 능력을 함양하고 대학의 교육경쟁력을 확보하며 융·복합형 인재 양성에 대한 사회적 요구에 부응하는 하나의 방법이 될 수 있다. 국내·외 대학에서는 이러한 현상을 새롭게 설명하고 해석할 수 있는 학문으로 '융·복합 교육'을 제안하고 교육으로 실현하고 있다(김혜영, 2013; 홍병선, 2009).

4차 산업혁명 시대의 흐름에 따라 시대에 맞는 인재상으로 문제를 해결하고 문제를 창출해 나가는 융·복합형 인재 양성이 전 세계 교육계의 주요 현안으로 드러나고 있다. 제4차 산업혁명 시대는 3차 산업혁명 시대의 특징 중 하나인 지식기반사회에서 초연결사회, 융·복합 사회, 지능정보사회로 빠르게 변화시켰다. 4차 산업혁명 시대 핵심역량 중 하나는 문제를 해결 능력뿐만 아니라 문제를 창출해 나가는 능력이 필요하다. 암기 위주의 단편적 지식의 축적보다는 널려 있는 지식을 융·복합적으로 활용하는 역량이 중요한 것이다.

교육과정을 조직할 때 교육과정 구성원리 중 하나인 사회질서의 원리를 반영해야 한다. 이러한 사회 환경변화에 능동적으로 대처해 나가기 위해서는 산업사회에서 만들어진 현재의 교육제도나 교육 시스템으로는 대처하기 어렵다. 지금까지 교육과정을 운영해 왔던 전공과 교과를 철저하게 구분하는 체제가 아니라, 전공과 교과 영역의 경계를 넘나들며 다양한 요소를 반영하여 문제를 해결해 나가는 융·복합 교육이 강조되고 있다(주경일, 2020; 박지혜, 김상희, 2020; 이상선 외, 2016; 김진수, 2011; 손동헌, 2009; 정재원, 2015).

교육과정 분석 개념에는 분류와 구조가 있다. 분류는 횡적인 개념이며 구조는 종적인 개념이다. 분류는 과목 간(인간관계 이론, 심리학 개론, 기계공학 이론, 통계 이론 등), 전공 분야 간(문과, 이과), 학과 간(교육학, 경영학, 자동차공학 등)의 구분을 말한다. 학과 간의 경계가 어느 정도 엄격하냐의 여부가 기준이 된다. 구조란 과목 내(교육과정) 또는 학과 내(교육학과) 조직의 문제로 가르칠 내용과 가르치지 않을 내용의 구분이 뚜렷한 정도 여부이다. 구조화가 엄격하면 교사나 학생의 요구를 반영하기 어렵다. 구조화가 느슨하게 되어 있으면 욕구를 반영시키기 쉽다. 이러한 분류와 구조의 개념을 결합한 교육과정 유형에는 집합형과 통합형이 있다. 집합형이란 분류와 구조 모두 엄격하지만, 통합형은 분류와 구조가 자유롭다. 학과 간, 전공 분야 간, 과목 간 분류와 구조가 모두 명확하므로 소속 학과에 대한 소속감이 높다. 반면에 학생들은 교육과정을 선택할 때 자유롭게 선택할 여지가 별로 없다. 반면 통합형 교육과정의 경우 학과 간, 전공 분야 간, 과목 간 분류가 엄격하지 않다. 그러므로 과목 및 학과 간 횡적 교류가 많아지며 학생들의 선택폭이 확대될 수 있다. 4차 산업혁명 시대에는 집합형 교육과정보다는 통합형 교육과정 운영이 바람직하다. 왜냐하면 전공 분야, 교과 간 경계를 허무는 융·복합 교육에 대한 요구는 4차 산업혁명 시대에 꼭 필요하기 때문이다(황인표, 2014; 김규태, 2012; Morais, M., et al., 2019).

4차 산업혁명 시대를 한 마디로 표현하면 초연결사회이며 융·복합 사회이기 때문이다. 4차 산업혁명 시대에는 변모된 지적 지형에 맞게 대학의 연구와 교육이 변화해야 한다. 대학 교육은 전공과 과목들이 세분되는 것도 중요하지만 각 과목을 전체 틀 속에서 종합적 사유를 통해 문제해결의 방향을 잡는 폭넓고 깊이 있는 안목과 통찰력을 함양하는 교육으로 바뀌어야 한다(손동헌, 2009).

2. 미래 교육과정 개편 사례

미래 교육과정 설계를 위하여 미래형 교육과정 개편 절차 사례와 혁신적인 교육과정 운영 사례를 중심으로 살펴본다.

2-1. 교육과정 개편 절차 사례

교육과정 개편 대주기는 4년이고 소주기는 1년이다. 교육과정 개편의 경우 현황진단과 요구분석을 통하여 진행된다. 이를 바탕으로 학과 학사관리위원회와 교육과정 개편위원회 심의를 거쳐 교과목별 콘텐츠를 개선한다. 이를 바탕으로 교무팀에 의뢰하여 교육과정이 개편된다. 미래 교육과정 설계를 위한 교육과정 개선 절차를 소개하면 [그림 12-1]과 같다.

그림 12-1 교육과정 개선 절차

교육과정 개선에 산업계 및 사회 요구를 반영하기 위하여 규정 및 제도마련이 필요하다. K 대학 교육과정은 학칙, 학사 규정과 교육과정 편성지침에 의거 편성·개편되며, 특히 학사 규정 제6조(교육과정 편성) 제②항에서는 '교육과정의 개편 주기는 4년 단위를 원칙으로 한다. 다만, 학문적, 시대적 변화에 따라 개편이 필요한 경우 수시 개편할 수 있다.'라고 명시하여 교육과정 운영의 안정성과 예측 가능성을 위해 개편의 시기를 지정하고 있지만, 급변하는 사회의 요구사항을 반영할 때는 수시로 개편을 허용하고 있다. 사회변화 및 산업수요 반영을 위한 학사구조 개편 전략은 [그림 12-2]와 같다.

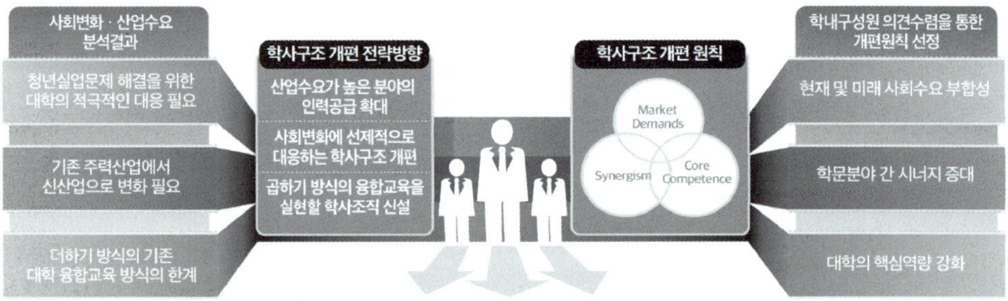

그림 12-2 **사회변화 및 산업수요 반영을 위한 학사구조 개편 전략**

산업계 및 사회가 요구하는 창의 융합형 인재 양성을 위해 사회 맞춤형 교육과정 모듈, 채용연계형 산학협력 프로그램, 다학제 간 연계전공, 현장 중심 교과목(현장실습, 캡스톤디자인 등) 확대, 교육과정의 산학연계형 비교과 교육과정 운영까지 전방위적 Matrix 구조의 산학협력 친화형 학사 제도를 운용하고 있다. 원활한 교육과정 운영을 위해 대학본부, 단과대학, 국민 인재개발원, 인문 기술융합학부(연계·융합 교육 전담 기구), 창업지원이란, 현장실습 지원센터 등의 조직을 두어 **전문 조직 지원 역량을 활용**하고 있다.

2-2. 미래 혁신적 교육과정 운영 사례

K 대학에서는 미국 뉴욕의 Wagner College의 'Wagner Plan-Learning Community Program'을 벤치마킹하여 K 대학만의 혁신적 수업방식인 '팀팀Class(2개의 수업을 동시에 수강하는 융·복합 교육)'와 'TEAM 교육 인증(융복합 교육과 비교과 교육활동의 유기적 통합, 체험-이론-적용의 위계에 따른 교육과정 재설계)', HOT TEAM 클래스 도입, 알파 프로젝트(α-Project) 도입을 통해 '공동체적 실용 융합인재를 양성'하고 있다.

1) 팀팀Class(Team Team Class) 교육과정 운영 사례

K 대학은 위와 같은 구축된 조직과 인력을 바탕으로 산업계 및 사회 요구를 반영하는 TEAM 교육 혁신모델 프로그램을 운영하고 있다. 팀팀Class는 K 대학 교육철학인 공동체 정신과 실용주의를 내포하고 있는 혁신적 교육방식으로 **첫째, 사회문제에 직접 접근하는 시민참여 활동 Community Maping이 있고, 둘째, 2인 이상의 교수가 동시에 참여하는 Tutorial Class를 포함해 강의실 안에서 배우는 것에서 그치지 않고, 실용적으로 접근을 시도하는 수업 형태로 2017년부터 시행 중이다.** 커뮤니티매핑은 커뮤니티 구성원들이 사회문제나 문화, 지역의 이슈와 같은 특정 주제에 대한 정보를 집단지성과 ICT를 이용한 지도 만들기를 통해 지역 사회문제를 발견하고 개선하기 위해서 현장에서 수집한 정보를 지도로 만드는 지역재생 프로젝트이다.

새로운 교육과정 운영은 첫째, 교양과 전공, 전공과 전공 간 유기적 연계를 통한 영역 구분 없는 교육 시행이 가능하며, 둘째, 실용적, 융합적 지식을 제공하여 습득한 지식 활동을 통해 직접적인 성과를 창출할 수 있는 장점이 있다. 이와 같은 내용을 정리하면 [그림 12-3]과 같다.

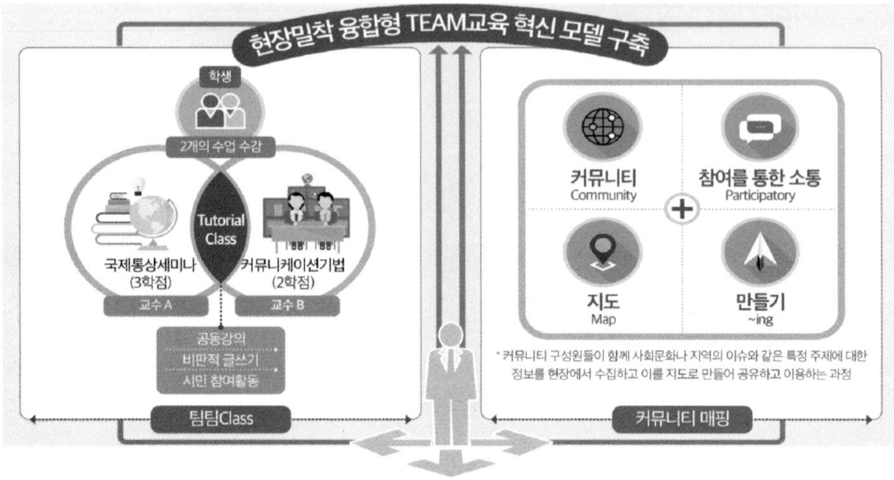

그림 12-3 **현장 밀착 융합형 TEAM 교육혁신 모델 구축**

팀팀Class 운영 사례

① 팀팀Class 개요

서로 다른 2개의 교과목과 토론 중심의 Tutorial Class(예를 들면 비판적 글쓰기, 사회연계활동)로 구성된다. 미국 Wagner College 'Wagner Plan - Learning Community Program' 벤치마킹한 것이다.

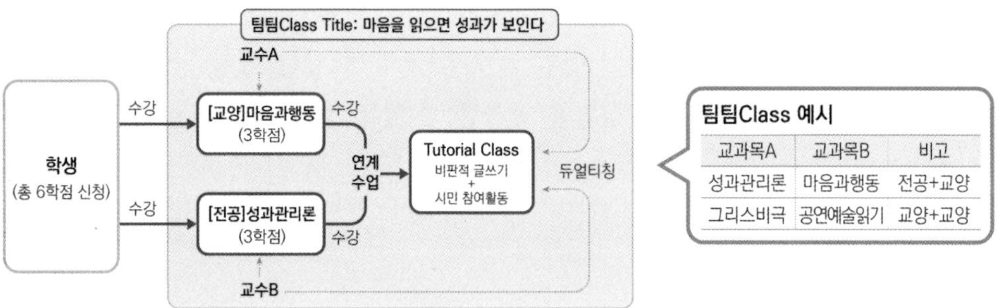

② 팀팀Class 기대효과

1. 새로운 교수법을 통한 실용적, 융합적 지식 제공
2. 습득한 지식을 활동을 통해 응용하는 실용적 교육의 전략적 시행
3. 교양과 전공, 전공과 전공간 유기적 연계를 통한 영역 구분없는 교육 시행

③ 시범운영 사례

팀팀Class명	'마음을 읽으면 성과가 보인다.'
하위 수업명	행정학전공 전공 '성과관리론' + 핵심교양 '마음과 행동'
수업목표	인간의 사고와 문제해결과정 및 개인과 사회적 관계에 대한 심리학적 이해를 바탕으로 중앙 및 지방자치단체의 공공부문 성과관리 영역에서 어떻게 적용할 수 있는지 살펴보고, 공공기관의 전략적 성과관리 시스템을 구축하고 운영하는 방법론 습득
사회연계활동	성북구청과 MOU 체결 민원해결 프로젝트 - 공동체내의 갈등을 조사, 분석하고, 해결 방안을 성북구에 제출하는 프로젝트 - 학생들이 교수와 함께 구정에 참여하고 사회의 문제를 관학이 연계하여 해결하는 창의적 교육방식

※ 각 교과목 담당 교원에게는 실제 수업시간만큼 시수 인정 : 1인당 4시수 인정(3학점 3시간 수업기준)

사회연계활동

시민들이 공적 책임감을 지니고 자신들이 속한 공동체나 지역사회의 문제를 해결하기 위하여 중앙 및 지방정부, 지역사회기관 등과 함께 협업하여 해결책을 제시하여 변화를 만들어 내는 제반활동

※ 수업을 통하여 습득한 지식을 활용해 사회 및 공공문제에 대한 해결책을 제시해야 하며, 일반 봉사 활동 등 타 활동과 중복된 사항은 인정 및 지원이 불가하고, 정상적 수업 운영 범위 내 활동만 인정

[예시] 커뮤니티매핑

지역의 정보 공유 및 현안문제 해결을 위해 시민들이 참여해 특성화된 지도를 만드는 것으로 구글지도 등 온라인 지도서비스가 제공하는 지리정보서비스를 활용해 역사자원, 장애인시설 등 다양한 종류의 정보를 시민들이 직접 참여해 지도로 만들어 공유하는 작업(지역사회 개선을 위한 매핑 활동)

④ 팀팀Class 편성 예시

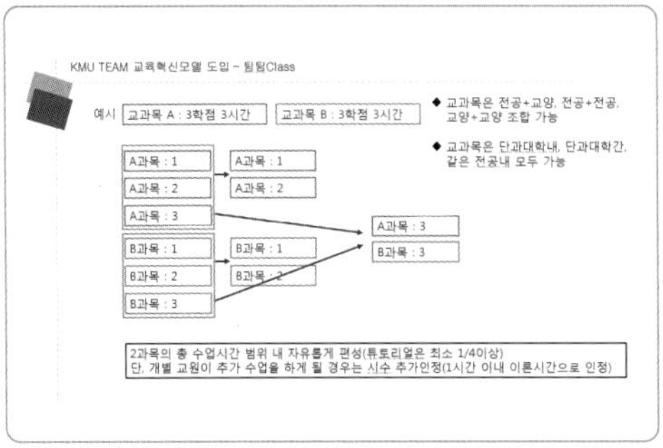

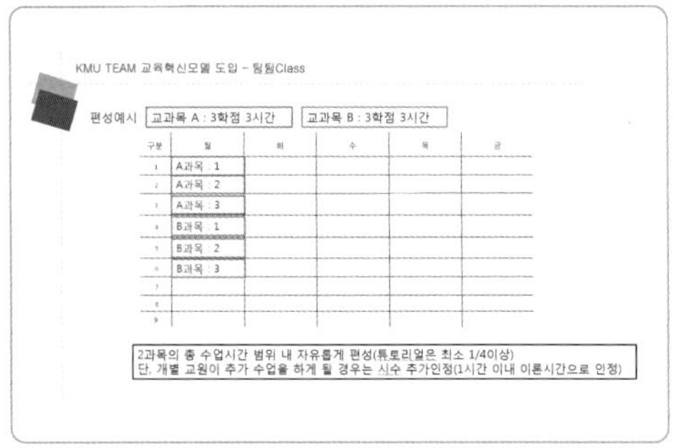

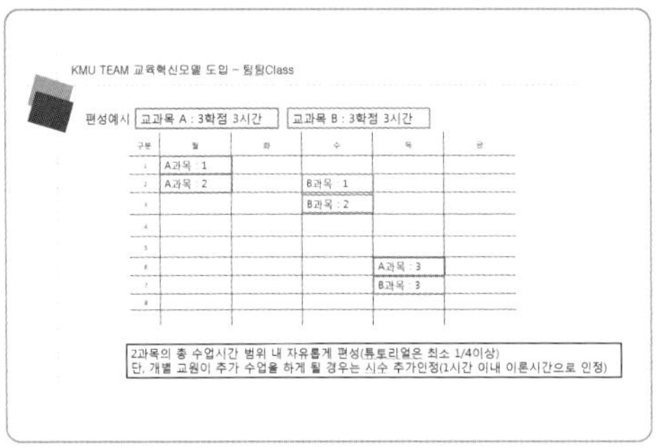

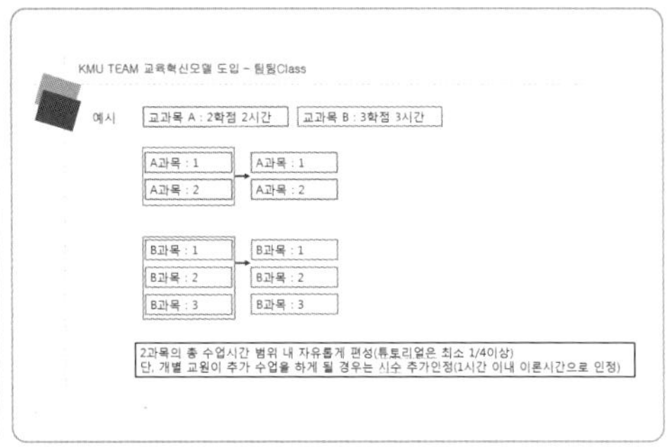

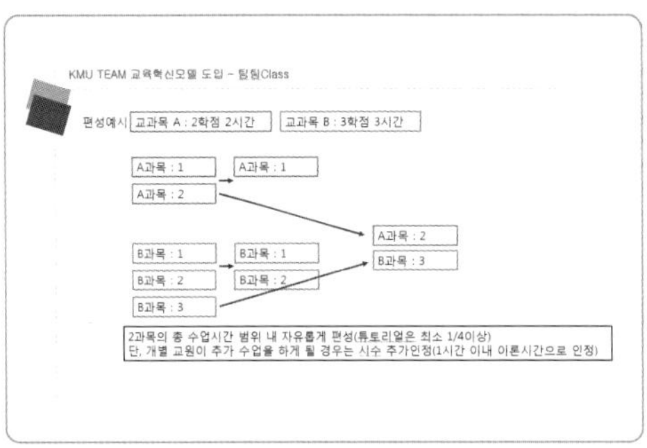

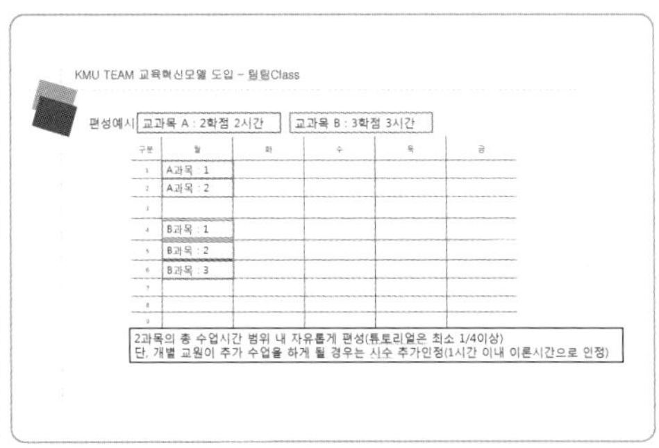

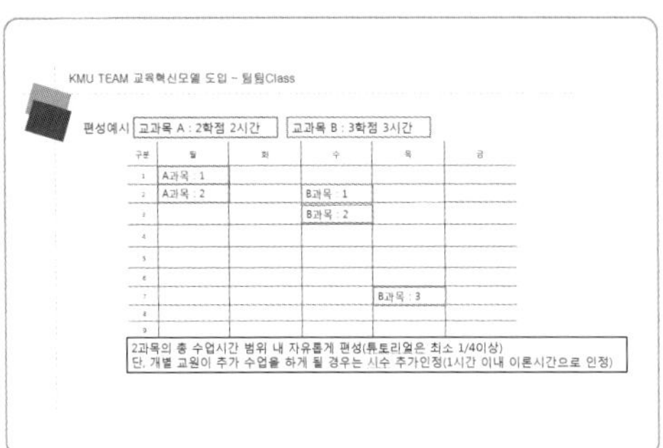

[팀팀Class - X]

- 브릿지교과목을 교육과정에 포함하고 있는 학과에서 운영하는 팀팀Class
- 브릿지교과목 : 타 전공 교과목을 이수할 때 발생하는 교과목 이해 진입장벽을 완화하기 위해 타 전공 수강생 대상으로 개설되는 교과목
- 팀팀Class-X 교과목 외에 브릿지교과목에 대해서도 별도 지원 예정

2021-1학기 팀팀Class 개설 신청서

<table>
<tr><td colspan="2">팀팀Class명</td><td colspan="6">(두 수업이 연계하여 특징을 나타낼 수 있는 별도의 수업명 기재)</td></tr>
<tr><td colspan="2" rowspan="2">참여교과목</td><td>교과목명1</td><td>교과목1 코드 + 분반</td><td>교과목명2</td><td colspan="3">교과목2 코드 + 분반</td></tr>
<tr><td></td><td></td><td></td><td colspan="3"></td></tr>
<tr><td colspan="2">구 분</td><td colspan="2">교과목1</td><td colspan="4">교과목2</td></tr>
<tr><td rowspan="3">담당 교원</td><td>소속
(단과대학/전공)</td><td colspan="2"></td><td colspan="4"></td></tr>
<tr><td>사번</td><td colspan="2"></td><td colspan="4"></td></tr>
<tr><td>성명</td><td colspan="2"></td><td colspan="4"></td></tr>
<tr><td colspan="2">수업시간 구분</td><td>교과목1</td><td>교과목2</td><td colspan="4" rowspan="2">Tutorial Class</td></tr>
<tr><td rowspan="2">수업 시간</td><td>개설학과</td><td></td><td></td></tr>
<tr><td>수업시간</td><td></td><td></td><td colspan="4"></td></tr>
<tr><td colspan="2">팀팀Class 개요</td><td colspan="6">(두 수업의 개요 및 연계되는 부분에 대한 설명)</td></tr>
<tr><td colspan="2">수업 목표</td><td colspan="6">(학습자가 이 수업을 통해서 성취해야할 것을 구체적으로, 행동적 용어로 기술)</td></tr>
<tr><td colspan="2">기대효과</td><td colspan="6">(두 과목이 연계하여 팀팀 수업을 함으로서 얻을 수 있는 시너지 효과 및 본 수업을 통하여 학생들이 배양할 수 있는 능력, Tutorial Class를 통해 얻을 수 있는 학습효과 등 기술)</td></tr>
</table>

년 월 일

신청자1 : ㉤

신청자2 : ㉤

2021-1학기 팀팀Class 內 사회연계활동계획서

※ 팀팀Class의 사회연계활동은 교내 타 프로그램과 중복지원이 불가합니다.

<table>
<tr><td>주 제</td><td colspan="3">(팀팀Class명칭 기재)</td></tr>
<tr><td>단과대학/학과</td><td></td><td>대표교원
(성명 / 사번)</td><td></td></tr>
<tr><td>교과목명</td><td colspan="3">(팀팀Class명칭 기재)</td></tr>
<tr><td>연 락 처</td><td colspan="3">전화 :
이메일 :
FAX :</td></tr>
<tr><td>예상수강인원</td><td colspan="3"></td></tr>
<tr><td>사회연계
활동계획</td><td colspan="3"></td></tr>
</table>

※ 아래 정의에 부합한 활동 시 지원 및 인정 가능

사회연계활동이란?

시민들이 공적 책임감을 지니고 자신들이 속한 **공동체나 지역사회의 문제를 해결**하기 위하여 **중앙 및 지방정부, 지역사회기관 등과 함께 협업하여 해결책을 제시**하여 **변화**를 만들어 내는 제반활동

※ 수업을 통하여 습득한 지식을 활용해 사회 및 공공문제에 대한 해결책을 제시해야 하며, 일반 봉사활동 등 타 활동과 중복된 사항은 인정 및 지원이 불가하고, 정상적 수업 운영 범위 내 활동만 인정

2021-1학기 팀팀Class 수업계획서

팀팀Class명	

교과목1 과목명		담당교원			
개설학과		이수구분		학점/시간	
교과목2 과목명		담당교원			
개설학과		이수구분		학점/시간	

국민핵심역량 (추구하는 역량을 %로 기재, 합계 100%)									
인문	%	소통	%	글로벌	%	창의	%	전문	%

평가방법								
시험			수행과제			기타		
중간고사	기말고사	퀴즈	프로젝트	과제물	발표	출석	수업 참여도	교외활동참여도
%	%	%	%	%	%	%	%	%

주요 Tutorial 계획 또는 과제

주요 계획(주당 2시간 이하, 사회연계활동, 지역사회기관 연계 프로그램, UCC제작, 어플리케이션 제작, 시장조사 등)

*학교에서 연계가 가능한 사회연계활동 예시

① 커뮤니티매핑 활동 ② 성북구 초·중·고등학교 학생 대상 멘토링 및 학습관련 지도

③ 성북구청 연계 지역사회 발전을 위한 활동 ④ 복지관 및 지역아동센터 봉사활동

주차별 수업 계획		
1주	교과목1	
	교과목2	
	Tutorial	
2주	교과목1	
	교과목2	
	Tutorial	
3주	교과목1	
	교과목2	
	Tutorial	
4주	교과목1	
	교과목2	
	Tutorial	
5주	교과목1	
	교과목2	
	Tutorial	
6주	교과목1	
	교과목2	
	Tutorial	
7주	교과목1	
	교과목2	
	Tutorial	
8주	교과목1	
	교과목2	
	Tutorial	
9주	교과목1	
	교과목2	
	Tutorial	
10주	교과목1	
	교과목2	
	Tutorial	
11주	교과목1	
	교과목2	
	Tutorial	
12주	교과목1	
	교과목2	
	Tutorial	
13주	교과목1	
	교과목2	
	Tutorial	
14주	교과목1	
	교과목2	
	Tutorial	
15주	교과목1	
	교과목2	
	Tutorial	

2) TEAM 교육인증 교육과정 운영 사례

TEAM 교육인증은 내·외부 환경 분석, 시사점을 통해 학과(전공)**의 교육과정에 대한 방향성을 도출하고, 세부 목표를 세워 집중할 분야를 설정하여 교육과정을 편성하는 것**으로 2018년에 TEAM 교육인증 제도를 도입하여 2019학년도 교육과정에 반영하였다. TEAM 교육 인증 요건은 [그림 12-4]와 같다.

TEAM 교육 인증 요건

인증 요건	참여 학과
• CA 설정 : Concentrated Area 설정 및 CA담당/책임/참여교수 지정 • '유레카 프로젝트' 도입 : '개론' 중심 저학년 교과목과 '실습' 중심 고학년 교과목 이수 순서 변경 • 팀팀Class 및 시민참여활동 교과목 운영	행정학과, 사회학과, 공법학전공&사법학전공, 기계시스템공학전공&융합기계공학전공, 에너지기계공학전공, 연극전공, 스포츠교육학과, 스포츠건강재활학과, 소프트웨어전공, 산림환경시스템학과, 임산생명공학과, 나노소재전공, 바이오의약전공, 식품영양학과, 정보보안암호수학과, 바이오발효융합학과 (총 16개 학과(전공) 참여)

그림 12-4 TEAM 교육인증 요건

※ CA(Customized Area)전공 제도: 타 전공 과목을 자기 전공과목으로 주임교수 승인을 거쳐 6학점까지 인정받는 제도로서, 학생 진로 분야에 맞추어 타 전공 과목을 이수할 수 있도록 지원하여 학생 선택권 확대와 수요자 중심 교육과정의 실현을 목표로 함. 학생들의 전공 간의 경계를 넘나드는 학문 탐색을 통한 융합교육 이수와 진로설계 기회를 제공하여 융·복합 인재 양성에 기여함

3) HOT TEAM 클래스 도입 사례

HOT TEAM 클래스는 **산업계 전문가가 수업의 설계 대부터 참여하여 수업설계, 수업진행, 멘토링 등에 참여하여 이루어지는 교육과정**이다. **교수와 산학멘토가 협력하여 개발한 '세상을 바꾸는 질문(Big Question)'**을 제시하고 문제 해결을 위해 학생들의 탐구활동을 기반으로 능동적 사고를 촉진하는 교육과정이다. 2019년 2학기부터 실시하였다. 문제 해결 절차는 [그림 12-5]와 같다.

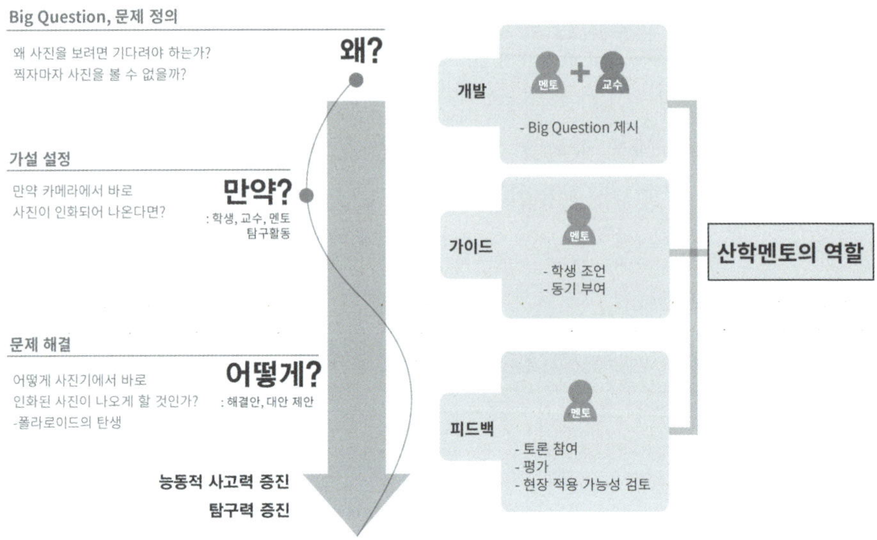

그림 12-5 문제 해결 절차

왜 (의문 갖기)이다. 'doing'과 'knowing'을 멈추고 한 걸음 뒤로 물러난다. 다른 사람들이 놓치고 있는 것에 주의를 기울인다, 기존의 가정에 반박한다.

Big Question 3요소는 다음과 같다. 첫째, 어떻게(질문에 실체 부여하기)이다. 어떻게 실현가능하게 할지 방법을 고안해보기이다. 둘째, 만약(생각 뒤집기)이다. 엉뚱하고 무모한 아이디어 던지기이다. 일부러 틀리게 생각하기(180도 사고)이다. 셋째, 불가능한 것에 도전하는 질문이다.

4) 알파프로젝트(α-Project) 도입 사례

알파프로젝트는 재학생 3인 이상과 1명의 지도교수가 15주간의 프로젝트 활동을 통해 해당 학기에 9학점 또는 12학점을 취득하는 학사제도로, 공동체적 실용주의 융합인재 육성을 위한 문제 탐색에 그치지 않고 발견된 문제를 해결하기 위해 개선된 방식으로 설계, 제작, 제시하거나 종전의 기술을 업그레이드시키는 활동 지원 및 공동의 이익(지역이나 사회) 증진을 목표로 하는 산학친화적 비교과 인정 프로그램이다. 알파프로젝트 운영 프로세스는 [그림 12-6]과 같다.

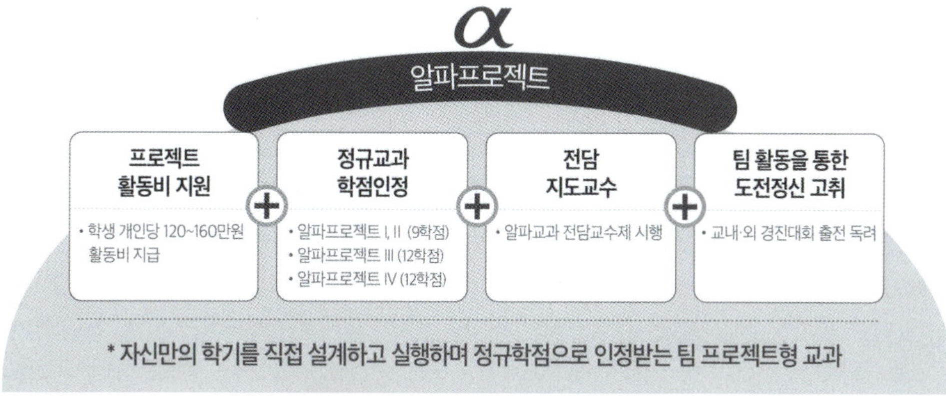

그림 12-6 알파프로젝트 운영 프로세스

알파프로젝트 운영사례 2021-1학기 알파프로젝트 트랙별 교과 개요

구분	팀명		개인형
	학생설계형	교수제안형	
선발인원	55명 내외	15명 내외	10명 내외
주제별 유형	일반/ 창업연계형/ 취업연계형(창업연계형, 취업연계형 지원 시 우선 선발)		
지원자격	지도교수를 지정한 팀프로젝트 수행 예정자 전학년(재학생)		지도교수를 지정한 개인프로젝트 예정자 전학년(재학생). 알파프로젝트수료자 제외
이수제한및 학점	연장 선발 시 재학 중 2회(9학점 or 12학점)		재학 중 1회(9학점)
수강교과목	교과목명 알파프로젝트 I: 9학점, 전공선택 알파프로젝트 II: 9학점, 일반선택 알파프로젝트 III: 12학점, 전공선택 알파프로젝트 IV: 12학점, 일반선택 신청학점 : 9학점 or 12학점		교과목명 알파프로젝트 I: 9학점, 전공선택 알파프로젝트 II: 9학점, 일반선택 신청학점 : 9학점
교과 변경	수강신청 변경기간 이후 불가 (단 지도교수 및 팀원들의 동의하에 변경 가능)		수강신청 변경기간 이후 불가
학점인정기준	프로젝트교과목 이수 시간 : 1학점 기준 주당 2시간 이상 팀 활동 성적부여 : P/N (북악인성교육센터장) 인정방법 : 교과에서 요구되는 활동 이수 완료와 최종보고서 제출 시 인정		

지원금	9학점 : 총 00 ~ 000만원 12학점 : 총 000만원 ~ 000만원	9학점 : 00 만원 or 000 만원
팀장활동비	9학점(00만원 or 00만원)12학점(00만원 or 00만원)	
인센티브 지급	인센티브 지급 기준: [개인 활동지원금 중 10 만원*팀 인원수]의 금액을 팀내 차등 분배	평가에 따라 0 or 00만원 지급
지원 시기 방법	최초/중간/최종/인센티브(30%/30%/30%/정액)	
지도교수 자격	전임교원을 원칙으로 함	
프로그램 예시	자작차경진대회, 광고공모 프로젝트 참여. 공연, 전시, 단편영화제작 등 활동 (단, 학과의 졸업논문/학부과 인증 또는 수업연계로 진행되는 활동은 중복으로 인정 불가, 중복여부는 지도교수 확인에 의함)	

알파프로젝트 교과 선발 기준(개인형)

영역	반영 비율	적부/적정성 검토항목	점수
체계성 /자기 주도성	25%	• 교내외 기관에서 운영하는 프로그램에 단순 참여하는 경우(마이너스) • 외부 특별 과정이나 강의를 수강하는 내용이 포함된 경우(마이너스) • 과제수행이 자기 주도적인지 여부(플러스) • 프로젝트 기간 중 조사만 함(마이너스) • 스스로 개발, 제작한 것이 아닌 tool 학습 또는 외부/외국 컨텐츠를 소개하는 활동(마이너스) 등	1~3 점
구체성 /실용성	25%	• 활동계획서가 구체적이지 않은 경우(2장 이내 작성)(-) • 프로젝트 결과물 가시화(+) • 프로젝트 결과물을 실용화하는 구체적인 계획이 있는지 여부(+) • 예산계획이 구체적이고 현실적인지 여부(소요비용 추정과 지원금 활용 계획)(+) 등	1~3 점
실현가능성 (실효성)/ 합리성	25%	• 외부기관과의 협조 또는 지원 여부가 프로젝트 성패를 가르는 경우(-) • 프로젝트 활동/분야 특성상 한 학기 내에 끝날 수 없음에도 무리하게 15주 이내로 편성한 경우(-) • 신청학점이 과제 난이도에 비해 적절한지 여부(-) • 공모전/대회 제출 이후 활동이 불분명한 경우 (-) 등	1~3 점
공공성/ 학교 홍보 기여 정도	25%	• 프로젝트의 성격이 교육적인지의 여부(+) • 단순 수익사업을 위한 경우(-) • 정규교과(현장실습, 답사 등) 또는 비교과활동으로 수행 가능한 활동인지 여부(-) 등	1~3 점

알파프로젝트 활동 계획서 (Ⅰ)

-학기계획-

[팀단위 작성]

프로젝트명	

<취지,동기>

<주요계획, 목표>

상기 프로젝트팀은 알파프로젝트 이수와 관련된 유의사항 및 제반안내를 확인하고 이와 같이 본 신청서를 제출합니다.

20 . . .

학과/전공	학번	성명	(인)
학과/전공	학번	성명	(인)
학과/전공	학번	성명	(인)

---

1) 활동 계획서는 Ⅰ,Ⅱ 모두 제출하여야함.
2) 활동 계획서 Ⅰ,Ⅱ는 편집가능하며 각 A4 1장 이상으로 작성 (이미지, 표 등은 첨부 가능하며 별첨으로 함)
3) 활동계획서는 2부를 작성하여 지도교수에게 1부, 교육성과관리센터에 1부를 제출함.

알파프로젝트 활동 계획서 (Ⅱ)

-주차별계획-

[팀단위 작성]

프로젝트명	

주차별	활동계획	예상 소요시간	기타
1주차			
2주차			
3주차			
4주차			
5주차			
6주차			
7주차			
8주차			
9주차			
10주차			
11주차			
12주차			
13주차			
14주차			
15주차			
합계			

본 프로젝트팀은 위와 같이 알파프로젝트 활동 계획서를 제출합니다.

20 . . .

학과/전공 학번 성명 (인)
학과/전공 학번 성명 (인)
학과/전공 학번 성명 (인)

1) 활동 계획서는 Ⅰ,Ⅱ 모두 제출하여야함.
2) 활동 계획서 Ⅰ,Ⅱ는 편집가능하며 각 A4 1장 이상으로 작성 (이미지, 표 등은 첨부 가능하며 별첨으로 함)
3) 활동계획서는 2부를 작성하여 지도교수에게 1부, 교육성과관리센터에 1부를 제출함.

토의

K 대학교의 팀팀Class 운영, HOT TEAM 클래스 운영, 알파프로젝트 운영을 참고하여 2025년 00중학교 00고등학교 00대학교의 미래형 교육과정 설계 방향을 토의해 보시오.

김혜자의 백상 예술대상 수상 소감

과거의 후회와 미래의 불안으로 하루를 망치지 마세요.

오늘을 사랑하세요. 눈이 부시게 당신은 그럴 자격이 있습니다.

누군가의 아들, 딸이며, 아버지, 어머니, 아내와 남편인 당신에게

새벽에 쨍한 차가운 공기, 꽃이 피기 전 달콤한 바람,

해 질 무렵 우러나는 노을의 냄새, 어느 하루 눈부시지 않은

날이 없었습니다.

지금 삶이 힘든 당신, 이 세상에 태어난 이상

당신은 이 모든 걸 매일 누릴 자격이 있습니다.

대단하지 않은 하루가 지나고, 또 별거 아닌 하루가 온다 해도

인생은 살 가치가 있습니다.

후회만 가득한 과거와 불안하기만 한 미래 때문에 지금을 망치지 마세요.

오늘을 살아가세요. 눈이 부시게.

당신은 그럴 자격이 있습니다.

누군가의 엄마였고 누이였고, 딸이었고 그리고

나였을 그대들에게.

참고문헌

강경리(2020). "4차 산업혁명시대 대학교육현신의 방향과 실제에 대한 분석 연구", **학습자중심교과교육연구** 20(3), 학습자중심교과교육학회, 195-220.

강경심(2019). "대학생의 사이버 강의 영향요인에 관한 융복합 연구", **디지털 융복합연구** 17(4), 한국디지털정책학회, 41-47.

강대중(2020). "학습하는 부모: 평생학습시대의 학부모 담론 재구성", **학부모 연구** 7(1), 2019 대한민국 미래 교육 한마당- 한국교육학회 특별학술대회 자료집, 1-19.

강명구(2018). **아무도 알려주지 않는 제4차 산업혁명 이야기**. 키출판사.

강미정, 이수진(2014). "가추법과 디자인씽킹", **기호학연구** 38, 한국기호학회, 7-35.

강석원(1996). **현대교육방법의 이해**. 나라.

강소연, 조형희(2018). "4차 산업혁명 시대 기계공학 엔지니어에게 필요한 역량 연구", 대한기계학회 춘추 학술대회 자료집, 2028-2029.

강정찬(2015). "창의·융합 교육을 위한 수업설계 원리 개발", **교육방법연구** 27(3), 한국교육방법학회, 275-305.

강철승(2017). "4차 산업혁명 시대 한국의 일자리 창출 방향", **한국 경영학회 통합학술발표논문집**, 한국경영학회, 31-70.

강현석, 강이철, 권대훈, 박영무, 이원희, 조영남, 주동범, 최호성 공역(2005). **교육과정 수업 평가를 위한 새로운 분류학-Bloom 교육목표 분류학의 개정.** 아카데미프레스.

교육부(2013). 2017년 대입제도 발표.

교육부(2015). 2015 개정 교육과정 총론 해설-고등학교. 교육부 보도자료, 2015. 12. 01.

교육부(2015). 2015 개정 교육과정. 교육부 고시 제2015-74호.

교육부(2017). 고교학점제 추진 방향 및 연구학교 운영계획(안). 교육부 보도자료, 2017. 11. 27.

교육부(2018). 실시간, 양방향 화상수업으로 일반고 학생의 과목선택권 확대. 보도자료, 2018. 4. 17.

교육부(2021). 고교학점제 종합추진 계획, 교육부 보도자료, 2021. 2.16.

교육학용어사전(1995). 서울대학교 교육연구소.

구병두, 최종진, 김부국, 김상남, 차승봉, 박균달, 정의식, 김경민, 이범석, 이경철, 구희진(2017). **교육과정**. 양서원.

구본우(2020). "미·중 무역분쟁과 지구적 가치사슬 : 지식재산권 체제의 동요", **경제와 사회 통원 125호**, 40-85.

국가교육과정 정보센터(2019.08.01.). 우리나라 교육과정. http://ncic.go.kr

국민대학교(2019). 2019 대학기관 평가 인증을 위한 국민대학교 자체진단 평가보고서. 65-72.

권영애, 송영은(2017). "학습 만족도 중심의 실시간 원격 화상 교육 개선 방안 연구-한국디자인의 역사와 '한국어 강의사례' 중심으로", **브랜드 디자인학 연구 15**(1), 한국상품 디자인학회, 93-108.

권오현, 박은지, 안성환, 유지연, 진동섭(2017). "진로 · 진학과 연계한 고교 선택 중심 교육과정 편성 · 운영 방안 연구", **교육부 정책연구보고서**.

김경미(2016). "인문예술융합 교양교과목을 통한 자기계발 가능성 모색", **교양교육연구 10**(4), 한국교양교육학회, 71-108.

김광연(2019). "동물 생명의 가치와 인간과의 공존", **순천 향인문과학논총 38**(3), 순천향대학교 인문학연구소, 97-121.

김규태(2012). Bernstein의 집합형과 통합형 관점에서 본 교육정책에 의한 교직변화의 방향과 양상. **한국교원정책연구, 29**(3), 49-70.

김누리(2020). **우리의 불행은 당연하지 않습니다: 대한민국의 불편한 진실을 직시하다**. 해냄.

김도진 외(2015). **교육학개론**. 창지사.

김도현, 장영중(2008). "경영학과 디자인에서의 문제해결방법", **디지털디자인학연구 8**(2), 한국디지털디자인협의회, 221-231.

김란주, 서경혜(2018). "고교학점제를 통한 교육과정 혁신의 가능성과 한계", **교육과정연구, 36**(1), 113-138.

김미애, 나인선(2018). "유아교육과정 및 누리과정 연구동향 분석: 2007년-2017년을 중심으로", **한국유아교육연구, 20**(1), 57-82.

김민환(1991). **재개념주의적 교육과정 탐구란 무엇인가**. 성원사.

김민환(1992). 교육과정 탐구의 대안으로서 재개념주의적 접근의 가능성과 한계. 건국대학교 대학원 박사학위논문.

김봉석(2010). "지식과 이데올로기: Karl Mannheim 지식사회학의 교육과정학적 함의", **한국교육과정학회, 28**(3). 1-25.

김봉수(1983). **교육과정**(현대교육장서 9권). 학문사.

김상윤(2016), "4차 산업혁명의 핵심 동력 '소프트 파워'' POSRI 이슈 리포트, 포스코경영연구원, 2016, 5.

김성연(2020). "주제 통합적 읽기를 활용한 대학 교양 교육으로서의 독서 교육사례 연구", **리터러시 연구 11**(1). 한국리터러시학회, 171-189.

김성원, 정영란, 우애자, 이현주(2012). "융합인재교육(STEAM)을 위한 이론적 모형의 제안", **한국과학교육학회지, 32**(2), 388-401.

김소연(2018). "창의성 향상을 위한 융합교육 프로그램 개발", **융합교육연구, 4**(1), 53-81.

김수혜, 신형석(2020). "OECD 7개국 중등교사의 디지털 리터러시 교육실태와 ICT의 교육적 활용 간 관계 탐색 - PISA 2018 자료 분석을 바탕으로", **문화교류와 다문화교육 9**(2). 한국국제문화교류학회, 71-97.

김영채(1997). **창의적 문제해결**. 교육과학사.

김용덕, 최동연(2020). "사이버대학 성인 학습자의 디지털 리터러시 역량 모델링", **학습자중심교과교육연구 20**(3), 학습자중심교과교육학회, 885-908.

김인식, 최호성(1996). **최신 교육과정 및 평가**. 교육과학사.

김정빈(2017). "고교학점제 도입을 위한 기초 논의", **교육비평, 40**, 11-36.

김정아, 김병수, 김종훈, 이지훤(2011). "융합형 인재 양성을 위한 IT 기반 STEAM 교수·학습 방안 연구", **수산해양교육연구, 23**(3), 445-460.

김종서, 이영덕, 홍순정(2001). **교수이론**. 한국방송대학교출판부.

김종서, 이영덕, 황정규, 이홍우(1987). **교육과정과 교육평가**. 교육과학사.

김종서, 이영덕, 황정태, 이홍우(1997). **교육과정과 교육평가**. 교육과학사.

김종화, 김봉진(1999). **교육과정 및 교육평가**. 형설출판사.

김지혜(2020). "고교학점제에 따른 국어교육의 과제", **국어교육학연구, 55**(3). 99-130.

김진수(2011). "STEAM 교육을 위한 큐빅 모형", **한국기술교육학회지 11**(2), 한국기술교육학회, 124-139.

김진숙, 이광우, 조보경, 이민형, 이수정, 임유나(2018). 고교학점제 도입을 위한 수업시수의 적정화 방안, **2018년 제2차 고교학점제 정책포럼 자료집**, 한국교육과정평가원.

김진숙, 이광우, 조보경, 이민형, 임유나(2018). "학점제 도입을 위한 고등학교 교육과정 재구조화 방안 연구", 한국교육과정평가원.

김천기(1993). "보울즈와 긴티스의 포스트 마르크스주의로의 전환과 신교육이론", **교육학연구, 31**(5).

김천기(1998). **교육의 사회학적 이해**. 학지사.

김천기(2012). **교육의 사회학적 이해**. 학지사.

김치헌(2017). "4차 산업혁명 시대 문제, 공적 논의의 필요성", **월간 공공정책 14**, 76-81.

김헌수(2000). **교과교육의 이론과 실제**. 동문사.

김현정(2017). "4차 산업혁명 시대의 인문 교양 교육의 역할과 방향", **교양학 연구 5집**, 다빈치미래교양연구소, 95-122.

김혜영(2013). "융합교육의 체계화를 위한 융합교육의 방향과 기초융합교과 설계에 대한 제

언", **교양교육연구, 7**(2), 11-38

김희수, 최정선 외(2014). **이해하기 쉽게 쓴 교육학개론**. 동문사.

나지연(2010). 대학수업을 위한 문제 중심 학습 설계 모형 개발. 안동대학교 대학원 박사학위논문.

노상우, 안동순(2012). "초등학교 융합인재교육(STEAM)의 발전 방향 모색", **교육종합연구, 10**(3), 75-96.

노은호, 민경일(2000). **학습방법론**. 동문사

로저 마틴 저, 이건식 역(2010). **디자인 씽킹**. 엘도라도.

문용린, 최인수(2010). "창의·인성 교육총론". 인하대학교 교육연구소 심포지움자료집, 21-29

박경종, 강마리아(2020). **4차 산업혁명시대 핵심역량**. 동문사.

박균열, 엄준용(2018). "고교학점제 도입의 쟁점과 과제 탐색", **교육학연구, 56**(4), 1-29.

박균열, 주영효, 이인수(2019). "고교학점제의 안정적 정착을 위한 학교 구성원의 역할 분석", **교육문제연구, 32**(4).87-113.

박도순, 홍후조(1999). **교육과정과 교육평가**. 문음사.

박명학, 신윤철, 한옥주(1998). **교육과정과 수업**. 교육출판사.

박민정, 성열관(2011). "교육과정 연구의 최근 동향분석: 2000년 이후를 중심으로", **교육과정연구, 29**(4), 25-46.

박선영(2015). **교육학개론**. 박영스토리.

박순경(2001). "자기주도성의 교육과정 이론적 기초로서의 '쿠레레'에 대한 일고", **교육과정연구, 19**(1), 159-173.

박양주, 우영희(2012). "국내 교육공학분야의 내용분석 (Content Analysis) 적용에 대한 방법론적 고찰", **교육공학연구, 28**(2), 263-287.

박일수(2019). "문제 중심학습(PBL)이 문제해결 능력에 미치는 효과에 관한 메타분석", 한국융**합학회논문지 10**(10), 한국융합학회, 197-205

박지혜, 김상희(2020). "융합수업의 능동적·협동적 학습활동이 비판적 사고력 및 협동력에 미치는 영향에서 학습전략의 조절효과 검증", **한국교육문제연구, 38**(3), 127-152.

박채형(2016). "교육과정 재개념화 운동의 역사적 의의와 한계", **학습자중심교과교육연구, 16**(4). 311-330.

박철홍, 강현석 외(2013). **현대 교육학개론**. 학지사.

박혜진, 박수진, 이윤정, 김동현, 이은경(2018). "고교학점제운영 활성화를 위한 학교간 공동교육과정 내실화 방안 연구", **정책연구 2018-13.**경기도교육연구원.

방기혁, 박행모, 김용익, 이성숙(2015). "창의・인성교육을 위한 융합(STEAM)형 실과교육 프로그램 개발 모형", **실과교육연구 21**(2), 한국실과교육연구학회, 1-23.

방미영, 이건우(2020). "독서환경의 변화와 독서 진흥 방안 연구-대학생의 독서행동을 중심으

로", **한국 출판 연구** 46(1), 한국출판학회, 5-28.

배선아(2009). 공업계열 전문계 고등학교 전기, 전자, 통신 분야의 활동 중심 TEAM 교육 프로그램 개발. 한국교원대학교. 서울.

백승수(2019). "한국 대학의 교양 교육과정 유형에 대한 비판적 고찰", **교양 교육 연구** 13(6), 한국 교양 교육학회, 101-122.

백윤수, 박현주, 김영민, 노석구, 박종윤, 이주연, 정진수, 최유현, 한혜숙(2011). "우리나라 STEAM 교육의 방향", **학습자중심교과교육연구** 11(4), 학습자중심교과교육학회, 149-171.

변창진, 최승진, 문수백, 김진규, 권대훈(1996). **교육평가**. 학지사.

서봉언(2020). "고교학점제 도입과 학교의 변화", **교육사회연구**, 30(3). 55-79.

석금주(2019). "문제중심학습법을 적용한 디자인 프로젝트 수업 모형", **기초조형학연구**, 20(2), 173-184.

설규주(2020). "민주시민교육 관점에서 살펴본 2015 개정 교육과정 총론의 개선 방향", **열린교육연구**, 28(5). 169-197.

성열관(2018). **수업 시간에 자는 아이들: 교실 사회학 관점**. 학이시습.

성태제, 강대중 외(2012). **최신 교육학개론**. 학지사.

소경희, 허예지, 박지애, 장연구(2019). "교육과정 연구의 국제동향에 대한 메타분석: 2010년 이후 AERE 학술대회 발표 논문을 중심으로", **교육과정연구**, 37(4), 117-142

손동헌(2009). "융복합교육의 기초와 학부대학의 역할", **교양교육연구**, 3(1), 21-32.

손동현(2006). "인문 교양 교육의 의미와 과제", **인문과학** 37, 성균관대학교 인문과학연구소, 220.

손찬희, 정광희, 박경호, 최수진, 양희준, 전제상, 류호섭(2017). "학생 맞춤형 선택학습 실현을 위한 고등학교 학점제 도입 방안 연구". 한국교육개발원.

손태권, 이광호(2020). "토픽모델링을 활용한 국내 수학과 교육과정 연구 동향 분석, 1997년부터 2019년까지 게재된 국내 수학교육 학술지 논문을 중심으로", **한국수학교육학회지**, 59(3), 201-216.

송영준(2017). "고교학점제는 고등학교를 어떻게 바꿀까", **교육비평**, 40. 115-119.

신은수, 이영준(2020). "융합교육전문가 양성을 위한 융합교육과정 개선방안", **융합교육연구**, 6(1). 71-102.

안병환, 이영호(1989). "신교육사회학적 관점에서의 교육과정과 교육불평등", **교육학 논총** 8, 23-38.

안상진(2017). "고교학점제 도입과 고교평가 혁신", **교육비평**, 40. 76-98.

안신(2020). "21세기 종교에 대한 교양 교육의 새로운 방향", **교양 교육 연구** 14(1), 한국 교양 교육학회, 219-237.

안정희, 배성아(2013). "국가교육과정 개정과 대학입학전형제도 변화에 관한 고찰", **교육과정연**

구, 31(3), 95-120.

안종배(2017). "4차 산업혁명에서의 교육 패러다임의 변화", **미디어와 교육 7**, 미디어학회, 21-34.

안호영(2016). "은유와 과학 융복합 교양교육의 만남", **교양교육연구 10**(4), 한국교양교육학회, 37-69.

안홍선(2017). "중등교원의 양성 및 임용 실태와 고교학점제 도입의 의의", **교육비평, 40.** 123.

양승지, 권난주(2014). "국내외 과학과 예술 융합교육 프로그램 개발 동향 분석", **과학교육연구 39**(2), 경북대학교 과학교육연구소, 376-400.

여상희(2019). "정교화 이론에 근거한 교수설계: 중학교 경제교육 중심으로", **학습자중심 교과교육연구 19**, 학습자중심교과교육학회, 987-1006.

여운상(2016). "자연과 사람이 공존하는 자연친화의 생태도시", **부산발전포럼 157**, 부산연구원, 20-27.

우원재(2019). "고교학점제 성공적 실행 및 정착에 대한 선결조건, 외적환경 및 운영방법의 영향력 분석", **학습자중심교과교육연구, 19**(10). 311-330.

유광찬(1999). **교육과정의 이해**. 교육과학사.

유발 하라리 저, 김명주 역(2017). **호모데우스**. 김영사.

유영만(1995). "한국 산업교육과 ISD: 성찰과 전망", **교육공학연구 11**(2), 한국교육공학회, 21-36.

윤옥한(2014). "평생교육 프로그램 개발 모형 탐색", **교육논총 33**. 국민대학교교육연구소, 67-85.

윤옥한(2015). "평생교육 20년(1995-2014) 연구동향 분석", **평생교육학연구, 19**(1). 1-31.

윤옥한(2017). "STEAM 교육을 위한 교수체제설계 모형 탐색: Design Thinking을 중심으로", **교양교육연구, 11**(1). 443-474.

윤옥한(2017). **삶은 교육사회학.** 양서원.

윤옥한(2017). **평생교육 프로그램 개발론**. 양서원.

윤옥한(2017). **평생교육방법론**. 양서원.

윤옥한(2021). 교육과정학회지 연구동향분석, **교육과정연구 39**(1).

윤옥한(2021). "코로나 이후 교양 교육 방향 탐색", **교양교육연구, 14**(4). 25-34.

윤혜진, 조정원(2021). "중학교 정보 교육과정 변천과 양상 분석: 제6차에서 2015 개정 교육과정까지", **교원교육, 37**(1). 245-264.

이겔 스톤 저, 이경섭, 김인식, 최호성 역(1989). **교육과정사회학**. 교육과학사.

이경섭(1999). **교육과정 쟁점연구**. 교육과학사.

이광우(2018). "한국교육과정평가원 주관 고교학점제 도입 추진 방향과 과제", **2018년 제1차**

고교학점제 정책포럼자료집, 1-45.
이광우, 김진숙, 이근호, 한혜정, 이주연, 김경자, 형인이(2017). "지능정보사회대응을 위한 중장기 고교 교육과정 방향 탐색 연구: 학습자 중심 고교학점제 실행 방향 및 과제", 한국교육과정평가원.
이규환, 강순원 편(1984). **자본주의 사회의 교육**. 창작과 비평사.
이민화(2017). **대한민국의 제4차 산업혁명**. 창조경제연구회.
이상선, 김동민, 김미희, 김수찬, 김한중, 박경문, 이인석(2015). "디자인 씽킹을 도입한 학부과정의 융합교육 사례: 교수설계의 관점을 중심으로", **디자인 융 복합 연구 14**(1), 디자인융복합학회, 63-81.
이상선, 김동민, 서성은, 박경문(2016). 학제 간 융합수업의 핵심역량 향상 효과 분석: 대인관계, 자원정보기술, 의사소통 역량 중심으로. **대한공업교육학회지, 41**(2), 151-171.
이상은, 장덕호(2019). "고교학점제 학생 선택형 교육과정 편성 과정에 나타난 쟁점과 과제", **학습자중심교과교육연구, 19**(14), 109-136.
이성흠(2005). **교육훈련 프로그램 반응평가**. 교육과학사.
이성흠, 장언효(2008). **교육방법 및 교육공학**. 교육과학사.
이승희, 유영만(2002). "성찰적 실천의 관점에 비추어 본 수업설계자의 전문성 개발방안 탐색", **교육정보미디어연구** 8(2), 한국교육정보미지어학회, 173-193.
이영제(2020). "플립 러닝 기반 국어문법론 교수법 사례 연구", 한국어문학국제학술포럼, 37-74.
이용환(2002). "교육과정 패러다임의 변화와 교사", **교육과정연구, 20**(1), 27-51.
이정열, 이주명(2010). "디자인 사고의 의미 비교. 허버트 사이몬과 IDEO의 디자인 사고를 중심으로", **한국디자인학회 학술발표대회 논문집 2010**(10), 한국디자인학회, 62-63.
이현(2017). "고교학점제에 대한 비판적 고찰과 대안의 모색", **교육비평, 40**. 44-75.
이현(2018). "고교학점제 도입 추진 정책에 대한 비판적 검토", **교육비평, 41**. 77-144.
이혜정, 임상훈, 강수민(2019). "4차 산업혁명 시대 대학교육 혁신 방안 탐색: 미네르바스쿨 사례를 중심으로", **평생학습사회 15**(2), 한국방송통신대학교 원격교육연구소, 59-84.
이홍우(2006a). **지식의 구조와 교과**. 교육과학사.
이홍우(2006b). "주희와 듀이: 교육이론의 메타프락시스적 성격", **도덕교육연구, 18**(1). 1-26.
이홍우, 유한구 장성모(2003). **교육과정이론**. 교육과학사.
이흔정(2002). "Pinar의 쿠레레 교육과정 탐색", **교육방법연구, 14**(1). 64-93.
임선빈(1996). "새로운 ISD 패러다임으로서의 ISD's Supersystem의 의미", **교육심리학연구 10**(3), 한국교육심리학회, 229-256.
임철일, 연은경(2006). "기업교육 프로그램 개발을 위한 사용자 중심의 래피드 프로토타입 방법론에 관한 연구", **기업교육연구 8**(2), 한국기업교육학회, 27-50.

임철일, 이지현, 장선영(2007). "교육 프로그램 개발을 위한 '간편 교수체제설계' 모형에 관한 개발연구", **기업교육연구 9**(2), 한국기업교육학회, 55-76.

임철일, 최소영, 홍미영(2010). "초등학교 초임 교사를 위한 교수 체제 설계 모형의 개발 연구", **교육공학연구 26**(4), 한국교육공학회, 121-147.

임헌, 이수정, 윤형한, 정혜령(2017). "고교 직업교육 목적에 대한 교사의 인식 차이와 관련 요인", **직업교육연구 36**, 직업교육학회, 1-22.

장봉석(2020). "키워드 네트워크 분석을 통한 교육과정 연구 동향 탐색", **산업융합연구, 18**(2), 45-50.

장수빈, 한동숙(2017). "국가교육과정 관련 국내 연구 동향 탐색: 정책적 활용을 중심으로", **교육과정연구, 35**(4). 325-353.

장인실(2006). "한국교육과정학의 연구방법에 대한 내용분석 연구: 교육과정연구를 중심으로", **교육과정연구, 24**(2), 51-70.

전효은(2015). "후츠파 문화정신과 디자인 씽킹 연구를 통한 기업 융합형 창의성 모형 제언", **브랜드디자인학연구 13**(2), 한국브랜드디자인학회, 333-343.

정광순(2015). "통합수업의 관점에서 본 차기 교과교육과정 개정", **학습자중심교과교육학회 학술대회**. 105-123.

정광희, 김주아, 손찬희, 이재덕(2017). "고교학점제의 단계적 도입을 위한 진로수요 맞춤형 교육과정 운영방안 탐색", **교육과정연구, 35**(4). 202-229.

정나은, 남원석(2020). "프로젝트 학습법을 적용한 패키지 디자인 수업 방안 연구 특성화고등학교 수업을 중심으로", **디자인연구, 1**(14). 215-226.

정미경, 이재덕, 박균열, 박만구, 고호경(2014). "초·중등학교 융합형 교육 프로그램 개발 연구 (연구보고서 RR 2014-34)". 한국교육개발원.

정성호(2015). "융합교육의 방향성 탐색: 거버넌스를 중심으로", **융합교육연구, 1**, 75-94

정연재(2020). "인공지능의 시대, 프로페셔널리즘의 위기와 교양교육의 방향", **교양교육연구 14**(1), 한국교양교육학회, 59-77.

정은기(2012). "디자인 사고를 적용한 초등학교 창의성 교육", 한국디자인학회 학술발표대회 논문집 202-203.

정재삼(1996). "교수설계(ID)와 교수체제개발(ISD)의 최근 경향과 논쟁: 21세기를 대비하는 교수공학의 지식기반 구축을 중심으로", **교육공학연구 12**(1), 한국교육공학회, 213-230.

정재삼(1998). "교육 프로그램개발 모형분석", **교과교육학연구 2**(2), 한국교과교육학회, 80-97.

정재원(2015). "문제기반학습에 의한 융복합교육 프로그램 효과 연구", **학습자중심교과교육연구, 15**(3), 308-331.

정찬기, 문승환(1997). **교육과정 및 교육평가목표**. 교육과학사.

정현미, 양용칠(2005). “『교육공학연구』 20년 연구 흐름 분석”, **교육공학연구, 21**(4), 167-194.
조상식(2016). “제4차 산업혁명과 미래 교육의 과제”, **미디어와교육 6**, 미디어학회, 152-185.
조재영(2020). “디지털 광고 리터러시의 구성 요소에 대한 탐색적 연구 : 대학생소비자의 인식을 중심으로”, **차세대융합기술학회논문지 4**(1), 국제차세대융합기술학회, 30-39.
주경일(2020). 융복합교육에 대한 대학 교수자의 수용의도 연구. **한국비교정부학보, 24**(4). 137-166.
주재홍, 김영천(2010). “포스트모던 교육과정 연구의 지형과 그 가능성들: 다섯 학자들을 중심으로”, **교육과정연구, 28**(2), 23-58.
주주자, 김위정, 이현미, 이동배, 박수진(2017). “고교 무학년 학점제 구현 방안 연구”. 경기도교육연구원.
진영효(2017). “고교학점제와 선택형 교육과정”, **교육정책토론회집**, 146-166.
최동선, 임언, 최수정, 정진철(2011). “고교단계 직업교육 경로의 유연성 제고 방안”, 한국직업능력개발원.
최수진 외(2019). “고교학점제 도입에 따른 고교 교육력 제고 사업 발전 방안 연구”. 교육부·한국교육개발원.
최재천, 장하준, 최재봉, 홍기반, 김누리, 김경일, 정관용(2020). **코로나 사피엔스 : 문명의 대전환, 대한민국 대표 석학 6인이 신인류의 미래를 말한다**. 인플루엔셜.
최현목(2016), “국회 제4차산업혁명포럼, 퓨처스 아카데미 10주 과정 개설”, 일요시사, 2016년 8월 10일.
클라우스 슈밥 저, 송경진 역(2017). **클라우스 슈밥의 제4차 산업 혁명**. 새로운현재.
한국교양교육학회, 전국대학교양교육협의회, 한국교양기초교육원(2016), “대학교양교육과 과학기술의 소통”, 2016년 추계전국학술대회 자료집, 한국교양교육학회·전국대학교양교육협의회·한국교양기초교육원.
한국교육학술정보원(2019). “고교학점제의 이해 및 학생 선택형 교육과정 운영”, 공개강의.
한혜정(2019). “고교학점제 도입을 위한 고등학교 교육과정 구조 관련 쟁점 및 향후 연구의 방향 탐색”, **교육과정연구, 37**(2). 53-81.
허숙(1995). 교육과정의 재개념화를 위한 이론적 탐색: 실존적 접근과 구조적 접근. **교육학연구, 33**(5), 217-242.
허주, 김갑성, 최수진, 이승호(2020). “고교학점제 도입에 따른 교원수급 관련쟁점: 학생의 교과목 수요를 중심으로”, **학습자중심교과교육연구, 20**(8). 651-672
허지숙, 황윤자(2020). “공학 융합역량에 대한 산업체와 대학생의 인식 비교분석”, **공학교육연구, 23**(4). 3-13.
홍광표, 조준오(2015). “융합인재교육(STEAM)이 초등학생 고학년의 과학적 태도 및 창의적 문제해결력에 미치는 영향", **한국교육문제연구, 33**(1), 77-99.

홍명희, 이순영(2020). "모바일 기기 기반의 디지털 리터러시 교육 방안에 대한 연구", **정보교육학회논문지 24**(1), 한국정보교육학회, 107-115.

홍병선(2009). 대학교육에 대한 사회적 요구와 대안 모색; 교육경쟁력 강화를 위한 융합교과목 개발, **교양교육연구, 3**(2), 51-78. .

홍후조(2018). "고교학점제 도입의 문제와 과제", **학습자중심교과교육연구, 18**(1). 699-724.

황규호(2013). "국가교육과정개정과 학교 교육의 질", **교육과정연구, 31**(3). 27-52.

황성희(2015). "중산층 학부모의 학교교육 인식과 사교육 선택", **학부모연구**(1), 한국학부모학회, 93-117.

황의철(2020). "4차 산업혁명 시대의 대학의 교육과정 혁신 방향", **한국컴퓨터정보학회논문지, 25**(11), 229-238.

황인표(2014). "통합형 교육과정에 따른 사회탐구영역의 쟁점과 개발 방향에 대한 일고", **도덕윤리과교육, 44**, 191-225.

A. N. Penna & W. F. Pinar(ed.) (1981). *Curriculum and instruction: Alternatives in education*. McChutchan Publishing Co.

Anderson, L. W., Krathwohl, D. R., Airasian, P. W., Cruikshank, K. A., Mayer, R. E., Pintrich, P. R., Raths, J., & Wittrock, M. C. (2001). *A taxonomy for learning, teaching, and assessing: A revision of Bloom's taxonomy of educational objectives*. New York, NY: Longman.

Anthony Di Mari, Nara Yoo, (2013). *Operative design : a catalogue to spatia lverbs*. Seoul : MGHbooks.

Apple, M. W. (1979). *Ideology and curriculum*. RKP.

Apple, M. W. (1981). On analyzing hegemony. H. A. Giroux, A. N. Penna & W. F. Pinar(ed.) (1981). *Curriculum and instruction: Alternatives in education*. McChutchan Publishing Co.

Asher, N. (2002). (En)gendering a hybrid consciousness. *Journal of curriculum theorizing, 18*(5), 81-92.

Bakhtadze, N., Zaikin, O., Pyatetsky, V., Zylawski, A., (2020). Incentive Model of a Project Learning Process. *2020 7th International Conference on Frontiers of Industrial Engineering (ICFIE) Frontiers of Industrial Engineering (ICFIE)*. 73-81.

Beauchamp, G. (1981). Basic components of a curriculum Theory. H. A. Giroux, Benham, B. (1981). Curriculum theory in the 1970s: The reconceptualist movement. *Journal of cur-*

riculum theorizing, 18(5), 81-92.

Berger, W. (2014). *A more beautiful question: The power of inquiry to spark breakthrough ideas*. Bloomsbury Publishing USA.9

Bobbitt, F. (1918). *The curriculum*. Houghton Mifflin.

Brown, T., & Katz, B.(2011). "Change by design". *Journal of product innovation management, 28*(3), 381-383.

Bruner, J. (1960). *The process of education*. Cambridge, MA: Harvard University Press.

Bruner, J. (1966). *Toward a theory of instruction*. Cambridge, MA: Harvard University Press.

Choi, K., Lee, H., Shin, N., Kim, S., & Krajcik, J. (2011). Re-conceptualization of scientific literacy in South Korea for the 21st century. *Journal of Research in Science Teaching, 48*(6), 670-697.

Conley, M. W. (2005). *Connecting standards and assessment through literacy*. Boston: Pearson.

Davis, B. M.(2010). "Creativity & innovation in business 2010 teaching the application of design thinking to business". *Procedia-Social and Behavioral Sciences, 2*(4), 6532-6538.

Dewey, J. (1902). *The educational situation*. Chicago: University of Chicago Press.

Dick, W., Carey, L., & Carey, J. (2005). *The systematic design of instruction* (6th ed.). NY: Allyn and Bacon.

Drake, S. M.(1998). *Creating integrated curriculum: Proven ways to increase student learning*. Corwin Press, Inc. 255.

Eisner, E. (1982). *Cognition and curriculum: A basis for deciding what to teach*. New York: Longman.

Eisner, E. (1997). *The educational imagination*. New York: Macmillan.

English, F. (Ed.). (1983). *Fundamental curriculum decisions*. Alexandria, VA: Association for Supervision and Curriculum Development.

Fahrurrozi, Hasanah, Uswatun Dewi, Ratna Sari (2019). "integrated Learning Design Based on Google Classroom to Improve Student Digital Literacy." 2019 5th International Conference on. :108-111 Oct, 2019.

Gao, H., Zhang,Yi., Shangguan, Y., Wu, H., (2020). Development, implementation and optimization of interdisciplinary STEAM school-based curriculum. *2020 Ninth International Conference of Educational Innovation through Technology (EITT)*, 116-121.

Giroux, H. A. (1979). Toward a new sociology of curriculum. H. A. Giroux, A. N. Penna & W. F. Pinar(ed.) (1981). *Curriculum and instruction: Alternatives in education.*

McChutchan Publishing Co.

Glen, R., Suciu, C., & Baughn, C.(2014). "The need for design thinking in business schools". *Academy of Management Learning & Education, 13*(4), 653-667.

Hunkins, F. P., & Hammill, P. A. (1994). Beyond Tyler and Taba: Reconceptualizing the curriculum process. *Peabody Journal of Education, 69*(3), 4-18.

Isaksen, S. G., Dorval, K. B., & Treffinger, D. J. (1994). *Creative approaches to problem solving*, Kendall Hunt Pub. Co.

Jackson, P. (1992). Conceptions of curriculum and curriculum specialists. Jackson, P.(ed.). *Handbook of research on curriculum.* Macmillan.

Jesionkowska, J., Wild, F., Deval, Y., (2020). Active Learning Augmented Reality for STEAM Education; A Case Study. *Education Sciences, 10*(198). 1-15.

Jung, H. M. & Yang, Y. C. (2005). Research flow analysis for 20 years of 『Educational Engineering Research』 *Educational Engineering Research 21*(4), 167-194.

Kasulis, T. P. (1992). Philosophy as metapraxis. F. Reynolds & D. Tracy(ed.). *Discourse and practice*. State Univ. of New York.

Klein, M. F.(2009). Pivotal events and people in my career. In E. C. Short & L. J. Waks(Eds.), *Leaders in curriculum studies: Intellectual self-portraits*, Rotterdam: Sense Publishers. 117-127.

Lee, Yujin, Capraro, Robert M. Capraro, Mary M. Barroso, Luciana R. Rugh, Michael (2019). "Examining the Effects of STEM PBL on Students' Divergent Thinking Attitudes Related to Creative Problem Solving". IEEE. :1-6 Oct, 2019.

Li, Renjie Wang, Yan (2019). "Research on the Influence of Tutor's Information Behavior on Graduate Students' Digital Literacy —Analysis Based on Social Learning Theory". 2019 IEEE International Conference on. :114-117 Aug, 2019.

Macdonald, J. B. (1975). Curriculum and theory. Pinar, W.(ed.). *Curriculum theorizing: The reconceptualists*. McCutchan.

Mazza, K. A. (1980). *Reconceptual inquiry as an alternative mode of curriculum theory and practice: A critical study*. Doctoral Dissertation in Boston Univ. School of Education.

Morais, M., Neves, I. P., Ferreira, S., (2019). The curriculum in its structural and interactional dimensions: Basil Bernstein's perspective. *Práxis Educativa, 14*(2), 405-431.

Pinar, W. F. (1974). *Self and others*. Paper Presented at the Xavier Univ. Curriculum Theory Conference.

Pinar, W. F. (1978). What is the reconceptualization? *Journal of curriculum theorizing, 1*(1),

93-104.

Pinar, W. F. (1998). *Curriculum toward new identities*. Garland Publishing Inc.

Pinar, W. F., & Grumet, M. (1976). *Toward a poor curriculum*. Kendall Hung Publishing Co.

Pinar, W. F., Reynolds, W. M., Slattery, P., & Taubman, P. M. (ed.) (1995). Understanding curriculum: An introduction to the study of historical and contemporary curriculum discourses. Peter Lang. Schubert, W. H. (1986). *Curriculum: Perspective, paradigm and possibility*. Macmillan Publishing Company.

Poldner, E., Simon, P. R. J., Wijngaards, G., & van der Schaaf, M. F. (2012). Quantitative content analysis procedures to analysis student's reflective essays: A methodological review of psychometric and edumetric aspects. *Educational Research Review*, *7*(1), 19-37.

Richard, Y. C. L., (2020). Applying online and blended learning structure to teaching practice for STEAM Education. *2020 IEEE Frontiers in Education Conference(FIE) Frontiers in Education Conference (FIE)*, 1-5.

Riverdale, IDEO 저, 정의철, 김은정 역(2014). **교육자를 위한 디자인사고 툴킷**. 에딧더월드.

Schwab, J. J. (1969). The practical 1: A language for curriculum. I. Westbury & N. J. Wilkof(ed.) (1978). *Science, curriculum, and liberal education: Selected essays*. The University of Chicago Press.

Schwab. J. J. (1983), The practical 4: Something for curriculum professors to do. *Curriculum inquiry, 13*(3), 239-265.

Tanner, D., & Tanner, L. N. (1981). Emancipation from research: The reconceptualist prescription. H. A. Giroux, A. N. Penna & W. F. Pinar(ed.)(1981). *Curriculum and instruction: alternatives in education*. McChutchan Publishing Co.

Teal, R., (2010). Practice of Design Thinking. *International Journal of Art & Design Education*, 295-297.

Tim Brown(2009). *Designers to think big*. TED.

Toraman, Ç., Karadag, E., (2018). Analyzing Process of Problem Solving with Group via Statistical Discourse Analysis. *Educational Sciences: Theory and Practice, 18*(2). 229-252.

Tracy, B., (2015). *Creativity and Problem Solving*. New York : AMACOM.

Wrigley, C., Nusem, E., & Straker, K.(2020). Implementing Design Thinking: Understanding Organizational Conditions. *California Management Review, 62*(2), 125-143.

Xu, J.(2020). Research and Applications of Classroom Group Collaboration in the Design Thinking Online Tool. *2020 IEEE 6th International Conference on Computer and*

Communications (ICCC), 2135-2140.

Yakman, G. (2010). What is the point of STEAM. 1-9. Retrieved January 28, 2021, from http://www.steamedu.com.

Yakman, G., (2007). STEAM Education: An overview of creating a model of integrative education. *ITEAA's 69th Annual Conference PATT Session*. 120-121.

http://dschool.stanford.edu/our-point-of-view/

http://www.designdb.com/dtrend/trend.r.asp?menupkid=234&pkid=13962

http://www.ideo.com/work/redefining-self-service-banking-for-bbva

http://www.boardlearning.org/2016/10/the - board-chair- experience-applying.html.

http://www.ilyosisa.co.kr /news/ articleView.html

http://www.donga.com/news/BestClick/article

https://imnews.imbc.com/replay/2020/nw1700/article

http://www.hani.co.kr/arti/opinion/column

https://news.naver.com/main/

찾아보기

인 명

내 용

ㅇ

저자소개 / 윤 옥 한

교육학 박사, 국민대학교 교육학과 교수

〈주요 저서〉

괜찮은 나 만들기(1996)

대인관계 Q(1997)

능력 있는 나 만들기(1999)

자신 있게 만나라(2002)

명강의 교수법(2008)

괜찮은 나 · 우리 만들기(2012)

평생교육 프로그램 개발론(2013)

삶은 교육사회학(2017)

평생교육프로그램개발-이론과 실제(2017)

평생교육방법론(2017)

삶은 교육학 개론(2018)

4차 산업혁명 시대를 대비한 인생 설계와 직업 · 진로탐색(2019) 外 다수

| 삶은 현대 교육과정론 - 이론과 실제 - |

1판 1쇄 인쇄 2021년 5월 20일
1판 1쇄 발행 2021년 5월 25일

저 자 | 윤옥한
발 행 인 | 박철용
발 행 처 | 양서원
주 소 | 경기도 파주시 직지길 522 파주출판도시
전 화 | 031-955-8000(代)
팩 스 | 031-955-8005
홈페이지 | www.yswpub.co.kr
이 메 일 | yswgroup@naver.com
출판등록 | 1987년 11월 24일 제 406-2003-037 호

ISBN 978-89-994-1135-9

정가 18,000원

※ 저자와 협의하여 인지는 생략합니다.
※ 저작권법 제136조(권리의 침해죄)에 따라 위반자는 5년 이하의 징역 또는 5천만 원 이하의 벌금에 처하거나 이를 병과할 수 있습니다.